地球のごはん
世界30か国80人の"いただきます!"

地球のごはん

世界30か国80人の"いただきます!"

ピーター・メンツェル ＋ フェイス・ダルージオ

WHAT I EAT
Around the World in 80 Diets

by Peter Menzel & Faith D'Aluisio
Foreword by Marion Nestle

TOTO出版

目次

まえがき	だれだって食事をする	6
	食の専門家たちからのひと言	8
序文	世界各地の80人の食事	14
	食材リストの作成方法	20

1日の食事の総摂取カロリー
800—1900kcal
800	牛追いをするマサイ族　ケニア	24
900	HIV感染者の主婦　ボツワナ	30
1000	サドゥ（苦行僧）　インド	32
1400	駅で働く家出少年　バングラデシュ	38
1500	牧畜の民、ヒンバ族　ナミビア	42
1600	スーパーヘビー・ゲーマー　中国	48
1600	減量手術を目指す男性　アメリカ　テネシー州	52
1700	減量キャンプに通う少女　アメリカ　ニューヨーク州	56
1700	雑技団の曲芸師　中国	60
1800	縫製工場で働く女性　バングラデシュ	64
1900	環境にやさしい少女　カナダ	70
1900	モールでアルバイトする学生　アメリカ　ミネソタ州	72
1900	カロリス実践者　アメリカ　ペンシルヴェニア州	74
1900	ミカン農家　中国	76
エッセイ	人はなぜ料理をするのか？　リチャード・ランガム	80

2000—2400kcal
2000	牛乳を売るマイクロ起業家　バングラデシュ	82
2000	タクシーの運転手　アメリカ　イリノイ州	88
2000	ダイヤモンド研磨工　ナミビア	90
2100	ベトナム戦争の退役軍人　ベトナム	94
2100	イラク戦争の退役軍人　アメリカ　カリフォルニア州	96
2100	飲尿療法の実践者　インド	100
2300	難民の少年　チャド	102
2300	路上生活者　アメリカ　ニューヨーク州	104
2300	タラ漁船に乗る漁師　アイスランド	106
2400	細密画家の娘　イラン	108
2400	学生モデル　アメリカ　ニューヨーク州	112
2400	リキシャの運転手　インド	114
2400	食堂を営むマイクロ起業家　ケニア	118
エッセイ	カロリー計算がもたらす苦悩と喜悦　ビジャル・P・トリヴェディ	122

2500—2900kcal
2500	稲作農家　ベトナム	124
2600	高層タワーの支配人　カナダ	128
2600	精肉工場の従業員　アメリカ　ミネソタ州	130
2600	学生寮で暮らす大学生　中国	134
2700	宇宙飛行士　アメリカ　地球低軌道	136
2700	地ビールのブラウマイスター　ドイツ	140
2700	屋台の店主　台湾	142
2700	イスラムの教えを守る主婦　イエメン	148
2700	大工助手兼タトゥー師　アメリカ　アリゾナ州	154
2900	ピマ族の農場主　メキシコ	156
エッセイ	ポーション、いま、むかし　リサ・R・ヤング	160

3000—3400kcal
3000	コールセンターのオペレーター　インド	162
3000	パレスチナ人運転手　パレスチナ暫定自治政府	166
3100	ユダヤ教の宗教指導者（ラビ）　イスラエル	170
3100	茶農園の息子　ケニア	172
3100	養蜂家　ラトビア	178
3200	レストランのオーナー　アメリカ　イリノイ州	182
3200	ラクダ商人　エジプト	184
3200	炭鉱労働者　アメリカ　ケンタッキー州	190
3300	カート商人　イエメン	194
3400	アマゾンで孫を育てる主婦　ブラジル	200
エッセイ	動かない生活から抜けだそう　メアリー・コリンズ	204

3500—3900kcal
3500	力士　日本	206
3500	スタンドアップパドル・サーファー　アメリカ　カリフォルニア州	210
3600	グリーン・キーパー　アメリカ　コロラド州	212
3700	パンの女王　ドイツ	214
3700	風力発電所の技術者　アメリカ　カリフォルニア州	218
3700	ライフガード　オーストラリア	220
3800	高地農家の主婦兼助産師　エクアドル	222
3800	ロブスター漁師　アメリカ　メイン州	226
3900	羊飼い　スペイン	230
3900	ボイストレーナー　ラトビア	234
3900	持続可能（サスティナブル）な農業を行う農家　アメリカ　バージニア州	236
3900	美術修復家　ロシア	240
エッセイ	食にまつわるタブー　エレン・ラペル・シェル	244

取材した国や地域

参考資料：外務省ホームページ

4000—4900kcal

4000	アメリカ陸軍兵士 アメリカ カリフォルニア州	246
4000	修道士 イタリア	250
4000	バリオに住む高校生 ベネズエラ	252
4000	ビジネスマン エジプト	256
4100	商品作物をつくる農家 アメリカ イリノイ州	258
4200	闘牛士 スペイン	262
4300	溶接工 中国	266
4300	野生動物保護官 ナミビア	270
4600	精肉店のマイスター ドイツ	274
4700	イヌイットの彫刻家 カナダ	278
4800	バイクメッセンジャー 日本	282
4900	僧院長 中国チベット自治区	286
4900	パン職人 イラン	290
エッセイ	料理の終焉 マイケル・ポーラン	296

5000—12300kcal

5200	アマゾン川の漁師 ブラジル	298
5400	長距離トラック運転手 アメリカ イリノイ州	302
5600	ヤク飼い 中国チベット自治区	304
6000	石油掘削プラットフォーム長 ベネズエラ	310
6500	北極圏の猟師 グリーンランド	312
6600	高層ビルで働く鉄工職人 アメリカ イリノイ州	318
8400	長距離トラック運転手 ナミビア	320
12300	間食が多い母親 イギリス	322
エッセイ	食の喜び ウェンデル・ベリー	326

あとがき	ごちそうさまでした	328
資料	統計資料	332
	出典	334
	謝辞	336

まえがき

だれだって食事をする

マリオン・ネスル　栄養・食品研究・公衆衛生学者

「食べたものがあなたの身になる」。昔からよく使われてきたこの言いまわしに、ライターのフェイス・ダルージオとカメラマンのピーター・メンツェルが新たな解釈を加えた。そうしてできあがったのが、驚きに満ちあふれた本書である。ふたりが世界各地をまわって選び出した80人は、年齢も、職業も、収入も、国籍も異なるが、だれもがこころよく、自分が1日にとる食べ物の内訳を教えてくれた。1日の食事の内容を見れば、その人の個性や、背景にある文化、日々の生活、そしてその人をとりまく世界のありようについて、実に多くのことが分かる。

　本書『地球のごはん　世界30か国80人の"いただきます！"』では、取材対象が1日の食事について語ってくれたストーリーを総摂取カロリー順に紹介している。全体を見渡してみると、1日分の食事に含まれるカロリーは、飢餓レベルの800kcalから一見不可能とも思える12,300kcalまで実に幅広い。だが、これらは本当にその人の平均的な食事なのだろうか？

　序文でフェイスが説明しているように、本書に表示されたカロリーが、その人の日々の平均摂取カロリーを正確にあらわしているとは思わないでほしい。これはあくまで主観に基づいて切りとられた食生活の断面図であり、ふだんより少ない場合も、多い場合もあるかもしれないからだ。それでも本書は、今日の世界に生きる人々が、驚くほどバラエティ豊かな食材を使い、多様な食生活を送り、さまざまな職業についている事実を示した、ほかに例を見ないドキュメンタリー記録といえる。

　本書の取材対象の大半は、自分のまわりにはありあまるほどの食べ物があり、ときには食べきれないほどだ、と語る。十分に食べることができていないのは、ごく少数でしかない。その人たちのストーリーが巻頭を飾ることは、本書の趣旨にも合っているといえるだろう。牛追いをするマサイ族の女性（800kcal）とバングラデシュの家出少年（1,400kcal）は、毎日ひもじい思いをしている世界各地の10億もの人々や、ぎりぎりの生活を送るさらに多くの人々の暮らしを代弁しているのだ。

　一方、それ以外の人々は、食べ物に関して驚くほど幅広い選択肢をもつ。本書で取材した人々のストーリーを見ていくと、グローバリゼーションが拡大するにつれ、伝統食から加工されたジャンクフードへと食が移行していくという、ありがたくない現実が描き出されているのが分かる。グローバリゼーションの経済効果もさることながら、食糧供給のグローバル化が人々の健康や環境におよぼす影響も反映されている。こうした要素をすべてひっくるめて、本書でとりあげられている80人の食事は、今世紀の人類がおかれている状況について、教科書や統計ではあらわしきれなかった事実を雄弁に物語っているといえるだろう。

　食べ物は、人間の生活や行動にどのような影響をおよぼし、私たち人間にいかに大きな喜びをもたらしているのだろうか。これらの疑問に答えるべく壮大な記録をまとめあげてくれたピーターとフェイスに、心からの感謝を捧げたい。ふたりは、つぎにその見解を紹介する著名人たちのように、好きな食べ物を好きなだけ選ぶ自由に恵まれた人々を触発し、みなが責任をもって、きちんとした倫理観のもとに行動するようすすめてくれている。

　私自身、食べることは大好きだ。私はふだんから、食べる量は少なく、運動量は多く、果物や野菜はたっぷり、ジャンクフードは控えめに、とアドバイスをしているが、その根底にあるのは食を楽しむ心である。こんなアドバイスであれば、個人の選択の余地をたっぷり残してあるうえに、公正で持続可能性（サスティナビリティ）のある食糧供給システムの普及を促し、貧富の差に関係なく、地球上に住むすべての人においしい食べ物を提供できる。万人にとって受けいれやすいのではないだろうか。

左：家族とともに昼食のマクルーバ（鶏肉、米、野菜のキャセロールをひっくり返して出す料理）を食べるパレスチナ領のアブドゥル・バセット・ラゼム。

マリオン・ネスル
ニューヨーク大学の栄養・食品研究・公衆衛生学教授。著書に『フードポリティクス　肥満社会と食品作業』（新曜社）、『What to Eat』などがある。

食の専門家たちからのひと言

食事は職場ですませるので、自宅ではほとんど料理をしない。**自宅の冷蔵庫に入っているのは果物くらいだ。**
　フェラン・アドリア：スペインにある世界で屈指のレストラン、エル・ブリの料理長兼オーナー。

夜は軽く食事をとるが、日中はほとんど何も口にしない。開店前にスタッフと食べるまかない料理も、ホワイトビネガーとオリーブ油であえた野菜サラダがあれば十分だ。お客に出す料理をつくるにあたって、できるだけ舌をリセットした状態にする。夕方以降はひたすら、ソースのベースや穀類、大量の野菜の蒸し煮、それに何種類もの肉や肉製品のテイスティングをする。そうして料理の味を整え、酸味を調整し、焼き具合を確かめていくのだ。これは同時にコックたちの技量をはかるための作業でもある。**味見は経営上、不可欠だからしているだけで、楽しむためにやっているわけではないということだ。**
　ダン・バーバー：2009年、「食のアカデミー賞」と称されるジェームズ・ビアード財団最優秀シェフ賞を受賞。

以前は基本的にアメリカ式の食生活を送り、なんでもこだわりなく食べてきたつもりだが、全体的に肉（若いころはコーンビーフやホットドッグが中心だったが、のちに外国の料理にも食指が動くようになった）や動物性食品の割合がとても高かったと思う。だがあるとき、壁にこんな言葉が書かれてあるのを見て、私は衝撃を受けた。「こんな食生活は、自分自身にとっても、土地や空気や水にとっても、動物にとっても持続可能ではない」。それを機に、（のちに友人が）「午後6時までの完全菜食主義」と名づけた食生活を送るようになった。日中は加工品もジャンクフードも動物性食品もほとんどとらない。しかし、夜になればなんでも好きに食べていいことにしている。以前は、未加工の植物性食品の比率は総摂取カロリーの1〜2割だったが、いまでは5割以上に増えたのではなかろうか。3年ほど続けているが、簡単にできることなので今後もやっていくつもりだ。
　マーク・ビットマン：『Food Matters』『How to Cook Everything』の著者。

「Treat（ごちそう）」と「Threat（脅威）」の違いは"h"があるかないかだけだ。有害な食習慣には、たとえば大量の料理を、それも頻繁に食べることなどがあげられる。特によくないのは、高脂肪高カロリー食だ。このような食生活を見直すことで、私たちは健康をとりもどし、さらには満足に食事をとれない人々に浮いた分をまわすこともできる。これこそが「outdulgence（著者の造語。世界を変える喜びの意）」ではないだろうか。
　グラハム&トリーナ・カー夫妻：「世界の料理ショー」のシェフとプロデューサー。

昨年1年間で34kg以上も減量できたのは、だれからもそうしろと言われなかったからだろう。減量とは、自分の自由意志で行う精神修養であることを、私はあらためて悟った。「食べた量以上に排泄したから」減量に成功した、などと口では冗談めかして言っているが、**実際にとった行動はもっと単純で、食べる量を劇的に減らしただけだ。**すると、脳もこの方法をよしとしてくれた。
　リチャード・ソール・ワーマン：TEDカンファレンスとTEDMEDカンファレンスの創始者。

私の食生活は激しい。いろいろな食べ物に次々とはまってしまうからだ。期間こそ長くはないが、そのあいだは強烈な欲求につきうごかされて、とんでもない量をたいらげてしまうこともある。あきっぽいくせに、瞬間的に異常なまでに夢中になるのだ。たとえばあるときは、1週間ぶっ通しでピーナッツバター、それも粒入りのほうにはまり、毎晩遅くにスプーンに山盛りすくって食べていた。その前は、塩気の強いフェタチーズ入りの子羊肉のミートローフを熱愛していた。最近はチキンサラダのとりこになっている。マヨネーズをいい具合にかければもう完璧で、愛するディルとの相性も抜群だ。アーモンドスライスをふりかけた日には、もう止まらない——少なくともしばらくのあいだは。
　フランク・ブルーニ：ベストセラーとなった自伝『Born Round』の著者、「New York Times」の元レストラン評論家。

職業柄、人里離れた土地をよく旅して回る。仕事となれば、目の前に出された食事はなんでも食べる。ただ、**鶏の頭が浮かんだスープをすすめられると、特別な客へのもてなしの気持ちからなのか、単にからかわれているだけなのか、よく分からないことも多い。**とりあえず前者であるものと信じるようにはしているのだが。このような生活を30数年も続けてきたので、私の胃は鉄のように丈夫になり、舌はどんな味も受けつけるようになった。移動中は、軽量で腹持ちがいいオートミールやクスクスを主食にしている。自宅にもどると、リブロースの中心部分やヘラジカのステーキなどに、それ自体がサラダのような、最高においしい自家製チミチュリ・ソースを添えて食べる。
　ティム・ケーヒル：『Outside Magazine』の創刊者、ベストセラー作家。

人は、努力や経験を重ねることで、どんなものであれ、好きにも嫌いにもなることができます。でも野菜はおいしいですから、努力するまでもなく、簡単に好きになることができますね。私は、野菜は蒸して、ドレッシング代わりにレモン汁をかけて食べるようにしています。油は驚くほど高カロリーなので、たとえオリーブ油でもドレッシングには使いません。基本的に揚げ物や、油を使った炒め物は控え、食材はグリルするか、蒸すか、ローストしていただきます。チーズ（これは難航しています）やバター、牛乳、精白した食べ物（小麦粉や米など）、デザート、コーヒーに入れる砂糖（砂糖だけでなく、果物に含まれる天然の果糖以外の糖分すべて）などに関しては、好きにならないように自分を再プログラムしているところです。砂糖をとらない代わりに、果糖はいくらでもとっていいことにしています。蒸留酒は控えますが、週に何日かは（カロリーたっぷりですが）ワインをグラスで何杯かたしなみます。1人前として一般的に出されている料理の量がとんでもなく多いことにも気づきました。**これまでひとりで食べていた量の5分の1くらいが、私には適量なのです。ですからいまは、大皿に全員の食べる分を盛りつけるイタリアの伝統的なスタイルはとらなくなっています**（以前は、大皿の料理がなくなる前におかわりをしようと、自分の皿にあらかじめ盛りつけられた料理をできるだけ速く食べようとしていたのです）。絶えず変化している人生の中で身につけたことといえば、こんなところでしょうか。成功の秘訣は、言うまでもありませんが、自分によいものを愛し、よくないものは避けるよう気をつけることなのです。
　フランシス・コッポラ：映画監督、ワイン生産者、ホテル経営者。

上：イランのヤズド。1年じゅう休むことなく働くパン職人アクバル・ザレハが、パン生地をまるめている。ガス火の粘土窯で焼きあげ、クラッカー風の平らなパンをつくるのだ。

左：ベトナム・ハノイ郊外。自宅にある別棟の調理場で、稲わらを燃やして火をおこし、お茶のお湯を沸かすグエン・チー・フオン。

実家が農場だったので、牛の乳しぼり、鶏の採卵、家畜の解体といった農作業はよく手伝った。広大な菜園があったにもかかわらず、当時の私は高タンパク高脂肪の食べ物ばかりを腹いっぱいになるまで詰めこんでいた。自分でしとめた動物の肉を食べることもあった。だがその後、栄養とがんに関する大規模な調査を行うことになり、それを機に私は生活態度を改めた。植物性食品のほうが健康によいという調査結果も衝撃だったが、ほかの研究者の研究成果とも一致していたということが大きかった。以来、妻と成人した5人の子どもたち、5人の孫たちともども**完全な菜食主義を貫いている**。食べ物の好みもすっかり変わり、以前の食習慣に逆もどりすることなく20年以上が経過した。

T・コリン・キャンベル：コーネル大学栄養生化学名誉教授、『葬られた「第二のマクガバン報告」』(グスコー出版)の著者。

今日のロサンゼルスは、世界にあまたある都市の中でも、最も多様な食文化を誇るといっていい。広大な農業地帯のハブ機能と国内最大規模の港、そして21世紀の一大移民街を擁するこの街は、アメリカの芸術・文化・娯楽の中心地でもある。胃袋を通じてさまざまな現象を読み解く仕事にたずさわる身としては、これほど変化に富んだメニューを楽しめる場所はほかに思いつかない。絶品のモデナ料理から韓国の新鮮な魚料理、腕いっぱいに抱えられるほどのタンゼロ(柑橘類の一種)にいたるまで、なんでも食べられるのだ。**タコスをひとつたくしこむたびに、胃袋の中で牛の頭が組み立てられていくかのような錯覚さえ覚えてしまう。**

ジョナサン・ゴールド：ピュリッツァー賞受賞歴のあるレストラン評論家、『Counter Intelligence: Where to Eat in the Real Los Angeles』の著者。

私は小食ですし、カロリーや栄養価はまったく気にしません。実際、食生活のことではよくからかわれます。1970年代初頭、集約(工場型)農業の実態を知ったとき、菜食主義者に転じました。**肉食をやめて以来、心身が「軽く」なり、精力的になったと思います。**自分が口にする食べ物の産地やフードマイル、生産方法といったことをだれもがきちんと考えるようになれば、食生活も変わっていくでしょうね。特に、安価な肉を大量生産することで、どれほど環境に悪影響を与え、動物を苦しめ、ひいては人々の健康を損なっているかを知れば。

大英帝国勲位ジェーン・グドール博士：ジェーン・グドール・インスティテュートの創立者、国連平和大使。

私の大好物は、なんと言っても芽キャベツだ――焼いてよし、炒めてよし。とはいえ、歯ごたえや鮮やかな緑色が失われない程度に、ほんの数分だけ蒸して食べることが一番多いのではなかろうか。バジルソースのスパゲッティや、オリーブ油とニンニクのスパゲッティに刻みパセリやエンドウマメを散らしたものに、ヴィネグレット・ドレッシングであえたロメインレタスとルッコラのサラダ、それに、グラスに1杯の赤ワインと炭酸水のボトルでもあれば最高だ。料理をしながらマティーニを1杯楽しむのもいい。それも、冷凍庫から出したばかりのキンキンに冷えたジンでつくるに限る。

ヘンドリック・ハーツバーグ：『New Yorker』の編集局次長、『¡Obámanos!: The Birth of a New Political Era』の著者。

レストラン評論家なのにやせているというので、人にうらやましがられることが多い。しかし、これは思いがけず太らない遺伝子に恵まれていたからではなく、自分の意志で成しとげたことだ。10代のはじめに節度あるダイエットで体重を減らすことに成功して以来、**一番食べたいものだけは我慢せずに食べてもいいことにしている。おかげで食欲にも負けなくなった。**私がセレクトした食べてもいいアイテムは、砂糖、パン、クリーム、チーズである。どれもすばらしく健康的な食べ物とはいえないが、新鮮な野菜や肉(もちろん伝統的な飼育方法のもの)、魚(サスティナブルな漁法でとったもの)はかならず食べるようにしているので、足りない栄養素は十分に補えていると思う。食事回数が多いので、つぎの食事を楽しめるよう、つねに腹八分目を心がけている。

コービー・クマー：レストラン評論家、『The Pleasure of Slow Food』の共著者、『Atlantic』の編集局次長。

人の若さは、最後に気持ちを変えたときの年齢で分かる。**一番簡単な方法は、これまで食べたことがないものを食べること。**ありえないと思う食べ物であればあるほど可能性は広がる。

ケヴィン・ケリー：『Wired』編集委員、『What Technology Wants』の著者。

高校を卒業して数年後、マサイ族は精をつけるために牛の血を飲むという話をどこかで読んだ。そこで、オークランドにある食肉処理場から毎日約1ℓの血をもらって6週間飲みつづけた。ところがあるとき、血のかたまりがのどに詰まったので、やめてしまった。あれから75年経ったいま、私のタンパク源は卵白と魚だけである。ケーキもアイスクリームも食べないが、夕食時にはグラス1杯のワインを楽しむ。毎朝欠かさず運動をする。運動は大嫌いだが、運動したことでついてくる結果は悪くない。そこが一番のポイントなのだ。

ジャック・ラランヌ：フィットネス界のゴッドファーザー、『Live Young Forever』の著者。

食べ物というテーマについて考えるとき、私が何より心ひかれるのは、そこには無限のバラエティが存在することだ。また、食べ物と健康に関してこれまでに解明された内容を総合すると、**食事には生化学的な多様性があったほうがいいという。**このふたつの理由から、いつもいろいろなものを食べるよう心がけている。すべての要素を一緒にとれる料理をつくったり食べたりするのが好きで、たとえばアジアのカレーやメキシコのモレのように、10種類以上の材料を混ぜてつくる料理がいい。唯一、毎日欠かさず食べているものは、15年ほど前にインドの友人からもらって以来、自家培養を続けているヨーグルトだ。

ハロルド・マギー：『マギー キッチンサイエンス 食材から食卓まで』(共立出版)の著者。

皮なしの鶏のむね肉や小麦ふすまのシリアル、スキムミルク、生のブロッコリーといった禁欲的な食習慣を提唱する輩のせいで、アメリカの人々は長年、味気ない暮らしを余儀なくされてきた。彼らの主張を守れず、罪悪感を覚えた人も多かったはずだ。ふつうの人は、そんな魂の入っていない**料理など、食べつづけられるものではない。だからこそ、チキンナゲットや950mℓ入りソーダ、コーンチップス、ドーナツといった、刺激の強い食事に走ってしまう。**こうした極端な食事の対極にあって、長寿につながるのが、きちんとした伝統的な食事、すなわち栄養があっておいしくて、腹持ちがいい食事である。それはまさに、私が幼いころから慣れしたしんできたメニューだった。たとえば、ベーコン入りチーズオムレツに、栄養満点の自家製スープ、パテ、キャビアのサワークリーム添え、それに肉汁たっぷりのソーセージ、熟成チーズ、ビーフシチュー、脂肪分たっぷりの生乳、イチゴの生クリーム添え、牧草で育てた牛の乳からつくった黄色いバター、それもパンに載せると歯形がつくくらい固いものがいい。つまり、質の高い食事をすることが、私たちにできる何よりの復讐なのだ。

サリー・ファロン・モレル：ウェストン・A・プライス財団理事長、「本物の牛乳キャンペーン」の創設者、『Nourishing Traditions』の著者。

テキサス州育ちの私は、チリコンカルネ、チーズバーガー、チャルーパ(具入りのタコスの一種)を主食にし、それをドクター・ペッパーで飲み下すという日々を送っていた(名前にドクターとつくなら、体にいいはずだと思うだろう？)。19歳にして深刻なうつになり、健康をそこなうと、世界教会運動にたずさわる精神的指導者のもとで学びはじめた。師は、ホールフードや植物性食品を中心にした食事をし、運動と瞑想とヨガを実践すれ

上：ケニアのナロク近郊にある自宅で、4人の妻をもつマサイ族の長の第3夫人ノルキサルニ・タラクアイが、干ばつでやせこけた牛の乳をしぼる。乳の出は悪く、コップを半分満たすのがやっとだ。
左：ルクセンブルクのビュス。マリー・プーレ・カッテン＝カスがカスタードケーキとチキンの焼け具合を確かめる。ふたつ同時にオーブンで焼いておき、家族で囲む昼食の一品にする。

ば、心身ともに楽になるはずだ、とこんこんと私をさとした。その教えは本当だった。30年におよぶ臨床研究の結果、いまではこの方法で冠動脈疾患、前立腺がん、2型糖尿病、高コレステロール、高血圧、肥満などの慢性疾患の進行を食い止め、退行させることもできると証明されている。最近の研究では、**ライフスタイルを変えると、遺伝子そのものが変わるという結果が出ている**——病気を予防する遺伝子のスイッチが入り、前立腺がん、乳がん、心臓病などの病気を引き起こす遺伝子のスイッチが切れるのだ。500以上の遺伝子がわずか3か月ほどで変化するという。

<small>ディーン・オーニッシュ医学博士：予防医学研究所の創立者、『The Spectrum』の著者。</small>

「どうしてあなたは太っていないの？」と、よく不満そうに言われる。まるで、食べ物とレストランのレビューを執筆しつづけてきた人間は太っていなければいけないとでもいわんばかりだ。この問いに対する答えは、自分の五感をすべて動員し、ひと口ひと口をしっかり味わって食べることを心がけているから、である。**私は自分の食欲と向き合い、決まりに縛られないようにしている**。必要なものは体が知っている。体の声に耳を傾ければ、それでいい。

<small>ルース・ライクル：作家、編集者、レストラン評論家。</small>

食事のメニューを組み立てるうえで大切にしているのは産地です。地元でとれた季節の有機野菜の中で、そのとき手に入るものは何かを見て、決めています。**たとえばトマトの場合、旬になるまでは1年近く食べないで我慢しますが、旬のあいだは心ゆくまで味わいます**。

<small>アリス・ウォーターズ：シェフ、活動家、作家、シェ・パニーズ・アンド・エディブル・スクールヤード運動（学校に菜園をつくる運動）の創立者。</small>

若く有望な精神科医としての評価を確実にしつつあった私は、野心に燃え、不遜なまでの自信に満ちあふれていた。ところが、31歳になった10月のある晩、天地がひっくり返るほどの衝撃が襲った。脳をスキャンする実験で被験者がひとり足りなくなり、自らその代わりを買って出たところ、自分の脳に巣くっていた悪性腫瘍を見つけてしまったのだ。だが最初の治療を終えたあとも数年ほどは、発病前からの定番になっていた昼食スタイルを続けていた。研究室からクリニックへ向かうときに使うエレベーターの中で、立ったまま、チリコンカルネと精白小麦でつくったベーグルを缶入りのコーラで流しこむ。それも毎日だ。**がんが再発し、もう一度治療が必要になったとき、どうしたらがんに負けない体になれるのか、真剣に考えはじめた**。まずは食事を変えた。野菜に魚介類、果物やハーブやスパイスはたっぷりとり、赤身の肉や砂糖や精白小麦は少なめにするという、地中海風の食生活にしたのだ。自分でもまだ信じられないが、いまではがんになる前よりはるかに健康になった。

<small>ダヴィド・セルヴァン・シュレベール医学博士：MDアンダーソンがんセンター一般腫瘍学特任教授、『がんに効く生活　克服した医師の自分でできる「統合医療」』（NHK出版）の著者。</small>

家では基本的に、中華料理のテイクアウトか、魚や野菜料理を中心に食べています。有機野菜の宅配業者がその週に配達してくれる野菜を使って料理をつくり、野菜クズはコンポストにします。マメ、豆腐、米、ジャガイモ、パスタがわが家では定番の食材です。魚を選ぶにあたってはiPhoneのアプリを2種類使います。ひとつは、水銀の含有量が低い魚を探すため、もうひとつはサスティナブルな漁法でとった魚かどうかを確かめるためです。家にはジャンクフードを置かないようにしていますが、空港やサービスエリアではスナック菓子のチートスを買います。外国を旅するときは、現地の料理の中からベジタリアン料理を選びます。ときどき翻訳が間違っていて、「マメ」のソテーを頼んだらハチのソテーだったり、チートスに似た現地のスナックがなんと幼虫のフライだったりしたこともあるんですよ。

<small>エイミー・タン：ベストセラー作家。</small>

私が成長期に食べていたのは、20世紀半ば当時、主流だったメニューである。大学時代も、医学校に進んでからも、食べられるものはなんでも手当たり次第、大量に食べていた。転機は1970年に訪れた。28歳を迎えたとき、食生活を含めたそれまでのライフスタイルを変えてみようと考えたのだ。そのころの私は太りすぎで体調も優れず、気持ちはあっても体力がついていかず、探検旅行に出かけることもかなわない状態だった。**私はヨガを始め、体の活動量を増やし、瞑想を行い、乳菜食者になった**。その結果、体が劇的に変わったので、この生活を続けることにした。1980年代半ばに魚を食生活にとりいれてからは、魚と野菜ばかり食べている。自分が口にする野菜の多くは自分の手で栽培している。料理も大好きなので、独自の栄養哲学を、地中海料理をベースにした抗炎症食として体系化してみた。精製食品、加工食品、工場で生産された食品は避け、オリーブ油、各種の野菜、良質な日本食、緑茶、ダーク・チョコレートなどをとるようにしている。

<small>アンドルー・ワイル医学博士：アリゾナ統合医療センターの設立者、ベストセラー作家。</small>

中西部の農家で育ったので、幼いころから食べ物には関心があった。その後、食品化学、医学、公衆衛生を学び、30年にわたって数十万人の食習慣の追跡調査を行ってきた。その結果、**精製したでんぷんや砂糖、赤身の肉、乳製品をやめ、全粒の穀物や、植物性のタンパク質と脂肪をとるようにすれば、長く健康で幸せに暮らせることが分かった**。それらの条件をすべて満たすものを探し、いきついたのが、伝統的な地中海料理だ。おかげでいまは、牛肉にマッシュポテト、グレービーソースなどといった子ども時代の定番料理よりは、はるかにバラエティに富んだメニューを楽しめるようになった。

<small>ウォルター・ウィレット医学博士：ハーバード公衆衛生大学院の疫学および栄養学教授。</small>

20代のころ、野生のチンパンジーの食生活を研究していた私は、日の出から日没までひとつの個体を追いかけて歩く日々を送っていた。長い道のりを踏破し、ときには地面をはい、木に登り、やぶの中を走り抜けもした。**人間らしい食事にありつけないまま、日暮れを迎えたこともある**。チンパンジーは1日に10〜20種類の食べ物をとる。だがそんな彼らにならって"森のバイキング料理"でしのぐしかなくなると、人間である私は、たとえどれほど空腹でも、実にみじめな気分になった。野生のラズベリーでも見つかればしめたものだが、たいていはサトウキビのように繊維質で、野生のリンゴや辛いラディッシュのように強烈な味の果物ばかりで、とても腹いっぱい食べられたものではない。だから、あたりが暗くなり、キャンプにもどってから食べるシンプルなパスタや米の料理は、何よりもすばらしいごちそうだった。人間は幸運な生き物である。ほかの多くの生き物も、できるものなら調理された食べ物を食べたいと望んでいるはずだが、料理という特権を手にしたのは人間だけだ。

<small>リチャード・ランガム博士：ハーバード大学生物人類学教授、『火の賜物　ヒトは料理で進化した』（NTT出版）の著者。</small>

上：シェフのダン・バーバーと、彼の1日分の食事。アメリカのニューヨーク州ポカンティコ・ヒルズにあるストーン・バーンズ農場のレストラン、ブルー・ヒルにて。スタッフが手にしているスプーンは、彼が厨房に立つ日に味をみる、何百種類もの料理を象徴している。
左：スペイン北部のコスタ・ブラバにあるレストラン、エル・ブリのオーナーシェフ、フェラン・アドリア。世界的に有名なその店で、ほかのシェフたちを監督しつつ、午後から夜にかけて味見を繰り返す。

序文

世界各地の80人の食事
フェイス・ダルージオ

　エジプトのラクダ商人は、カイロからバスで1時間のところにある市場で精肉業者との取引に1日を費やす。バングラデシュの縫製工場に勤める女性は、リキシャ（自転車タクシー）で職場へ向かう道中、弁当をサリーのひだでおおい、ダッカの雑踏（ざっとう）から巻き上がるほこりが入らないように工夫する。ケニアのグレートリフトバレーでは、マサイ族の母親が、干ばつのあおりでやせこけた牛からどうにかコップ半分ほどの乳をしぼり、それを粥に入れて牛追いに出す。アメリカのイリノイ州では、長距離トラックの運転手がトレイラーを停め、昼食にファストフードを食べる。本書では、世界30か国に住む80人が、自分の食事や日常生活のあれこれを語ってくれている。いま紹介した人々は、そんな80人のごく一部である。

　『地球のごはん　世界30か国80人の"いただきます！"』では、実在の人物とその人が食べたものをショーケースのように並べて紹介していく。アイスランド沖の極寒の北大西洋からうだるように暑いアマゾン盆地まで、はたまたアフリカのグレートリフトバレーからチベット高原まで、ケースの中身は実に多様である。地の果てとも思われるほどはるか遠くの土地に暮らす人ばかりでなく、すぐ近くに住んでいるだれかの生活をのぞき、あなた自身の食生活と比較してみることができるというわけだ。

　いまから5年前、フォトジャーナリストである夫ピーター・メンツェルと私は、世界じゅうを食べ歩いて取材し、世界24か国に住む30家族が1週間に消費した食材を詳しく紹介した本を制作した。前作『地球の食卓　世界24か国の家族のごはん（原題『Hungry Planet: What the World Eats』）』である。1週間分の食材とともに家族全員を撮影したポートレートを載せ、その家族の日常生活を文章でつづった。当時、栄養問題は国内外で大きな注目を集めていた。飽食にともなう慢性的な食源病（食事由来の病気）の急増がとりざたされ、人類が新たな時代に突入したことを示す統計がいっそう説得力をもつようになった。地球の歴史上初めて、栄養過多人口が栄養不足人口を上回ったのである。

　飽食の原因のひとつにあげられるのが、世界的な収入の伸びだ。可処分所得が増えると、人は未精白の穀物や豆類や野菜で構成された伝統的な食事から離れ、食肉や乳製品、甘いもの、加工品などをたくさん食べる傾向がある。このような太りやすい食事への移行は「栄養転換」と呼ばれ、世界的に広がっている。利にさとい企業や個人が、どこまででも売りこみに出かけていくからだ。

　前作と、その出版後に企画した写真展は、ありがたいことに大変な反響をいただいた。それがよかったか悪かったかはともかく、ひとつには自分の家族と本で紹介された家族を比較してみたいと考えた多くの人々が関心をよせてくれたからだろう。実は、私たちは前作が世に出るころにはすでに、心新たに世界をめぐる旅に乗り出し、食材とともに取材対象のポートレートを撮影するというコンセプトを個人に落としこむ試みに着手していた。もう一度世界各地を訪れ、それぞれまったく異なる事情を抱える大勢の人たちを、その人が1日にとる平均的な食事とともに撮影していたのである。こうしてできあがったのが、本書だ。

日本の東京・渋谷にあるファストフード店で食事を終える客。

掲載の順序

本書は、ある瞬間を切りとった記録として1日分の食べ物を写真に収めるというコンセプトが土台になっている。ただの思いつきと片づけられてしまうレベルかもしれないが、世界各地のさまざまな社会階層の人がごく平均的な1日に食べたものを、すべて撮影したのである。前作までは、住む土地を基準に取材対象を分類し、地名順、もしくは大陸別に並べていたが、本書では、総摂取カロリーの少ない人から多い人の順に掲載していく。たとえば、本書には5人の中国人（高層ビルの溶接工、農家、曲芸師、ゲーマー、大学生）が登場するが、総摂取カロリーが違うのでばらばらに登場する。同じくふたりいるラトビア人（養蜂家とボイストレーナー）、スペイン人（闘牛士と羊飼い）なども同様だ。取材対象となったどの人についても、その時期のある平均的な1日に食べたすべての食べ物とともにポートレートを撮影し、食事の内容を書き出した詳細な食材リストを添えた。また、要所要所に寄稿文を配したことで、この人たちのグローバル社会における立ち位置が見えてくることと思う。

私たちが当初から懸念していたのは、総摂取カロリー順にした場合、表示された数字を見た読者は、その人が長期にわたり、日常的に摂取しているカロリー値の平均ととるのではないかということだった。しかし、そういうことではないので誤解しないでいただきたい。本書はあくまで、ある人が直近のごく平均的な平日に食べたものをもとに制作している。その日にまつわる記憶や日々の食習慣や個人的な好みを聞きとり、ときには食料貯蔵庫まで見せてもらって導きだした情報をまとめたものでしかなく、臨床研究でも、民族学の食事調査でもない。また、それに代わるものをめざしたわけでもない。単純に、その日に食べたものすべてを掲載しているだけなのである。たとえば、バングラデシュの縫製工場で働くルマ・アクテルの総摂取カロリーは1,800kcal（p.64）と表示されているが、月末に手元の現金が底をつくと、工場の給料日がめぐってくるまで摂取カロリーはどんどん減っていく。ニューヨークのモデル、マリエル・ブースの総摂取カロリーは2,400kcal（p.112）と掲載されているが、仕事を控えて減量していたのか、ボーイフレンドとおいしいものを思い切り食べたのかによって、摂取カロリーは増減する。一方、カロリー制限をしているマイケル・レイ（p.74）の場合、計算してみると、いつでも彼が設定した数値しか出てこない。彼は個々の食材のカロリーを手早く計算し、摂取カロリーを自在にコントロールして、目標値をたたき出すことができるのである。

身体活動の強度については、評価しなかった。読者にはむしろ、写真や文章、その人がおかれた生活環境などの情報から、その人が普段どの程度活動しているのかを読みとっていただきたい。すべての文化に通用するものさしは存在しない。「精力的」「活動的」「中程度」「座りがち」といった、一見分かりやすそうな分類でさえ、実際にはあいまいで、恣意的(してき)になってしまう危険性をはらんでいるからだ。

中間層

それほど意外でもないかもしれないが、本書で紹介する人々の総摂取カロリーは、おおむね中間あたり——2,000kcalから4,000kcal——に集中している。しかし、数字だけをとりあげることにあまり意味はない。これらの数字は、その人の生活の中にあてはめて解釈したときに、初めて意味をもつからである。

たとえば、力士の雅山（p.206）の1日の総摂取カロリーは3,500kcalだ。しかし、こうして見あげるほどの巨漢になるまでには、表示カロリーをはるかに上回るカロリーを何年にもわたり必死で摂取し、土俵で闘えるだけの体重を手に入れたという経緯がある。とはいえ、181.4kgの巨体をつくりあげたいま、体重維持にそこまでのカロリーを摂取する必要はない。取材をした週、雅山は本場所——年6場所のひとつ——を控えて稽古に励んでおり、酒も飲まなければ、後援会の人たちとの会食にも出かけなかった。もし後援者たちとの付き合いを優先していたとしたら、総摂取カロリーはもっと高くなっていたはずだ。

アメリカ・テネシー州のリック・バンガーデナー（p.52）の1日の総摂取カロリーは1,600kcalである。リックの体型や体重（212.3kg）を考えると、これは一見ありえない数字に思える。しかし、写真に収められた1日分の食事は減食食で、彼は減量手術の適応になるよう、体重を落とそうとしている最中だった。当時の体重のままでは、重すぎて手術ができなかったからだ。私たちが訪問したころ、リックの食事の献立は、なんでも食べられた以前の食生活とは比べものにならないほど制約のある、さびしいものだった。スクールバスの運転手を引退したいま、カロリー制限を守れないこともよくあるという。「ウサギのエサを食ってて、こんな体型になったわけじゃないからね」と、これだけは無制限に食べていいといわれている生野菜の山を見やった。

ケニアのノルキサルニ・タラクアイ（p.24）の1日分の食事は800kcal。本書で紹介する80人の中では最も少ないため、彼女は最初に登場する。巻末を飾るのは、過食症と闘うイギリスのジル・マクタイ（p.322）で、1日分の食事の総摂取カロリーは12,300kcalにものぼる。このふたりが取材日にとった食事は、いずれも長く続けられるレベルではないが、これらの例を含めることで伝えられるメッセージは多い。

ジルの場合、生活全体の流れの中でとらえれば、取材日のようにたくさん食べてしまう日があったとしても、5,000kcalかそれ以下しか食べない日もあれば、そこまでの影響は出なかっただろう。しかし、逆にもっとカロリーをとってしまった日もあったかもしれない。撮影当時から、ジル本人も、こういった食生活は長く続けられるものではないことはよく分かっていた。追記として、最初の取材以後の暮らしぶりを、ジル自身の言葉をひいてつづってある。

その対極にあるのがノルキサルニだ。取材日に彼女は800kcalしかとっていなかったが、こういう食事も、やはり長く続けられるものではない。とはいえ、ときには彼女だってヤギ肉を口にすることもあれば、食糧援助の配給を受けることもある。雨季に入れば、家畜からとれる乳の量も増えるだろう。日々の総摂取カロリーを、たとえば1か月あまりにわたって記録してみたら、1日の平均総摂取カロリーは800kcalより高いはずだ。しかし、食材が少なく苦労したあの日、半乾燥地帯に住むノルキサルニが口にしたのは、粥、少量の牛乳、そして夫が持ってきた果物ひと切れでしかなかった。

同じことは、本書に登場するすべての人にいえる。総摂取カロリーは、取材日にその人がおかれていた境遇や、そのときの状況をそのまま反映しているのだ。大工の助手のほか、パートタイムでタトゥー師の仕事をしているルイ・ソト（p.154）は、食事制限を守れる日もあれば、守れない日もある。ルイは健康のために減量している最中で、たいていの日はカロリー制限をきちんと守っているが、いまだに野菜はあまり口にしないという。「野菜を買いはじめてはみたけど、値段が高いから結局『いつ

インドのウジャインにあるアシュラムでは、ヒンドゥー教の祭りクンブ・メラの期間中、野菜のカレーとダル（レンズ豆のカレー）がボランティアの手によって何千人もの巡礼者にふるまわれる。

もの』食事に落ちついたんだ」。精肉業者のマルクス・ディル（p. 274）は、肉をたくさん食べる。また、ケータリング事業も手がけている関係で、自分でつくった料理はすべて味見をする。ケータリングでミートパイをつくっている日に取材していたら、それも当然ポートレートに収められていただろうし、彼の総摂取カロリーもその分、増えていただろう。

取材ではごくふつうの平日に焦点をあてたので、週末だけお酒をたしなむ人の食材リストには、アルコール類を含めなかった。逆にロシアのヴャチェスラフ・グランコフスキー（p. 240）やアメリカのアーニー・ジョンソン（p. 210）のように、ひと晩にビールを2缶から6缶分飲む人や、ピーター（p. 331）や私自身（p. 330）のように夕食とともにいつもワインやビールを楽しむ人のリストには、アルコール類を含めている。

フィールドワーク、それも飲食の調査が含まれるケースにはつきものだが、取材対象はときに取材する側の喜びそうな方向に話をもっていったり、自分をよく見せようとしたりすることがある。もちろん、ほとんどの場合は意識的に脚色しているわけではない。しかし、そのような傾向があることを知っているので、私たちは何年もかけて培ったジャーナリストとしての経験と勘をいかし、できるだけ正確な情報を聞きとることを心がけた。たとえば、植物油が大さじ1杯多いだけで、総摂取カロリーは約120kcal増える。ちりも積もれば山となるのだ。

フィールドワーク

取材のために外国を訪問するときは、どの地域でどんな仕事をしている人を取材するかだけを事前に決めておき、実際に取材する対象は、現地で探した。そして、さまざまな社会背景をもつ人の中から対象者を選んだのち、その人の平均的な1日の食事内容を解明していった。たとえば、茶葉の栽培が盛んなケニアのケリチョ県で、私たちは、茶農園主の息子のキベット・セレム（p. 172）に出会った。愛想のよいキベットは、取材を承諾してくれたものの、仕事の手は止められないというので、彼

ラトビアのリガにある中央市場で、魚売り場の店番をする女性。
ここはヨーロッパでも有数の規模と歴史を誇るマーケットだ。

が両親の農場で牛の乳しぼりをするあいだ、私たちは彼に密着することにした。そして何回も打ち合わせを重ね、彼の生活や人生設計、日々の食事について調査した。取材中、キベットの母ナンシーは穀物を発酵させてつくった冷たい飲み物をふるまってくれ、米と豆のランチも出してくれた。

キベットと話しあううちに、前日の食事こそが彼の平均的な食事だと判断できたので、彼が前日に食べたものを詳細にリストアップし、それをもとに写真に収める食べ物を決めていった。リストに載せた食材があっているかどうかはキベットの母と義理の姉妹に確認してもらい、撮影が終了する直前まで何度も修正を重ねた。実は撮影後に修正が必要なケースもある。写真に写っている食べ物の中に、量が多すぎるものや本来あってはいけないものが含まれていた場合は、食材リストに注釈をつけ、総摂取カロリーについては正確を期した。

食材が撮影前になくなってしまったケースもある。たとえば、ヴィアホンジェラ・ムストゥアの食材リストに載っているバード・プラムがそ

うだ（p.42）。撮影前に食べ終えてしまったので、リストには載せたが、写真には写っていないと注釈をつけてある。上海では、KFCでチェン・ジェンがいつも注文するメニュー（p.134）をテイクアウトしたのだが、店員がフライドポテトを袋に入れ忘れてしまい、南京東路でポートレートを撮影したときは、フライドポテトなしでいくしかなかった。KFCの広告を無断で撮影していると勘違いした警察が取り締まりに来てしまったので、その前に急いで撮影を終わらせなければならなかったからである。

ピーターは基本的に、杓子定規に当局から許可をとるより、とにかく行って撮影してしまえば大目に見てもらえる可能性が高いと考えている。ラッシュアワーで混みあう東京のとある交差点の、よりによって交番から見通せる位置に陣取り、許可もとらずにバイクメッセンジャー矢島純（p.282）を1日の食事とともに撮影したときは、手早く準備と撤収ができるよう事前に練習までしてのぞんだ。そして、だれにも見とがめられずに、無事に撮影を終えることができたのだが、会心のショットを

収めたメモリーカードが破損し、翌日にもう一度、撮影しなおすはめになってしまった。

　異文化の壁を乗り越えねばならないこともあった。イエメンは保守的なお国柄で、家長制度がいまだに幅をきかせている。それもあって、親戚でもない限り男女が席を同じくすることはない。ところが、ファドヒル・ハイダルは、妻サーダ（p.148）への取材を承諾してくれたばかりか、1日の食事とともにポートレートを撮影することを許してくれたのである。サーダの家を訪ねたときは、あいにく女性の通訳者が同行できず、カート商人アハメド・アハメド・スウェイド（p.194）の通訳をしてくれたサミ・アル・サイヤニ（26歳）という青年にピンチヒッターを頼んだ。ところがいざ取材を始めようとすると、「直接あの女性と話すことはできません」と言い出すではないか。そこで、以前も使ったことがある、夫を介して間接的に会話をする方法に切り替えた。「自分の親戚以外の女性と同席するのは初めてでした。仕事ですから、先方の家に行き、取材に同席はしましたが、あの女性の顔は一度も見ていません。彼女は素顔をあらわにしていましたが、ぼくはひたすらファドヒルを見ていました。彼女に話しかけられたらファドヒルに返事をしましたし、彼女に質問したいときもファドヒルに問いかけました。顔を見るなんて、とても恥ずかしくてできません」と、サミは訴えた。

　ポートレートの撮影を終えると、つぎはすべての食料の重量をデジタルスケールではかる。このはかりは発展途上国では大人気で、特にチベットのヤク飼いのテントでは注目の的だった（p.304）。取材対象がレストランで外食をした場合は、その店のシェフからレシピをもらうことにした。イラク戦争の退役兵フェリペ・アダムズの行きつけのカフェ、プティート・サラでは、彼が食べたチキンのサンドイッチを解体して見せてくれた（p.96）。

　取材方法はいたって単純なのだが、それでもかならずしも計画通りには進まず、いろいろと勉強になった。たとえば、夕闇迫る石油プラットフォームのヘリコプター発着所でオズワルド・グチエレス（p.310）の写真撮影を終えるまでには、数々の関門をくぐり抜けなければならなかった。ベネズエラ国営石油公社の幾重にも連なる官僚機構を突破し、マラカイボ湖の中ほどにある石油掘削プラットフォームを訪問する許可を得るのは大仕事だったが、それはポートレートの完成にこぎつけるまでの最初の関門にすぎなかったのだ。しかし、ふたりの一流シェフがとる1日分の食事を把握する作業がそれ以上に困難だなどと、だれが予想しただろう？ ニューヨーク州北部ストーン・バーンズ農場内にあるレストラン、ブルー・ヒルのシェフ、ダン・バーバー（p.13）と、スペインのコスタ・ブラバにある有名レストラン、エル・ブリのオーナーであるフェラン・アドリア（p.13）も本書で紹介したかったのだが、どちらも今回、食材リストとともに掲載した80人の中には含まれていない。ディナータイムにレストランの客に出す料理を用意するさい、ひとさじずつではあるが、信じられないほどの皿数の中から味見をするので、カロリーを計算できない食べ物が多すぎたのである。

　サスティナビリティを追求する私たち夫婦の友人でもあるダンが教えてくれた1日分の食事内容は、ストーン・バーンズ農場のキッチンが供する、それ自体が芸術品ともいえる健康的な食べ物ばかりだった。ヨーグルトを添えた季節の果物（ダン絶賛のブルーベリー）と、菜園でとれた新鮮なトマト、トウモロコシ、エンドウマメ……。しかし、私たちは、彼の罪深き楽しみをも記録に残すために、写真の後方に小テーブルをしつらえ、チョコレートチップ入りクッキーの生地とブラウニーを並べてフィルムに収めることにした。ダン本人は、もうこういうものを食べる習慣はないと言ったが、やめたのはごく最近の話だったので、リストに入れるべきだと私たちは考えたのだ。「どれももう、過去のものなのに」。ダンは一方ではそう主張しながらも、「ああいう食べ物を口にすることにどんな意味があったのか、だんだん分かってきたんだ。食べ物は愛情と同じなんだよ。1日が終わると、疲れ果ててはいるが、気分は爽快だ。その日を無事に終えられたわけだからね。緊張もほぐれていく。しかも、ひとりきりときた。夜のそんなひととき（午前1時か2時ごろ）、あれが無性に食べたくなるんだよ」とも言っていた。彼が味見した料理は、扇状に並べてテープで固定したスプーンに、キッチンのスタッフにひとさじ分ずつ入れてもらった。そこまでしても、味見で摂取したカロリーを計算することは不可能に近かったので、本書では写真で紹介するにとどめる。

　フェラン・アドリアの1日分の食べ物を正確に把握するのは、エル・ブリの予約をとるより難しかった。答えを見つけたと思っては、間違いに気づくことの繰り返しなのである。エル・ブリのキッチンを2日間取材して得られた情報は、フェランが開店前にスタッフと食事をすることと、エル・ブリで出される料理の多くは、バルセロナにあるフェランのアトリエで考案されていること、その2点だけだった。彼はアトリエとキッチンの両方で味をみて、料理を完成させる。人の食生活はさまざまに変化するものだが、フェランの場合はなんともほほえましい変化を遂げた。エル・ブリで取材したとき、彼は自宅の冷蔵庫に入っているのはビールだけだと答えた。先日、もう一度同じ質問をすると、冷蔵庫に唯一ストックされているアイテムは果物に変わっていた（p.8）。

　ピュリッツァー賞受賞者ジョナサン・ゴールドの取材も、なかなか全貌が見えてこず、やりづらかった。在宅で仕事をする現役パパのジョナサンは、『LA Weekly』の料理評論家でもある。そんな彼の食材リストは、フェランのそれと同じくらいまとめるのが難しかった。しかも、彼の1日分の食事をあぶりだしていくプロセスは、彼の魂を奪いとっているような罪悪感をともなった。ジョナサンは納得がいかない顔をしながらも、1日にとる食事の内容はだいたいこんなものだろうということで落ち着き、本人とともに写真に収めるところまでこぎつけたのだが、最終的に食材リストは載せないことにした。ジョナサンには彼にしかできないやり方で食を楽しみ、それをだれにもまねできないすばらしい文章にまとめてもらうほうがいいと考えたのだ。ジョナサンの写真（p.329）はとても気に入っているのだが、本当は彼の姿だけでなく、食事の内容も隠したほうがよかったかもしれないと、いまは思う。同じく食の専門家でシカゴ郊外にあるメキシコ料理店のオーナー、ルルデス・アルヴァレス（p.182）のインタビューは、はるかにやりやすかった。ルルデスが自分のポートレートに入れる料理をつくるあいだ、私たちは密着して取材することを許され、撮影はルルデスの父親のレストランで行った。彼女はその店で、父親のかたわらで料理をしながら成長したという。

　取材旅行から帰宅すると、単調で根気のいる作業が始まる。まずは、何時間も延々と続くインタビューを聞いて文章におこす一方で、写真に収めたすべての料理の材料を書き出し、摂取カロリーを計算する下準備をする。ポートレートを撮影してからかなりの時間が経っても、レシピや数量や下ごしらえの方法について取材対象や通訳者たちとずっと連絡をとりあうことになるのだ。

食材リストの作成方法

複数の食材を使った外国の料理でも、代表的な料理については、一般的なカロリー表くらいはあるだろうと思っていた。しかし、食材単位の研究データや栄養データは見つかるものの、複数の食材が使われた料理の大多数は、カロリーを簡単に数値化できなかった。そこで、私たちは自分たちで調べることにした。

取材対象、通訳者、エージェントからもたらされた情報をもとにレシピの内訳を計算するさいは、その地域に特化した情報を集めるよう注意した。食の分布がいかに複雑かを、インドを例に解説しよう。インドは宗教的、文化的、経済的な理由から菜食主義者が多いが、国を貫く共通点はそこまでだ。レシピや料理は、北と南、東と西で大きく異なる。

南インドの街バンガロールで取材したシャシ・チャンドラ・カーント（p. 162）の母スミトラは南部沿岸のマンガロール出身なので、南部のスパイシーなサンバールをごちそうしてくれた。彼女の料理には、南インド料理でよく使われるココナッツがたっぷりと入っていた。中央インドのアシュラムでは、ややスパイシーなトールダルと白米、ジャガイモのカレー、そしてプリが、ヒンドゥー教の苦行僧シタラニ・タイヤーギ（p. 32）たちにふるまわれた。北インドでは、ムンナ・カイラシュの妻メーラ（p. 114）が、さらにスパイシーなダルとカレーをつくってくれた。

フィールドワークを終えたあと、食材リストの作成にさらに数か月を要した。編集部のケンダイル・パパスと辣腕のコピーエディター、ジャスミン・スターは、正確で、なおかつ読者に分かりやすいリストをつくるべく、内容の精査に打ちこんだ。厳密で信頼のおける基礎データは、いまもグーグルのクラウドコンピュータに残っている。栄養学者のコレット・ラサル（公認栄養士）とメアリー・ニコル・レジナ・ヘンダーソン（理学修士、公認栄養士）、カリフォルニア大学デービス校の学生たち、そして世界じゅうに散らばるエージェントや通訳者たちは、そのデータを共有し、協力して資料にあたり、完成度をさらに高めていった。

本書を完成させるにあたり、最も時間を要したのは事実の確認だった。何度も繰り返し情報の裏取りを要求する私たちに、通訳者や取材対象は何か月にもわたり悩まされることとなった。ベトナムの通訳者ド・ミン・トゥイにベトナムの麺料理フォーのハノイ風レシピについて何度か情報を求めたところ、彼は穏やかながらもきっぱりとしたトーンのメールを送ってきた。「フォーにタマネギともやしと砂糖を入れろという人がいても、とりあってはいけません。南部と北部では好みが違うのですから」。以前から台湾や中国での通訳をつとめてくれ、恐れを知らない旅の仲間でもある息子のジョシュは、私たちが投げかけた何千もの質問に答えるために、台湾の保健省の人たちを質問攻めにしてくれた。

アメリカ農務省およびその他の研究所の研究者たちとは、比較できるものとできないものを明確にするために、長時間にわたって話をした。たっぷり情報を収集すると、私たちはカロリー計算にどの栄養データベースを使うのかを規定する、厳密なガイドラインを作成した。特定の目的にだけ利用したものもあれば、頻繁に利用したデータベースもあるが、利用する前には、まず比較する条件が同じであるかどうかを確認するようにした。たとえば、データベースが可食部のみをもとに計算されたのか、廃棄部分も含めて計算されたのかのチェックなどを徹底したのである。データベースの中には各種情報の信頼性をレーティングしたものもあり、とても役に立った。

アメリカ農務省の栄養データベースは、使いやすいうえに情報はすべて最新で、食品成分データベースとしては最高である。利用したデータベースのリストはp. 334に掲載した。栄養学者たちは、Food Processor SQL と国連食糧農業機関が開発した INFOODS（International Network of Food Data Systems）というソフトウェアを利用して、私たちが提供した原材料のリストと量に関するデータをもとに、ひと皿分の料理のカロリーを計算した。

取材した国にカロリー値のデータがある場合は活用したが、多くの場合、特に発展途上国ではそれが難しかったので、アメリカ農務省のデータベースをはじめとする、大規模データベースを利用した。栄養素という難題には触れず、カロリー計算だけをする分には、大きな支障はなかっ

❶バングラデシュのダッカでは、夜明けにブリガンガ川のドックでインタビューを行った。❷アメリカのカリフォルニア州でジョン・オプリスを撮影。❸エジプトのカイロ郊外にあるビルカシュ・ラクダ市場で、ラクダ商人サレハの食料を計量する。❹ラトビアのリガで、アンシィス・サウカとカメール・ユース合唱団を撮影。❺イランのヤズドにあるジャメモスクにたたずむ著者ふたり。❻ケニアの茶農園で撮影に備えてキベット・セレムの１日の食事を準備する。

た。めずらしい食べ物や習慣に関して正確な情報が必要なときは、研究者に相談し、知恵を借りて、一つひとつ問題を解決していった。たとえば、ヒンバ族はおもに肉牛からしぼった乳を消費する。その乳に含まれる乳脂肪のカロリーを計算するさいは、ナミビア大学のＰ・Ｇ・ビリー教授に教えを請うた。ヒンバ族の伝統的な全乳は、雨季には市販の全乳より乳脂肪の含有量が少ないのだが、ビリー教授は手元に雨季のデータをもっていたのである。チベットの発酵乳のカロリー計算では、インドのシッキム国立大学で伝統食を研究しているジョティ・プラカッシュ・タマン教授からデータをいただいた。古代穀物とアフリカにおける食糧供給の近代化に関する文献は、情報源として貴重で参考になった。

最もカロリー計算をしやすかったのは、グローバル市場で買えるものを食べるナミビア人のテルシウス・ベズイデンホウトと、アメリカ人のジェフ・ディヴァインのふたりであった。長距離トラック運転手のテルシウス (p. 320) が運転中に食べるものは、原材料と総カロリーが袋に印刷されたものがほとんどだった（自宅での食事は違う）。シカゴの鉄工職人ジェフ・ディヴァインの食事 (p. 318) も、ボディビルディング用サプリメントも含めてパッケージ包装されたものばかりだった。

逆に、最も計算しにくかったのは、南インドのミリー・ミトラ (p. 100) である。コックを雇っているうえに味にうるさく、いろいろな材料を使ってつくられたたくさんの料理から、すこしずつ食べるからだ。

外国語の表記
食材リストは、おもしろさ、分かりやすさ、正確さを追求するために、何度も修正を加えた。外国の料理名の表記方法は越えなければならない関門のひとつだった。たとえばマイクロクレジットの借り手シャナーズ・ベグムの食材リスト (p. 82) では、サク（葉野菜）は材料のひとつであると同時に、サクにいろいろな材料を加えてつくった料理の名前にもなっている。説明を加えなければ分かりにくいと判断された場合は、外国語名は使わないですませた。

屋台の店主リン・フイウェンの夜食にある揚げた豆干（ドウガン）は、乾燥豆腐のことだ。ところが、ドウガンにほかの材料を加えてつくる料理もドウガンと呼ばれるので、誤解のないように材料を分けて表記した (p. 142)。紙面の都合上、重要度の低い材料は割愛せざるをえないこともあった。しかし、おもな材料はつねに記載し、スペースが許す限り特殊なスパイスやハーブも含めた。食材の重量には油が含まれている場合もある。料理に油が加えられているときは、基本的に別のアイテムとして記載してあるが、そうでないケースもある。

また、ロティ（さまざまな言語で「パン」を意味する）という単語は、その言葉自体のもつ意味だけでは説明が足りないので、「全粒小麦の平たいパン」のような表現に置き換えることにした。すべて紹介することはできないが、正確に理解してもらうことを優先して、地元の呼称を掲載しなかったケースはほかにもいろいろある。

なお、日本円の表記に関しては１ドル＝90円（2010年10月現在）で計算した。

アクセント記号
取材対象は数多くの国にわたっており、また、国ごとに独自の発音があるので、個人名をのぞき、アクセント記号はすべて無視することにした。もちろん、現地の人からみれば発音はおろか、ときには意味さえも異なってしまうことは承知のうえである。

ボトルとパッケージ
飲み物やパッケージの容量は、メートル法とアメリカで使われる度量衡を相互に換算した結果、中途半端になったケースもある。水は、写真に収めるためにペットボトルに入れたが、取材対象が水を購入していない場合は、ペットボトルのラベルをはがし、食材リストには「水」「飲料水」とだけ記載した。コーヒー、紅茶、コーヒー用クリームは、材料ごとのカロリーを計算することにした。既存のレシピを利用したケースも多い。たとえばバングラデシュで出される世界一甘い紅茶は、加糖練乳、砂糖、紅茶を混ぜあわせてつくる。そこで、3つの屋台の紅茶のレシピを比較し、7ℓ分のカロリーを計算したうえで、1杯分のカロリーを算出した。

本書を支える人々

1日分の食材という一見シンプルなコンセプトで世界各地に暮らす80人を見つめることができたのは、ひとえに基礎研究を進めてくれた人々の存在があったからである。

私たちはどの国でも、食品分野の科学者や研究者、そして特定の民族に特化して研究者としてのキャリアを形成してきた文化人類学者たちの仕事を土台にして仕事をさせてもらった。こうした学問が確立していたおかげで、よその国に数日から1週間滞在しただけで異国の生活様式を理解し、紹介することができたのだ。そうでなければ、一から基礎を組まなければならなかったはずである。

本書に寄稿してくれた7人の識者は、鋭い洞察力を駆使して、食という文化をさまざまな切り口から見せてくれた。この場を借りて、感謝の気持ちをあらわしたい。人類は、いつどのようにしてサルのような祖先と決別して森を離れ、地球を支配する種に進化したのだろうか。生物人類学者リチャード・ランガムは「調理法を発見したときだ」という（p. 80）。カロリーとは正確には何をさすのか。また、なぜカロリーという、食品に含まれる熱量の単位の基礎知識が必要なのか。これはジャーナリストのビジャル・P・トリヴェディが解説している（p.122）。ニューヨーク大学の栄養学者、リサ・R・ヤングは、1人前の分量が恐るべき変遷を遂げた経緯について語り（p.160）、ベテランのジャーナリストで作家でもあるエレン・ラペル・シェルは、食に関するタブーを解き明かす（p. 244）。

ジャーナリストのマイケル・ポーランは、料理を以前のような生活の基盤となる日常活動から、スポーツ観戦の一種に変えてしまったことで、人は人間性を失ってしまったのかと問いかける（p. 296）。最後に、ウェンデル・ベリーのエッセイ「食の喜び」を掲載できたことは光栄であった。この文章は20年前に執筆されたものだが、いま改めて読んでみると、さらに当を得て感じられるのではなかろうか（p.326）。

世界の食卓からおすそわけ

本書が焦点をあてているのは基本的に個人だが、ひとりで食事を楽しむ人はめったにいない。世界各地をまわりながら、私たちは取材した多くの人たちと食事をともにする喜びを経験した。イリノイ州のスタイン夫妻は、牛肉と野菜のシチューをふるまってくれた。インドのミリー・ミトラは、ウタパンとイドリ。イスラエルのオフェル・サバツ・ベイト・ハラフミ夫妻は、持ち寄り料理が並ぶ安息日の特別な夕食に招待してくれた。カリフォルニア州のアーニーとアンディ・ジョンソン夫妻は新鮮な魚を、チベット高原のカーサルとフーバはツァンパの粥をごちそうしてくれた。アリゾナ州のソト夫妻とは電気鍋で調理したビーフシチュー、メイン州のサム・タッカーとはエビと卵の料理、ラトビアのアイヴァルスとイロナ・ラズィンシュ夫妻とは、黒パンとはちみつとケーキ……。このような調子で、数えだしたらきりがない。

友人とパンを分かちあい、大地の恵みを収穫し、食材がどこから来たかを知り、一緒においしい料理をつくること。それが私たちふたりにとっての人生の喜びとなっている。だれもが保証されるべき、こうした人としての喜びを、私たちは謙虚さを忘れず追い求めようとしているのだ。「食の喜び」というフレーズがアメリカの食品会社や健康関連会社のトレードマークになりさがっている事実は、つとめて気に留めないようにしながら。

ブラジルのアマゾン川畔に面した田舎家で暮らすソランジェ・ダ・シルヴァ・コヘイアは、キッチンの窓辺でオイルランプを頼りに夕食の魚を料理する。屋内に給排水設備がないので、家が汚れないように、外に張りだした調理台の上で食材の下ごしらえをし、不要な部位は下に落としてニワトリや犬に食べさせる。

800

総摂取カロリー **800kcal**

ケニア　グレートリフトバレー（大地溝帯）南部　オルゴス村

牛追いをするマサイ族

ノルキサルニ・タラクアイ　　女性、年齢38歳、身長165cm、体重46.7kg

1日の食事　1月

朝食&夕食：ウガリ（トウモロコシ粉を湯で練った食べ物）400g（写真は半量のみ）、バナナ 96g、紅茶（2食分）355mℓ、全脂乳 59mℓ、砂糖 大さじ2、水（貯水池からくんできたものを煮沸して使用）2ℓ

　半遊牧民のマサイ族はこれまで、牛の肉や血、牛乳を主食とする生活を送ってきた。しかし、政治的な圧力や土地の開発によって共有地が減り、放牧だけで食べていくのは困難になった。今日ではマサイ族の主食も、他の地で栽培されたトウモロコシ粉やジャガイモに変わりつつある。

　干ばつが続けば、マサイ族の一家は財産をすべて失いかねない。事実、半乾燥地帯リフトバレーで牛追いをして暮らすマサイ族の大半が苦境にあり、まさにこの瞬間も母なる自然に対して勝ち目のない戦いを挑みつづけている。

　しばらく家を離れていたマサイ族の男が妻に会うと、たいてい何よりも先に「牛はどんな調子だ？」と尋ねる。一族が所有する家畜は、いわば家族の銀行口座であり、大切なものだ。マサイ族は家畜を大切に守り、頭数も頻繁に確認する。牛を売るのは、どうしても必要なときだけだ。だが以前と比べて、彼らが牛の肉を口にする機会は減っている。

　取材班は、マサイ・マラ国立保護区からほど近いオルゴス村で、7児の母ノルキサルニ・タラクアイと出会った。そのときノルキサルニは、原因不明で路傍に倒れ、瀕死の状態に陥った妊娠中の母牛を屠る段取りをしていた。牛の死はマサイ族にとっては重大事である。そこで早速彼女は、夫であり、オルゴス村の長でもあるキパノル・オレ・"サミー"・タラクアイに判断を仰いだ。サミーは母牛を屠る許可を与えた。その知らせはまたたく間に広まった。その地区に暮らすすべての家族に肉が切り分けられるのだ。マサイ族の長老たるサミーの役割は、部族の健康と幸福、生活を守ることであり、それはすなわち、自分が所有するすべてを分かち合うことを意味する。マサイの一氏族に帰属する者はだれもが、一族の他の者を守る責任を負っている。だから、すべてを分かち合い、共有することはごく当たり前のことなのだ。

　3人の青年がマッチを手にあらわれた。折れた枝や柴などまきになりそうなものを集めてくると、腰をおろし、牛肉の分け前が配られるのをいまかいまかと待っている。通りがかった牛追いも、おすそ分けを期待して、そのへんをぶらつく。

　低木のやぶが生い茂る、乾燥した平原での暮らしはたしかに過酷だ。しかし、いつも悪い年ばかりというわけではなく、よい年だってある。「よい年には、ひょうたんがいっぱいになるまで牛の乳をしぼるの。子どもたちには、ウガリ（トウモロコシ粉を湯で練った食べ物）とミルクティーを用意し、住みこみの牛追いには、ウガリとコップ1杯の牛乳を出すのよ。この家で一番大切な人は、牛追い。彼が働いてくれなければ、牛乳だって飲めないんですもの。残りがあれば私もウガリと、コップ1杯の牛乳をいただくの」とノルキサルニは語る。牛乳は発酵乳のときもあれば生乳のときもある。だが、干ばつの年は、1日に1杯の牛乳がとれればいいほうだ。牛の乳がわずかでも出れば、すべて牛追いと子どもたちに分け与え、ノルキサルニ自身は夕食まで何も口にしないこともある。「子どものころは肉もふんだんにあった。牛はたくさんいたし、干ばつだっていまよりずっと少なかったの。ヤギは2日に1頭はつぶして食べていたわ」。いまはせいぜい1週間に1頭程度だ。

上：オルゴス村に住むマサイ族の長サミーは4人の妻をめとっている。家畜囲いのかたわらにたたずみ、平均的な1日の食事とともに写真におさまっているのは、第3夫人のノルキサルニ・タラクアイだ。サハラ砂漠以南のアフリカ全域では、長引く干ばつにより、家畜や野生動物にたいへんな被害が出ており、地域に暮らす人々の生活にも大きな影を落としている。ノルキサルニの家では、家畜のエサであるまぐさもほとんど底をついてしまった。やせ衰えた牛が出す乳は、子牛たちにいきわたるかどうかという状況で、ノルキサルニの家族も牛追いも、ほんのわずかしか口にできない。

左：私たち取材班の訪問から2か月後に、ノルキサルニ一家からつぎのようなメッセージが届いた。「かつてサミーが所有していた400頭を超える牛も、いまや手元には、成牛と子牛あわせて50頭にも満たないほどしか残っていません。いまだに十分な量の雨が降らないので、状況はますます悪化するばかりです」と。結局、なんとか無駄にせずにすんだのは牛の皮だけで、それもすべて売り払ってしまったという。

25

あくまで頭数を増やしすぎないためであり、子どもたちにたんぱく質をとらせるためだ。

ノルキサルニ一家は3日前にヤギを1頭つぶした。その肉はいったい、何人の口に入ったのだろう。「あれはつまみみたいなものよ。店で買うフライドポテトと同じ感覚かしら。これだけ大人数だと、ヤギ1頭なんてあっという間にみんなのお腹の中に消えて終わり」。干ばつがひどくなると、家畜たちは骨と皮ばかりにやせこけ、つぶしても肉をとることすらできない。「そんなときは、はいだ皮を売るの。死骸は犬に食わせてしまうのよ」

家計に余裕があるときは、キャベツやジャガイモ、タマネギ、トマトなども買いおきできるが、厳しい干ばつに見舞われると、豆や米、小麦粉といった食糧援助に頼ることになる。とはいえ、その援助物資も来たり来なかったりで、あまりあてにはならない。だが、どんなに干ばつで生活が苦しくても、客人が来たら、家をきりもりする女主人の務めとして、簡単な食事ぐらいは出すことになる。今朝も、村を通りかかったついでに訪ねてきたという客人がふたり。ノルキサルニは彼らのために紅茶をいれ、ありったけの牛乳でもてなした。

ノルキサルニはごくたまに市場にも足を運ぶ（市場に行くのは男たちの仕事）。それがいまの一番の楽しみだという。市場では、子どものころは口にする機会さえなかった料理、イリオを思う存分、堪能できる。「これはキクユ族（ケニア最大の民族）の食べ物なのよ」。ジャガイモ、トウモロコシ、豆、葉野菜などを煮込み、つぶして食べる。「つくり方も聞いたわ。子どもたちにつくってあげられるようにね。動物の脂を使ってつくるとすごくおいしいのよ。家族みんなの大好物なの」

倒れた母牛に話をもどそう。隣人たちが切れ味鋭いナイフを携え、手伝いに集まってきた。ひとりの男が牛ののどを切り、ひと思いに息の根を止めた。そして、血がすべて流れ出るまで待つ。やがて、男が牛の腹を切り開き、胎内で死んだ子牛を取り出した。それをすこし離れたところにおき、犬もごちそうにありつけるようにしてやる。村人のすばらしい連携で、母牛は実に秩序正しく、手際よく解体され、即席の炉に載せられた。すると干上がった砂地に、たちまち煙が充満しはじめた。まだ温かい肝臓が切り分けられ、数人の少年に配られる。その場から走り去った少年たちは、生のまま肝臓を食べてしまった。

多くの村人は配られた肉を抱え、家路についた。まだその場に残っていた男のひとりが、死因を解明しようと牛の胃にナイフを入れる。"検死解剖"の結果出てきたのは、ビニール袋だった。いくつもの袋がからみあい、長いひも状になっている。それを見たノルキサルニは、何の不思議もないと言い切った。「ビニール袋は塩辛い味がするのよ。牛たちは塩をなめるのが好きだから」

先にサミーが「私たちは、大きな町では絶対に家畜を買わないことにしているんだ。町の動物たちは、ビニール袋を食べるからね」と語っていたが、これは、いみじくも、牛の哀しい末路を予言したかのような言葉となった。

現代社会が捨てたゴミが、昔ながらの生き方をしている人々や動物の暮らしを脅かすようになってしまったのだ。

左頁：日の出前、ノルキサルニは朝の乳しぼりにとりかかるにあたって、子牛を母牛のところへと連れていく。

上：牛たちは終日、乾燥した平原で、食べ物を探して過ごす。その後、村の女たちは、援助団体が掘ってくれた貯水池で飲み水をくむ。

左：午後、ノルキサルニ一家と隣人たちは、動けなくなった妊娠中の母牛（左）を屠る。隣人が手にしているのが、悲劇の元凶である。牛の胃には、消化できないまま何枚ものビニール袋が詰まっていたのだ。

早朝、牛の糞を泥に混ぜて壁材にして建てた、窓のない円形の小屋の中で、ノルキサルニが鍋に入れたさじをゆすいでいる。そのかたわらで、住みこみの牛追いが、ウガリと甘くした熱い紅茶の朝食ができあがるのを待っていた。彼はケニア南部に広がる平原に放牧に出かける前に、しっかりと1日の腹ごしらえをする。牛たちが十分にエサをとれれば、家族は牛乳が飲める――生のままでもいいし、保存がきくよう、発酵させて飲むこともできる。しかし日照りが続き、牛の乳もごくわずかな量しか出ないので、いまは保存の手段を講じる必要もない。牛追いや夫、そして子どもたちに、かろうじてひと口ずつ行きわたるかどうかというところだ。あまりに量が少ないので、ノルキサルニはひょうたんではなく、ブリキのカップに牛乳をしぼる。牛追いに支払うのは、お金でもヤギでもいい。自分の所有していた家畜を干ばつや野生動物の襲来で失ったこの気の毒な人たちは、ふたたび自分の群れをもてるだけのお金が稼げるまで、ほかの人のもとで働かなければならないのだ。牛追いは、雇い主の家に住みこんで仕事をする。自分の家に帰れるのは、学校が休みになり、雇い主の家の子どもたちに動物の世話をまかせられるあいだだけだ。

900

総摂取カロリー **900kcal**

ボツワナ　ハンツィー地区近郊の町カバカイ
HIV感染者の主婦

マーブル・モアヒ　　　　　　　　　　　女性、年齢32歳、身長165cm、体重41.7kg

1日の食事　3月

朝食：ソルガム（アフリカ原産のイネ科の穀物。別名コウリャン）のモトホ（穀物を炊いてつくる薄い粥）320g、砂糖 大さじ1

昼食：マドンビ（小麦粉に水分を加えて団子状に練り、ゆでてつくる）170g、牛肉（髄も含む）82g、ビーフブイヨンのキューブ（トウガラシ風味）6g、ミネストローネスープの素 小さじ½

夕食：ソルガムのモトホ 283g、砂糖 大さじ1

その他：HIV／エイズの治療に用いる抗レトロウイルス薬、水（共同水道からくんだものを煮沸して使用）1.5ℓ

マーブル・モアヒの生活はつねにぎりぎりで、いつ破綻してもおかしくない状況にある。その暮らしが一気に苦しくなるのは、政府がエイズ遺児に支給する月々の食糧援助が底をつく月末だ。マーブル一家4人のうち、食糧援助の受給資格をもつのは14歳の姪ただひとり。ほかに財産も収入源もないマーブルは、姪の1か月分の食料として支給される豆類、穀類、肉の缶詰、植物油、砂糖、リンゴなどを家族全員で分け合うことで、どうにか食いつないでいる。

すでに対象年齢を超えている甥のキツォ（21歳）には、食糧援助の受給資格はない。マーブル一家が暮らす町は失業率が高く、キツォの友人たちの中には他人の物を盗んで暮らしている者もいるという。キツォ自身も働けるのは、1年の半分だけだ。それも120km離れた土地で祖父が所有する牛を追うという仕事である。

マーブルの息子（14歳）と姪は、学校の給食を食べて空腹をしのいでいるが、それも学校に割り当てられた食糧が底をつくまでの話だ。給食が中止になると、マーブルは親戚や友人に頼んで食料を分けてもらい、なんとか翌月の配給日までやりくりをする。そして配給を受けたあとは、月末までまた同じ生活を繰り返す。

マーブルは、ほぼ毎食、トウモロコシ粉かソルガムを炊いたモトホという薄い粥をつくる。月に1度、兄弟が届けてくれる肉の切り身は、小麦でつくった団子マドンビを添えて食べる。また、年に1度、父親が牛を1頭売るときは、わずかながら小遣いをもらう。だが、これらすべてを合わせても、とても十分とはいえないのが現状だ。

自家製ビールをつくって露天で売り、一家の稼ぎ頭として家計を支えていたマーブルの母親は、2002年に亡くなった。「母がずっと私の面倒を見てくれていたの」とマーブルは言う。彼女は母親のもとを離れたことがなく、一度も結婚していない。

マーブルの姉は学校の教師だったが、HIV（ヒト免疫不全ウイルス）／エイズと診断され、2003年に亡くなった。最後まで姉に付き添い、看護をしたのはマーブルだった。しかし甥や姪が母親の死因を知っているかどうかは分からないという。

アフリカではHIV／エイズによって数多くの人命が失われ、何百万もの子どもたちがエイズ遺児になっている。このような現実があっても、HIV／エイズを話題にすることは、いまだにほとんどの地域でタブー視されている。ボツワナのHIV感染率は、アフリカでも1、2を争う高さで、成人の約24％がHIV陽性と診断されている。また、推定で1万5,000人の子どもが感染しているともいわれている。

マーブル自身も2005年にHIV陽性と診断された。地元の診療所からHIV治療薬を無償でもらい、栄養指導も受けているが、十分な栄養をとる経済的な余裕など彼女にあるはずもない。

上：1児の母マーブル・モアヒは、HIVに感染している。キッチンのテーブルに並ぶのは、彼女の平均的な1日の食事と抗レトロウイルス薬だ。新規感染者数こそ減少しているものの、サハラ砂漠以南のアフリカ諸国はいまも、HIV／エイズによる被害が世界で最も深刻な地域である。2008年の推計によると、全世界のHIV感染者は約3,340万人で、うち3分の2以上がアフリカ人であり、サハラ砂漠以南のアフリカ諸国では感染者の60％が女性である。2007年現在、ボツワナでは成人の4人に1人に相当する、約30万人がHIVに感染している。エイズ遺児の数は、推定で9万5,000人だ。
左：マーブルの家の囲いのすぐ外で遊ぶ子どもたち。

1000

総摂取カロリー **1,000kcal**

インド マディヤ・プラデシュ州ウジャイン

サドゥ（苦行僧）

シタラニ・タイヤーギ　　男性、年齢70歳、身長168cm、体重46.7kg

> **1日の食事　3月**
> **朝食**：煮沸した水（真ちゅう製の水筒で携帯）476mℓ
> **昼食**：ジャガイモのカレー（ベースはギー、トマト、コリアンダーの葉と種、クミン、ターメリック、粉唐辛子）119g、トールダル（キマメ。ベースはギー、コリアンダーの種、クミン、ターメリック、粉唐辛子、砂糖）150g、白米227g、プリ（中が空洞の揚げパン）99g
> **夕食と終日**：煮沸した水（写真にはない。共同の水道や井戸からくんだもの）713mℓ

シタラニ・タイヤーギは、最初の妻には先立たれ、2度目の妻とは離婚している。農業で生計を立てていたが、20年前、自分の土地とトラクター、牛、家屋を兄弟にゆずり、俗世間を捨ててサドゥと呼ばれる苦行僧になった。

インドでは、苦行僧の姿を見かけることはめずらしくない。彼らはひとりで行動することもあれば、集団で行動することもあり、寝具と水筒以外は何ももたずに暮らす。「サドゥの姿、生きざまを目のあたりにして、感銘を受けたんです」。シタラニは気負うことなく語る。

農家だった当時は、日に3度の食事をとっていたが、苦行僧になってからはそれを1度に減らした。インドには、悟りを求めて修行しながら国じゅうを放浪する苦行僧や信者が何百万といる。シタラニもそんな苦行僧のひとりとして、旅先で出会った見ず知らずの敬虔なヒンドゥー教徒やその土地のアシュラム（修行道場）から日々の食事をめぐんでもらう。ヒンドゥー教が浸透しているところでは、空腹の僧侶をもてなさずに追い返すことはめったにない（罰あたりな悪行と考えられているからだ）。「分かち合いの精神がしっかりと根づいているのです」とシタラニは教えてくれた。

シタラニの今日の食事は、マディヤ・プラデシュ州ウジャインにあるアシュラムが、クンブメーラ（壺の祭りの意）という宗教的・文化的に重要な意味をもつ祭りにあたり、ふるまったものである。ヒンドゥー教の言い伝えによると、はるか昔、神々と悪魔たちが戦っていたとき、不死の飲み物で満たされた壺から4滴のしずくが地上の4つの土地――今日のアラハバード、ハリドワール、ナーシク、ウジャイン――に落ちたそうだ。これにちなんで3年に1度、この4都市のいずれかで1か月にわたって祭りが開催される。期間中は、街を流れる神聖な川で身を清めようと、何百万もの巡礼者やヒンドゥー教徒が足を運ぶ。

大挙してやってくる巡礼者の食事をまかなうため、祭りが催される街のアシュラムは、仮設キッチンと屋根つきの食堂を設け、毎日何千もの人に温かいベジタリアン料理をふるまう。カレー、白米、ダル（豆）、インド風の平たいパンなどが、来た人から順に配られていく。

シタラニは、家族の伝統でもあるヒンドゥー教の不殺生の教えを守り、これまでずっと菜食主義を通してきた。日に3度の食事を恋しいと思うことはないという。「必要な分だけ食べればいいのです」

ウジャインの北西約240km、マディヤ・プラデシュ州の中北部に位置するグナ地区に、シタラニが拠点とするアシュラムがある。そこにいるときは朝食に甘い米菓子ハルヴァを食べてお茶を飲むが、グナに帰るのは毎年1、2か月程度だ。

ビンロウジュの実をキンマの葉で巻いたパーンをかむ習慣はないが、シタラニも多くのサドゥと同様、大麻は吸う。アシュラムでのインタビューが終わると、シタラニはカレーのおかわりを辞退してその場を離れ、シプラ川のほとりの木立に集う何千人もの仲間の輪に加わった。

左：ウジャインのアシュラムにいるヒンドゥー教の苦行僧シタラニ・タイヤーギと、彼の平均的な1日の食事。
右：クンブメーラの期間中は、シプラ川での沐浴の儀式に参加するため、一糸まとわぬナガサドゥ（ナガは空衣の意）が何百人と川べりに集まる。

右：シプラ川で沐浴の儀式をするサドゥ（苦行僧）たち。ヒンドゥー教の大祭クンブメーラは1か月にわたり開催され、何百万もの人が集まる。

上：彩色をほどこされた象がお供えのカリフラワーの葉を食べようと足を止め、信者たちがその姿に手を合わせる。象は、牛をはじめとする多くの動物と同様、インド全土で敬われている。ヒンドゥー教の神々は、動物の姿であらわれるものが多い。

左：アシュラムでは、ブンディ（スパイスをきかせたひよこ豆粉の揚げ玉をシロップ漬けにしたお菓子）を巡礼者のために用意する。

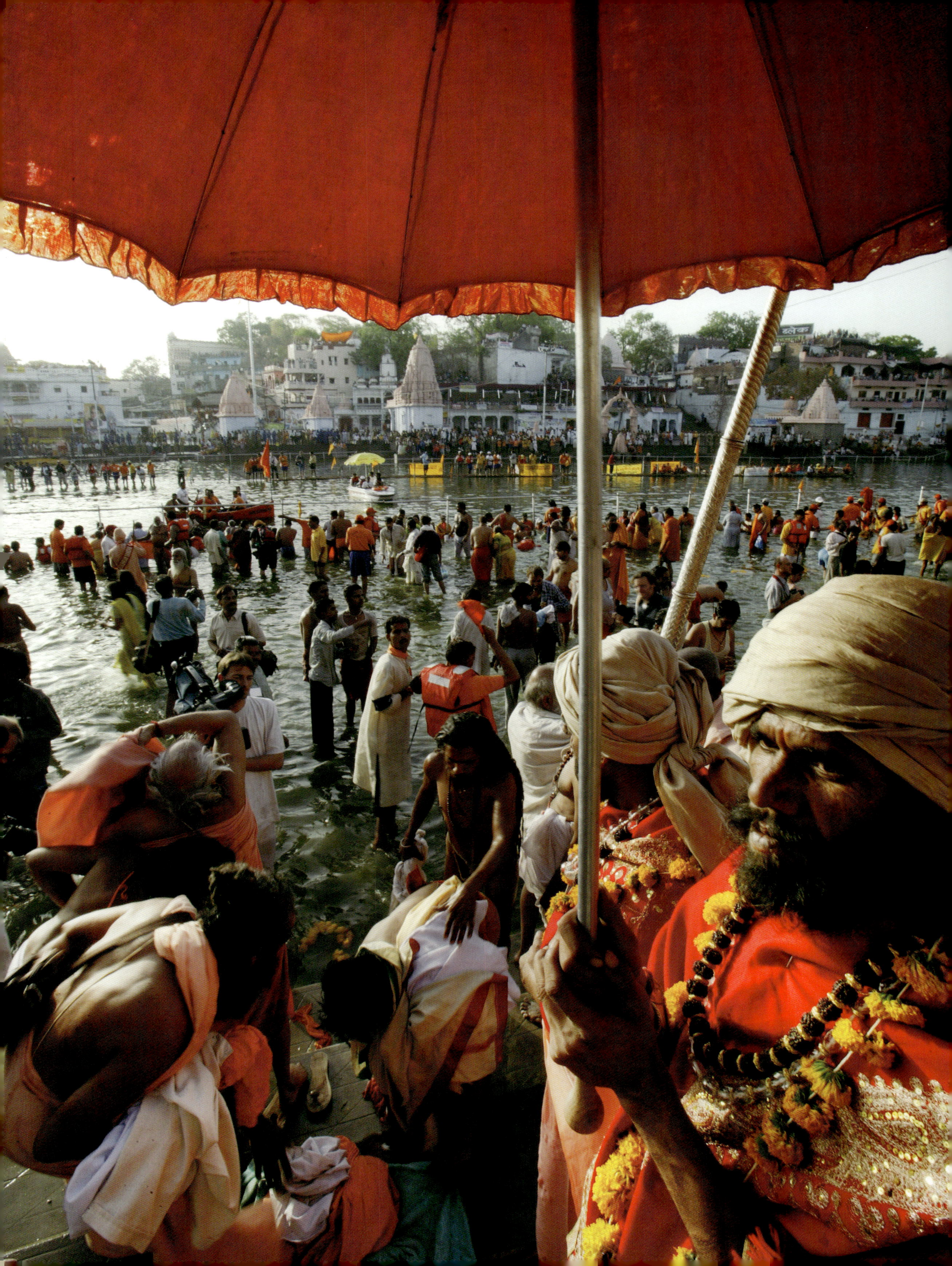

ヒンドゥー教では、インドのアラハバード、ハリドワール、ナーシク、ウジャインを流れる川は神聖とされており、大祭クンブメーラの期間中にそこで沐浴をすると、過去の罪や過ちから解放され、輪廻を断ち切って解脱することができるといわれている。太陽と月の位置をもとに算出された沐浴に適する日には、100万人を超える巡礼者が押しかける。ウジャインを流れるシプラ川では、群衆が殺到して転倒する者や溺れる者が出ないよう、何千人もの警察官が笛や竿、警棒を駆使して誘導にあたる。沐浴の時間は、1グループあたり12分に決められている。クンブメーラは世界一多くの巡礼者が集まる祭りで、その規模はイスラム教徒のメッカ巡礼をも上回る。

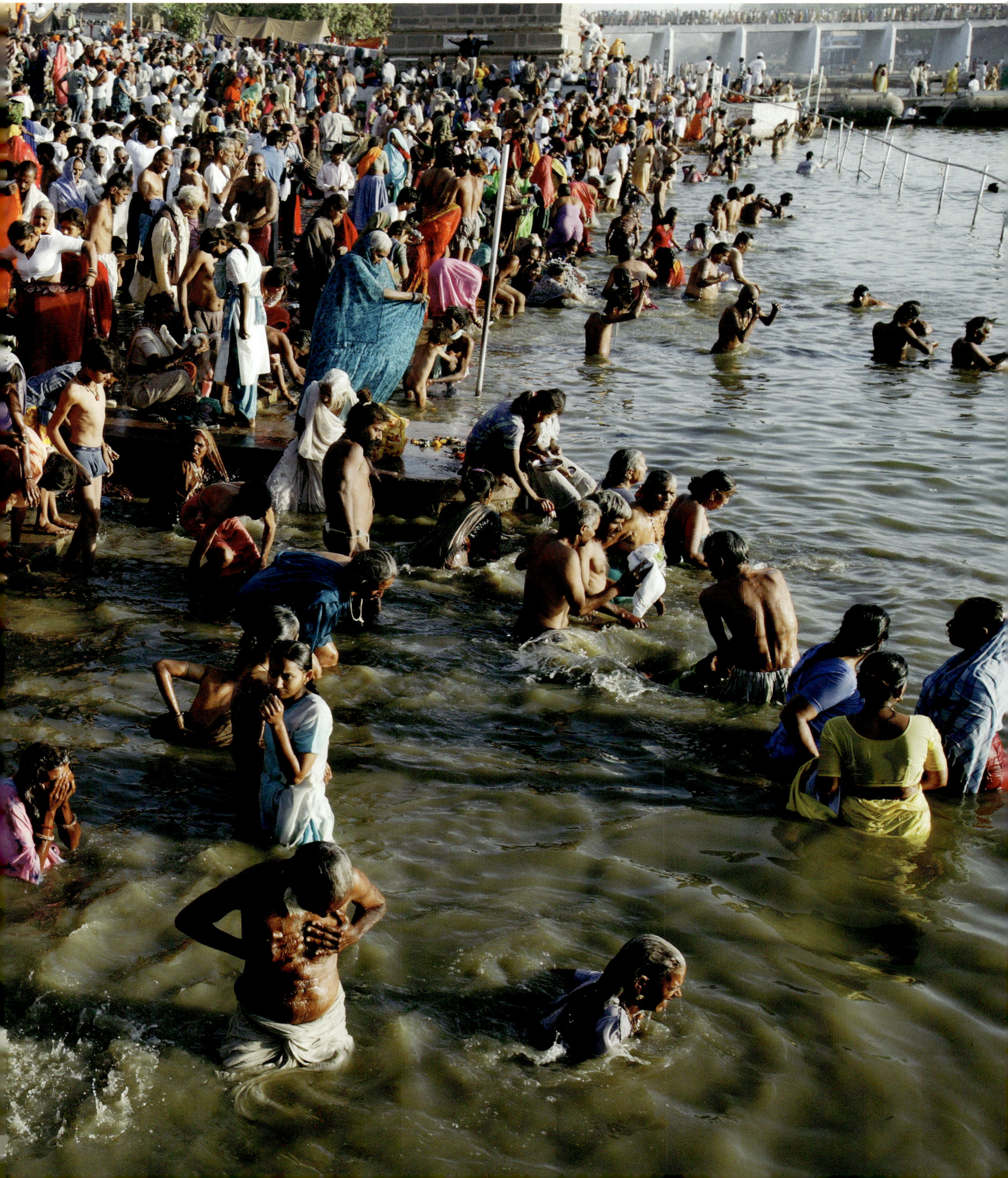

1400

総摂取カロリー **1,400kcal**

バングラデシュ　ダッカ県ダッカ
駅で働く家出少年

アラミン・ハサン　　　　　　　　　　　男性、年齢12歳、身長140cm、体重30.8kg

> **1日の食事　12月**
> **朝食**：甘味のある白いパン 79g、加糖練乳と砂糖入りの紅茶 118mℓ
> **昼食**：野菜カレー（ジャガイモ、インゲン、タマネギ、ニンニクにターメリック）91g、白米 369g
> **夕食**：野菜カレー（トマト、大根、タマネギ、ニンニク、粉唐辛子、ターメリック）136g、白米 278g
> **終日**：加糖練乳と砂糖入りの紅茶 118mℓ、タバコ 5本、煮沸した水 1ℓ

バングラデシュ北部にある生家をあとにしたアラミン・ハサンは、列車の屋根に乗り、首都ダッカまではるばる仕事を探しにやってきた。長旅の末にカマラプール鉄道駅にたどり着くと、少年たちが旅客の荷物を運んで小銭をもらっている姿が目に入ったという。自分もそうやって生活すればいいと思ったアラミンは、そのまま駅に住みついてしまった。到着したその日は食べる物もなく、少年たちや正規のポーターたちの仕事ぶりをひたすら観察した。そしてつぎの日から早速、荷物の争奪戦に加わった。荷物運びの仕事を始めて2週間経ったいまでは、状況を的確に判断し、痛い目に遭う前に退散するすべも身につけた。仲間うちの喧嘩や暴力沙汰は日常茶飯事で、声も力も大きい者が仕事の大半をもっていく。

バングラデシュは、世界でも有数の人口過密国だ。国民の6割以上はぎりぎりの生活をしており、赤貧を洗うような暮らしぶりの人も少なくない。地方に住む貧困層の多くにとっては、ダッカは希望の灯だ——ただし実際に行ってみて、人が多すぎる割に仕事が少ないという現実を知るまでの話だが。

アラミンは1日平均60〜70タカ（70〜80円相当）を稼ぎ、そのお金で食べ物やタバコを買う。稼ぎがよい日は、駅前の歩道に座りこんでいる屋台商人から、白米と野菜のカレーを買って昼食と夕食をすます。とくに実入りがよかった日は、その日の食べ物をすべてまかなっても、翌朝にお茶とパンを買う分として、いくらか手元に残しておくこともできる。

取材班が出会ったときは、一番列車に乗ってきた男性のスーツケースを駅の外にあるタクシー・リキシャ乗り場まで運んだあとだったので、ポケットに小銭が何枚か入っていた。商売敵の少年たちはほとんどがまだプラットホームで寝ていたし、縄張り（とチップ）を声高に主張する正規のポーターは出勤前でいなかった。つまり、とっくみ合いも口論もなく、こづかれたり押されたりすることもなく仕事ができたわけだ。

残念ながら、前夜の首尾はそれほどうまくなかった。アラミンはほかの少年たちと同様に、線路のあいだにある屋根つきのプラットホームで寝泊まりしている。朝になって目をさますと、ポケットがひっくり返され、前日の稼ぎの残りがそっくり盗まれていたのだ。

アラミンも、ダッカに来る前は学校に通っていた。しかしそれも、父親が新しい妻のもとに走り、新生活をスタートさせるまでのことで、捨てられた家族は心情面でも財政面でも大きな打撃をこうむった。アラミンが南を目指したのは、これ以上は養えないと母に言われて、家から追い出されたからだという。話の裏をとるためにアラミンの母親に電話をしたところ、「息子を追い出す母親がいるものですか」と声を荒らげた。しかし母親の口から、帰ってきてほしいという言葉はついに出てこなかった。それどころか、家にいくらかでも仕送りができるように実入りのいい仕事を紹介してやってほしい、と通訳者に頼みこむ始末だった。

右：家出少年アラミン・ハサンと、彼の平均的な1日の食事。アラミンはダッカにあるこの鉄道駅で働き、寝泊まりをする。
左：荷物運びをしてチップを稼ぐようになったいまは、自分の家にいたときよりも食べ物がたくさん手に入るようになった。

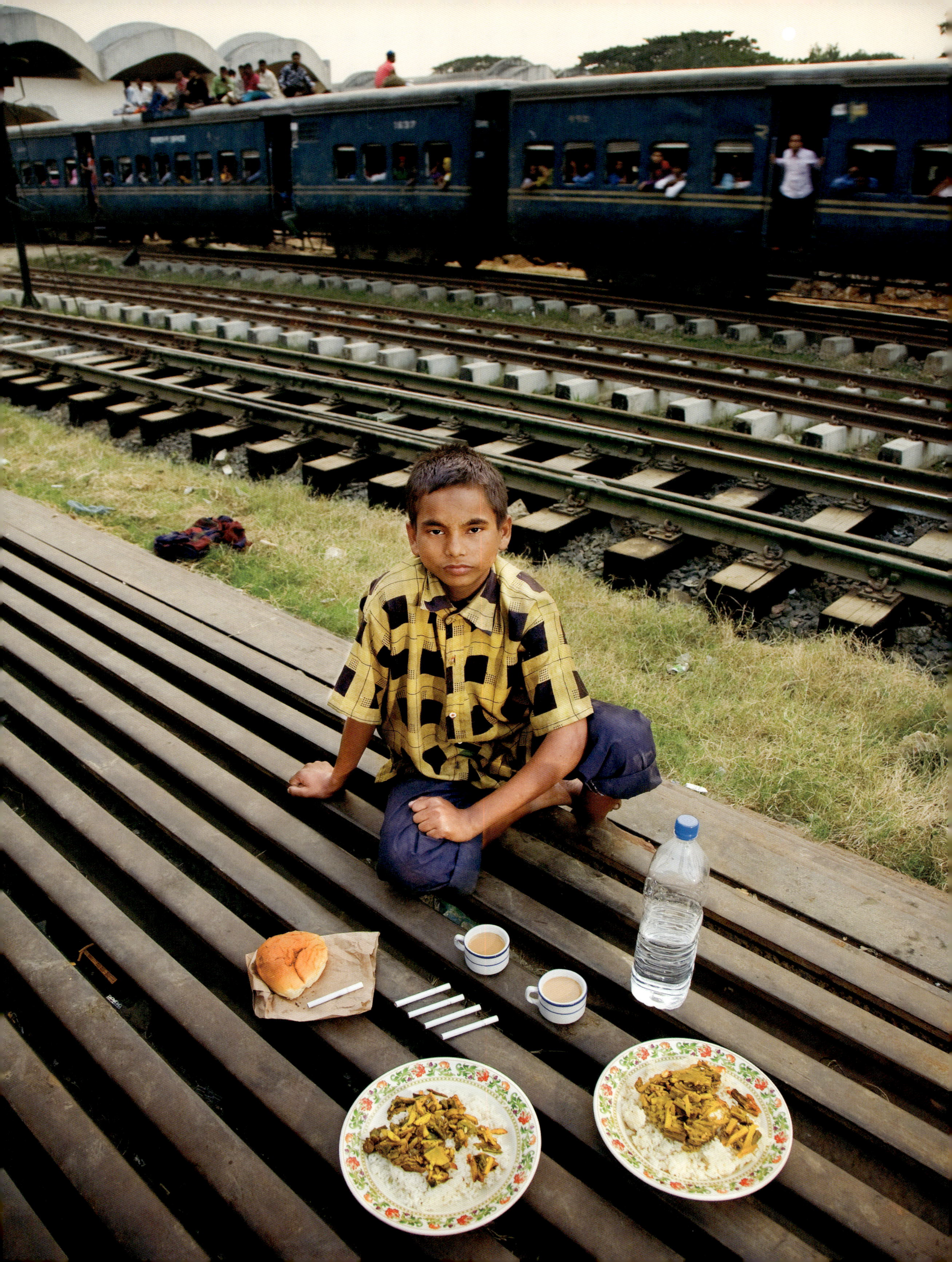

バングラデシュは世界有数の人口過密国であり、首都ダッカは700万人が暮らす超過密都市だ。ダッカでは、スラムに住むことはごく当たり前でけっしてめずらしくはない。スラムに住んでいるからといって、経済階層の最下層にいるわけでもないのだ。賃貸住宅の家賃が払えない人は公有地に無断で小屋を建てて住みつき、それ以上に貧しい人は、どこか横になれそうな場所を探して睡眠をとる。
右：多くの世帯が街じゅうに広がるスラム街で暮らす。しかしカマラプール駅に向かう線路の脇に立ち並ぶ掘っ立て小屋に住む人々でさえ、アラミンよりは快適で余裕のある生活を送っている。
上：早朝、駅前にあるリキシャ乗り場で、年かさの商売敵と喧嘩になる。結局、アラミンが頭を強くたたかれて勝負がついた。
下：プラットホームで寝泊まりするアラミンは、夜中にスリの被害に遭うこともしょっちゅうだ。

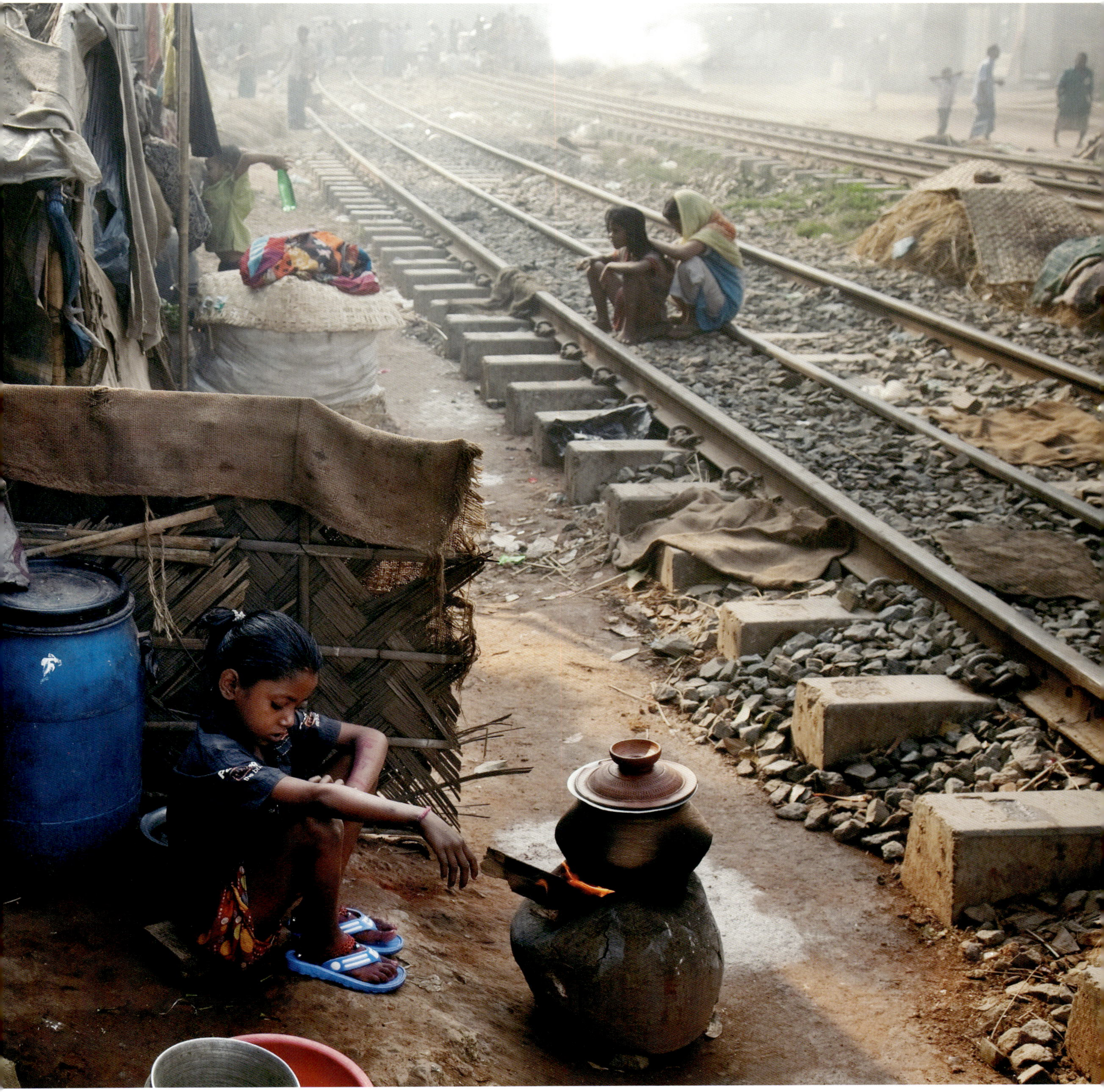

1500

総摂取カロリー **1,500kcal**

ナミビア　クネネ州カオコランド

牧畜の民、ヒンバ族

ヴィアホンジェラ・ムストゥア　　女性、年齢23歳、身長173cm、体重72.6kg

> **1日の食事　3月**
> **1食目**：トウモロコシ粉の粥 771g、全脂発酵乳 334mℓ
> **2食目**：トウモロコシ粉の粥 816g、全脂発酵乳 334mℓ
> **終日**：全脂発酵乳 778mℓ、バード・プラム(学名ベルケミア・ディスコロル。なつめに似た黄色く甘い実をつける。摘んできた分は撮影前に食べてしまったので、写真には写っていない) 99g、近くの川の水 355mℓ

アフリカ南部に位置するナミビアは、数十年にわたり、地政学的に不安定な状態におかれてきた。ときには血を流し、苦難を乗り越え、1990年に共和国として独立した。そんなナミビアには、多種多様な文化をもつ部族が数多く暮らしている。中でも最も興味をそそられる存在といえば、肌や髪を美しく飾るヒンバ族だろう。日焼けを防ぐために、濃い赤褐色の土を砕いた粉と乳脂肪をまぜあわせたペースト、オトジゼを髪や体に塗っている。半遊牧・半定住の民ヒンバ族は、干ばつに見舞われることも多いナミビア北西部と隣国アンゴラに広がる半乾燥気候帯の低木地で、家畜を放牧しながら生計を立てている。

ヒンバ族にとって家畜は貨幣であり、財産である。日々の食事も、基本となるのは牛の乳であり、トウモロコシ粉の粥や旬の果実、ヤギ肉は副食でしかない。古い世代のヒンバ族は遊牧の民として暮らし、ときには干ばつの先を行き、ときには干ばつにのみこまれつつ、家畜の群れを率いて移動しながら狩猟採集の生活を送っていた。しかし1980年代の厳しい干ばつのせいで、家畜の90%が失われた。家畜の数がもとの規模にもどるまで、彼らは食糧援助を受けてしのいだ。近年は野生動物を狩ることも禁じられ、共有地も環境保全施策や政府規制で減る一方である。そんな中、彼らは細々と放牧を続け、トウモロコシ栽培などで生計を立てている。ヒンバ族はこれまで、不必要な開発を徹底して阻止してきた。しかし、中には都会の生活や収入に惹かれて、昔ながらの村の暮らしを捨てる人もいる。とはいえ、多くは、いまも先祖代々受け継がれてきた生活様式を守りつづけて暮らしている。

3月の朝は冷えこみが厳しい。それでも牛の乳しぼりはかならずやらなければならない日課だ。しかし、オカペンバンブ村の女たちは、温かな家からなかなか出てこない。牛の糞を混ぜた泥を壁材にして建てた家には、部屋がひと間しかない。女たちは、柔らかく加工された動物の革や毛布の下にもぐりこみ、子どもたちに添い寝したり、ヨーグルトに似た発酵飲料オマエレを飲んだりと思い思いに過ごしている。ヴィアホンジェラ・ムストゥアも、夜のあいだにこすれて落ちた赤土のクリーム、オトジゼを塗り直しながら、幼子の世話をしている。そのうち、ヴィアホンジェラの父ムニンガンドゥがしびれを切らしてやってきた。この村に暮らす総勢30人の大家族の家長であり、村長でもある彼が外から声をかけると、ようやく女たちも重い腰をあげ、家から出てきた。

ヴィアホンジェラが生まれてすぐ、父の姉妹の息子、つまり父方のいとことの縁談がまとまった。ヒンバ族では、氏族の結びつきを強めるためにこうした婚姻関係を結ぶことが多い。14歳で嫁いだヴィアホンジェラはいま、父の住むこのオカペンバンブ村の南に位置する夫の村で暮らしている。歩くと7時間もかかる距離だが、それでも毎年2か月ほど、里帰りを兼ねて、父の村に滞在する習慣を守りつづけている。実家のトウモロコシ畑の収穫が終わると、自分の取り分をもらって婚家に帰るのだ。留守中、上の子どもたち（9歳、4歳）は夫と第1夫人が見てくれている。

父ムニンガンドゥは、村の家畜の大半を所有している。家畜はすべて、父が母方の一族から相続したものだ。ヒンバ族は母方、父方双方の家系を継承し、両方の氏族への帰属意識をもつ。日々の生活の基盤や儀式、しきたりは父系から、財産は母系から相続するのだ。したがって牛をはじめとする家畜は、ムニンガンドゥの母の兄弟から彼へと引き継がれ、いずれは彼の姉妹の息子、すなわち、ヴィアホンジェラの夫が相続することになる。

帰省先の父親の村で、末の息子とともにカメラにおさまるヒンバ族の女性、ヴィアホンジェラ・ムストゥア。前に並ぶのが、彼女が口にする平均的な1日の食事だ。3児の母でもあるヴィアホンジェラが生活する小さな村から父の村までは、徒歩で実に7時間もかかる。それでも毎年、実家で栽培しているトウモロコシを分けてもらいに、欠かさず父の村に足を運ぶ。砕いた赤土と乳脂、植物樹脂を混ぜ合わせ、全身に塗る先祖伝来の化粧品オトジゼも、ヴィアホンジェラが身にまとう伝統衣装のひとつに数えていいのではなかろうか。ヴィアホンジェラは、多産と豊穣を願う首飾りや、革と金属のビーズでつくられた装身具をつけ、自分で縫ったヤギ革のスカートをはき、既婚女性がかぶるしきたりになっているエレンベの頭飾りで装っている。ヒンバ族は男も女も、ライフステージに即して髪型や身につける装飾品を変えていくのだ。

取材班がこの村を訪れたときは、ちょうど雨季だった。この土地の赤土は持ち物という持ち物をすべて赤く染めあげてしまう。女たちは一方の腕で赤ん坊を抱き、もう一方の手でマントのように体を覆う赤土で色づいた毛布の端を持ち、くるぶしまで泥と堆肥に埋まりながら足をとられないように注意しつつ、母牛と子牛をなんとか引き離し、乳をしぼる。乾季のほうが作業自体は楽だが、とれる牛乳の量も少ない。

儀式や通過儀礼には、所有する牛から神聖な1頭を選び出し、その乳と肉を用いる。その乳をしぼるのは、家長のムニンガンドゥの役割だ。ムニンガンドゥこそ、神聖なる家畜の番人であり、一族の"祖先の火"の守り人なのである。"祖先の火"とは、生者と死者を結ぶ大切な絆であり、この結びつきを介して人々は先人と交信する。

女たちはしぼりたての牛乳を手桶にとり分けると、前日の牛乳を少量混ぜて発酵を早め、保存がきくようにした。その後、トウモロコシ粉の粥を煮はじめる。食事の内容は毎食まったく変わらない。たまにおやつに火であぶったトウモロコシを出すが、いまはそれも切らし、つぎの収穫まで待つしかない。トウモロコシ粉がなくなると牛を売り、その金でトウモロコシ粉を買う。ムニンガンドゥ一家は去年、2頭の牛を売り、さらに人にあげたり、貸し出したりしたそうだ。これは、困窮者には手を貸すべきだと考える、ヒンバ族独自の文化に根ざした慣行である。

ヴィアホンジェラは、父の第3夫人ムコーヒルンブ（20歳）と一緒に、牛乳で満たしたひょうたんを木にかけていく。それをよく振り、撹拌すると、バターができる。ヴィアホンジェラの目のあたりで、ライムグリーンのアクセサリーが揺れている。既婚の女性がかぶる頭飾りエレンベにこれを合わせることで、ヴィアホンジェラは伝統を踏襲しつつも個性を出そうとしているのだ。髪は赤土とバターで塗り固められている。髪につけているのと同じクリームをさらに練ったものが、肌にも塗られている。このペーストには、虫よけの効果を期待して灰が加えられている。ヒンバ族の女たちが水で体を洗うことはない。編んだ髪も、めったにほどかない。

低木のやぶが生い茂る平原では、バード・プラムがとれる。人々はそれにつくモパネ・ワーム（ヤママユガ科のガの幼虫）を集めて食用にしている。はらわたをしごき出し、塩ゆでしたのちに天日で乾燥させるのだ。これを水でもどし調理すると、牛肉のような食感となる。彼らは牛やヤギの群れに囲まれて暮らしているが、祝い事でもない限り、肉を口にする機会はめったにない。肉はヴィアホンジェラの大好物だが、最後にいつ食べたかははっきりとは思い出せないという。

上：雨季は朝晩の冷えこみが厳しい。ナミビア北部のオカペンバンブ村に住む女たちは、くるぶしまでぬかるむ泥や堆肥をものともせず、湯気の立ちのぼる牛の乳を桶にしぼっていく。牛乳とそれを加工してできるものは、ヒンバ族にとっては最も重要な栄養源となっている。女たちは自然発酵のプロセスを早めるため、発酵して酸っぱくなった牛乳を少量、しぼりたての新鮮な牛乳に加える。ひょうたんを何時間も振りつづけていると、やがてバターができる。発酵した牛乳はそのまま飲むだけでなく、トウモロコシ粉の粥に入れるなどして使っている。またバターと赤土と混ぜると、ボディクリームができる。
下：兄が彼女の息子を遊ばせているあいだに、ヴィアホンジェラは朝食につくった粥の残りを食べる。
右：父の村にほど近い、浅く、濁った川で水をくむヴィアホンジェラ。父親の第3夫人ムコーヒルンブがそのうしろで、赤ん坊の顔を洗ってやっている。女たちは頭飾りをひっくり返し、水の入ったかめを頭に載せて家まで運ぶ。

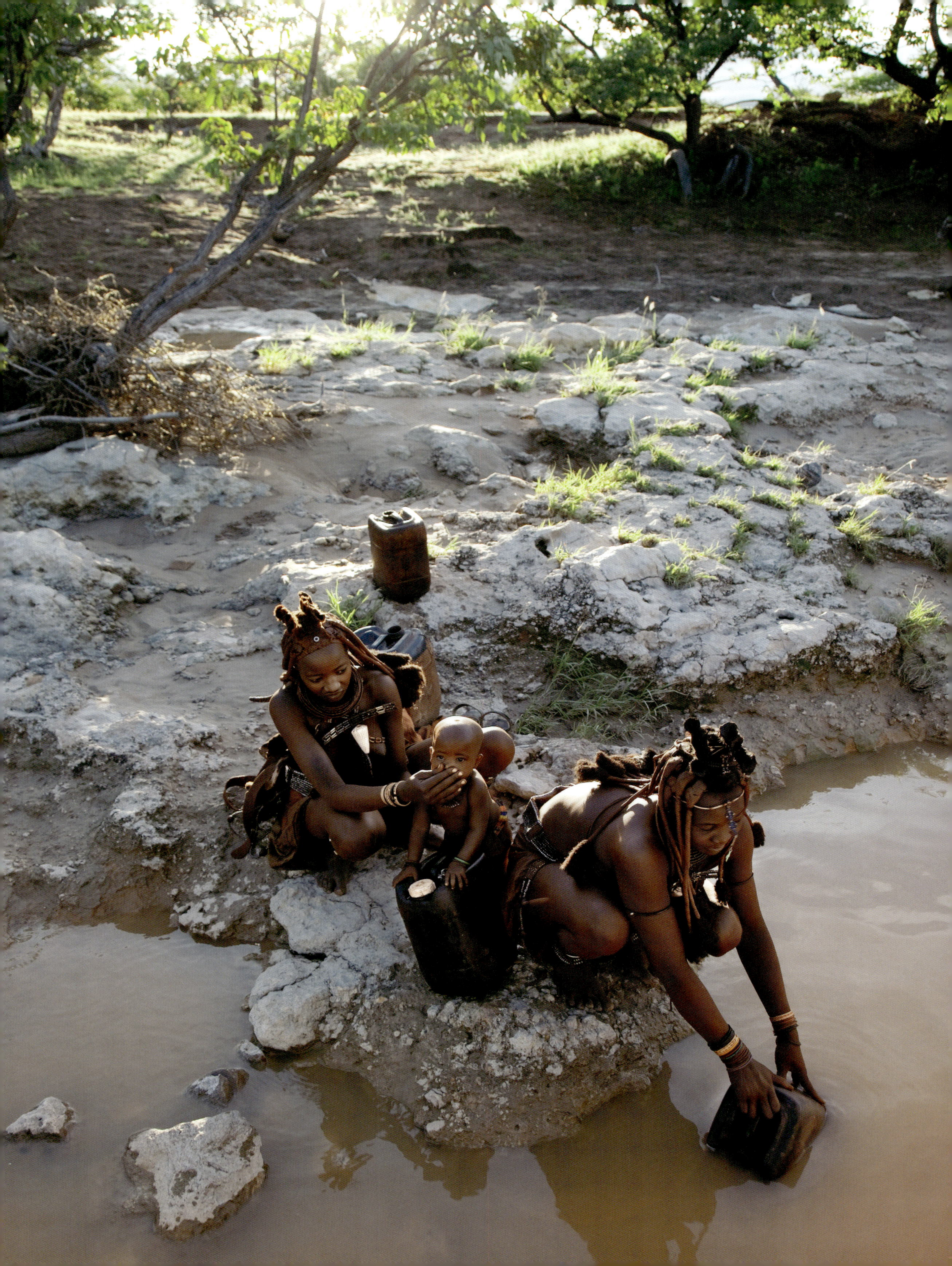

クネネ州の州都オプウォには、ナミビアに住むありとあらゆる部族が集まってくる。旅行者の目には、ゴミが散らかり、流れ者やペテン師があふれ、バーが立ち並ぶこぎたない貧民街としか映らないかもしれない。しかし、ヒンバ族の多くの人たちにとって、オプウォは静かな村の生活とはかけ離れた、異質でエキゾチックな世界なのだ。

右：街の中心部にあるキャッスル・バー No.2 は、平日の午後でもたくさんの人でにぎわっている。懐具合に余裕がある人たちは、思うさまアルコールを飲んで楽しめる。そこまで余裕のない人は、通りすがりの人々から小銭やタバコ、ビールをせしめようとする。

上：ヒンバ族の一家が空き地でトウモロコシ粥をつくっている。この家族は、木から落ちて腕を折った子どもに治療を受けさせようと、遠路はるばるアンゴラからオプウォまでやってきたのだという。

下：幼い息子を連れたヒンバ族の女性。観光客に写真を撮らせるかわりにお金をもらい、地元のスーパーで主食やソーダ水を買う。ヒンバの人々の中には、貨幣経済に参入し恩恵を得ようと考えて観光業に進出し、"本物のヒンバ族"の生活が見られる観光村まで立ち上げた者もいる。

47

上：シュー・ジーポンは、フリーランスのCGデザイナーで、オンラインゲーマーでもある。ミンワン・インターネットカフェの指定席に座る彼の前に並ぶのが、ジーポンの平均的な1日の食事だ。彼は日夜パソコンと向きあって過ごす。疲れたら席に座ったまま眠り、週に1度、友人のアパートでシャワーを借りてしのいでいる。ゲームの連続プレイ最長記録は三日三晩だ。

右：ネットカフェでは、ゲームに飽きると、ファンタジー小説を楽しむ。「本でも読んで目を休めたいときもあるから」と言うが、その本もパソコンのスクリーン上で読んでいる。中国には、3億人を超えるインターネット利用者がいる。これはアメリカの総人口に匹敵するほどの人数だ。

1600

総摂取カロリー **1,600kcal**

中国　上海
スーパーヘビー・ゲーマー

シュー・ジーポン　　　　　　　　　　　　男性、年齢23歳、身長188cm、体重71.2kg

1日の食事　6月

デリバリーの昼食：麻婆豆腐（豆腐と豚肉を赤唐辛子入りのスパイシーなソースで煮る）283g、白米 332g、緑茶（故郷の湖北省産の茶葉を使用）299mℓ

デリバリーの夕食：鶏肉の煮込み 65g、ゆでた冬瓜 224g、白米 377g、緑茶（湖北省産の茶葉）299mℓ

終日：緑茶（湖北省産の茶葉）299mℓ、タバコ 7本

フリーランスのCGデザイナー、シュー・ジーポンのハンドルネームは「マウス」。上海の中心部にある名旺網吧（ミンワン・インターネットカフェ）に住みつき、10時間以上連続でオンラインゲームをしたり、ファンタジー小説をインターネット上で読んだりして日々を過ごしている。「友達には超なまけ者だと思われている」と言う彼は、1年間がむしゃらに働いたので、半年ほどネットカフェで暮らそうかと考えている。「1年じゅう働いていたら、くたびれちゃうよ」

ジーポンは、MMORPG（多人数同時参加型オンライン・ロールプレイングゲーム）に参加し、インターネットを通じて何千人ものゲーマーと出会う。彼ぐらい徹底してゲームを攻略している人をほかに知っているかと尋ねると、「ここまでのめりこんでいるやつは知らないな。友達だって、ぼくのやっていることは信じられないって言っているくらいだから。ぼくみたいに長くプレイできる人間はいないんじゃないかな」。オンラインRPGの世界に10時間ぶっ続けで没入したあとでも、まったく疲れたようすはない。連続プレイの最長記録は、三日三晩だという。それもまったく休憩をいれずにだ。「その後はまる1日、昏睡状態だった」。疲れたら、椅子に座ったまま眠る。

半年ものあいだネットカフェに座りっぱなしでゲームをしたいと思うのは、まだ若いからだと本人は語る。「いまの暮らしを思い切り楽しんでいるんだ。もう少し年を重ねて、30代になったら、友達と会社でもつくろうと思って」。自分は成功すると信じて疑っていない。

中国の都市部に住む同世代の青年と同様、ジーポンもひとりっ子である。元プロバレーボール選

手の両親は、ジーポンを北京にある美術専門学校に通わせたのち、韓国企業でCG部門のインターンシッププログラムに参加できるよう費用を出してくれた。

インターンシップを修了したあと、ジーポンは履歴書をインターネット上で公開し、3Dアニメーションやデザインの分野で短期のフリーランスの仕事をするようになった。こうやって、半年間のインターネット休暇取得へ向けた資金稼ぎを始めたのである。ジーポンは、祖父母が政府から支給された古いアパートを両親から譲り受けた。フリーランスの仕事を再開したあかつきには、故郷の武漢にあるその部屋で暮らすことになる。仕事をするあいだもゲームをやるのかと尋ねると、「絶対しない」と即答した。しかしいまのところは、半年働いて資金が貯まったところで、インターネット休暇を取得するというこのサイクルを繰り返していくつもりでいる。

ジーポンは、決まったスケジュールも締め切りもない、いまのライフスタイルが気にいっている。お腹が空いたと思えば、自分の端末のすぐそばの壁に鋲で留めてある、使いこまれた簡単なメニューを見て、中華風ファストフードや弁当を近所の食堂に電話で注文し、席まで配達してもらう。ひっきりなしにかかってくる電話さえうとましく、携帯電話は解約してしまった。「かけたいときは、店の電話を使えばいいから」と、困ったようすもない。注文した料理をつくっている店に行ったことはあるかと尋ねると、ない、という。どこにあるかも知らないそうだ。電話をかければ料理がく る、それでかまわないのだろう。ジーポンは1日に2食しかとらず、あとは父親からもらった故郷の湖北省産の茶葉でお茶をいれて飲むだけだ。

武漢にある自宅では、簡単な中華料理ぐらいは自分でつくる。食事に白米は欠かせない。「西洋料理はほとんど食べない」そうだ。個人的にはアメリカ風ファストフードが好きではないが、仲間うちでは人気なので、マクドナルドやKFCに行くこともある。ハンバーガーのよさはどうしても理解できないという。「芯になる味がない。ケーキを食べているみたいで頼りないよ」

酒を飲むことはあるかと尋ねると、「友達と外食するときは飲む」と答えた。ジーポンはソフトドリンクを飲まない。仲間うちで飲まないのは、彼くらいだ。「ソフトドリンクを飲んでも、のどの渇きはおさまらない。ソフトドリンクやコーラを飲むと、あとで水が飲みたくなる。だったら最初から水を飲めばいいでしょう？」。食べ物の撮影が終わったとたん、彼はスクリーンに注意をもどす。中世の騎士が、剣で刺されたところだった。

**「友達だって、ぼくのやっていることは
信じられないって言っているくらいだから。
ぼくみたいに長くプレイできる人間はいないんじゃないかな」**

左頁：1日に2回、ジーボンはオンラインゲームの仮想空間から現実世界に自分を引きもどし、ワンロンという料理店に電話をかけて食事を注文する。その作業には1分とかからない。10分後には、注文した料理がパソコンの前に届けられるので、ジーボンはゲームの手を休めることなく、食事をとる。
上：どれほど熱心なゲーマーでもいつかは睡眠をとる必要があるはずだが、午前4時27分になっても300席ある店内はほぼ満員の状態だ。
左：ジーボンは、上海の夜景をほとんど見たことがない。夜の黄浦江のほとりに輝く浦東地区の高層ビル群。

1600

総摂取カロリー **1,600kcal**

アメリカ　テネシー州ホールズ
減量手術を目指す男性

リック・バンガーデナー　　　男性、年齢54歳、身長175cm、体重212.3kg

1日の食事　2月

朝食：12穀入りベーグル 43g、ターキーソーセージ 45g、乳製品不使用のチーズ代用品（アメリカンチーズ味）20g、グラノーラバー（チョコレートチャンク入り）34g、アイスティー 355mℓ、ノンカロリー甘味料 小さじ1

昼食：薄皮ロールサンド（フィラデルフィアチーズステーキ風フィリング）128g、イタリア風ブロッコリーとニンジンのサラダ 99g、アイスティー 355mℓ、ノンカロリー甘味料 小さじ1

夕食：ライトイタリアンドレッシングを塗って焼いた鶏もも肉 133g、全粒小麦粉入り卵黄不使用パスタと蒸したブロッコリーのダブルチェダーチーズソースあえ 244g、砂糖不使用のプリン（キャラメル味）105g、アイスティー 355mℓ、ノンカロリー甘味料 小さじ1

間食その他：グラノーラバー（ローストナッツ入り）34g、ピーナッツバタークッキー 23g、ミニニンジン 71g、ミニトマト 68g、カリフラワー 40g、春タマネギ 11g、ラディッシュ 9g、100%野菜ジュース（減塩）163mℓ、ミネラルウォーター 1ℓ、栄養サプリメント（クランベリーカプレット、ビタミンB₁₂、マルチビタミン）、治療薬（アロプリノール、アスピリン、カルシトリオール、ジルチアゼム、エクセナチド、グリブリド、ロサルタン）、その他の治療薬（写真には写っておらず、必要に応じて服用する。アルプラゾラム、コルヒチン、フェキソフェナジン、ガバペンチン、ナプロキセン、シンバスタチン）

いまのリック・バンガーデナーが1日にとる食事の量は、昔と比べれば、何も食べていないようなものだ。減量手術を受けたいので、手術の許可がおりる体重まで落とすべく減量に努めている最中なのである。過食の生活を続けていた昔と比べていまはどうかと尋ねると、リックは妻のコニーが写真撮影用にと厳密に計量して用意してくれた食べ物をしばらく眺めてから、おもむろに結論を出した。「ここにある食べ物全部あわせて1食分といったところかな。そのほかに、グレービーソースを添えたチキンブレスト丸ごと3つ分に、ジャガイモとクイックブレッドのつけあわせをたっぷり平らげていただろうね」

「田舎の食事なんてこんなものさ」とテネシー州出身のリックは言うが、食事だけでなく、間食の量もとんでもなく多かった。「クラッカーと柄の長いスプーンとビン入りのマヨネーズさえあれば幸せだ」と言うくらいなのだから、当然だろう。

BMI（ボディーマス指数）が40を超えると、病的肥満といわれる。ノックスビルのテネシー大学医療センターで初めて体重測定をしたとき、リックは体重が226.3kgで、BMIは73.7を記録した。激しい腰痛と2型糖尿病のほか、肥満にともなって生じるさまざまな慢性病も患っている。「あと45kgぐらいは落とさないと、手術にあたって全身麻酔をかけ、眠らせたときの安全が保証できないと、医者たちに言われたんだ」

リックは現在、カウンセリングや栄養指導、運動療法を受けているが、実際に許可がおりたらどのタイプの手術を受けるかはまだ決めていない。胃バイパス術は、外科手術で小さな胃をつくって小腸につなぎ、胃本体を文字通り永久にバイパス化する。驚くほどの減量が可能だが、合併症のリスクも大きい。胃緊縛法は、サイズ調整が可能なバンドで胃を縛る手術で、胃はゴルフボール大ほどしか機能しなくなる。リスクは小さいが、減量効果のあらわれ方は一般に遅い。どちらの手術を受けるにしても、手術後は生涯にわたって健康的な食生活を心がける必要がある。

取材したとき、リックは212.3kgまでしか体重を落とせておらず、それ以上の減量は難しそうだった。食事の量を管理しているコニーは、息子のグレッグともどもフルタイムで機械工場に勤めていて、日中は家にいないので、実際に食べた量は、本人にしか分からない。

家にはもうマヨネーズは一切置いていないが、コニーは食料品置き場に鍵まではかけていない。リックがずるをすることはないのかと尋ねると、「そりゃ、食料品置き場に行って、何かとってくることはあるわ」と言いつつも、「ずる」という言葉は使わない。ふたりは30年以上連れそった仲であり、リックがその気になればどれだけたくさん食べられるのかも、いまどれだけ我慢して食事を減らしているかも、コニーはよく知っているからだ。コニーは新鮮な野菜を箱一杯に用意し、それだけは思う存分食べていいことにしている。

52

リック・バンガーデナーの自宅に並んでいるのは、1日分として推奨されている減量食だ。家の外では車いすを手放せないほど太ってしまい、重度の腰痛と2型糖尿病を患っているリックは、あと45kgほど体重を落とさなければ減量手術を受けることができない。写真に写っている低カロリー食だけで我慢しようと努めてはいるものの、誘惑に負けてほかの食べ物に手を出してしまうこともある。18年間続けたスクールバス運転手の仕事につく前は、商店や学校に牛乳を配達していた。ほかの配達人に牛乳をあげる代わりに、アイスクリームをもらうこともしょっちゅうだったという。南部人らしく愛想のよいリックは、学校のカフェテリアのスタッフにも人気で、配達に立ち寄るたびに何かしら食べさせてもらっていたので、1年間で45kgも太ってしまった。処方薬フェンフルラミンとフェンテルミンを服用し、7か月かかって45kgの減量に成功したものの、その後リバウンドして、もとの体重よりさらに太ってしまった。

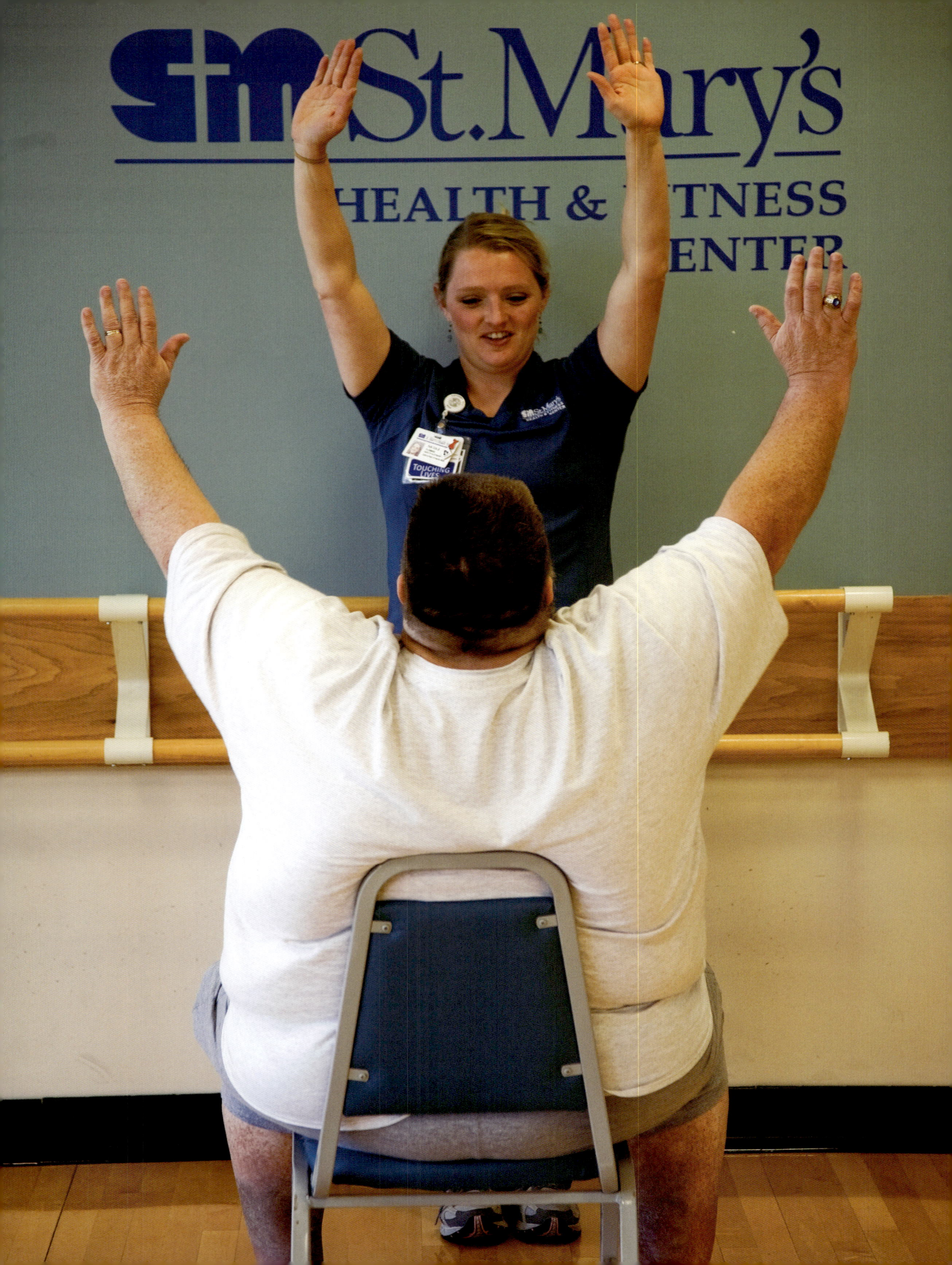
St. Mary's
HEALTH &

コニーは、リックが好きなクッキーやケーキの100kcalパックも出しておく。どれだけ余計にカロリーをとろうとしているか、自分できちんと把握してもらうためだ。「だれだってお腹が空くことはあるでしょう？」とコニーはあくまでやさしい。

中には、正確に摂取量を把握するのが難しい食べ物もある。コニーは冷蔵庫の扉を開けた。「家を出たときは、袋の封はまだ切っていなかったの」そう言いながら、ホットドッグがいくつか減っている袋をとりだす。「私がこういうことには気づかないと思っているのよね」

朝食と昼食には、減量アイテムや1人分の冷凍野菜をパックした商品などを中心に、電子レンジで温めればすぐに食べられるものばかりが並ぶ。夕食はコニーが料理をするが、リックによれば「最初から皿に1人分がとり分けてあるんだ。おいしい料理が出たときは、『おかわりをしてもいいかい？』と聞くんだけど、ダメだと言われる」と笑う。「家内がいなきゃ、減量なんてできなかった」。リックは取材中、ことあるごとにそう言っていたが、減量の成否が結局は自分にかかっていることは百も承知だ。「昔からの習慣はなかなか直らなくてね。目の前に食べ物が置かれると、まず『うわあ、いいにおいだ』と思う。でも、そこで自分に言い聞かせるんだ。『ちょっと待て、落ち着け。ここはひとつ自制しようじゃないか』とね」

リックはこれまで、数十キロ単位で体重の増減を繰り返してきた。だが、いとこの胃バイパス術が成功し、また、自分の生活の質が下降の一途をたどっているという認識をあらたにしたこともあって、いまは減量に前向きに取り組んでいる。リックは信徒伝道者として長いあいだ活動したりもしていたのだが、いまではミサで説教をするあいだ、立っていることさえできない。そればかりか、人の手を借りなければほとんど何もできない状態だ。スクールバスの運転手として18年間働いてきたが、太りすぎと腰痛の悪化のために、2001年に泣く泣く辞めることにした。「ハンドルが腹をこするような状態で運転しては危ない、と感じたんだ。自分のことが心配だったわけじゃない。ただ、子どもを死なせたり、けがさせたりするような事態は避けたかった。そんなことになっていたらと思うとぞっとするよ」

リックは、いつかまた運転できる日を心待ちにしている。草取りをしたり、愛犬ベアを隣に乗せて草刈り機を走らせ、庭の芝生の手入れをしたり、車いすを使わずに自力で歩いたりといった、ふつうの人にとってはなんでもないごく簡単な作業がふたたびできるようになる日を待ち望んでいる。

左：自宅近くのマーシー・ヘルス・アンド・フィットネス・センターで、エクササイズのクラスを受講するリック。受講する前に測ってみたところ、体重は212.3kgだった。リックはここで座ったままできるエクササイズを何種類も教わった。
上：ジムで運動したあとは、水中エクササイズのクラスを受講する。水に入るのは10代のころ以来だ。新しいライフスタイルに取り組みはじめてからは、妻コニーと息子グレッグとともにお気に入りのレストランで夕食をとる楽しみはあきらめざるをえなくなった。特大のピザ3枚にクレイジーブレッド（ニンニク風味のパン）、野菜はゼロという内容だったのだから仕方がないだろう。食べきれない分がかならず出たが、それもいつまでも皿に残っているわけではなかった。最後にはリックが平らげてしまったからだ。
下：リクライニングチェアに座ってオリジナル曲の「バラバを与えたまえ」を歌うリックの足もとに、愛犬ベアが寄りそう。リックは独学でゴスペルの歌唱やギターの演奏を習得し、信徒伝道者になった。太りすぎて長時間立っていられなくなるまでは、毎週水曜日にコパー・リッジ独立系伝道バプテスト教会のミサに通い、説教をし、演奏をすることを楽しんでいた。いまは、退屈をまぎらわすために、夜中の2時、3時まで夜更かしをして、テレビゲームをしたり、ギターを弾いたり、テレビ番組を観たりして過ごし、朝は遅くまで寝ている。

1700

総摂取カロリー **1,700kcal**

アメリカ　ニューヨーク州キャッツキル山地
減量キャンプに通う少女

マッケンジー・ウルフソン　　　女性、年齢15歳、身長175cm、体重135.6kg

> **1日の食事　7月**
>
> **カフェテリアの朝食：** アップルパンケーキ（2個分、リンゴのフィリング 各大さじ2入り）113g、砂糖不使用シロップ 大さじ1、ターキーソーセージ 28g、無脂肪乳 118mℓ、濃縮還元オレンジジュース 145mℓ
>
> **カフェテリアの昼食：** ピーナッツバターとジャムのサンドイッチ（全粒小麦粉入りパン 130g、低脂肪クリーミーピーナッツバター 小さじ1、コンコード・ブドウの砂糖不使用ジャム 小さじ1）、セロリスティック 23g、ミニニンジン 37g、フルーツサラダ（みかん 26g、パイナップル缶詰 大さじ2、細切りココナッツ 小さじ1.5、ミニマシュマロ 6g、プレーンヨーグルト 小さじ1）
>
> **カフェテリアの夕食：** チキンカッチャトーレ（皮と脂肪分を除去し裂いた鶏肉 71g、野菜 102g、マーガリン 小さじ1.5）、レタスとキャベツとニンジンのサラダ 31g、脂肪分ゼロのイタリアンドレッシング 小さじ0.5、全粒小麦粉入りパスタ 57g、砂糖不使用のフルーツパンチ 157mℓ、シャーベット（乳製品・卵不使用）118mℓ
>
> **キャンプで出る軽食その他：** リンゴ（写真にはない）142g、チョコレートプディング（写真にはない）113g、プレッツェル（写真にはない）28g、水道水 2ℓ

低カロリーの食事、きつい運動、栄養指導と三拍子そろっている減量キャンプは、遊びたい盛りの十代の若者が夏休みを過ごしたがる場所には思えない。しかしマッケンジー・ウルフソンは、毎年自発的に参加して、小学4年生のときから抱えている肥満という問題に真剣に取り組んでいる。「ひと晩でこんなになるわけじゃないんだから、ひと晩でふつうにもどせるわけもないわ」。増えすぎてしまった体重について、彼女はそんな受けとめ方をしている。そもそも体重との闘いの発端となったのは、小学校の前払い制の給食だったという。「ビュッフェスタイルだったから、好きなだけ食べることができちゃったのよね」

身長175cmのマッケンジーは、友人たちのなかでも群を抜いて背が高い。学校ではソフトボールの代表チームに入っているだけあって、参加者の多くとは違い、135.6kgあるとは思えないほどその身のこなしは優雅だ。4年間キャンプに通いつづけてはいるが、いつか超やせ型になれるとも、そうなりたいとも思ってはいない。「理想は80kgくらい。（それ以上やせたら）変に見えるんじゃないかしら。2004年にそれくらいの体重で、いまより背は低かったけどいい感じだったのよね」

毎年参加しつづけなければいけないなら減量キャンプに効果はないと言う人もいるが、マッケンジーはそうは思っていない。キッチンにしっかり鍵がかかっている場所にもどってこられるだけで、ほっとするというのだ。「ふらりとキッチンに行って、何かを食べてしまうってことはないわけでしょ」。自宅でもキャンプと同じような環境を整えてほしいと、両親に頼んだこともある。「私が食べちゃいけないものは、戸棚から一掃してもらったの。だからプレッツェルより体に悪い食べ物は何ひとつ置いてなかった。でも私の姉妹は食べ物にすごくうるさくて、結局は両親もまたジャンクフードをうちに置くようになっちゃったの。食べ物を入れた戸棚は、鍵をかけてガレージに置いていたんだけど、そのうち、私にも暗証番号が分かっちゃったわけ」

キャンプでは行動修正の必要性をたたきこまれるが、肥満とは縁のない友達がなんでも好き放題に食べているそばで、自分だけが健康に気を遣った食事をとるというのは、十代の若者にはなかなかハードルが高い。「キャンプが終わって家に帰ったあと、最初の2、3週間はきちんと食事制限を守って暮らせるの。キャンプでの食生活を思い出して、真剣にがんばるのよ。でもね、新学期が始まって、週末の夜に友達と外で遊ぶようになり、しかも手元にお金があったりすると、目についた食べ物がなんでもほしくなっちゃうのよね」。「たとえば、ケーキとか、カップケーキとか、ミルクシェイクとか」

自分の姿を見てどう思うか、聞いてみた。「鏡を見るといい気分はしない。でも外を歩いているときは、自分の足先だけしか見えない。だから、歩いているときは、自分はふつうだと思ってるのよね。ただ、鏡に姿を映して見るたびに、何かが間違っているとは感じるわ」

キャンプ・シェーンのカフェテリアに座るマッケンジー・ウルフソンの前に置かれているのが、1日分の規定食だ。1968年に設立され、アメリカにおける減量キャンプの先駆けとなったこの施設に、親たちは大枚をはたいて太りすぎてしまった子どもたちを送りこむ。陽射しがさえぎられて陰になった丘陵地帯に立ち並ぶ小さなキャビンで、500人ほどの男女が合宿生活を送っている。眼下には運動場、小さな湖、そしてこのキャンプで最も重要な建物、カフェテリアがある。「ここの食事は悪くないわ。そりゃレストランでこんなものは注文しないでしょうけどね。脂肪分も塩分も控えめだけど、食べてみると、あら、そんなに悪くないじゃないって感じ。それに健康にもいいし……。でもね、みんなこのキャンプに参加する前の週は、つい食べまくっちゃうの。キャンプに行く前の週だけで2kgちょっと体重が増えちゃった年もあったかな」とマッケンジーは打ちあける。

上：もともと体を動かすのが好きなマッケンジーは、特にテニスが得意で、学校ではソフトボールの代表チームに入っている。
下：暑い夏の午後、少女たちからはフィールドホッケーで汗を流したいという熱い思いは感じられない。「ほら、そこの女の子たち、フェンスから離れて！」とコーチのジョーイが叫んでも、選手交代の時間になるまでだれも動こうとしない。コーチが「交代！」と叫ぶと、持ち場から解放された少女たちはサイドラインに走っていき、だれかにスティックを握らせようとするが、すんなりとは受けとってもらえないこともある。
右：キャンプ・シェーンの食事は、おかわりができない。マッケンジーを含む100人の少女が毎日参加する朝食後の最初のアクティビティは、ストレッチングのクラスだ。

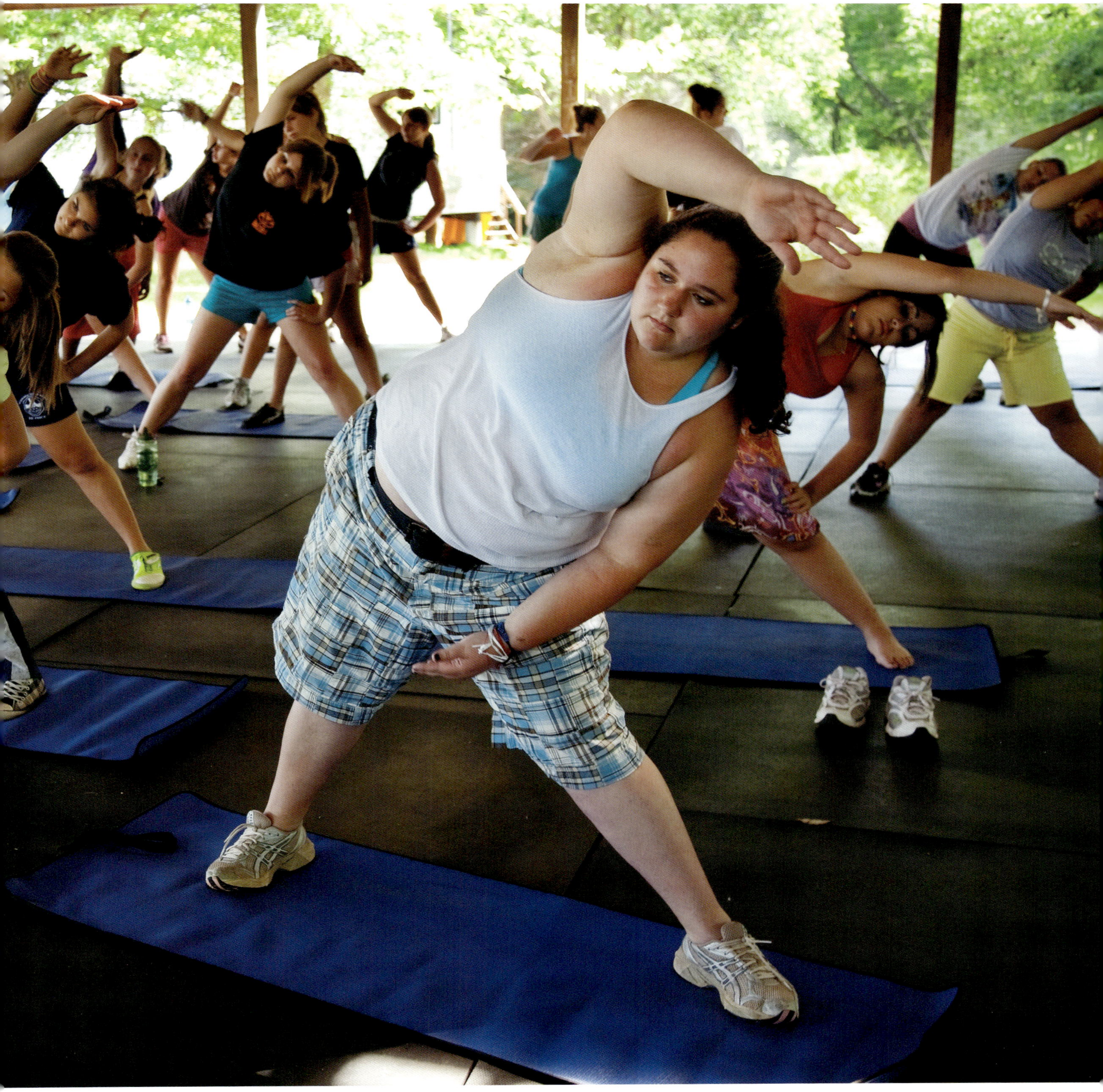

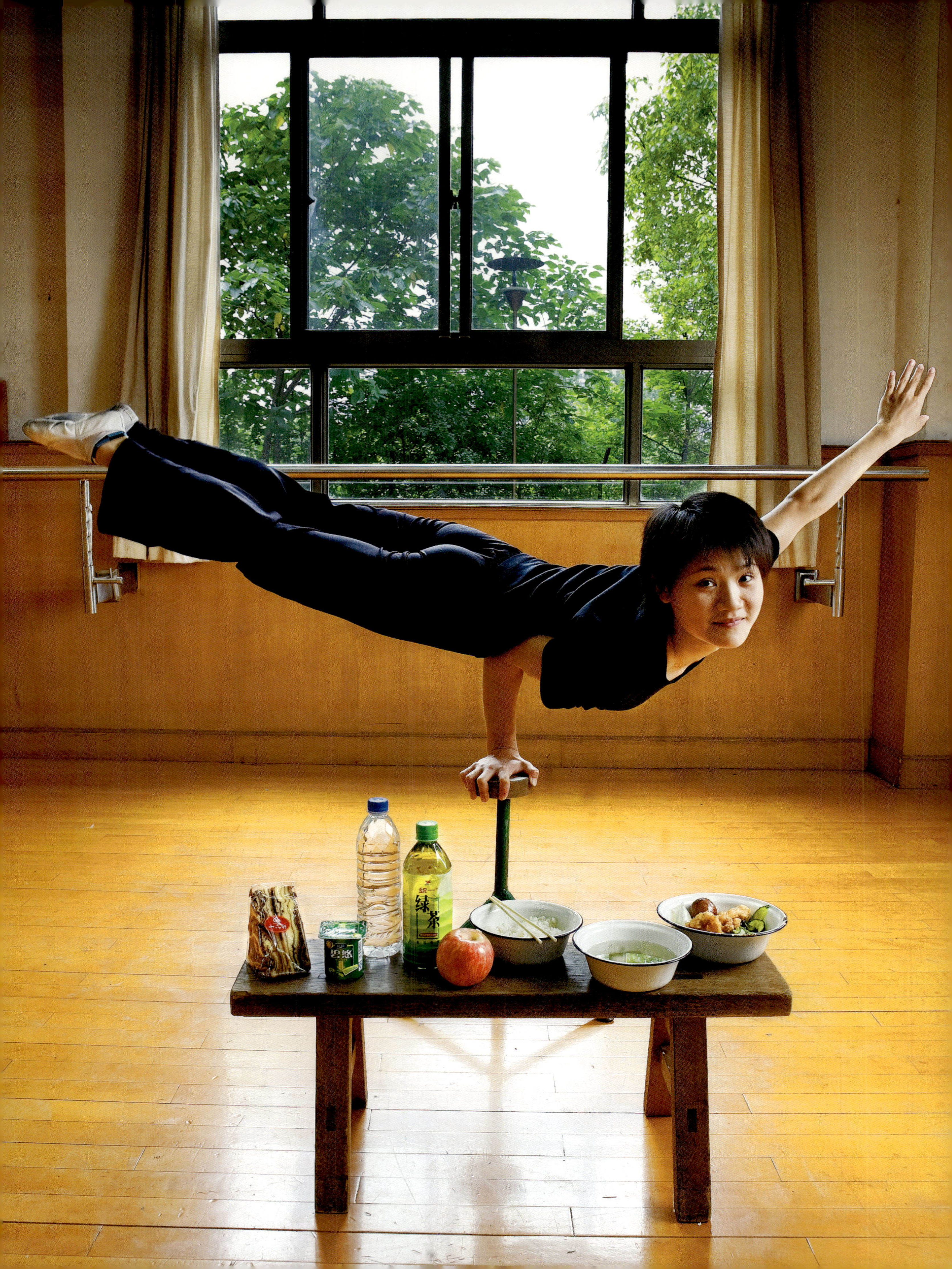
碧悠
统一
绿茶

1700

総摂取カロリー **1,700kcal**

中国　上海
雑技団の曲芸師

ツァオ・シャオリー　　　女性、年齢16歳、身長157cm、体重44.9kg

1日の食事　6月

朝食：ケーキ 156g、ダノンヨーグルト（キウイ味）99g、リンゴ 204g

上海馬戯城の従業員食堂での昼食：炸排骨（ジャーパイグー）（豚バラ肉の唐揚げ）79g、ビーフン 99g、キュウリの炒め物 153g、茶卵（ゆで卵を塩を加えたお茶で煮る）48g、塩ベースの春タマネギ入り野菜スープ 278g、白米 167g

終日：緑茶のペットボトル（無糖）500mℓ、煮沸した水 701mℓ

動きのタイミング、バランス、正確性。曲芸師のツァオ・シャオリーは、上海馬戯城（上海サーカスワールド）のスタジオで練習をするとき、つねにこの3点を意識している。シャオリーは、高さ60cmほどのスタンドの上にとりつけられた回転盤を握り、片腕だけでバランスをとりつづけて、1日の大半を過ごす。ストップウォッチをセットし、30分間片手だけでバランスをとりながら、鏡張りの壁に映る自分のフォームをチェックするのだ。

元曲芸師で師匠でもあるリー・ゲンリエンが、彼女の足の角度を直し、腰をまわしてやり、空いているほうの手がしっかり伸びきるように指先を使って誘導する。シャオリーは、いったん床に降りて軽くストレッチをいれ、もう一度30分間のバランスワークを始めた。

シャオリーは真剣そのものだ。7歳のときにこの雑技団に入団して以来、練習を遊び感覚でやったことなど一度もない。年若い曲芸師たちは、上海馬戯城の施設内にある寮の10人部屋で身を寄せあうように暮らす。そして日々練習を重ねて、週に7日夜の公演をこなし、1日おきに勉強を教えてもらうという生活を送っている。

シャオリーにとっては、従業員食堂で同室の少女と過ごすひとときだけが、同年代の若者との交流と呼べる時間だ。ライオン使いや命知らずのバイク乗り、事務スタッフに囲まれながら、ふたりはつかのまのおしゃべりを楽しむ。

昼食のメニューには、豚バラ肉の唐揚げ、キュウリの炒め物、茶卵が並ぶ。シャオリーも何かならずお腹に入れるようにしているが、ここの食べ物には食指が動かされないという。両親の待つ自宅に帰るときまで、食欲はとっておくようにしているそうだ。1日休みがもらえると、やはり昔は曲芸師だった母親がピザハットや地元の中華料理店に連れていってくれたり、好物の湯圓（あんを包んだ白玉団子入りの甘い汁）をつくってくれたりする。

シャオリーや同室の少女たちは、朝食にヨーグルトとヨーロッパ風のケーキと果物を買う。夕食はとらない。毎日のように夜の公演があるからだ。公演は、プロの曲芸師としての生活の中でシャオリーが一番気にいっている時間である。

とりわけ危険な技を披露したときの観客の反応がたまらなく好きだと言うが、つねに計画通りにうまく運ぶとは限らない。一時期、シャオリーは、椅子を持ってバランスをとりながらピラミッドをつくる曲芸師たちの一番上に飛び乗る役をやっていた。ある晩、ピラミッドが崩れ、シャオリーのハーネス型安全帯が壊れてしまった。彼女は頭から真っ逆さまに落ち、全治数か月のけがをした。師匠のゲンリエンによれば、シャオリーはいまもそのときの恐怖をぬぐえないままだという。

いまは4人組の少女のひとりとして演技をしている。少女たちは信じられないほど小さな陶器の樽に体を押しこみ、そこからゆっくりと出てくる技を披露して、観客の目を奪う。シャオリーの見せ場は、ソロの演目だ。床から6mほどの高さまでせりあがる支柱の上で、音楽や照明にあわせてバランスをとってみせる。

左：上海馬戯城の練習場で、プロの曲芸師ツァオ・シャオリーと彼女の1日の食事を撮影。シャオリーは、故郷の安徽省にある地方の雑技団で、幼いころから曲芸師としてのキャリアを積みはじめた。
右：練習をするシャオリー。

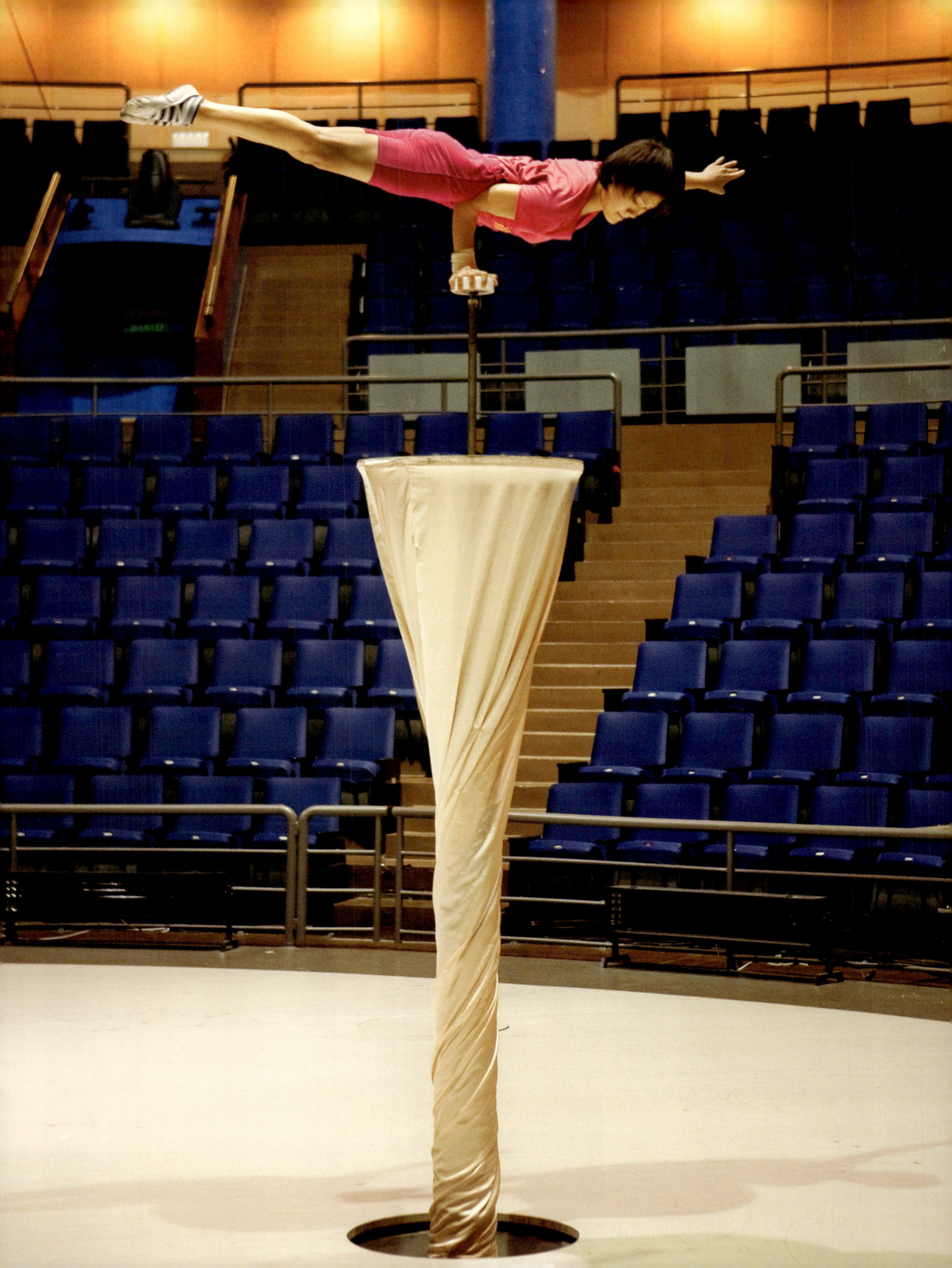

シャオリーは1日5時間の練習をこなし、9人の少女とともに寮の一室で生活する。公演は週に7日ある。危なそうな技を披露したときの観衆の反応を見るのが特に好きだという。

左頁：センターステージで行われたその日2度目のリハーサルで、片手でバランスをとることに集中する。

上：大連から来た一座が自転車を使った技を練習している。

左：上海馬戯城のドーム型新劇場は1,600人を収容できる。

ルマ・アクテルは、6,000人以上の従業員を抱える縫製工場アナンタ・アパレルズで縫製の仕事をしている。手前の台に乗っているのがルマの1日の食事だ。バングラデシュでは国民の約半数が農業に従事している。しかし、近年、国の経済をけん引しているのは繊維産業であり、バングラデシュはインドやアメリカを抜いて世界第4位の縫製品輸出国になった。バングラデシュの繊維産業は輸出が占める割合が大きいため、国際的な制裁を恐れ、国は児童労働を法律で禁止するとともに、さまざまな基準をもうけて労働条件の改善に取り組んでいる。

1800

総摂取カロリー **1,800kcal**

バングラデシュ　ダッカ県ダッカ

縫製工場で働く女性

ルマ・アクテル　　　　　　　　　　　　　　女性、年齢20歳、身長152cm、体重39.0kg

1日の食事　12月

朝食：カレー（ジャガイモ、インゲン、ニンジン、ターメリック、油）167g、アルボルタ（ジャガイモをつぶし、タマネギと唐辛子を加えて炒めた料理）51g、白米 261g

昼食：スープ（タマネギ、ニンニク、ショウガ、粉唐辛子）162g、ゆで卵 57g、ゆでたジャガイモ 125g、白米 261g

夕食：カレー（ジャガイモ、インゲン、ニンジン、ターメリック、油）159g、マスールダル・カレー（レンズ豆、タマネギ、ニンニク、粉唐辛子、ショウガ、ターメリック）159g、白米 261g

その他：共同の井戸から手動ポンプでくみ上げた水 4.9ℓ

国民の約半数がいぜんとして農業に従事しているバングラデシュで、国の発展にひと役買ったのは繊維産業だった。繊維関連企業が成功できたのは、安い労働力に頼っているからだと言う人もいる。それはその通りだが、それ以前には国内にほとんど雇用の機会がなかったことを考えれば、繊維産業がとくに女性の雇用創出に貢献してきた一面は否めない。現金収入を得る手段がほとんどなかった人々に、財政面で大きな恩恵をもたらしたのである。

一部の縫製工場で横行する劣悪な労働条件については、何年にもわたってメディアで大きくとりあげられてきた。だから、ダッカを拠点とするアナンタ・アパレルズに対し、料理と文化に関する本の取材で女性従業員と話したいと申しいれたとき、会社側が取材班の真意をはかりかね、疑ってかかったのも無理はない。取材班が今回のプロジェクトの趣旨を説明し、先方から国際的に定められた労働基準をきちんと満たしているとの説明を受けたのちに、ようやく市内にある縫製工場で希望者に取材する許可を得ることができた。

工場の建物にはいくつものフロアがあり、従業員たちは裁断係、縫製係、洗浄係、デザイン係に分かれて熱心に働いている。縫製係がいるフロアに入ったとき、ルマ・アクテルの姿が目に入った。ブルージーンズの脚の部分を縫いあわせている——アメリカの有名衣料品チェーン店からきた大量注文の中の一着だ。彼女はプロジェクトへの参加を快く承諾してくれた。

毎年、ダッカには、ベンガル地方から何千もの人が流れこむ。友人が、そして、友人の友人がダッカでよい給料をもらっているという話がかけめぐり、その流れにさらに拍車をかけていた。アクテル一家は、4人いる子どものうち一番年長のルマが12歳のとき、村の農場でレンズ豆や米やジュートを栽培する生活を捨てて、ダッカに移住した。ルマが住んでいた村の住民は、ほぼ全員がダッカに移り住んでいるという。一家は現在、ダッカ中心部の北西に位置するカムランギルチャルという地区で暮らしている。親戚や昔なじみもみな同じ界隈にいる。

アクテル一家は、トタンでできた3m四方の部屋に住んでいる。近所には似たような平屋の建物が何百棟も建ち並ぶ。ひと世帯あたりの家賃は月に900タカ（1,044円相当）だ。狭い通路が各部屋をつなぎ、共同キッチンから便所、メインストリートへと続いていく。洪水が発生してもすぐには浸水しないよう、建物はコンクリートのスラブの上に建てられている。バングラデシュで生活するなら、洪水は避けて通れない。たくさんの人が狭いところで暮らしているのに、家々は中も外もきちんと片づき、掃除も行きとどいている。建物のあいだを走る土を踏み固めた通路も、住人たちの手できれいに掃き清めてあった。ここで暮らすことの難点は、周辺エリアにゴミが山と積みあげられているせいで、雨が降るとゴミが通路を経て建物の中にまで流れこんでくることだろう。

ルマの自宅を訪問したときは、玄関で靴を脱いだ。これはアジア全域にみられる習慣である。居間に通された取材班は、床にじかに座った。このスペースは夜には寝室に、食事どきにはダイニングルームに早変わりする。布団はたたんで部屋の隅に重ねてあり、家族全員の衣類が一方の壁によせられた金属製ラックにかけてある。もう一方の

上：夕暮れどき、7階建てのアパートの屋上で、青年たちがサッカーに興じる。通りをはさんだ向かい側にあるのが、ルマが働く縫製工場だ。
右：一家が暮らすダッカのカムランギルチャル地区にて、ルマと近所の人たちを撮影。
右頁：町の反対側にある、ブリガンガ川河岸のジョドルガド船着き場に停泊する船は、大勢の乗船客であふれかえる。ブリガンガ川は主要な交通路であると同時に、下水道としての役割も担っている。市内の下水の約80％が、処理されないままこの川に流れこんでいるのだ。

壁には、水くみに使うバケツや料理に使う鍋がずらりと並ぶ。電気は通っているものの、冷蔵庫がないので、食料は毎日買いだしに行かなければいけない。部屋の中で明るさを演出しているのは、ルマの着古した水色のサリーと、ドアの脇の壁にかけてある、オレンジ色のフレームに縁取られたくもった鏡だけだった。

いまの家は、昔住んでいた田舎の家と比べてどうか、と尋ねてみた。「広さはだいたい同じくらいです。でも、ここ（ダッカ）のほうがいいわ。だって仕事があるんですもの」

ルマが、建物の中を案内してくれた。便所や共同の水道を通りすぎると、共同キッチンがある。キッチンといっても、3台のガスコンロが床に置いてあるほかは何もなく、ひとつしかない窓には格子がはまっていた。女性たちは、調理器具や鍋や食材を自宅からこのキッチンに運びこんで料理をし、カレー、ダル、白米のごはんなどをつくり終えたら、すべてをまた自宅に持ち帰る。

ルマの母親は、いつも日に一度だけ料理をする。つくった料理はふたつきの容器に入れて部屋に置いておき、食事どきになったらすぐに出せるようにしておく。メニューは、毎日さほどかわらない。基本の一品は、粗くつぶすか、すりつぶすか、ゆでるかしたジャガイモである。唐辛子は入れることも入れないこともあるが、ターメリックはたいがい加えてある。もうひとつは、ダルをタマネギ、ニンニク、ショウガと一緒に煮込んだ料理だ。白米は毎食欠かさず用意して、大皿からスプーンですくって食べる。家族はみな肉料理が好きだけれど、肉は値段が高いのでなかなか食べられない、とルマは語る。

ルマの父ジャリルは、1年じゅう1日の休みもとらずにリキシャ（自転車タクシー）のペダルを漕ぎ、町の中を走りまわる。リキシャは1日単位でレンタルしているので、売りあげのほぼ半分を持ち主に収める。手元に残る売りあげは、ひと月に約3,500タカ（4,061円相当）だ。

ルマはアナンタ・アパレルズから毎月4,000～4,500タカ（4,641～5,221円相当）の給料をもらう。そのうち自分で使うのは、職場との往復に利用するリキシャの運賃くらいだ。それも職場の同僚と相乗りをして片道20タカ（23円相当）の運賃を折半し、さらに安くあげる。ラッシュアワーになると、市内の通りには何千ものリキシャやタクシーや小型バスやスクーターがひしめき、そのわきを大勢の人が歩いていく。3kmあまり離れた職場まではリキシャで1時間ほどかかるが、ルマが友人と雑談できるのは、実質的にこのときしかない。だから、運転手が黙々と仕事をこなすあいだ、ふたりはひとときのおしゃべりを楽しむ。父親が走るルートやスケジュールとは予定があわないので、乗せてもらうことはない。それでも家賃をのぞけば、一家の稼ぎの大半は食費に消える。

ルマに将来の見通しについて尋ねると、まず父親が口を開き、将来は結婚するさ、と答えた。ルマはそんな父親の肩に手を置き、自分の気持ちを語ってくれた。「自分の力でお金を稼ぐことができる女性は尊敬されます。私にとっては、それが大切なことなんです。いまはいい仕事についています。この会社でもっと上の地位を目指したいですね。自分の面倒を自分で見ることができる、自立した女性になりたいと思っています」

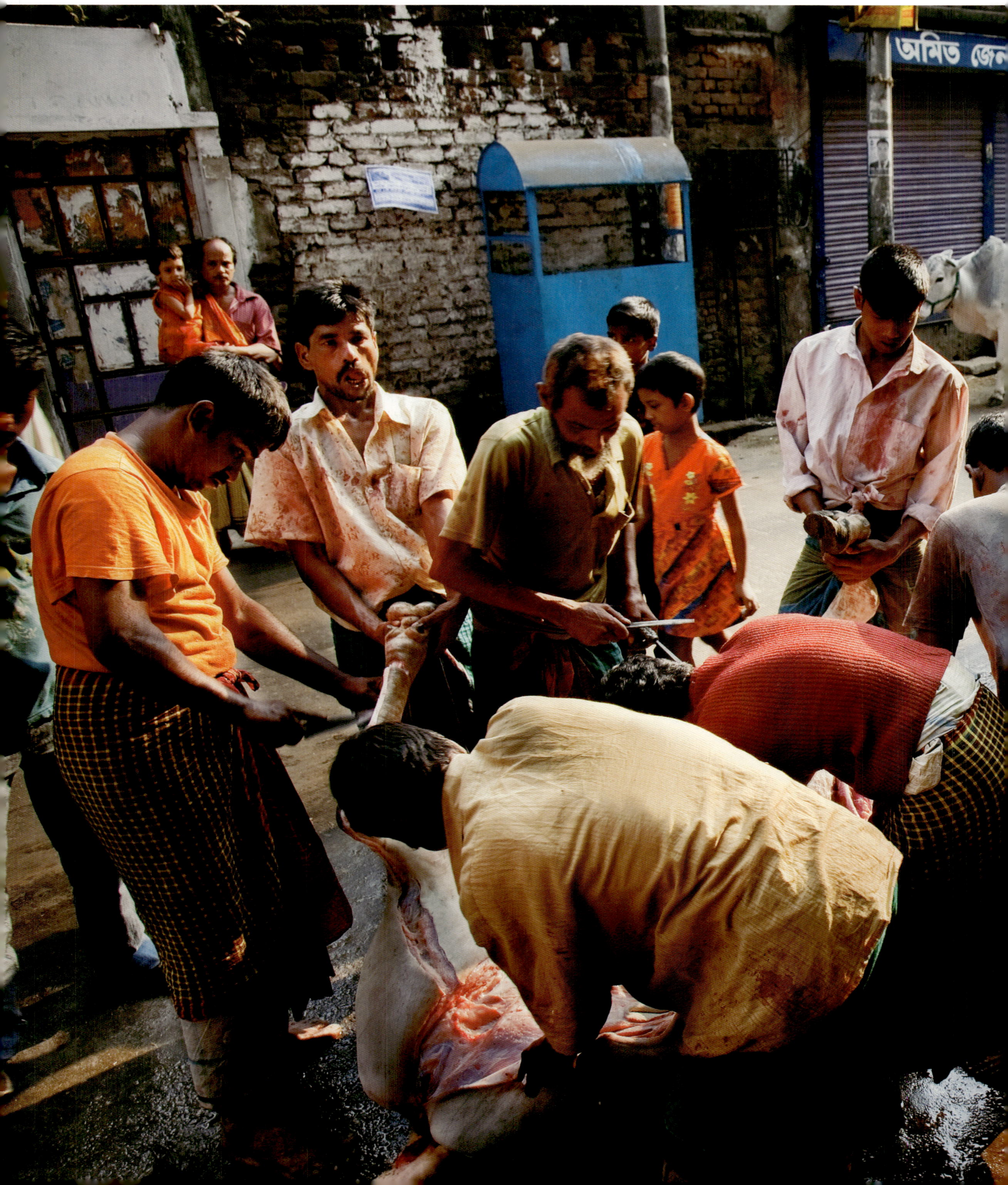
অমিত

バングラデシュは、世界第4位のイスラム教徒人口をほこる。「イード・アル・アドハー」と呼ばれる3日間の犠牲祭のあいだ、ダッカでは何千頭もの牛が屠られ、市内各地の通りが赤い血で染まる。これは、イスラム教徒のあいだでは毎年恒例のメッカ巡礼、「ハッジ」の最後を飾る祭りだ。神が預言者イブラヒム（キリスト教ではアブラハム）に、息子をいけにえに捧げてアラー（神）への忠誠心を示すように命じた話は、コーランと聖書の両方で語られている。いけにえにされようとするその瞬間に息子の命はゆるされ、イブラヒムはかわりに雄羊を捧げればよいことになった。イード・アル・アドハーはこの伝説にちなんだ祭りであり、ダッカをはじめイスラム世界全域で開催される。いけにえにされた動物の肉は、親戚や友人だけでなく、貧しい人たちにも分け与えられる。肉料理を口にする数少ないチャンスであるこの祭りを、ルマ・アクテルは心待ちにしている。

69

1900

総摂取カロリー **1,900kcal**

カナダ ケベック州ガティノー

環境にやさしい少女

ココ・シモーネ・フィンケン　　女性、年齢16歳、身長177cm、体重59.0kg

1日の食事　12月

朝食：フランスパン 51g、イチゴ 74g、豆乳 222mℓ

昼食：ベジタリアンラップ（サルサ風味フラワートルティーヤ 71g、フェタチーズ 51g、ピーマン 31g、レタス 11g、バター 小さじ0.5）リンゴ 159g、ニンジン 51g

夕食：マタル・パニール（グリンピースとインド風チーズのカレー）173g、白米 187g

間食その他：自家製のチョコレートチップ入りズッキーニブレッド 167g、リンゴ 145g、乳脂肪分1%の牛乳 296mℓ、野菜ジュース 163mℓ、チャイ 237mℓ、水道水 849mℓ

フライドポテトにグレービーソースとチーズをからめたプーティンは、カナダ全土で愛されている料理で、1950年代初頭にケベック州で誕生した。油で揚げたジャガイモの上にチーズのカード（凝乳）を散らし、肉汁を煮つめたとろみのあるグレービーソースをたっぷりかける。ココ・シモーネ・フィンケンの父カークも、フランス系カナダ人の母ダニエルも、妹のアンナもこの料理が大好きだ。ところがこれを、ココの食生活にとりいれることはできない。ココはすこし前から、ベジタリアンになったからだ。

家族の中でベジタリアンはココひとり。しかし、フィンケン家はもともと肉をたくさん食べるほうではなく、植物性の食品を中心にした食事を心がけているので、ココがとりくみはじめた食事スタイルも比較的すんなりと受け入れられた。一家はオタワ市郊外にあるデシェーネ湖の東に住み、地元の農家から野菜を買ったり、自宅の前庭を菜園にして野菜を育てたりしている。寒冷な気候のため作物を栽培できる期間は短いが、その貴重な時間を活用しているのだ。

カークとダニエルは、環境を大切にする心をもってほしいと願って、娘たちを育ててきた。自分たちの生活が環境にかける負荷をできるだけ小さくするように努めてもいる。一家が暮らすのは、わらのブロックを積みあげて建てられた究極のエコロジー・ハウスだ。機械設備を使わず施工や素材の工夫だけで自然エネルギーを有効利用するパッシブソーラーシステムを採用したストローベイルハウスに住み、多少高くてもできるだけオーガニックフードを購入する。野菜、牛乳、手づくりのピーナッツバターなど、こだわりをもちたい食材は地元の自然食品店で買うが、常備する食品はできるだけ安く買う。食料の買いだしは主にカークの担当で、常備する食品は「スーパーC」という安売りのスーパーマーケットで買うことが多い。「大型店舗に行くと、あれもこれも欲しくなり、結局、買いすぎて予算をオーバーしてしまうんです」。カークは、消費者の行動はこうして操作されているのだという。

ココはたいてい、朝食に豆乳と果物のスムージーを飲んだあと、自転車に乗って学校に向かう。自家用車をもっていない一家にとって、街中を移動するときは自転車が一番便利なのだ。

ココ以外の家族は、鶏肉料理と家庭菜園でとれた野菜のサラダを夕食に食べることもある一方で、豆腐料理でも、あっさりした自家製トマトスープでも、インド料理のマタル・パニール（グリンピースとインド風チーズのカレー）でも喜んで食べる。だが、自然食品店で売っているかたまりだらけで食感の悪いオーガニックヨーグルトは、ダニエル以外はみな苦手だ。

右：十代のベジタリアン、ココ・シモーネ・フィンケンを平均的な1日の食事とともに自宅で撮影した。フィンケン一家は自家用車をもたず、値段が高すぎなければオーガニックフードを購入し、自宅の庭に家庭菜園をつくって野菜の栽培もしている。
左：母親と妹アンナが誕生日祝いにキャロットケーキを焼いてくれた。ケーキに立てた16本のろうそくを吹き消す。

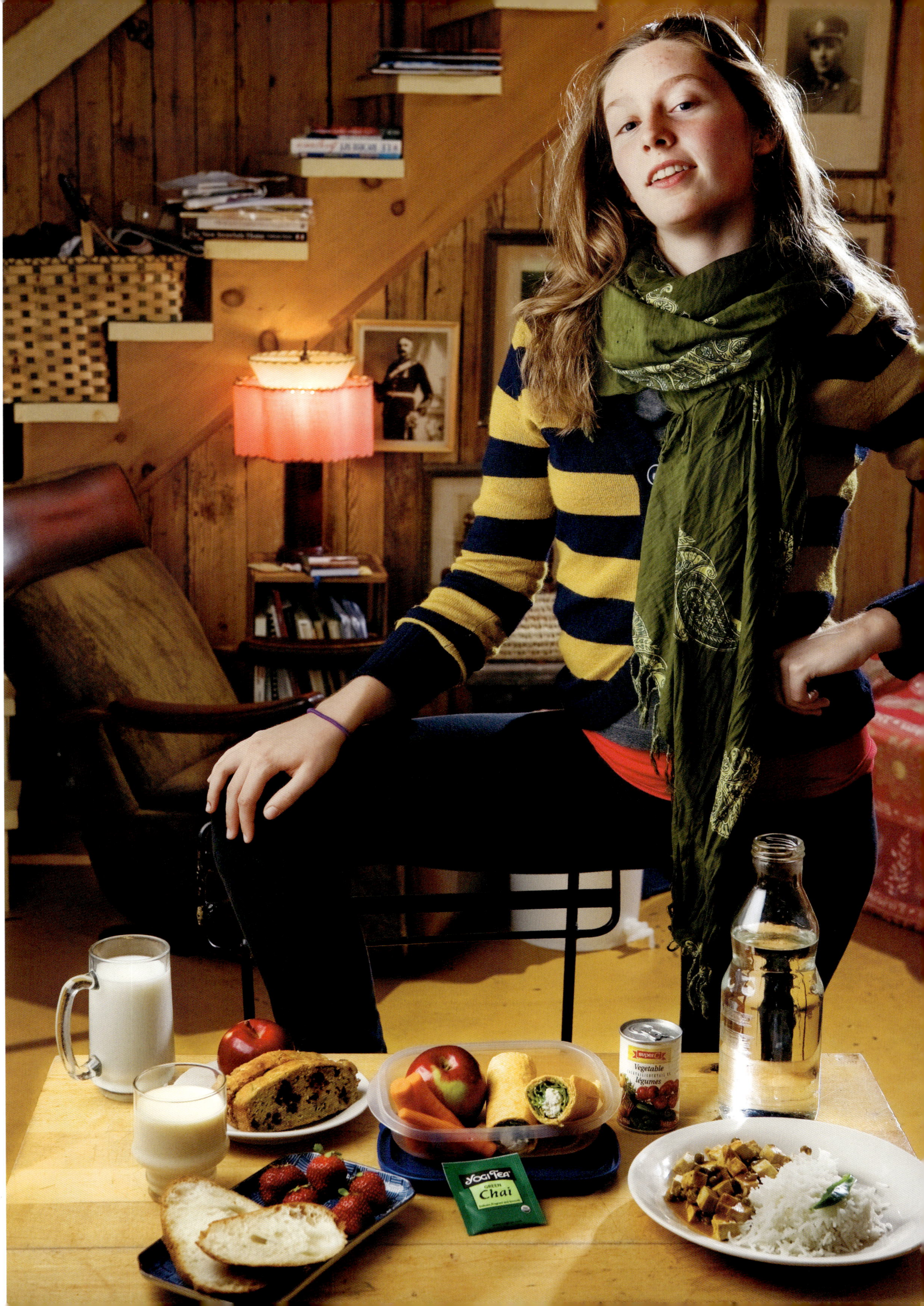

Vegetable
légumes
YOGI TEA
Chai

上：ティファニー・ホワイトヘッドは、学校に通いながら、モール・オブ・アメリカ内の遊園地でパートの乗り物係として働いている。トレイに載っているのが、彼女の平均的な1日の食事だ。モール・オブ・アメリカは、アメリカ国内に5万軒あまりあるショッピングモールの中でも最大規模をほこる。巨大な遊園地に加え、ショップが500店以上、ファストフード店が26店、専門食品店が37店、レストランが19店あり、1万1,000人の従業員が年間を通じて働いている。年間来場者数は4,000万人を超え、1992年の開業以来の来場者数はのべ5億人を上回った。

右：ティファニーは職場ではよく歩く。おもに遊園地エリアを担当していて、乗り物が停止してしまったとか、迷子がいるといった連絡が無線で入るとその対応にあたるほか、来場者からの問い合わせに答えることもある。

1900

総摂取カロリー **1,900kcal**

アメリカ　ミネソタ州ブルーミントン
モールでアルバイトする学生

ティファニー・ホワイトヘッド　　女性、年齢21歳、身長170cm、体重59.0kg

> **1日の食事　6月**
> **早めの食事**：バーガーキングのフライドチキン（小麦粉をまぶして揚げた細切りの鶏肉）105g、バーガーキングのフライドポテト 128g、ドクターペッパー 464mℓ
> **遅めの食事**：タコベルの牛ひき肉入りハードシェルタコス（3個）292g、タコベルのボーダーソース（マイルド味）43g、マウンテンデュー（バハ・ブラスト味）760mℓ
> **間食**：キャラクター型グミ（フルーツ味）74g、ガム 3枚、氷（かんで食べる）590g

　ティファニー・ホワイトヘッドも、ときには、ミネアポリス市内にある学校やモール・オブ・アメリカの付設遊園地での仕事へと急ぐ前に、自宅でサンドイッチをこしらえることはある。とはいえ、KFCやバーガーキングやマクドナルドで外食してすませることがほとんどだ。
　ティファニーは美容学校に通いながら、遊園地の乗り物係として働く。いまも実家に住んではいるが、家で食事をすることはめったにない。遊園地の両脇にフードコートがあり、簡単に食事をすませることができるからだ。ティファニーにはお気にいりの店がいくつかあり、財布と相談しながらその日のメニューを選ぶ。「ここにはヘルシー・エクスプレスもあるので、以前はよく行ってたんですけど、とにかく値段が高くて。シーザーサラダのラップとフルーツ・スムージーだけで、8ドル（720円）もかかっちゃうんですよ！」
　フルタイムで働いていたころは、倹約のためにダイエット用の冷凍食品を持参して夕食代わりにしたこともあった。いまもときにはそうしているという。「だいたいフェットチーネ・アルフレードを買うんです。イタリア料理が好きなので」
　ティファニーは、家で何かつくって職場や学校に持参するよりは、外食をしたほうが時間を節約できていいと考えている。そもそも、友だちもだれひとりとして弁当を持ってこない。仲間と一緒に外にくり出して食べるのが好きなのだ。
　ティファニーの食事はファストフードが中心だが、だからといってそれ以外の店に行かないわけではない。たとえば友人たちとレストランに行くときは、「前菜が半額になる時間帯を狙って行き、あとはドリンクを1杯注文する」という。ミネアポリス市街にある学校の近くには、北米全域で店舗展開するチポレもある。「ブリトーボウルをよく注文します。チキン、ライス、サワークリーム、トマト、チーズ、レタスが全部ひと皿に入っているんですよ」。チポレは一般のファストフードよりもヘルシーだというイメージで売っているが、それを意識して通いはじめたわけではなかったという。「ヘルシーだからというより、おいしいから食べに行きたいだけなんです」
　「野菜はなんでも好き」と言うティファニーだが、最近、口にした野菜といえば、タコベルのハードシェルタコスに入っている刻んだレタスとトマトくらいだ。果物も好きだというが、1日の食事の内容を見て、平日に食べている果物がフルーツ味のグミだけだったことに気づくと声を立てて笑った。「だって、このグミ、本当に好きなんですもの」
　ティファニーは、もうすこし年齢を重ねたら食事にも気を遣おうと考えている。とはいえ、いまのところは、勤務時間中は一生懸命に働き、オフの時間には手ごろな値段で食事のできる店に行って友だちと外食を楽しむ生活を謳歌している。

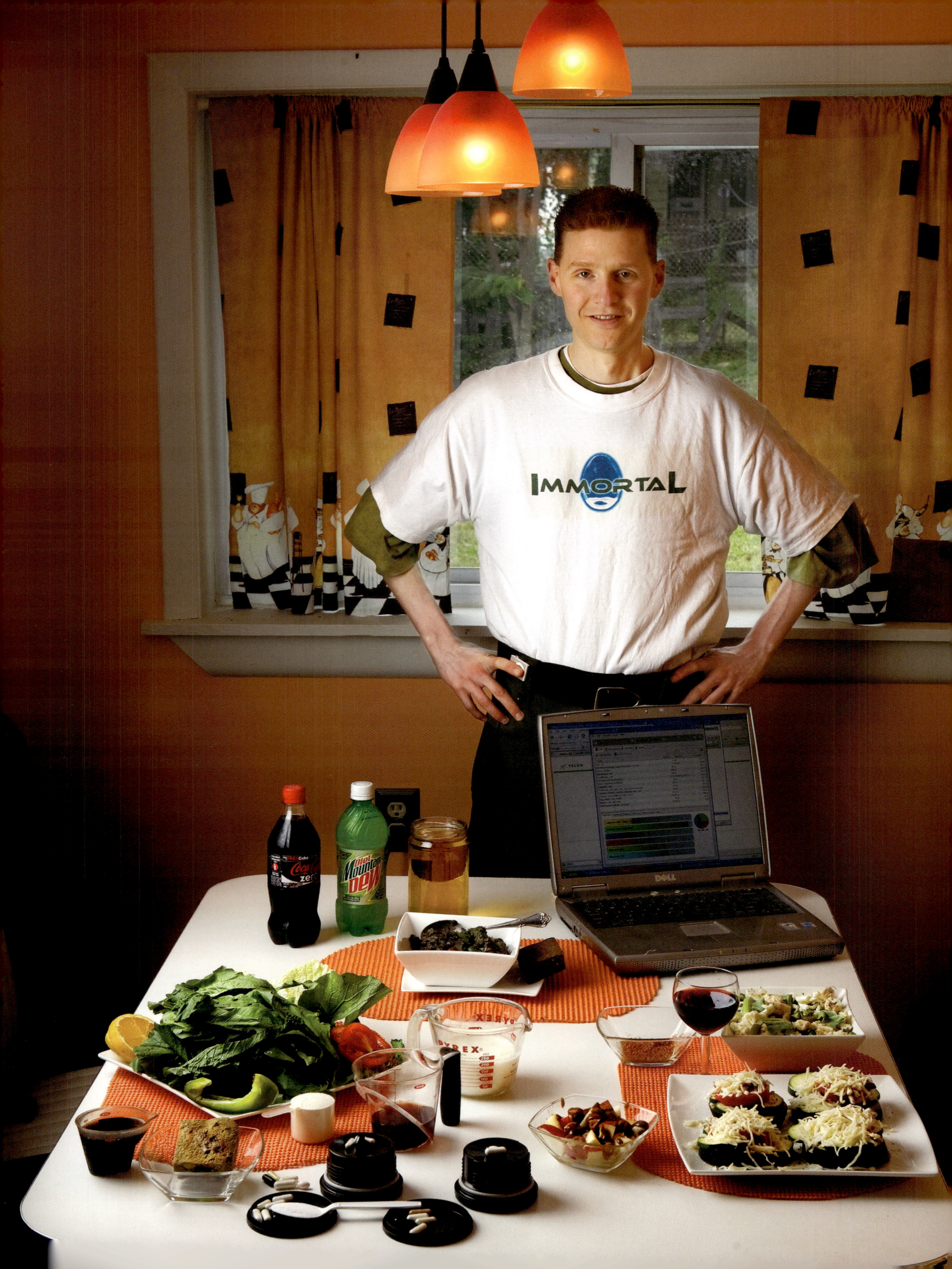
IMMORTAL
DELL
PYREX

1900

総摂取カロリー **1,900kcal**

アメリカ　ペンシルヴェニア州ホワイトマーシュ
カロリス実践者

マイケル・レイ　　男性、年齢32歳、身長182cm、体重51.7kg

1日の食事　7月

朝食：ザクロジュース(早朝) 80mℓ、サラダ(カブの葉 105g、キャベツ 99g、トマト 85g、ピーマン 34g、サルサ、バルサミコ酢と亜麻仁油とオリーブ油のドレッシング 74mℓ)、オレンジ 91g、ライスブラン入りの自家製マフィン(25種類以上の材料でつくる) 108g、無脂肪乳 210mℓ、カフェインレスのインスタントコーヒー 80mℓ、粉末状のホエイプロテイン 大さじ1.5

昼食：ブラックビーンスープ 261g、ライスブランとチョコレート入りの自家製ブラウニー(20種類以上の材料でつくる) 88g

夕食："チキン"サラダ(肉不使用、大豆不使用の代用肉 85g、卵白 77g、アスパラガス 99g、カリフラワー 99g、亜麻仁油とオリーブ油のドレッシング 小さじ2)、ナスの"ピザ"(ナス 113g、ズッキーニ 128g、トマト 116g、マッシュルーム 9g、モッツァレッラチーズ 57g)、リンゴ 71g、ヘーゼルナッツ 14g、無脂肪のリコッタチーズ 28g、ノンカロリーのキャラメルディップ 大さじ1、ピノ・ノワール種の赤ワイン 89mℓ

終日：煎茶 751mℓ、煎茶とチャイのブレンド(写真にはない。人工甘味料スクラロースで甘みをつけた) 751mℓ、コカ・コーラ・ゼロ 591mℓ、ダイエットマウンテンデュー 591mℓ、サプリメント(適宜服用)：ベジタリアン・ブースター、イノシトール、ピリドキサミン、ベンフォチアミン、ビタミンD、ビタミンB₁₂、メチルコバラミン、ビタミンK₂、メナテトレノン、花粉エキス、マルチミネラル、ストロンチウム、亜鉛、カルノシン、クロロフィル、リチウム、アルギニン(アミノ酸)、グリシン(アミノ酸)、リシン(アミノ酸)、緑茶エキス

平均的な食事を与えたネズミより、低カロリーの食事を与えたネズミのほうがはるかに長生きする。これは、1930年代にコーネル大学の研究者たちが発見した事実だ。別の動物を使った実験でも、似たような結果が得られている。では、カロリー制限は人間の寿命にどのような影響をもたらすのだろうか？　本格的な研究が始まったのはごく最近のことだが、以前からカロリー制限食を実践しているひと握りの熱心な人々がいる。そのひとりであるマイケル・レイは、1日の総摂取カロリーを標準より25～30％減らして生活する。「ぼくもいつかは死ぬ。それが現実です。でも、死を迎える日はできる限り先に延ばしたいし、老化のプロセスが進むにまかせるなんていやなんです」。カロリー・リストリクション（カロリス）を実践すると、より長く、健康に生きることが可能になると謳われているが、上がりすぎた血圧をさげ、免疫系を強化するなどの効果があらわれることはすでに実証されている。

カロリスは、十分な栄養を確保しながら摂取カロリーを減らせばいいだけなので、肉を食べる人でもベジタリアンでも、動物性の食品は一切とらないビーガンでも実践することができる。これは食事設計というより人生設計に近く、現にマイケル・レイはカロリスに自分のすべてをかけているといってもいい。「いわば、長期的な実験をしているようなものです」。カロリスをスタートさせた1999年から、マイケルは自分が口にするすべての食材の重さを量り、それぞれの重さからコンピュータで摂取カロリーをはじき出し、最適な栄養バランスを確保するようにしてきた。カナダ出身の彼はベジタリアンで、180cm強の身長に対し、体重は平均して52～53kgだ。週に2、3回は15分ほどランニングをして骨の強化をはかり、毎日40種類以上のサプリメントを飲む。サプリメントを調合する仕事についていた時期があったので、かなり詳しい知識をもっているのだ。カロリスを始めてからは大好物のピザもまったく口にしていないというので、いまも食べたいと思うのか尋ねてみた。「もちろん食べたいですよ。自分でも、必要以上にカロリスにはまっているのは分かっているんです」という彼の答えに、「そうなの？　だれか、いまの言葉を書きとめてくれないかしら？」とガールフレンドのエイプリル・スミスが笑いながらまぜかえす。するとマイケルは「実質的にカロリーがない食品なら、もっと食べても摂取カロリーを増やさないですむのは事実ですが、そこまではやってませんから」と言い返した。

マイケルは、エイプリルと付き合うようになってからおいしい料理を食べられるようになった、と喜んでいる。「すごく料理上手なんですよ」とほめる彼のかたわらで、エイプリルが真菌由来の代用肉を皿に盛りつけ、スクラロースで甘みをつけたクランベリーコンポートのソースをかけてマイケルに差し出す。「私のに亜麻仁油かけてくれた？」とエイプリルが尋ねると、マイケルは葉野菜のサラダとヨーグルトだけという彼女の夕食に、小さじ1杯分の亜麻仁油をかける。「それぞれ必要な栄養分もカロリーも違うから、ふたりが同じ食事をとることはないんです」とエイプリルが説明してくれた。

マイケルは、自分で決めた生き方を厳しく追求している。しかしその一方で、夢にまで見るファンタジーがふたつあると打ち明けてくれた。「ひとつは、いますぐ電話の受話器をとりあげて宅配ピザを注文し、まるごと1枚を一気に平らげること」。もうひとつは？　「いつか不死の薬が開発されたら、ふたりでKFCに行って、好き放題に食べたいですね。そのときまだKFCのメニューをおいしいと感じるかどうかは、分かりませんが」

左：マイケル・レイの自宅はペンシルヴェニア州のフィラデルフィア郊外にある。テーブルに並んでいるのが彼の平均的な1日の食事で、食材の重さはすべて正確にはかってある。マイケルは、生物医学的老年学者で理論家のオーブリー・デグレイのもとでリサーチ・アシスタントを務めている。ふたりの共著に『老化を止める7つの科学　エンド・エイジング宣言』(NHK出版)がある。
右：平日にランニングをするマイケル。

ラン・グイホアは農家の未亡人である。自宅前に置いたテーブルに並ぶのが、彼女の平均的な1日の食事だ。グイホアの家は竹林がうっそうと茂る丘の中腹にあり、丘をのぼったところには亡き夫の墓がある。土が硬く踏み固められた中庭では鶏や犬が気ままに歩きまわっている。庭からはミカン畑と野菜畑が見わたせる。軒下に積んであるのは、台所のかまどで火をたくときに使うまきや柴だ。グイホアは、ふだんは自分で栽培した野菜と米を食べて暮らしている。鶏の羽が地面に飛び散り、羽をむしりやすくするための熱湯を入れたボウルが置いてあるのは、来客にごちそうしようと、鶏肉料理を用意してくれたからだ。この地方の田舎で暮らす家庭はどこもいわば小さな食品工場として機能し、自給自足の生活をしている。何千年も前から何世代にもわたって受け継がれてきた農作にまつわる知恵が、いまも暮らしに息づいているのだ。

1900

総摂取カロリー **1,900kcal**

中国　四川省眉山市甘家溝村(ガンジャーゴウ)

ミカン農家

ラン・グイホア　　　　　　　　　　　　　　　　女性、年齢68歳、身長160cm、体重54.9kg

1日の食事　6月

朝食：自宅の鶏が産んだ卵の固ゆで（2個）145g、稀飯(シーファン)（米の粥）190g

昼食と夕食：白菜と唐辛子の漬け物（ラー油）99g、ゆでたナスとインゲン 275g、塩を添えたアヒルの卵 91g、サツマイモの葉の炒め物 377g、スープ（ショウガ、ラー油、ユウガオ）405g、キュウリ 119g、ラー油 大さじ1.5、回鍋肉(ホイコウロウ)（一度ゆでた豚肉を赤い花椒油で青唐辛子と一緒に炒める）153g、白米 125g、米のゆで汁のスープ（米をゆでたあとのとろみのある水）198mℓ

終日：井戸水を沸かした湯 1ℓ

「あなたの平均的な1日の食事を教えてください」。取材班はミカン農家のラン・グイホアに本書の趣旨を説明し、そうお願いしたが、豪快な笑い声とともに、軽く受け流されてしまった。「うちみたいなあばら家じゃねえ」。68歳になったいまも元気いっぱいのグイホアは、近所のもっと裕福な家を紹介すると言ってしぶっていたが、最後には承諾してくれた。

グイホアが暮らす谷間の村は、中国中南部に位置する四川省にある。気候は温暖で、いまの季節は木々の緑がまぶしいくらいだ。グイホアも近所に住む人たちも何ヘクタールもある畑地でミカンや野菜を栽培し、生計を立てている。甘家溝村で暮らす43世帯は、第7生産隊に所属している。集団農場化が行われていた当時を思いおこさせる名称だが、この政策そのものは民営化と市場経済の台頭にともない、1980年代に終わりを告げた。村人たちは、いまでは自家用に野菜やピーナッツや大豆を育てており、10年あまり前からは現金収入を得るためにミカンの栽培も始めた。

グイホアは、自宅周辺で畑の植えつけや収穫、草刈りに精を出し、大豆をすりつぶして豆乳や豆花(ドウホア)（豆腐花）をつくって過ごすが、手が空いたときは東坡という近郊の市場町に出向き、友人たちとカードゲームに興じるという。

アヒルや鶏は自宅で飼育して卵や肉を食用にしているが、豚は10年前に夫と死別したときにすべて手放した。いまは店で豚肉の切り身を買うか、近所の人が豚をつぶすときに分けてもらうことにしている。ただし、生の状態からすぐに料理して食べることはない。まずは保存食にしておくのだ。「肉に塩をたっぷりまぶしてから燻製にして、つるしておくの。そうすれば必要なときに必要な分だけ料理に使えるでしょう」

近所の人たちが収穫したばかりの野菜を抱えてあらわれた。即席の宴会の料理づくりを手伝いに来たのだという。取材班は遠慮したのだが、グイホアは鶏を1羽つぶしてふるまいたいとゆずらない。だれかが家の前を通りかかるたびにグイホアが大声で呼び止めて昼食に誘うものだから、客人の数はどんどんふくらんでいく。

昼食用につぶしたあわれな鶏は、細かく切り分けて塩をまぶしてから、巨大なかまどを使って蒸す。田舎風の台所には、この大きなかまどがふたつ並んでいる。台所の土間に座りこんでいるのは、グイホアと一番付き合いの長い友人フー・ルンジーだ。かまどに隠れてほとんど姿は見えないが、ほかの仲間が料理をするあいだ、かわいた柴を根気よくかまどにくべていた。

村人たちは、自家製の菜種油でサツマイモの葉を強火で炒め、ショウガを刻んでかき玉汁やウリ料理をつくり、豚の脂でナスとインゲンを調理する。調味料グルタミン酸ナトリウムをふんだんに鍋にふり入れることも忘れない。回鍋肉もある。こうして、村人流の豪華な食事ができあがった。主食の白米のごはん、そして生のキュウリの薄切りと、白菜の漬け物とともに――自家製のラー油をこれでもかと添えて――供される。

昼食が終わると、グイホアは密生した竹林を抜けて、急な斜面を力強い足取りでのぼっていく。取材班をミカン畑まで案内がてら、夫の墓参りをするつもりなのだ。彼女は、日中、時間を見つけては、足を運ぶことにしている。「あなた、また会いに来たわよ」。グイホアは夫にやさしく話しかけた。

上：グイホアが訪れた友人宅では、石臼で大豆を挽いて、豆乳をつくっていた。ひと晩水につけておいた大豆をおたまですくって、石臼のてっぺんにある穴に入れていく。大豆が石臼ですりつぶされ、流れ出た汁はいったん石の受け台にたまったあと下に置いたバケツに流れこむ。

下：愛犬のドゥドゥが期待のまなざしで見つめる中、グイホアが、近所の人の手を借りながら、しめたばかりの鶏の血をどんぶりに集める。香辛料をきかせた豆腐のスープに入れるのだ。1時間もすれば、この鶏も、アヒルの固ゆで卵や、5、6種類の新鮮な野菜とともにキッチンに隣接する広い部屋に置いたテーブルに並べられ、客人や近所の人たちにふるまわれる。グイホアの息子夫婦は隣の家に住んでいるが、この日は留守にしていたので宴会には参加しなかった。

右：一品目のかき玉汁がテーブルに並ぶ。背後のキッチンでは、近所の人がおわんにスープを注いでいる。午後の宴会に時間ぎりぎりに到着する客人のために用意しておくつもりだろう。

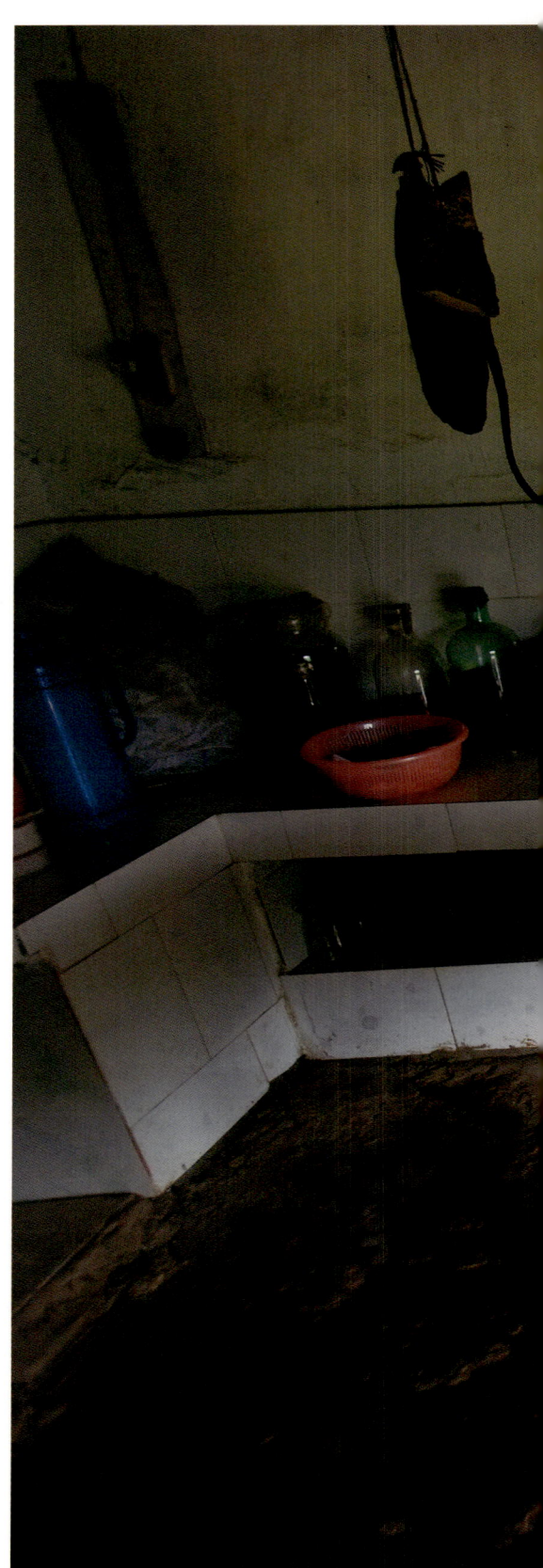

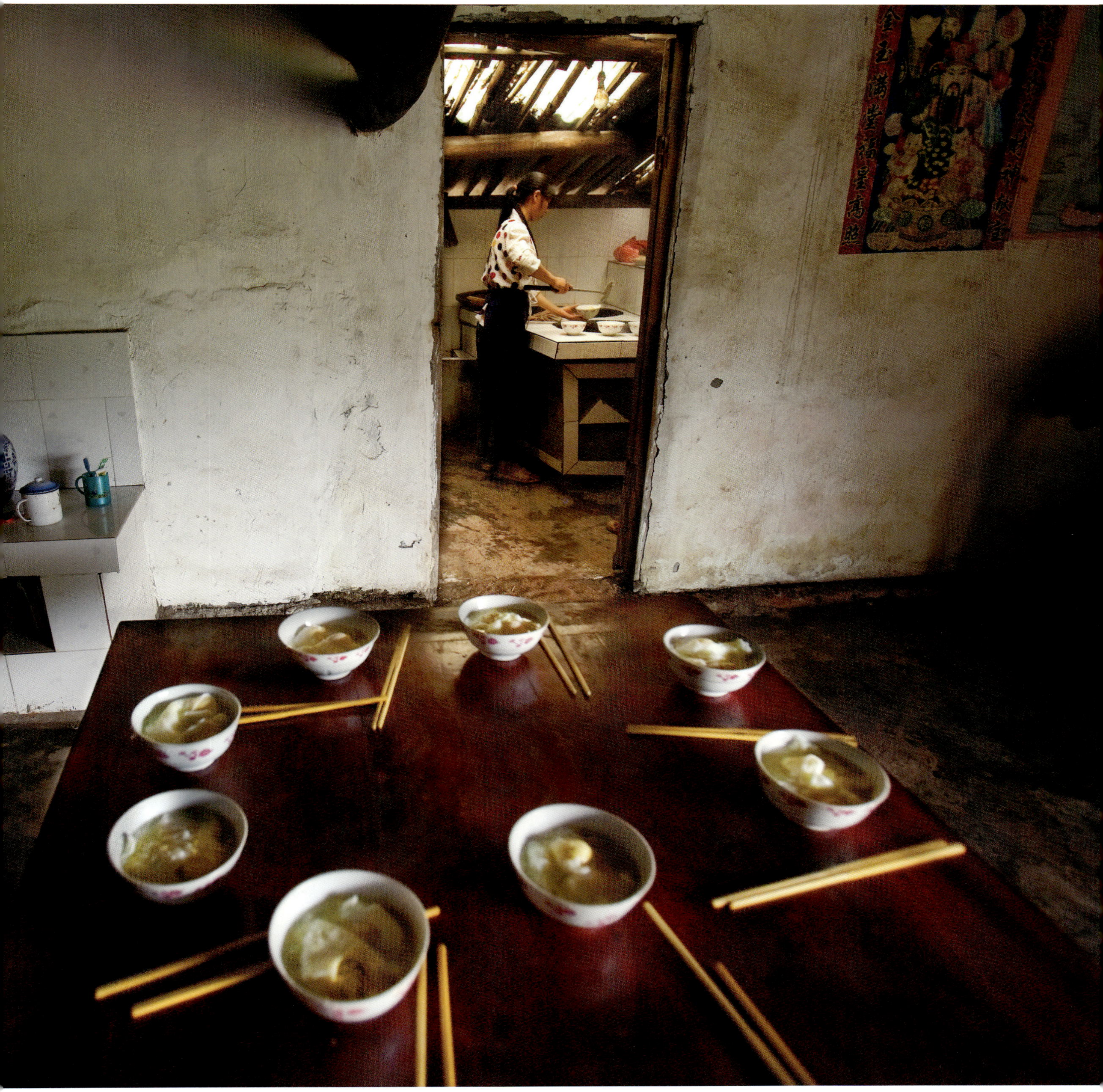

エッセイ

人はなぜ料理をするのか?

リチャード・ランガム｜生物人類学者

草創期の文化人類学者、エドワード・バーネット・タイラー卿は、生のものだけを食べて生活する文化が存在するかどうかを初めて世に問うた学者のひとりである。タイラーが導き出した結論は明快で、「人類は、火そのものと同じくらい普遍的に、料理という技を使っている」と1870年に出版された著作で述べている。食物を調理しない文化は存在しない。料理をしないとまことしやかに噂されていたイヌイットでさえ、実際には料理をする。北極地方に住む人々にとって、料理は実に手のかかる作業である。極地では木の枝などの植物性燃料がなかなか手に入らないうえに、動物性脂肪を燃やして生み出される炎は温度が低いからだ。それでも1605年には、イギリス人探検家ジェームズ・ホールが、グリーンランドの先住民が「底面を石、側面をクジラのヒレで覆った容器に食物を入れ、ランプの火で煮ている」様子を目撃している。イヌイットは、狩りに出ている日中は忙しいので、魚やカリブーの肉を生のまま食べることが多い。しかし、夜ともなれば、一家の主婦は当然の務めとして家族のために温かい夕食を用意する。つまり、北極地方でも、料理は行われていた。人類は、世界のどこにいようと、夕食を調理するために必要なことはなんでもやってきたのである。

人はなぜ料理をするのか？　これは興味深い質問だ。1960年代、文化人類学者のクロード・レヴィ＝ストロースは、料理は心理的な問題にすぎないと論じた。料理をすると、ほかの生物の食物とは異なる人間独特の"食事"に変わるため、人間らしさを実感できるものの、それ以外には生のものより調理したもののほうが優れている点はないと考えたのである。一方で、有害な細菌が死滅し、毒素が壊れ、味わいと食感が増すから調理をするのだという実際的な意見をもつ者もいた。たしかにいずれの効果も重要ではあるが、何より大きな影響力をもつ単純な事実は最近まで見すごされてきた。料理をすると、食べ物からより多くのエネルギーを得られるという事実である。

料理で食物のカロリーが増加する理由のひとつとして、エネルギー量の多い栄養素が消化しやすい形状に変化することが挙げられる。たとえば、でんぷんは生命維持に欠かせない糖質で、人は一般にカロリーの半分以上をでんぷんからとっている。しかし、でんぷんの中には非常に消化されにくいものもあり、生で食べてもたいして栄養をとることはできない。一方、小麦粉をバターで炒めてルーをつくると、でんぷん粒とよばれる結晶が壊れ、中に閉じこめられていたブドウ糖の長い鎖がほぐれるので、ソースに粘りが出て、栄養価が高まり、ほぼすべてを消化できるようになる。タンパク質の緊密な構造もやはり加熱によってゆるむため、鎖状のアミノ酸が露出し、消化酵素の作用を受けやすくなる。

料理をすると、栄養をとりいれるために体内で行われる活動を減らすこともできる。加熱すると、肉の結合組織内にあるコラーゲンが柔らかいゼラチンになる例からも分かるように、食物がかみくだきやすくなるからだ。つまり、食物を調理すれば、胃の筋肉の運動量を減らせるほか、食事を体内に吸収できる栄養素に変えるべく、消化管で分泌される何種類もの物質の量も減らすことができる。1861年に出版された『Mrs. Beeton's Book of Household Management（ビートン夫人の家政読本）』の中で、料理をする6つの理由の筆頭に「かみくだきやすくするため」が挙げられたのも不思議はない。食物が柔らかければ柔らかいほど、摂取できるカロリーは多くなるのだから。

ほとんどの動物は、生のものより調理したものを好む傾向があり、また調理した食物を食べると確実に体重が増える。たとえばペットとして飼育される猫や犬は、調理や加工をされたエサを食べるため、人間と同じように肥満のリスクを負う。家畜は、太らせて生産量を高めるために加熱処理済みのマッシュ状の飼料を与えられる。一方、手っ取り早い減

❶チベットのラサにある仏教寺院で巡礼者たちが熱いバター茶をそそぐ。❷ナミビアのオプウォでヒンバ族の女性がトウモロコシ粉の粥をかき混ぜる。❸名古屋で力士たちが野菜を刻む。❹中国の四川省で村人たちが昼食のしたくをする。❺バングラデシュのダッカでは、リキシャの運転手が休憩をとる。❻アラブ首長国連邦のドバイでは、郊外にある自宅のキッチンで主婦が料理をしている。

量策のひとつとして、食物をすべて生で食べる方法がある。熱心な「生食主義者」は、野生のものよりはるかに栄養価の高い、農家で栽培された果物や野菜を食べているにもかかわらず、やせている人がほとんどだ。

実のところ、人類の体は生のものを食べる生活には適応していない。だからこそ、動物の中でなぜ人間だけが、生物学的に、調理した食物を食事にとりいれるようになったのかという疑問が浮上する。直接的な理由は言うまでもない。人類は、近縁種である大型類人猿に比べて腸が短いからである——短すぎて、チンパンジーやゴリラが主食とする固くて大きな、繊維質の食べ物を消化することができないのだ。

現存する類人猿も調理した食物を好むことが複数の実験から判明したので、人類の先祖である類人猿も、火を維持できるようになるとすぐに食物を料理するようになったと考えてよいだろう。しかし、その時期を正確に特定するのは難しい。考古学的な記録を見ても、火がなかった時代と火が普及したあとの時代の境目が分からないからだ。むしろ、発見された古代のたき火の跡地の数は時代をさかのぼるにつれてまばらになっていき、約50万年前より昔になると、ほとんどなくなってしまう。とはいえ、人が火を制御していたことを示す現場が100万年以上前の遺跡から見つかった例もあるにはある。骨の化石から得られる証拠は、考古学より役に立つ。人類が生食だけで生きていけなくなったのは、口、歯、腸などの器官が小さくなったためだというのが現在の通説だが、大昔の人類の骨を見ると、約200万年前にその変化が始まったことが読みとれる。200万年前とはまさに、現代の人類と同等の体格と体型をもつ最初の祖先、ホモ・エレクタスが現れたときだった。

そうであれば、約200万年前に現れたホモ・エレクタスこそが、料理をするようになった最初の種に違いない。できあがった料理はどう考えても素朴だったはずだ。しかし、炭火で焼くだけでも、繊維質の根や、苦い種子類や、固いステーキ肉は劇的な変化を遂げ、食べたこともないほどおいしい食事に変貌しただろう。しかも栄養価やエネルギー量が高まったので、ホモ・エレクタスは進化の勝ち組に入り、狩猟採集活動も以前より広い範囲で長時間行うことができるようになったはずだ。また、調理したものを食べたおかげで免疫システムが強化され、子ども の生存率が上がり、大人の寿命が延び、そして何より、多産になって出生率が上がった。おまけに脳の発達も促されたのだ。

人類の祖先が料理を始めた時期はともかく、料理が人類に与えた影響は絶大で、人体の消化器官が変化した程度ではすまなかった。調理したものを食べると、咀嚼に費やす時間を1日あたり数時間ほど節約でき、その他のさまざまな活動に時間を振り分けることができるからだ。イヌイットのような狩猟採集民族の場合、このような変化を受けて発達した生活形態は皮肉な結果をもたらした。調理した食物が登場したおかげで咀嚼に要する時間が何時間も節約できたというのに、女性の場合、その時間は主として家族の食事のしたくをするために費やされたのである。一方、男性は得るものが大きかったようだ。男性は食事を用意してもらえるので、野営地にもどるまで、狩りなどの身体活動に長時間を費やすことができるようになった。変化はほかにもある。調理したものは生のものよりずっと柔らかいので、赤ん坊が幼いうちから離乳することができるようになり、他人（通常は母親）がつくった食事を食べる乳児というカテゴリーが誕生した。また、料理を中心に据えて決められた新しいルーティーンの中で家庭生活が営まれるようになった。これらの効果をすべて考慮すると、料理とは、人類の進化史上、何よりも食の質を高め、人類を動物から人類に移行させた行為だったといえる。

19世紀末、人類をいくつの種に分類するかをめぐって議論が起きたとき、エドワード・タイラー卿は、今日生きている人はみな同じ種に属すると主張した。人はみな料理したものを食べるという、彼自身が導き出した観察結果を重視していれば、人類としての同一性は、料理という昔ながらの営みによるところが大きいことにも気づいたはずだ。料理とは、人類という生物を形づくり、今も人類の体や社会に影響を与えつづける、文化的にきわめて重要な特徴なのである。

リチャード・ランガムはハーバード大学生物人類学教授。著書に『火の賜物　ヒトは料理で進化した』（NTT出版）がある。アメリカの公共ラジオ局NPRのほか、『New Scientist』、『Scientific American』などの雑誌でも紹介された。

上：自宅の外でカメラに向かってほほえみかける4児の母シャナーズ・ベグムの前に並ぶのが彼女の平均的な1日の食事だ。背後に見えるのがマイクロクレジットで購入した2頭の牛である。牛が食べている山盛りのホテイアオイは、左手に見える干し草の山の向こうにある池から、息子がとってきてくれた。
右：マイクロクレジットを受けた女性が、ダッカに出荷するネットバッグを縫っている。この袋には1枚あたり1.2タカ（1.4円相当）の値がつく。しかし、実際に縫製をする人が1ドル（＝90円）相当のお金を稼ぐためには、この袋を1,000個は縫わなければならない。シャナーズが事業を興すための資金は、マイクロファイナンス機関BRACから融資してもらった。BRACは、バングラデシュをはじめとする途上国で暮らす何万もの人々、それもおもに女性に小口融資をしている。BRACとは、バングラデシュ農村向上委員会の略称で、国内の農村に住む貧困層の地位向上を目的として創設されたが、その後、ほかの発展途上国にも融資の手を広げ、いまではマイクロファイナンスの代名詞ともいわれるまでに成長した。

2000

総摂取カロリー **2,000kcal**

バングラデシュ　バリ・マジュリシュ

牛乳を売るマイクロ起業家

シャナーズ・ベグム　　　　　女性、年齢38歳、身長157cm、体重59.0kg

1日の食事　12月

朝食：クッキー 17g、紅茶 104mℓ、砂糖 小さじ2

昼食：アマランサスの葉を小エビ、タマネギ、ニンニク、ショウガ、唐辛子と一緒に炒めた料理 170g、カリフラワーをタマネギ、青唐辛子、粉唐辛子、風味づけに加えた少量の牛肉と一緒に炒めた料理 179g、生野菜サラダ（トマト、キュウリ、唐辛子） 96g、レモンのしぼり汁 大さじ1、白米 363g

夕食：カイルシャ（淡水魚ドワーフグラミー）、サヤエンドウ、ジャガイモ、トマトを煮込んだスープ 391g、ダル・ポルタ（つぶしたレンズ豆を油で炒め、コリアンダーの葉を加えた料理） 167g、白米 363g

間食その他：パフライス 37g、井戸水 849mℓ

バングラデシュは、パドマ川（ガンジス川下流）、ジャムナ川（ブラマプトラ川下流）、そしてメグナ川が合流する一帯に形成された世界最大のデルタ地帯、ガンジス・デルタをふところに抱く。この国は磁石のように自然災害を引きよせるようで、洪水、地震、干ばつ、サイクロンなどの自然災害があとを絶たない。それに加えて内乱や深刻な貧困といった問題があるのだから、脳裏に「絶望」の二文字がよぎるのも当然かもしれない。しかし、バングラデシュには、この国で産声をあげたBRAC（バングラディシュ農村向上委員会）やグラミン銀行といったマイクロファイナンス機関が展開するさまざまなプログラムがあり、人々の未来に明るい光を投げかけている。これらの機関は貧困層、特に女性を支援する小規模な事業に融資をし、彼女たちが自分たちの手で事業を所有し、営み、やがては家族の生活水準をあげていけるよう後押ししている。

台所の鍋がぶつかりあう音と、シャナーズ・ベグムが飼育する2頭の乳牛の鳴き声が、バリ・マジュリシュ村に朝を告げる。この村はダッカの東方約26kmの農村地域にあり、あたりには低地帯が広がっている。女性たちは、トタンでできた家のあいだをぬうようにして続く狭い通りをひたすら歩いて共同の井戸まで行き、水をくんでくる。

妻、母親、娘。さまざまな立場の女性たちがその日の最初の料理にとりかかる時間になると、それぞれの家の外にある台所から楽しげなおしゃべりが聞こえてくる。加糖練乳を缶のまま弱火で温め、甘みのある熱い紅茶をいれる準備をしているのだ。紅茶は、バングラデシュの国民的な飲み物といってもいい。女性たちは、朝食を終えると気持ちを仕事モードに切りかえる。ミシンを使って縫製をしたり、自宅で小さなコンビニエンスストアを営んだりと、小規模ながら現金収入を得られる事業にだれもが精を出す。どれもこれも、BRACの力を借りながら実現したものばかりだ。

ふと気づくと、シャナーズの「小さな事業」である牛たちが鳴いている。乳しぼりの時間だ。シャナーズは明るいオレンジ色のサリーのすそで頭から肩を覆い、ホテイアオイの葉をひと束、手にとった。乳しぼりのじゃまをされないよう、牛に食べさせておくつもりだろう。しぼった牛乳は、ソナルガオン市場で露天の果物売りをしている夫のアムザドが、市場で売ってきてくれる。

BRACでは、マイクロクレジットを提供する

83

にあたり、村の女性たちに組合をつくらせ、融資の返済に関して共同責任を負わせる。そのうえでプログラムのエージェントが各家庭を巡回し、ワークショップや教育プログラムを開催して、女性たちの事業がうまくいくよう支援を行う。この村の女性たちが受ける1回の融資額は17,000〜20,000タカ（19,725〜23,206円相当）で、それを1年間で返済する約束になっている。

まだ朝も早いというのに、唐辛子を炒める香ばしいにおいが村の家々から漂ってくる。多くの女性は、夕食の残り物を朝の食卓に並べる。スパイシーな野菜カレーが定番で、これに小ぶりの淡水魚や牛肉の切れはしが入っているときもある。シャナーズも残り物の朝食を用意するが、彼女自身は店で買ったクッキーと砂糖入りの紅茶ですますほうが好きだという。

9時をすぎると、村のあちこちからミシンが威勢よく回る音が聞こえてくる。この村の中心的な家内工業製品である、ネットバッグをつくっているのだ。シャナーズは、買い物袋を製造する事業も営んでおり、自分では融資を受けられていない3人の女性に賃金を払い、袋をつくってもらっている。こうしてできあがった何千枚もの買い物袋は、すべて首都ダッカに出荷される。路上に捨てられたビニール製レジ袋が首都の排水溝を詰まらせ、洪水を誘発しているとして、数年前にダッカでのビニール製レジ袋の使用が禁止されて以来、ネットバッグ製造業が各地で急成長を遂げた。環境保護を訴える人々は、ネットバッグは地中で分解されるまでの時間がビニール袋より長く、かならずしも環境対策にはなっていないと指摘する。しかし、都市部でネットバッグを使うようになったおかげで、地方の女性たちが現金収入を得る道が開けたのも事実だ。

正午が近づくと、女性たちは縫製の手を休めて料理用のコンロへと移動する。ここで取材班は、またやシャナーズの起業家精神をかいま見ることになった。シャナーズの台所で、ちょっとした渋滞がおきていたのだ。シャナーズと夫は賃貸用に6つ部屋を建て、そこに住む家族に自宅の台所を開放しているのである。ふたたび唐辛子、タマネギ、ショウガ、ニンニクの刺激的な香りがあたりに立ちこめる。1日分の白米は朝のうちにまとめて炊き、各家庭でふたつきの容器に入れて保存してある。女性たちは先端が反り返った包丁の鋭い刃で、野菜を刻んでいく。この包丁にははんだで脚がつけてあり、料理中に地面に置いても倒れないつくりになっている。ある女性は、砂で小さな魚のうろこをとり、反り返った包丁で切り分けている。魚のカレーをつくるのだろう。

シャナーズの義理の姉妹は、平たい麺をきつね色に焼いてから、少量の水を加えて手早く調理していく。さらに、レンズ豆をつぶしてつくった一品と、ターメリックとショウガで味つけをした牛肉と野菜のカレーをつくり、家族の昼食にする。調理後に残った汁は、あとで牛にやる。シャナーズは、サク——生の葉野菜を指す言葉で、この日は赤いアマランサスの葉だった——をタマネギ、ショウガ、生の青唐辛子と一緒に強火で炒めていた。白米と、カリフラワーと牛肉のカレー、トマトとキュウリのサラダと一緒に、家族に出すのだろう。そして、食事が終われば、みなそれぞれの仕事にもどっていくのだ。

左頁：トタンでできた家の並びにつくられた狭いさしかけ小屋で、借家人や近所の人たちと一緒に料理をするシャナーズ。自宅には、テレビはあるが冷蔵庫はない。マイクロファイナンスを利用して始めた小さな事業は順調で、6部屋を建て増し、それぞれ月に779円相当で貸し出して家賃収入を得ることができるようにもなった。

上：近くのソナルガオンという町の風景。市場がどこまでも広がっている。写真にとらえられたこの一角では、鶏を扱う露天商が、買い手を待っている。シャナーズの夫アムザドが働いているのもこの市場だ。

左：シャナーズが夕食にする小さな魚を村の井戸水で洗う。

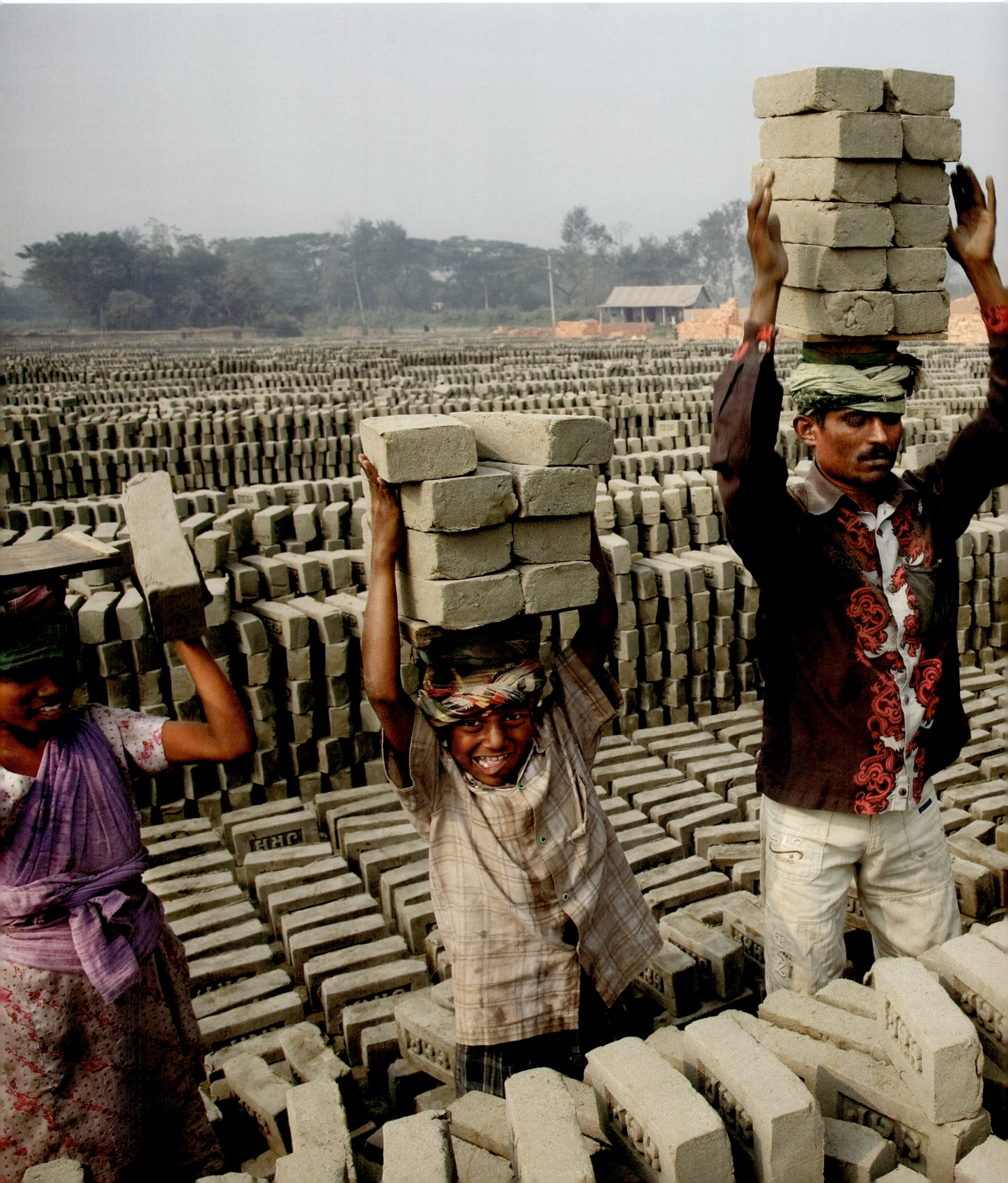

ダッカ郊外にある市場町ソナルガオンの近くを流れる川の流域では、レンガづくりに適した重粘土がとれる。JRBレンガ工場では、子どもから老人まで幅広い年齢層の労働者が、何列にもわたって積みあげられた生レンガを、煙が立ちのぼる石炭窯へと運んでいく。天日干しがすんだあと、窯で焼きあげたレンガは赤く色を変える。現場監督は、目の前を通りすぎる労働者が運んだレンガの数を勘定し、数に応じてプラスチック製の色札を手渡す。労働者たちは、勤務時間が終わると色札を現金に換え、1日あたり180～360円相当の稼ぎを持ち帰る。児童労働に関する規制が守られているか厳しくチェックが入る繊維業界とは異なり、農業や手工業といった地方の産業界では規制がゆるく、管理体制や取り締まりはほとんどないといっていい。近くの現場にいた労働者からは、児童労働を擁護する声も聞かれた。貧しい家庭は、いま子どもたちに稼いでもらわなければ、それこそ未来なんてないのだから、と。

2000

総摂取カロリー **2,000kcal**

アメリカ　イリノイ州シカゴ
タクシーの運転手

ディン・メモン　　　　　男性、年齢59歳、身長170cm、体重108.9kg

> **1日の食事　9月**
> **朝食**：固ゆで卵の白身 96g、ラスク 37g、コーヒー 106mℓ、脂肪分2％の牛乳 95mℓ、人工甘味料 1袋
> **昼食**：チキンカレー 201g、チャパティ（小麦粉でつくる平たいパン）215g、サラダ（レタス、トマト、キュウリ）119g、ドレッシング 43g、ムングダル（緑豆の挽き割りをタマネギ、ニンニク、コリアンダーの葉、ターメリック、刻み唐辛子と一緒に煮込んだ料理）187g、ダイエットコカ・コーラ 355mℓ
> **夕食**：野菜カレー（ジャガイモ、インゲン、タマネギ、唐辛子）173g、チキン・ケバブ 91g、白米 156g、サラダ（レタス、トマト、キュウリ）119g、ドレッシング 45g、キール（インド風ライスプディング）139g、人工甘味料 1袋、水道水 473mℓ
> **間食その他**：ダイエットコカ・コーラ 355mℓ、水道水 1.5ℓ、グリピジド錠

ディン・メモンは1985年、ほかの多くの人々と同じ理由で、パキスタンからアメリカにやってきた。「私はチャンスと自由と平和を求めてこの国に移住しました。そして、実際に夢をかなえることができたんです」。ディンは満足そうに語る。

ディンの住まいは、シカゴの中でも南アジア系の人が多く集まり、活気にあふれるデヴォン通りにある。この通りの南北に広がるロジャーズ・パーク地区は、シカゴ北部を占めるノースサイドの北端にあり、昔からいろいろな国からの移民が肩を寄せあうようにして暮らしていた。いまはヒンドゥー教徒、パキスタン人、バングラデシュ人の生活と活動の拠点になっている。タクシーの運転手としてシカゴで20年働き、このあたりのことなら隅々まで知っているディンもそのひとりだ。

デヴォン通りには、宝石のように色あざやかな布が並ぶサリーの店や、慎み深いイスラム女性向けの衣装を扱う店、ケバブやビリヤーニを売る間口の小さな専門店、そして結婚式やパーティも開けるほどの豪華なレストランが軒を連ねる。「シカゴのダウンタウンにもインド系やパキスタン系のレストランは何軒かありますが、この通りに来ればそんな店は当たり前にありますからね。味も格別だし、スパイスもしっかりきいています」と、ディンはほこらしげだ。それだけではない。ヘアサロンや、家電用品店、ハラールの肉類（イスラム法にしたがって飼育され、処理された家畜の肉）を扱う食料品店もあり、店内にはバングラビートのダンスミュージック（パンジャーブ地方の民俗舞踊が起源）やインドポップスがBGMとしてよく流れている。「この通りにはなんだってあるんですよ」とディンが教えてくれた。

パキスタンの出入国管理局で働いていたディンは、単身で渡米し、アメリカでナズラ・ベグムと見合い結婚して家庭をもった。同じくパキスタン出身のナズラは、ディンよりもひと足先に兄弟にともなわれてアメリカに移り住んでいた。「結婚するまで、おたがいのことは何ひとつ知らなかったんですよ」。ディンはそう語る。

メモン一家は外食をほとんどしない。料理はできるのかと尋ねると、「とんでもない。私にはうまい料理なんてつくれませんよ」とディンは笑った。「料理は妻がつくってくれるので、私はタクシーを運転して金を稼ぐんです」。ナズラは南アジア料理しかつくらない。ターメリックと刻んだ唐辛子とコリアンダーの葉で味つけしたムングダル（ムング豆）は、毎日欠かさず仕込む。野菜とチキンのカレーを煮込んだり、自家製のチャパティを焼いたりもする。昼どきに自宅近くにいるときは、ディンもできるだけ帰宅して食事をするようにしているという。アメリカ風のファストフードを食べることはあるのだろうか？　「KFCやポパイ、サブウェイでなら食べることもありますけど、基本的にはスパイスがきいた料理が好きですね」

ディンは2年前に2型糖尿病と診断された。治療薬を処方され、食事を減量食に切りかえるよう医師にすすめられたので、その指示にしたがって生活するようにしている。ナズラも伝統料理ではなく、減量食をつくるようになった。朝食には卵の白身と何もつけないトーストを用意し、ディンの皿に盛りつける量は少なめにする。キール（カルダモンで風味をつけた、牛乳と米でつくる甘いプディング）などのデザートをつくるときは、砂糖の代わりに人工甘味料を使う。

シカゴのタクシー運転手ディン・メモンが、デヴォン通りでカメラを見つめる。リースしているタクシーのボンネットに載っているのが、彼の平均的な1日の食事だ。若いころに、自由とチャンスを求めて渡米したディンは、自分がつかんだ夢に心から満足し、いまもアメリカにとどまっている。シカゴでの暮らしはすでに25年になる。20年ものあいだ、週に5、6日、1日10時間はタクシーを運転して生計を立ててきた。シカゴで一番おいしいインド料理店やパキスタン料理店の情報はすべて把握しているが、何より妻の手料理を愛している。一番好きな料理は何かと尋ねると、「ケバブ、チキン・ティカ、ビリヤーニですね。スパイスがきいた料理が好きなんです」。ティカとは、下味をつけた肉を炭火で焼いた料理、ビリヤーニとは肉や魚や野菜が入った炊きこみごはんで、サフランかターメリックでしっかり風味づけをする。

上：メスティルド・シグウェダは、ナムコット・ダイヤモンズで働く研磨工だ。ターンテーブルのまわりに、彼女の平均的な1日の食事が並ぶ。アンゴラとの国境に近い小さな村で過ごした少女時代には当たり前だったごく質素な食事から、グローバルな食品を取りいれた多彩なメニューへと、彼女の食生活は大きな変化を遂げた。研磨工として活躍するいまは、ウィントフックに来る以前は存在すら知らなかった食べ物と住環境を手に入れられるようになったからだ。ナミビアは宝石になる高品質の原石が採掘できる国として世界的に名高く、ダイヤモンド業界は何千人ものナミビア国民の雇用の受け皿となって、彼らの生活水準の向上に貢献してきた。ダイヤモンドは、存在を知られている天然資源の中では最も硬い物質なので、油を塗ったターンテーブルに粉末ダイヤモンドをまき、ダイヤモンド同士をこすりあわせるしか研磨する方法はない。研磨工程では、ダイヤモンドを器具ではさみ、ターンテーブルに対して正しい角度を保つように固定してから、1面ずつ慎重に磨いていく。
右：自分の部屋でくつろぐメスティルド。

2000

総摂取カロリー **2,000kcal**

ナミビア　ホマス州ウィントフック
ダイヤモンド研磨工

メスティルド・シグウェダ　　女性、年齢28歳、身長155cm、体重54.4kg

1日の食事　3月

職場での休憩時間中にとった朝食：小麦粉のパン 108g、リンゴ 142g、紅茶 296mℓ、砂糖 大さじ1、乳製品不使用の粉末状クリーマー 小さじ0.5

昼食：スパゲッティ 303g、ハチノス（牛の胃） 71g、ジャガイモ 23g、タマネギとチリパウダーと粉末状野菜スープミックスで味をととのえた牛肉のスープをベースにしたソース 108g、紅茶 296mℓ、砂糖 大さじ1、乳製品不使用の粉末状クリーマー 小さじ0.5

夕食：マハングとトウモロコシ粉のお粥 388g、ニシマアジ 204g、タマネギとトマトにカレー粉を加えたソース 170g、紅茶 296mℓ、砂糖 大さじ1、乳製品不使用の粉末状クリーマー 小さじ 0.5

　ナミビアの首都ウィントフックにあるダイヤモンド研磨工場ナムコット・ダイヤモンズ。宝石用ダイヤモンドの原石を加工する工程では、まず原石を分析し、研磨計画を立て、モデリングをしてからカットしていく。ダイヤモンドの内に秘めた美が研磨工メスティルド・シグウェダの手で外に放たれるのは、そのあとだ。しかし、これは神経を使う難しい工程で、わずかなミスひとつでダイヤモンドの価値は大きくさがってしまう。
　「うちのマネージャーは、すばらしいんですよ。『原石を見て、どう研磨したらいいか迷ったら、あとで気持ちを切りかえてから取り組むといい。いいアイディアが浮かぶものだよ』。いつもそんなふうに適切なアドバイスをしてくれるんです」と、ナムコットで7年間ダイヤモンドを研磨してきたメスティルド――メスティは語る。ダイヤモンドの原産国ナミビアは、キンバリー・プロセスという国際的な認証制度に参加している。これは、紛争ダイヤモンド――紛争の資金にするために反政府組織が取引するもの――を合法的なダイヤモンド取引から閉め出すための制度で、一定の成果をあげている。
　メスティはだいたい朝の7時15分ごろに出社する。朝食をとるのは、配属されているチームが最初の休憩時間にはいる10時になってからだ。「うちから何もつけていないパンと果物を持っていくようにしています」。お茶は会社が用意してくれる。食事や休憩の時間にカフェテリアでドミノやトランプに興じる同僚もいるが、メスティは戸外で思いきり体を動かすほうが好きだ。彼女は会社のネットボールチームに立ちあげからかかわってきた。ネットボールはバスケットボールに似ているが、各プレイヤーの立つゾーンが決まっている点と、ボールを持ってからパスするまでに1歩しか動けない点が違う。
　昼食は、たいていいつも前日の夕食の残りを職場に持参する。今日のメニューはスパゲッティと、チリパウダーとタマネギで味つけをしたハチノスだ。こういう食べ物は子どものころからよく食べていたのかと尋ねると、メスティは大声で笑った。「こんなお料理、故郷では見たこともないわ」
　メスティはアンゴラとの国境にほど近い、ナミビア北部の村で育った。家族はいまも泥と家畜の糞をこねて壁や床にした家に住み、マハング（トウジンビエ）やソルガム、スイカを栽培し、雨季にだけ水が流れる小川で魚をとり、ホウレンソウに似たアカザをとって日々の糧にしている。彼らの生活の中には、タマネギも袋入りのシーズニングもパスタも存在しなかった。だがそんな彼女ですら町にもどれば、外国の食べ物が簡単に手に入る暮らしを当たり前と思ってしまう。「ウィントフックにもどってきたとたん、『タマネギはどこにあったかしら？　早くタマネギを食べたい！』って思ってしまうんです。通りのすこし先にあるお店なら

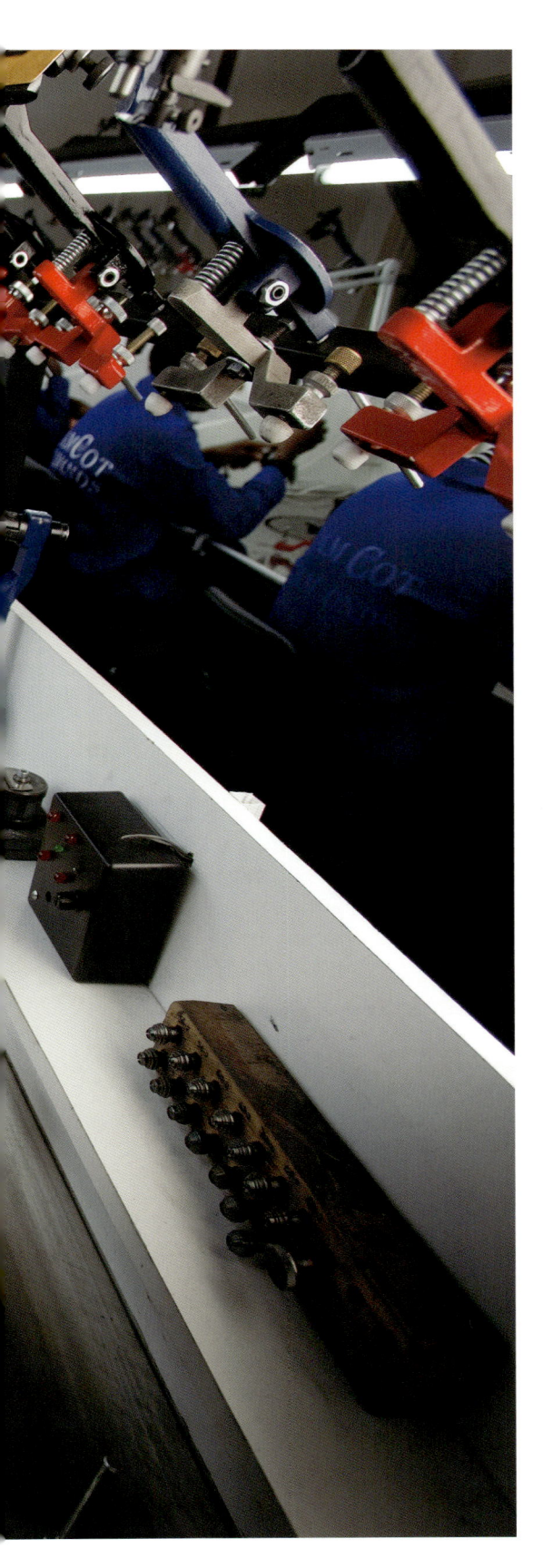

91

いつでもタマネギが買えますしね」

　故郷の村では毎食、マハングを炊いたお粥が出てくる。ウィントフックにいるあいだは、夕食のときだけこのお粥をつくり、魚や鶏肉や牛肉のおかずと一緒に食べるようにしているという。しかし、いくらお粥が残っていても、ほかの残り物と一緒に職場に持参することはない。「日中に食べると胃がもたれますから。でも夕食をマカロニや米だけですませてしまうと、翌朝起きたときに胃が空っぽになっていて、『ゆうべ、何か食べたんだったかしら？』って思ってしまうんです」

　ナミビアにも、南アフリカやケニアなどで食べられているような、トウモロコシ粉のお粥を主食にしている人はいる。メスティも、故郷から持ち帰ったマハングをできるだけ長くもたせようと、お粥はトウモロコシ粉を混ぜてつくる。子どものころは「トウモロコシ粉の料理が食事に出ようものなら、『やだ〜！ マハングがいい』と兄弟で声をそろえて文句を言ったものです。トウモロコシ粉を食べても力が出ないと信じこんでいたんですね。でも、昔からトウモロコシ粉の料理を食べて育った人たちは、トウモロコシ粉が一番だと思っているんですよ」

　ウィントフックでメスティが間借りしている家には、備えつけの家具や調度品がほとんどない。ところが彼女の部屋には、モノがあふれている。布張りのクイーンサイズのベッド、テレビ、DVDプレイヤー、ステレオ、電子レンジ、冷蔵庫、会社のパーティで友人たちと一緒に撮った写真、仕事やスポーツでもらった賞品などが、所狭しと並んでいるのだ。キッチンと風呂を共有するほかのふたりの間借り人が暮らす部屋も同じような感じだった。

　だが、部屋の壁一面を占める大ぶりの衣装ダンスを開けてみると、昔から慣れ親しんできた食べ物がちゃんとしまわれていた。故郷から持ち帰ったマハングと乾燥したアカザだ。「反対側には、洋服をしまっているんです」

　メスティは故郷の村に帰ると、昔ながらのすり鉢とすりこぎを使って、マハングをつく。「休暇で帰省したあと、町にもどってくるときは、マハングを持ち帰ります。村の機械で製粉することもできますけど、たいてい自分たちでつきますね。筋肉が鍛えられるから、ネットボールの役にも立ちますし」。そう言いながら、メスティはひきしまった筋肉質な腕を曲げてみせる。故郷の人たちは、いまも基本的には自分で穀物をつくという。

　お粥以外にも、メスティがよく口にするナミビア北部の伝統食はいくつかある。ひとつは、マハングのパンだ。まずマハングをつき、粉が乾燥する前に水と塩と砂糖を混ぜ入れてから焼く。「パンケーキみたいなものです。家族全員がそろっているときは、みんなに行きわたるように3個か4個はつくりますよ」

　メスティは水をそのまま飲むのはあまり好きではない。ソフトドリンクも飲まないが、ナミビアに古くから伝わる発酵飲料オシクンドゥは大好きだという。どのくらいの頻度でつくっているのかと聞いてみると、「マハングが手元にあるかどうかによります。職場に持っていくと、『うわぁすごい、つくってきたの？』ってみんなが騒ぎだして大変なんですよ」

左頁：メスティが所属するネットボールチームが、市のトーナメントで、コート脇に集まって対戦を待っている。このチームのスポンサーで、メスティの勤め先でもあるナムコット・ダイヤモンズは、シュタインメッツ・グループ傘下の企業だ。

上：ウィントフックのカトゥトゥラ地区付近にあるオシェトゥ市場では、細く切り分けられた牛の生肉にハエがたかっている。しかし、露天商が直火で焼いてくれるこの人気のおやつ、カパナを目当てにやってくる人々はいっこうに気にするふうがない。ちょうどひとつかみ分ほどの肉を新聞紙にくるみ、45円相当で売っている。

左：ウィントフック市内で人気のファストフード店「ハングリー・ライオン」では、ハンバーガーやフライドポテト、チキンを食べさせる。

上：退役軍人のグエン・ヴァン・トゥアンは、左端に写る妻とふたりでスタジオタイプの住まいに暮らしている。テーブルの上に並んでいるのが、彼の平均的な1日の食事だ。義理の息子は機械修理工として成功を収め、4階建ての豪邸を新築した。ふたりが暮らすこぢんまりした部屋は、その1階部分にある。トゥアンの体はもうすっかりよくなっているのだが、戦争で負傷した経験がほかの傷痍軍人との絆を深めてくれている。トゥアンの同僚はみな傷痍軍人だ。増えつづける交通量に悩むハノイ市内で特別に許可を与えられ、オート三輪で配送業を営んでいる。顧客を待つあいだ、仲間同士で戦争体験を語りあうこともある。アメリカ兵についてどう思うかと尋ねると、「あの人たちは戦争の目的を理解していなかったんです」とトゥアンは答えた。「何のためにこの国に来たのか、それが分かっていなかった。だから負けたんですよ」

右：トゥアンの従軍記章

2100

総摂取カロリー **2,100kcal**

ベトナム ハノイ

ベトナム戦争の退役軍人

グエン・ヴァン・トゥアン 　　　男性、年齢60歳、身長168cm、体重55.8kg

1日の食事　12月

クアン・フォー（麺屋）での朝食：フォー（牛肉、タマネギ、ショウガ、魚醤（ぎょしょう）、コリアンダーの葉、ライムのしぼり汁、唐辛子が入った牛肉だしスープ仕立ての米麺）680g、米酒35mℓ

昼食：スープ（春菊、タマネギ、トマト、香辛料）354g、豚肉の煮込み 26g、ゆでた豚の脇腹肉 48g、ニシンの唐揚げ 23g、魚醤大さじ2、豚のレバーとニンジン、ブロッコリー、カリフラワー 62g、カラシナの漬け物 14g、タケノコの炒め物 57g、白米221g、米酒 18mℓ

夕食：スープ（セキショウモ、豚バラ、香辛料）137g、白米 99g、キャベツの漬け物 99g、米酒 35mℓ

間食その他：バナナ（2本）102g、オレンジ 167g、緑茶（4杯）240mℓ、井戸水 1ℓ

グエン・ヴァン・トゥアンは、毎朝、ハノイのザップバット鉄道駅の近くにあるお気にいりのフォー専門店で、スパイスがきいたスープ仕立ての米麺、フォーを1杯食べる。しめくくりに米酒を小さなコップで飲みほしてから仕事に向かうというのがおきまりの日課だ。彼はベトナムの首都ハノイ市内を縦横無尽に走りまわり、商品や人を運搬している。トゥアンのような退役軍人たちには、小型のオート三輪を運転する許可が特別に与えられている。交通量が増えつづけるハノイ市で許可を取得できるのは退役軍人だけなので、この業界は会員制クラブのようなものかもしれない。

退役軍人たちは、遠くからでも仲間の姿を見つけるとあいさつをかわす。仕事中であれば手を振るだけだが、手が空いているときは一緒に屋台でお茶を飲んだり、コンブイ——市内の歩道にひしめく、数平方メートル規模の小さな飲食店——で昼食をとったりもする。コンブイとは「汚れた米」という意味で、交通量の多い、ほこりっぽい通りのすぐわきに設置されることが多いので、そう呼ばれるようになった。こうした店ではおいしい料理が安く食べられる。豚肉や鶏肉やカモ肉の焼き肉や煮込み、スパイスのきいた牛肉の串焼き、葉野菜のスープ、野菜の炒め物、つけだれ、米麺、白米などなど、品ぞろえも幅広い。

トゥアンは60歳になったいまも、毎日のように仕事をする。家で暇をもてあますぐらいなら、仲間と一緒に仕事をするほうが楽しいのだろう。自宅があるゾサは、かつてはただのいなかの村だったが、首都が南に広がっていくにつれ、郊外のベッドタウンへと姿を変えていった。1969年に人民軍に徴兵されたトゥアンは、ベトナム人が「アメリカ戦争」と呼び、アメリカ人が「ベトナム戦争」と呼ぶ戦いにすすんで参加した。だが1975年に榴（りゅう）散弾（さんだん）を浴びて頭を負傷し、あごを骨折してしまう。結局、連隊員130人の中で生き残ったのは、彼を含めて13人だけだった。

敵を避け、進路を頻繁に変えながら半年かけて南部をめざして行軍したときは、補給を受けられなかった場合に備えて、兵士全員が3kgの米と乾パン3袋を携行していたという。「食べられそうなものを見かけたらなんでも食べました。野菜でも、竹の根でも、カニでも。野営地までたどり着ければ、食べ物を分けてもらうことができましたが、行く先々で地元の人たちが米やトウモロコシを差しいれてくれて、助けられました」

「生きていくのは大変なことです。アメリカ戦争が始まる以前も、食べ物は十分ではありませんでした。米は子どもたちに食べさせる分しかなく、大人はジャガイモとトウモロコシしか口にできなかったんですよ。いまの生活は、昔に比べれば夢のようです」

2100

総摂取カロリー **2,100kcal**

アメリカ　カリフォルニア州イングルウッド
イラク戦争の退役軍人

フェリペ・アダムズ　　　　男性、年齢30歳、身長178cm、体重61.2kg

1日の食事　9月

朝食：インスタント・オートミール(メープルシロップとブラウンシュガー味) 43g(乾燥時の重量)、リンゴ 218g、コーヒー 59mℓ

カフェでの昼食：チキンサンドイッチ(小麦パンのトースト 113g、鶏胸肉のグリル 170g、タマネギのグリル 57g、レタス 43g、マヨネーズ 小さじ2、マスタード 小さじ1、バター 小さじ0.5)、メロン、ブドウ、キウイ、オレンジ、パイナップル、プラム、イチゴ、スイカの盛り合わせ 224g、清涼飲料水(オレンジマンゴー味) 500mℓ

夕食：鶏胸肉 128g、ホットソース 小さじ0.5、白米 139g、レタスとトマトのサラダ(トマトは写っていない) 40g、プレート全体にふりかけた塩 小さじ0.5

就寝前の夜食：ダノンヨーグルト(バニラ味) 113g、プルーンジュース 177mℓ

間食その他：ドリトスのトルティーヤチップス(ナチョチーズ味) 28g、トライデントのミント味のガム18枚、ミネラルウォーター 2.5ℓ

「何度もフラッシュバックに襲われるんです。あの瞬間にもどれたら、あと数十センチ前か後ろに動けていたらってつい考えてしまって……」。もしそれができていたら、フェリペ・アダムズは、敵の狙撃兵が発砲した銃弾には当たらずにすんでいただろう。イラクで2度目の任務についてから2か月後、フェリペはバグダッドの路地で胸に銃弾を受けた。

何回かの手術を経てようやく生命の危機を脱したのちも、再建手術を繰り返し受けなければならず、治療やリハビリは何年も続いた。いまは彼が暮らしやすいようにと、退役軍人省の支援を受けてロサンゼルスにある平屋の自宅を改造し、家族全員が彼のリハビリ訓練を生活の中心に据えて暮らしている。負傷する以前、フェリペは3.2kmを11分強で走りきることができ、体力的には人生で一番充実した時期にあった。それがいまでは、自分で浣腸をし、排尿用のカテーテルを挿入するのに毎朝1時間はかけなくてはならない。洋服に着替えるためには、父ラリーや兄弟のベンの手が必要だ。また、腰から下の感覚がないため、トイレに行くべきタイミングも分からない。

狙撃されたあとは「4週間、何も食べられませんでした。体重は16kgも減ったんです。ベッドのまわりには袋がいくつもぶらさがっていたし、そこらじゅうチューブだらけだったわ」と、母マリアは語る。それでも、ひと通りの手術が終わると、負傷する前と同じ食事ができるようになった。「食べたものは全部、そのまま(人工肛門の)袋に入っていくので、何を食べても問題なかったんですよ」。ところが、手術で胃腸の機能を回復したいまは、食事の内容にも気を配る必要が出てきた。「ぼくはステーキが大好きなんですけど、いまそんなものを食べたら大変です」

フェリペは、食べてよいものと食べてはいけないものを、日々暮らしていく中で学んでいる。さしあたりは鶏肉をたっぷりとり、サラダをほぼ毎日食べるようにしているが、以前とは変わってしまった体にどうしたら最も効率よくエネルギーをとりいれることができるのかを念頭におき、食事の内容そのものを調整している段階なのだ。狙撃された当時に比べ、体重は14kg近く減った。「空腹感はまったく覚えません。ただ、毎日決まった時刻になったら食べなきゃいけないって、頭で分かっているだけです」。食べすぎたときは何か感覚があるのか？「腹がふくれているかどうか、目で見て判断するしかありません」

フェリペは、薬に頼らず食べ物がもつ特性を活用して消化機能を助けたいと考え、生きた乳酸菌

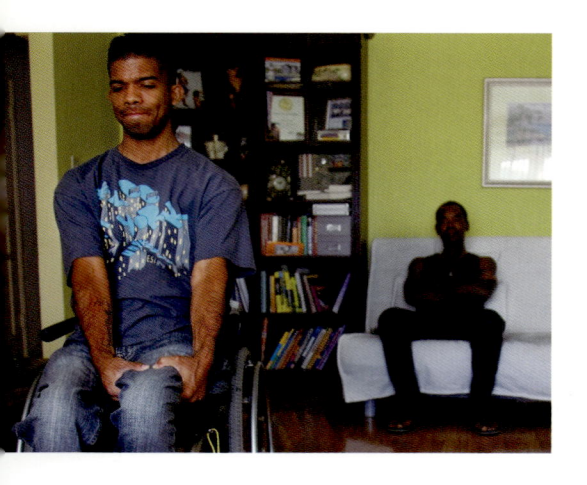

上：イラク戦争に従軍した退役軍人フェリペ・アダムズは、両親と同居している。バグダッドで狙撃兵の銃弾を受けて下半身不随になったあと、彼の平均的な1日の食事は写真のような内容に変わった。神経は、通常であれば体の特定の部位に刺激を与える。ところが、その部位が失われたり、あるいは神経が損傷して麻痺したりすると、損傷した神経は異常を警告する信号、すなわち痛みを引きおこす。電気ショックにも似た幻肢痛を、フェリペは1日に10回以上経験するという。
左：激痛がひくまで、しばらく脚を強く押さえて耐える。

上：昼になると、フェリペは車いすで家を出て、近所のお気に入りのカフェ、プティート・サラで食事をする。店に行くには交通量の多いウェスト・ピコ大通りをわたらなければいけない。
右：昼食後、退役軍人省管轄のロングビーチ・メディカルセンターで、上体の筋力を強化するエクササイズに励む。だがこれは、彼がこなす午後のリハビリメニューのほんの一部にすぎない。
右頁：息子の着替えを手伝ったあと、父ラリーが寝室のシーツを取り換える。そのあいだにフェリペはひげをそり、身支度をととのえて朝食のテーブルへと向かう。着替えの前にひとりで1時間バスルームにこもり、"朝の儀式"はすませてあった。

が入ったヨーグルトを毎日食べるようにしている。また、体内にとどこおりがちな食べ物を消化管の奥へと誘導するために、下剤の代わりにブラックコーヒーとプルーンジュースを飲む。

　自分の体の新しいリズムをもっとよく理解しようと医師たちを質問攻めにするときは、持ち前の探求心がプラスに働く。いまのフェリペは、ふつうの人のように筋肉や脳が発する信号をもとに体の状態を制御することができない。知識を頼りにコントロールしていくしかないのだ。

　フェリペの脳は1日に何度もニセの信号を発し、幻肢痛を引きおこす。感覚がないはずの足が痛みを感じてしまうのだ。「ペインマネジメントのクラスには行っていますが、痛みの感覚は毎回違うので、痛みに応じて対処法を変えなければなりません。つまり、どこかに痛みを感じたら、それがどんな痛みなのか分析し、どの鎮痛法を使ったらいいのか考えるんです。まあ、やりながらこつを覚えていくしかありませんね」。「激痛に襲われたらどこか別のところを思いきりたたいてあげましょうか」と母マリアが冗談を言うと、フェリペは痛みをこらえて笑った。「おかげで気がまぎれたよ」。余裕があるときは、フェリペも気のきいた答えを返してよこす。

　フェリペの新しい生活は、本人にとっても家族にとってもまだ試行錯誤の連続だ。母マリアは、自分と夫の健康保険料を払うために、ソーシャルワーカーの仕事を続けている。「この子が負傷してからこのかた、私たちみんな、休む暇もなかったんです」。いまは現状を維持し、今後の方針を決める段階にきている。フェリペは、経済学の学位取得を目前にして大学を中退し、陸軍に入隊した。将来は大学にもどって物理学を学び、もう一度外国を旅行してみたいと考えている。そもそも入隊を決めたのも、冒険心を満たすためだったのだ。除隊したあと、家族につきそってもらってドイツにいる軍人仲間を訪ねたことはあるが、いつかはひとりで旅行できるようになりたいと思っている。

　狙撃されてから3年以上経ったいまも、フェリペは週に3日は退役軍人省のロングビーチ・メディカルセンターに通っているし、この先も手術の予定がいくつも入っている。「まだ、自分の身におきたことを認めたくない気持ちがあるんでしょうね。このまま飛びおきたら、ふつうにまた足が動くんじゃないか。毎朝そう考えてしまうんです。でもそんな奇跡はまだおきていません。最初に診てくれた先生には、脊髄の損傷がひどいから、二度と歩くことはできないだろうと言われましたが、奇跡はおきると言ってくれる人もいるので。絶対にあきらめないつもりです」

「最初に診てくれた先生には……二度と歩くことはできないだろうと言われましたが、奇跡はおきると言ってくれる人もいるので絶対にあきらめないつもりです」

2100

総摂取カロリー **2,100kcal**

インド　カルナタカ州バンガロール
飲尿療法の実践者

ミリー・ミトラ　　　　女性、年齢45歳、身長156cm、体重55.8kg

1日の食事　12月

起床後： 尿 355mℓ

朝食： ドラゴンフルーツ 235g、パッションフルーツ 111g、ココナッツ 37g、ロータスシードのパフ（塩と油でローストしたもの）11g、レヴディ（ごまと未精製のヤシ糖でつくるタフィ）11g、セサミシード 9g、天日干しアムラ（アンマロク）9g、松の実 6g、タマリンドキャンディ 3g

昼食： タマネギ、トマト、青唐辛子、コリアンダーの葉をのせ、からし油を塗って焼いたウッタパム（黒レンズ豆と米粉でつくる平たいパン）136g、イドリ（米とレンズ豆粉の生地を発酵させてつくる蒸しパン）102g、トマト・チャツネ 82g、ココナッツ・チャツネ 26g、レモンのしぼり汁にコリアンダーの葉、ミント、クミンを加えた飲み物 14g、豆乳ヨーグルトに水、コリアンダー、ショウガ、青唐辛子を加えた飲み物 349g、飲料水（温めた湯）473mℓ

午後の軽食： サラダ（米のパフ、タマネギ、青唐辛子、からし油）43g、はちみつと生ライムのしぼり汁を入れた湯 257mℓ

夕食： カレー（キマメ、ナス、タマネギ、トマト、コリアンダー、クミン、ターメリック、粉唐辛子）113g、カレー（ジャガイモ、青唐辛子、カレーリーフ、コリアンダーの葉、ターメリック、粉唐辛子、マスタードシード、ライムのしぼり汁）65g、ヴァガレロ・バート（タマネギ、青唐辛子、カレーリーフ、コリアンダーの葉、マスタードシード、ライムのしぼり汁を入れて炊く柔らかくてもちもちしたごはん）193g、全粒小麦粉でつくる平たいパン 82g、豆乳ヨーグルト（やわらかいごはん、青唐辛子、カレーリーフ、マスタードシード、油）68g、ライムの漬け物 11g、キュウリ 159g、カブ 51g、アルー・パパド（馬鈴薯でんぷんにバター、粉唐辛子を加えた生地でつくる薄くてぱりっとした揚げせんべい）11g、飲料水（温めた湯）473mℓ

夕食のテーブルに並べる料理をめぐり、ミリー・ミトラの家ではひと悶着がおきていた。ミリーは、何年もかけて理想的な食生活を研究し、それぞれのよいところを組みあわせてとりいれてきた。「食べ物を癒しの手段として活用すると同時に、『体は指示を待つだけの知性のない機械だ』という考え方を変えるように努めてきました」と、彼女は語る。

菜食主義者のミリーは、自分の五感を喜ばせつつ、体に栄養を与えてくれるものを選んで食べる。特に果物に魅力を感じているという。「果物の色や手ざわり、味、そして香りが好きです。何よりすばらしいのは、果物を食べると幸福な気持ちに包まれることですね」

ふたりの娘と夫アビクがミリーに共感を示すのはここまでで、3人はいつもアイスクリームが入った大きな容器につい手が伸びる。「ママはビーガンだけど、私たちは違うの。だって乳製品も好きなんですもの」と娘のタラ（12歳）が教えてくれた。

娘たちと夫はもうやめてしまったが、ミリーだけはこの17年のあいだほとんど毎日、自分の尿を摂取してきた。シヴァンブと呼ばれるこの飲尿療法は、古代インドをはじめ、世界各地の古代文明の文献にも記されている。

飲尿療法を実践する人々のあいだでも意見は分かれるが、飲尿には体内を浄化する作用や治癒力を高める効果があり、スピリチュアルな面でもよい影響があると信じられている。

尿は腎臓で血液がろ過されたときにできる副産物であり、一般の人が考えているように体内の老廃物が排出されたものではない。しかし、そうは言っても尿を飲む習慣のない人にとっては、見て気持ちのいいものではないだろう。

取材が終わるころ、ミリーの個人レッスンを担当するヨガのインストラクターがやってきた。尿がなみなみと注がれたグラスがミリーの1日の食事メニューに含まれているのを見て、彼は見るからに困惑しているようすだった。

「まずは飲尿療法についてすこし勉強してもらって、そのうえでもっと詳しく話を聞きたいということであれば、その効用について説明するから言ってちょうだい」。ミリーは彼にそう声をかけた。

右：ミリー・ミトラは教育コンサルタントで、ホメオパシーにも傾倒している。自宅にいるミリーを、グラス1杯の尿を含めた彼女の平均的な1日の食事とともに撮影した。健康を維持するため、ミリーはヨガを実践し、厳格な菜食主義を貫き、自分の尿を1日1杯欠かさず飲む。ときには尿を体に塗ることもある。

左：住みこみの料理人プリンがウッタパムをつくっている。うしろでそのようすを見つめているのは彼の娘だ。

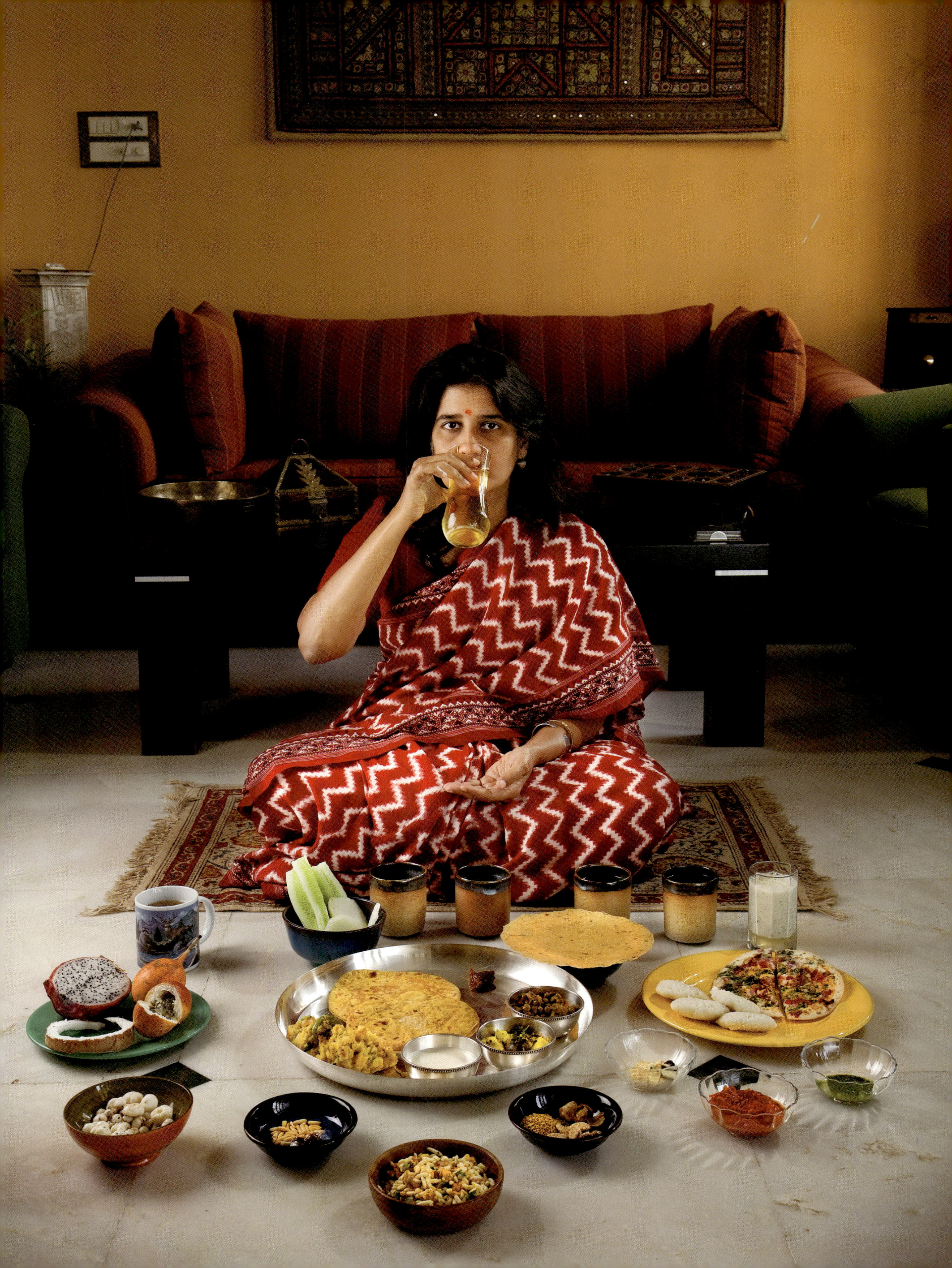

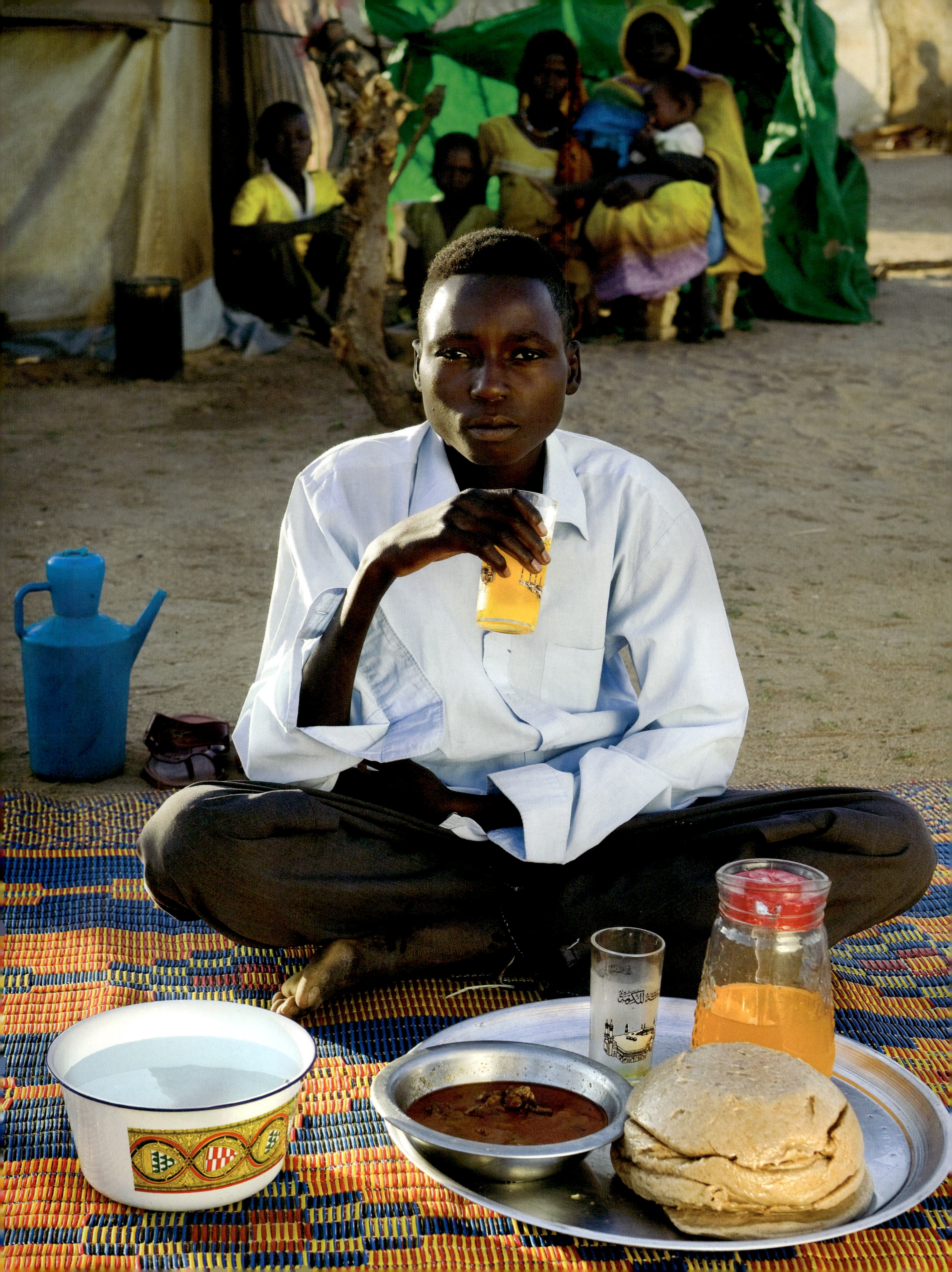

2300

総摂取カロリー **2,300kcal**

チャド　ブレイジング難民キャンプ

難民の少年

アブデル・ケリム・アブバカル

男性、年齢16歳、身長177cm、体重49.9kg

1日の食事　11月

食糧援助でつくった朝食：アイシュ（ソルガムを炊いたお粥を煮つめ、固まるまで置いたもの）680g、薄い野菜スープ 86mℓ

食糧援助でつくった昼食：アイシュ 680g、薄い野菜スープ 86mℓ、粉末の素を水で溶いたオレンジドリンク 473mℓ

食糧援助でつくった夕食：アイシュ 680g、薄い野菜スープ 86mℓ

終日：国際協力団体オックスファムの援助でつくられた水場からトラックで運ばれた水 476mℓ

スーダンの現代史をひもとくと、激しい紛争や内戦がほとんどやむことなく、繰り返されていることが分かる。最近では、ダルフール地方で、政府の支援を受けたアラブ系イスラム教徒と、非アラブ系のアフリカ系黒人イスラム教徒のあいだで紛争がおきた。政府系の民兵組織ジャンジャウィードが村々を次々と焼き払い、人々を殺しながらせまってきたとき、ダルフール最西端にあるマサリト族の村に住むアブデル・ケリム・アブバカルは、家族ともども逃げ出すよりほかなかった。

難民となった何千もの人々とともに、一家は国境を越えてチャドへ逃れた。料理用の鍋1つ、穀物1袋、そして衣類を入れた小さな包みを抱え、急ごしらえでつくられたテント村に流れついたのである。

アブデルは5人兄弟の一番上だ。スーダンでは、未亡人の母ディミアを手伝って小さな農場をきりもりし、仕事の手が空けば学校に行った。一家は果樹園と菜園でマンゴーや野菜などを栽培し、乳牛も1頭飼っていたので、食べるものに事欠くことはなかった。現金収入を得る手段として羊の群れももっており、ときには新鮮な肉も口にすることができた。

難民キャンプでも、母ディミアは食べなれた穀物のお粥を1日3食つくる。しかしいまは、自分の土地で収穫した大地の恵みの代わりに、国際援助団体からの配給に頼らざるをえない。ソルガムかミレット（雑穀）、砂糖、塩、レンズ豆、CSB（トウモロコシと大豆を混合した粉）、植物油の配給が月に2度あり、穀物は一部を手間賃代わりにわたして、近くの村の人に製粉してもらう。水は国際援助団体のオックスファムがトラックで運んできてくれるので、それを母ディミアと妹たちが毎日テントまで運ぶ。

各家庭に割りあてられる食糧の量は、家族の人数に応じて決められる。ディミアの家では、下の子どもたちはまだそんなに食べないので、アブデルにその分をまわすことができる。それでも、育ち盛りの男の子には足りないのではないかと、母としては気が気ではない。そこでディミアは、アブデルとともに近くの農家で働くことにした。1日あたり90円相当の稼ぎで、干し肉や野菜を買って足しにしている。

食事どきの風景も、様変わりした。マサリト族の男子は16歳になると成人とみなされ、母親や弟妹と同じ食卓を囲むことは許されない。だからアブデルは、自分が食べる分のアイシュと薄いスープを携え、隣のテントを訪れて、その家の男性や息子たちと一緒に食事をとるようになった。

食事のようすは、どの家でもまったく変わらない。めいめいがアイシュのかたまりを手にとり、スープに浸すと、それを口に運びながらおしゃべりを楽しんでいる。食事に招き、招かれることは多いが、難民キャンプでは客であっても自分の食べる分は、自分で持っていくのが当たり前だ。

左：スーダンのダルフール地方からチャドへと避難して来たアブデル・ケリム・アブバカルは、国境近くのブレイジング難民キャンプで生活している。彼の前に置かれているのが、国際援助団体から配給される1日分の食事である。背後には彼の家族と、一家が寝泊まりするテントが写っている。

右：ブレイジング難民キャンプでは、4万2,000人の難民が暮らす。これは当初予定されていた収容人数の倍以上にあたる。

2300

総摂取カロリー **2,300kcal**

アメリカ　ニューヨーク州ニューヨーク　マンハッタン

路上生活者

テッド・シコースキー　　男性、年齢不詳（テッドは年齢を明かさなかった）、身長173cm、体重76.2kg

> **1日の食事　7月**
> **ふところに余裕があるときの朝食**：バナナ（4本）726g
> **聖使徒聖堂のスープキッチンが提供する温かい昼食**：パスタ（小麦粉とバターのソース、豆、ソーセージ）303g、カラードグリーン43g、レタス、トマト、タマネギ、ニンジンのサラダ65g、フルーツサラダ88g、バターつきパン79g
> **ふところに余裕があるときの軽食**：脂肪分2％の牛乳1ℓ、スニッカーズのキャンディバー（小3個）20g
> **終日**：水道水1.2ℓ

　何か食べる、シャワーを浴びる、寝る場所を見つける。この3つをきちんとやろうとするだけで、テッド・シコースキーの1日は終わる。路上生活はもう10年以上にもなる。「解雇されて、貯金をとり崩しながら暮らしていたんですが、それも底をついてしまって」と、テッドは語る。ウォール街で働いていたらしいが、その話はあまりしたくないようだ。失った歳月を数えあげることはしたくないからと、年齢も明かさなかった。
　自分の置かれた状況を語るとき、テッドは「ホームレス」という言葉を避け、「恵まれない人たち」という表現を使う。
　テッドは市内のあちこちを歩きまわる。髪は整えてあるし、服は染みひとつなく、ウォール街で働く金融マンの休日のいでたちそのものだ。浴室を使わせてくれる施設を目指し、1時間以上も歩いてきたとはだれも思わないだろう。所持品は小分けにしてあちこちのコインロッカーに預けてある。ロッカー代をどう工面しているのか、詳しくは話してはくれなかったが、物乞いをしているわけではないという。
　夜はどこで寝るのだろう？「いろんなところですよ。夏は路上や商店の軒先で横になったりもします。セントラルパークの近くまで行って寝ることもあります」。夕べはどこで寝たのかと尋ねると、「それは言いたくありません」と口をつぐんでしまった。一方、一定の住まいをもたない市民を支援する目的でもうけられたニューヨーク市の制度については、時間をかけて詳しく語ってくれた。お役所のやることは利用者のニーズとかみあわないことも多く、困っているのだという。
　彼は市が提供する給食プログラムのほとんどを熟知している。そのうえで一番よいと思ったチェルシーにある聖使徒聖堂のスープキッチンで、いまはボランティアスタッフとして働いている。この施設は1982年から、平日だけで週にのべ数千人に食事を提供してきた。
　訪れる人々が本当にその食事を必要としているのか、キッチン側で一方的に判断することはけっしてない。
　シェフのクリス・オニール率いる調理スタッフとボランティアスタッフが用意する食事は、栄養バランスも満点だ。今日のメニューは肉入りのパスタ、生野菜、缶詰の果物、それにバターつきのパン。「食事がとてもおいしいんですよ」とテッドは言うが、だれのことも批判することなく受け入れてくれる、温かい雰囲気も魅力なのだろう。
　「まだいくらか貯金が残っていて、路上生活者に身を落とすまでいかなかったときは、1週間に1度だけきちんとした食事をとり、あとは1日に2度、大量の米を炊いてしのいでいました。実際にスープキッチンに足を運んでみるまでは、本当に自分も給食をもらえるのか半信半疑でした。初めてここに来たのは、クリスマスのころでした。当時はまだ自分のアパートで暮らしていましたが、ここに頻繁に姿をあらわすようになっても、だれも何も言いませんでした。黙って食べさせてくれたんです。こういうところがあると知っていれば、何年か前から来ていたでしょうね」
　「まさか自分がこんな人生を歩むとは思いもしませんでした。最初の半年は本当につらい思いをしました。でも今はこういうふうに見ています。とてつもなく大きな、ふつうではありえない壁にぶちあたっているんだ、と。人にはそれぞれ、乗り越えなければならない人生の戦いがあるのだと思います」

失業中のテッド・シコースキーは、マンハッタンの路上で生活している。聖使徒聖堂のスープキッチンで、平均的な1日の食事とともにテッドを撮影した。毎日何時間も歩いているにもかかわらず、気をつけていないとすぐ太ってしまうという。「住む場所に困っている」仲間の多くが同じ問題を抱えているそうだ。ニューヨークには非営利目的のスープキッチンや食堂が1,200か所以上あり、100万人以上の低所得者が利用している。スープキッチンの中にはシャワー、カウンセリング、娯楽など食事以外のサービスを提供するところもある。アメリカのどこの大都市でも似たような状況だが、寝る場所を見つけるよりは、ただで食事にありつくほうがはるかに簡単だ。ニューヨーク市営の簡易宿泊所は毎晩3万9,000人が利用するが、路上で眠る人も数千人にのぼるという。

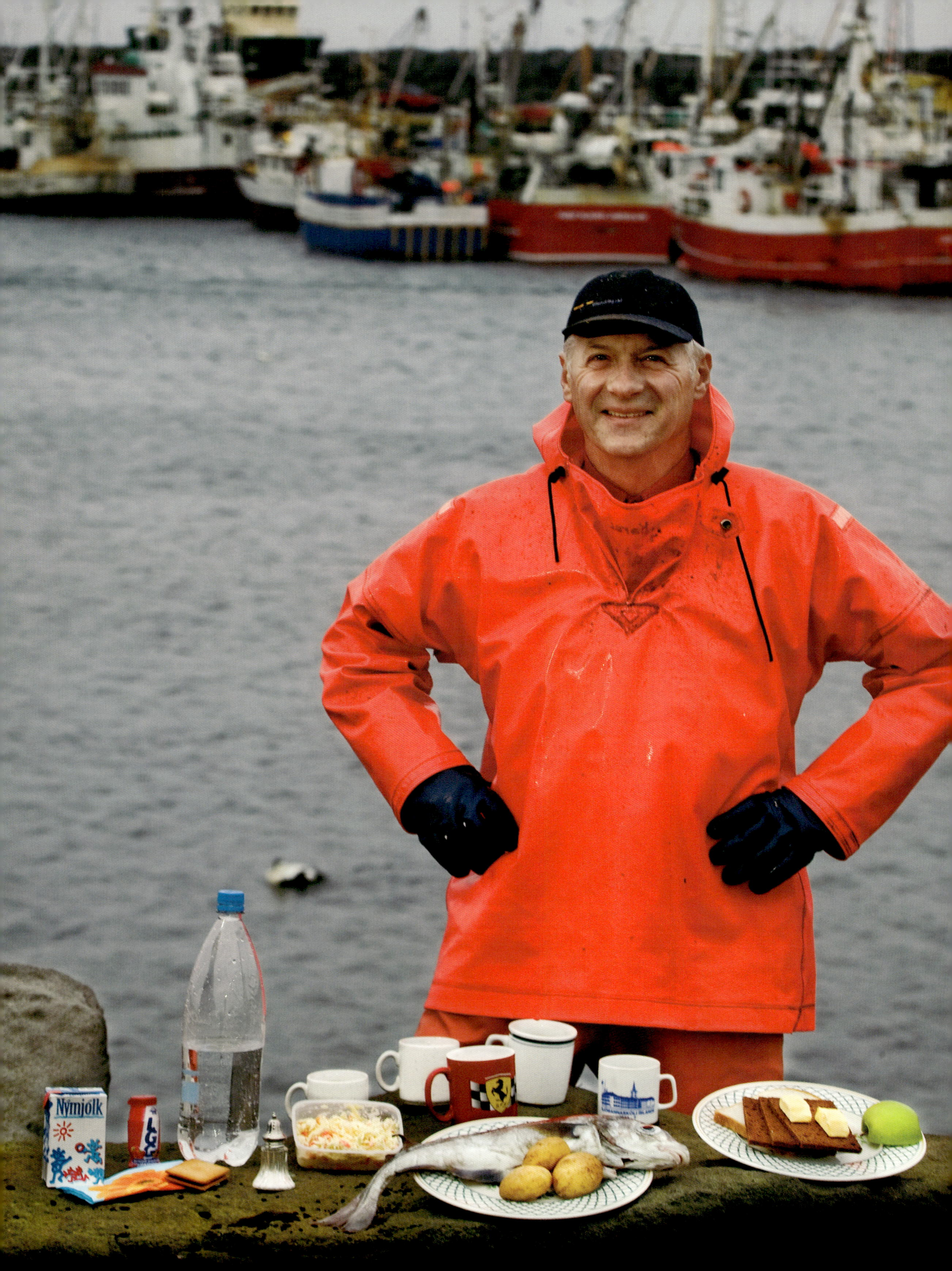
Nýmjólk
LGG

2300

総摂取カロリー **2,300kcal**

アイスランド　南西アイスランド地方サンドゲエルジ

タラ漁船に乗る漁師

カレル・カレルッソン　　　　　　男性、年齢61歳、身長185cm、体重91.6kg

1日の食事　5月

早朝の軽食：クッキー 14g、全乳 251mℓ

船上での朝食と昼食：ライ麦パン 94g、小麦パン 31g、低脂肪バター 57g、リンゴ 150g、エネルギードリンク（イチゴ味）92mℓ、コーヒー（5杯）1ℓ、水道水 376mℓ

夕食：タラ 1996g（1尾、生の重量）、塩 大さじ1、自家製コールスロー 179g、ジャガイモ 499g、水道水 376mℓ

北大西洋の海底火山が噴火してできた島国アイスランドは、四方を冷たい海に囲まれている。魚類（タラが中心）と、発電に使う水力と地熱のほか、天然資源はないに等しい。牧羊をのぞけばほとんど農業が行われていないこの国の経済にとって、漁業は重要な産業だ。

首都レイキャビク郊外のハフナルフィヨルズゥル。カレル・カレルッソンは、夜明け前のまだ暗いうちにクッキーと牛乳で軽く腹ごしらえをし、車に乗りこむ。そして溶岩に覆われたものさびしい海岸線を西にひた走り、サンドゲエルジ港に向かう。

タラ漁ひと筋できたカレルは、昔は自分の船をもち、漁に出ていた。しかし、いまは船を手放し、足の速い小型加工漁船ソーケル・アーナソンで雇われ漁師として働く。カレルのほか若い漁師4人と機関士、そして船長が乗り組んだ船は、夜明けとともに出港し、沖でタラを捕獲すると、船体中央部の作業室で臓物の処理まで行う。船長が舵をとり、沖合25km地点まで船を走らせるあいだ、乗組員たちは狭いギャレーで朝食をとる。カレルは温かいブラックコーヒーをすすり、バターつきのライ麦パン、リンゴを食べてから、エネルギードリンクを飲む。ほかの乗組員たちは焼き菓子、キュウリとトマトのスライス、スイスチーズ、パンをたいらげる。

大きな底引き網が海に投じられた。漁師たちはそのようすをモニターで監視する。身を切るような寒空の下、航跡に群がる数百羽のカモメも、漁のなりゆきを見守る。おこぼれにあずかろうと、待っているのだろう。やがて、網が引き揚げられ、船体の開口部を通ってベルトコンベヤーに載せられる。真っ赤な水産合羽と胸当てつきのズボンを着込んだ漁師たちの働きぶりを見ていると、工場の組み立てラインにいるかのような錯覚をおこす。彼らは銀色に輝くタラを順番に網からはずし、機械が轟音をたてる中、黙々と作業を進める。カレルが漁を始めた1958年当時とは大きく様相を異にするが、ほかの乗組員はみな彼より年下なので、これ以外の世界を知らない。

タラは腹を裂いて中をきれいにし、サイズごとに選別して箱に詰め、氷で冷やしておく。とりだされた臓物は作業台に開けられた穴から海に落とすと、待ちかまえていたカモメのエサになる。その日の漁獲割当量に達するまで、網は何度も海に投じられた。水産資源の枯渇を防ぐため、一漁期あたりの許容漁獲量は国によって設定されており、割当量に達した時点で漁は終わる。海に浮かぶ水産加工工場ともいえる作業室の掃除をすませると、乗組員は船室にもどってコーヒーを飲み、朝食の残りや昼食を食べる。午後の早い時間に1日の仕事を終えたカレルは、賃金の一部としてその日に捕れた新鮮な魚をもらう。こういう働き方が自分にはあっている、と彼は語る。さっきまで漁をしていた美しい海で泳ぐ時間だってたっぷりとれるし、妻が職場から帰宅したら、新鮮なタラをゆでた料理を囲んで夕食をゆっくり楽しむことができるからだ。

左：タラ漁の漁師カレル・カレルッソンと彼の平均的な1日の食事を母港のサンドゲエルジで撮影した。
右：前夜、海岸から船で数時間の沖合にある漁場に、刺し網を設置しておいた。朝になると、乗組員たちは網を引き揚げてタラをはずし、臓物の処理をしてからサイズ別に選別して、氷で冷やす。

2400

総摂取カロリー **2,400kcal**

イラン　イスファハーン州イスファハーン
細密画家の娘

アテフェ・フォトワト

女性、年齢17歳、身長164cm、体重54.9kg

1日の食事　12月

朝食：ラヴァシュ(平たいパン) 65g、ハルヴァ(ピスタチオとアーモンド入りの甘いペースト) 大さじ2、バター 大さじ1.5、クルミ 17g、フェタチーズ 31g、全乳 157mℓ、紅茶 109mℓ、円盤状の砂糖 3g

昼食：ターチン(卵、ヨーグルト、サフランで下味をつけた鶏肉) 139g、ターディグ(鍋底にできるおこげごはん) 79g、ゼレシュクポロ(バーベリー入りの米料理) 249g、自家製ポテトチップス 11g、ヨーグルト 94g、野菜の漬け物 65g、ピーマン 17g、ライムのしぼり汁 大さじ1.5、ドゥグ(ミント入りの塩味のヨーグルトドリンク) 195mℓ

夕食：ラヴァシュ 37g、バター 大さじ1.5、デーツ 31g、飲料水 195mℓ

間食：ザクロ 340g、オレンジ 241g

　ペルシャ細密画家モスタファ・フォトワトの家に、外国からの訪問客である取材班がおじゃまする。私たちがいるあいだ、彼の妻と娘はイスラム圏の風習(この国の政策でもある)にしたがい、自宅にいるときでも、公共の場にいるときと同じように耳と首と髪を布で隠さなければならない。それが、近しい親族以外の男性が同席する場合の約束事だからだ。

　自宅にいるのに、ひざ丈のコートを着込み、スカーフを頭にかぶったまま料理をするという状況は、めったにあることではない。しかし、アテフェと母親のメフリは不満をもらすこともなく料理を続け、バーベリーとサフランで味をつけた米料理、ゼレシュクポロを見事に完成させた。今日の食卓には、サフランとタマネギとスパイスで下味をつけた鶏肉や、メフリの菜園でとれた新鮮な野菜、そしてミント風味のドリンクヨーグルト、ドゥグも並んでいる。「うちのゼレシュクポロは最高にうまいんですよ」とアテフェの兄アリが太鼓判を押す。どの部屋にも、高価な絹のじゅうたんが敷きつめられている。家族で食事をするときは、そのじゅうたんの上にクロスを敷いて、その上にじかに食べ物を置く。

　家族の栄養管理はメフリが一手に引き受けており、一家の食事は基本的に伝統料理ばかりだ。「友だちと食事をするときはピザも食べますが、家ではペルシャ料理しか出てきません」とアテフェは語る。

　メフリは腕をふるい、ターチンという料理も用意してくれた。つくり方を説明しよう。まず、自家製ヨーグルトと卵、サフラン、レモン汁を混ぜてマリネ液をつくり、鶏肉を漬けこむ。つぎに、固めに炊いたバスマティ米に溶き卵を加えたマリネ液で味をつけ、キャセロールに米と鶏肉を交互に重ね、オーブンで焼く。焼きあがった料理を皿にひっくり返して盛りつけると、柔らかい鶏肉のキャセロール、ターチンのできあがりだ。焼き色がついた表面の「おこげごはん」の部分は、ターディグという。ターディグだけを一品の料理としてつくることもある。アテフェの好物は、ハフトアドヴィエ(7種類のスパイス)で味つけをしたマスのグリルだという。

　これほど服装の制約が厳しい環境に身を置いていることを考えると、アテフェが興味をもった分野は意外性があっておもしろい。絵の勉強をしてきた彼女は、今後パリでさらに研鑽を積み、将来はファッションデザイナーになりたいと考えている。1日に何時間もインターネットに接続し、最新のファッションを追いかけてきたのだが、このところゆっくりネットサーフィンを楽しむ時間はほとんどない。数か月後に大学入試を控えているからだ。

上：高校生のアテフェ・フォトワトは、将来はファッションデザイナーになりたいと考えている。瀟洒な4階建ての邸宅でくつろぐ一家と、アテフェの平均的な1日の食事を撮影した。高名な細密画家である父親は、母親と大学生の兄とともに背後のソファに座っている。イラン第3の都市イスファハーンは、芸術とイスラム建築の街としてその名をはせてきた。フォトワト一家の暮らしぶりはまさに、この街に住む教養の高いアッパーミドルクラスそのものだ。アテフェのゆったりと落ち着いた物腰やジーンズにスカーフというコーディネートからは、外国の人々やその文化に親しむ一方で、伝統を大切にしていることがうかがえる。アテフェは、大学を卒業したら、趣味ではなく仕事としてファッションデザインにたずさわりたいと思っている。
左：自室でインターネットに接続し、パリのファッションを研究するアテフェ。

12月のある寒い日の午後、イスファハーンのイマーム広場が見はらせるグランドバザールの屋上喫茶で、15歳の少年3人が温かいお茶をすすり、水タバコ（ゲリヤンまたはフーカという）を吸っていた。水タバコの煙は、水の入ったガラス容器を通るあいだに冷やされ、有害物質の一部がろ過されてから口に入る。それでも、一回の喫煙で吸う煙の量は紙タバコよりはるかに多いので、人体におよぼす害も大きいといわれている。この日は、夜になって吹雪が吹き荒れ、街じゅうがまるで真っ白な毛布に包まれたかのようだった。都市の広場としては世界最大規模のイマーム広場は、ユネスコの世界遺産にも登録されている。広場の反対側には、シェイク・ロトフォラー・モスクや、イマームのモスク、アリ・カプ宮殿といった美しい歴史的建造物が建ち並ぶ。

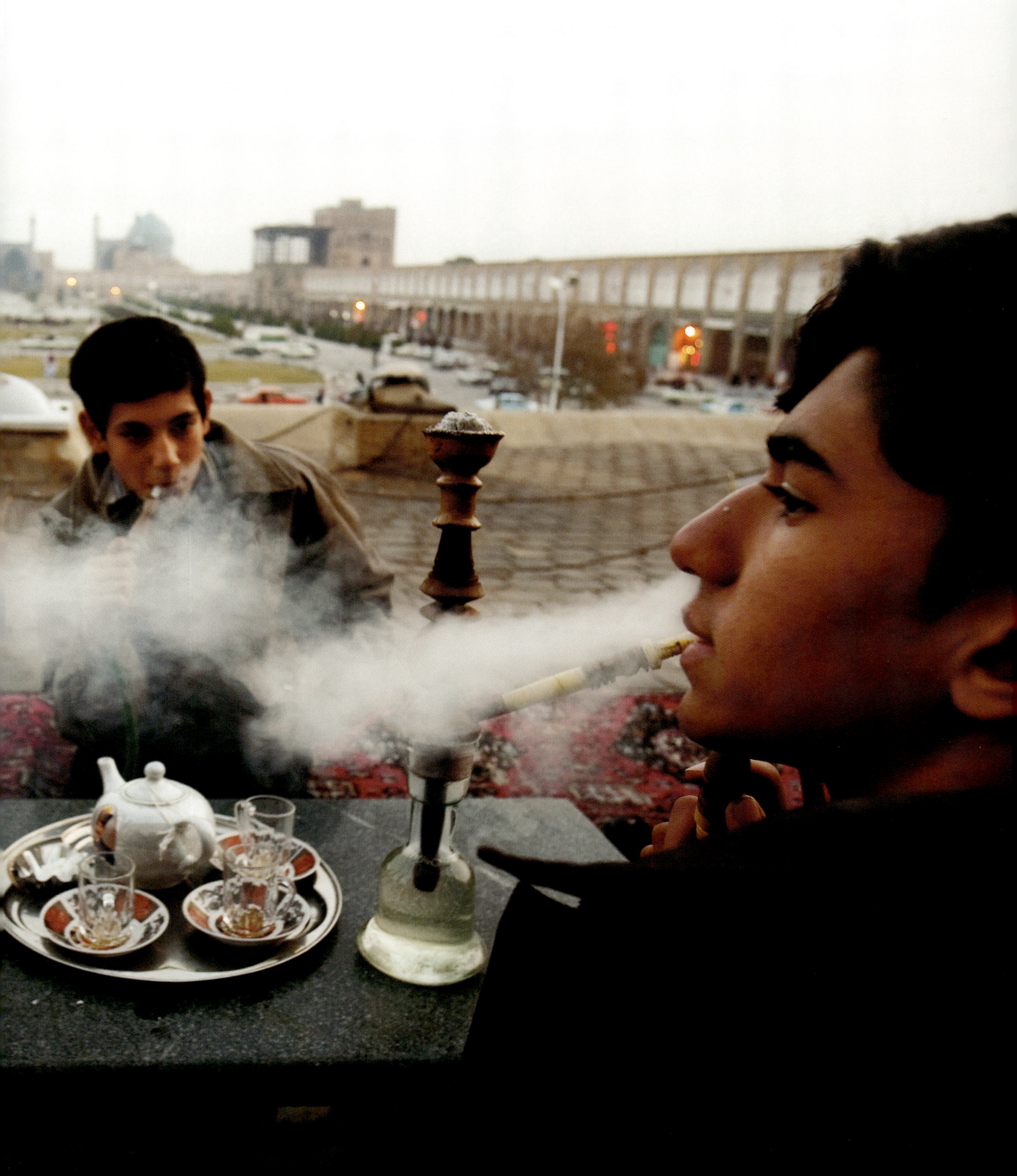

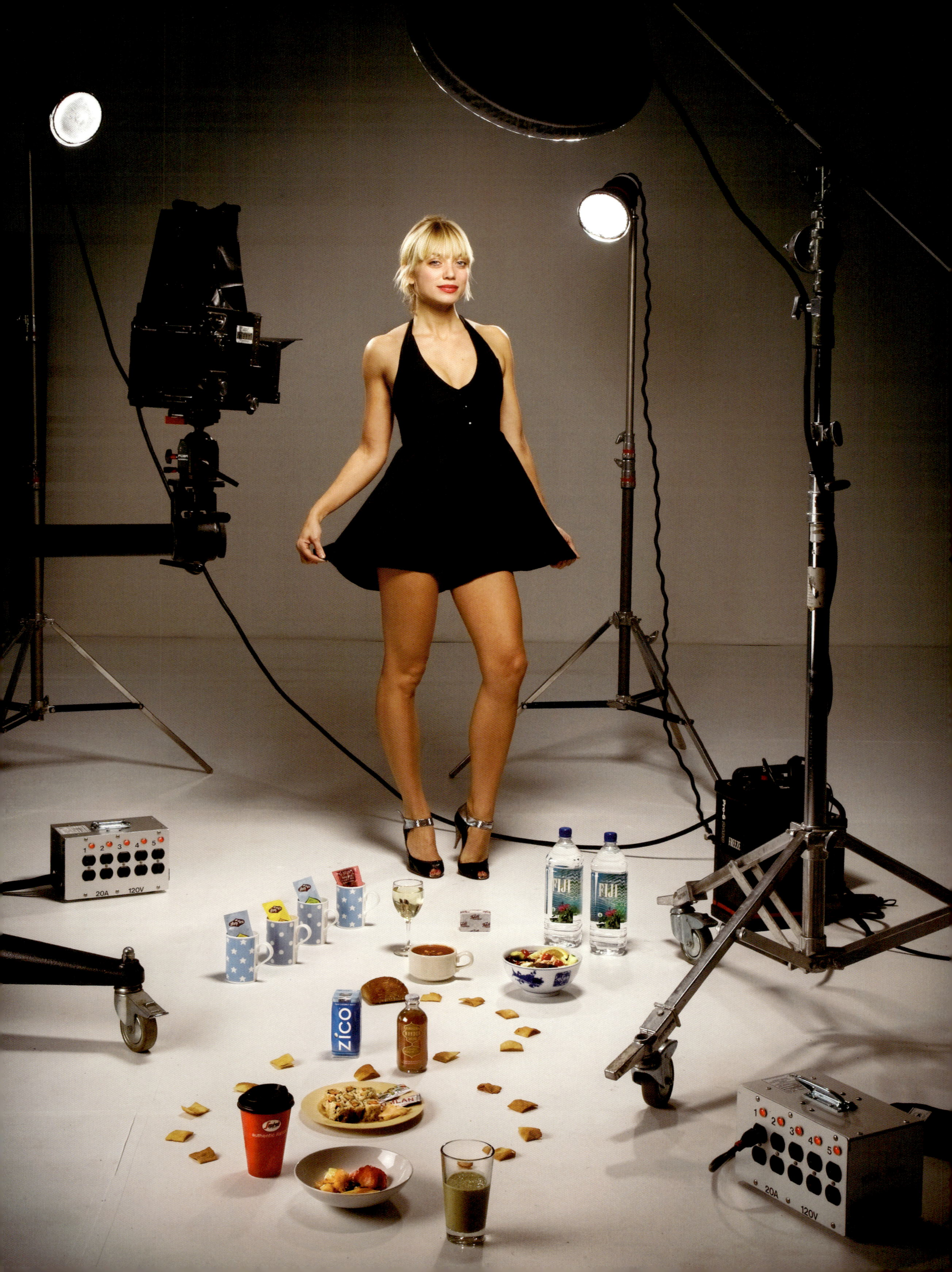
1 2 3 4 5
20A 120V
FIJI
FIJI
zico
1 2 3 4 5
20A 120V

2400

総摂取カロリー **2,400kcal**

アメリカ　ニューヨーク州ニューヨーク　イースト・ヴィレッジ
学生モデル

マリエル・ブース　　　　　　　　　　女性、年齢23歳、身長177cm、体重61.2kg

1日の食事　10月

朝食：イチゴ、ブルーベリー、モモ、メロンのフルーツサラダと低脂肪ヨーグルト 264g、アーモンドミルク 254mℓ、粉末の大豆タンパク（バニラ味）大さじ2、豆乳ラッテ 473mℓ

昼食：Dean & Deluca のベジタリアン玄米寿司 198g、しょう油 小さじ1、わさび 小さじ0.3、発酵コンブチャドリンク（紅茶キノコ）251mℓ、ココナッツウォーター 331mℓ

夕食：ツナサラダ（水煮のツナ缶 130g、トウモロコシ 125g、アボカド 94g、葉野菜 62g、キュウリ 54g、インゲン豆 54g、トマト 31g、レモンのしぼり汁とオリーブ油のドレッシング 大さじ1）、ミネストローネ 371g、雑穀入りロールパン 77g、白ワイン 183mℓ

軽食その他：ピタチップス 54g、乳製品不使用のアイスクリームサンド（バニラ味）45g、カフェインレスのお茶（4杯）1.2ℓ、はちみつ（写真にはない）57g、ミネラルウォーター 3ℓ

すらっと背が高く、ほっそりとした体型のマリエル・ブースは、金髪とかがやく美貌の持ち主だ。モデルの仕事は13歳のときから続けている。しかし23歳になったいま、177cmの身長に対して体重は61.2kgに増えた。第一線で活躍するには年齢がいきすぎているし、太りすぎている。

マリエル本人が下すこの自己評価は実に手厳しい。だが、実際彼女と会ってそんな印象を受ける人はまずいないだろう。マリエルはエレベーターのないアパートの5階に、ボーイフレンドと一緒に住んでいる。「彼は好きなだけ食べても全然太らないんですよ」という口調は、心からうらやましそうだ。

食生活はヘルシーでも、食べる量が多すぎると彼女は思っている。身長との比率からいえばいまの体重がベストだという事実と、サイズ0の洋服が入らない現実とのはざまで悩んでいるのだ。「いまの洋服のサイズは4.5なんですけど、モデルとしては最悪。4の服は入らないし、サイズ6の服を着る仕事なんてありませんから。こんなに太るだなんて、モデル失格ですよね。あと2kgちょっとやせれば、もうすこし稼げるんじゃないかしら」

左：ブルックリンにあるテントン・スタジオ。プロのモデルで、ニューヨーク大学の学生でもあるマリエル・ブースを平均的な1日の食事とともに撮影した。いまは専業モデルだったころよりも健康的な体重を維持している。そのおかげで体調はいいが、収入は減ってしまったと、マリエルはこぼさずにいられない。
右：アパートの近くにあるスーパー「ホールフーズ」で豆乳アイスに手を伸ばす。

もっとやせなくては、という強迫観念は、モデルたちの心身をむしばんでいく。10代のころ、過食症に苦しんだ時期もあるマリエルは、その現実に早くから気づいていた。実際、モデル業界には摂食障害がまん延している。「深刻な摂食障害に陥るのは、もともとサイズ0の洋服を着るような体型ではないのに、サイズ0の洋服を着ないと仕事がもらえない女の子ばかりなんです」

マリエルも完ぺきでありたいという思いと現実とのギャップに悩まされてはいるが、絶食するほど追いつめられてはいない。「いまの私は、ごく平均的なモデルってところでしょうね。もう20代半ばですし、主にカタログの撮影をこなしているような状態ですから。稼ぎも、いまの生活を維持しながら、すこしは貯金もできる程度です」

食生活はことあるごとに見直している。基本的にはベジタリアンだが、ときにはすこしだけ肉を口にすることもある。この食べ物が健康にいいと聞くと、すぐに飛びついてしまうこともしばしばだ。少女時代からサラダが好きで、いまもよく食べる。その一方で、ナチュラル＆ヘルシー志向のスーパー「ホールフーズ」のバイキングコーナーで買うサラダは、実はかなりカロリーが高いのではないかという疑念をふりはらうことができない。

113

2400

総摂取カロリー **2,400kcal**

インド　ウッタル・プラデーシュ州バラナシ

リキシャの運転手

ムンナ・カイラシュ　　男性、年齢45歳、身長157cm、体重48.1kg

1日の食事　4月

朝食：ジャガイモのカレー（ベースはトマト、タマネギ、ショウガ、ニンニク、コリアンダーの種、クミン、ターメリック、刻んだ赤唐辛子、からし油）150g、パラータ（小麦粉でつくる平たいパン、2枚）99g、全乳入りの紅茶 299mℓ、砂糖 大さじ2

昼食：ジャガイモと大豆タンパクのカレー（ベースはタマネギ、ターメリック、ガラムマサラ、ショウガ、ニンニク、粉唐辛子、からし油）150g、オクラの炒め物（ベースはタマネギ、唐辛子、ターメリック、マスタード油）99g、ダル（黄色いレンズ豆、ベースは唐辛子、コリアンダーの種、クミン、ターメリック、からし油）150g、パラータ（2枚）99g、白米 150g、キュウリ 108g、タマネギ 139g

夕食：自家製ヨーグルト 99g、パラータ（2枚）99g

間食その他：ラヴァング・ラタ（油で揚げたペストリー）40g、ライムのしぼり汁 68mℓ、全乳入りの紅茶（6杯）269mℓ、砂糖 45g、タバコ 2本、井戸水 1ℓ

5児の父ムンナ・カイラシュは、朝の6時に起床し、サイクルリキシャをこいでガンジス川に向かう。そこで、金払いのよさそうな客を探すのだ。「観光客は朝早く起きて市内観光をしますからね。それに朝のほうが涼しいですし」

インド北部の街バラナシはウッタル・プラデーシュ州にあり、古くから文化と宗教の中心地として栄えた。夏場は大変な蒸し暑さになるのだが、早朝から仕事に出るのは、ムンナひとりの考えで始めたことではないという。自分はのんびりするほうが好きなんだ、とムンナはきまり悪そうに打ち明けた。「『なぜまだここにいるの？　早く行ってらっしゃい。仕事でしょ』ってこいつがうるさいんでね」。自分より10歳も年下で体も小さい妻メーラを手で示しながら、彼はそう説明した。高い声でまくしたてるが、メーラに似ているとはお世辞にも言えない。するとこんどは「いつまでも寝てないで！」と言いながら、自分が枕に頭をのせ、寝ているようすを再現してみせる。メーラが笑うと、ムンナも満足そうにほほえんだ。

メーラは、ムンナが仕事に行こうが行くまいが、毎朝決まった時間に1日の活動を開始する。朝の6時半にはもう、雇い主である医者の夫婦の家にいて、朝食づくりにとりかかっているのだ。そのあといったん帰宅し、こんどは自分の家族のために甘い紅茶と自家製チャパティ（平たいパン）の朝食を用意する。彼女はこうして週に7日、休む間もなく働く。それでも、ふたりの収入では日々の食費をまかなうのが精一杯で、お金はほとんど手元に残らない。

メーラと娘のマムタ（21歳）は、一家が暮らすつつましやかな家の庭で、地面にプロパンのガスコンロをじかに置いて料理をする。マムタも、ふだんは別の家庭の家政婦として働いている。ガスコンロが手に入るまで、一家はずっとまきを使って料理をしていた。地方に住む長女は、いまも牛糞を乾かした燃料を使っている。「コンロを買ってほしいとねだられているのですが、お金が貯まったら考えてみるわね、としか言ってやれなくて」

数時間働いて午前中の仕事を終えたムンナが、リキシャをこいで帰宅した。土ぼこりをかぶったレンガに腰かけ、料理をする妻をながめる。「ダルは毎日つくってくれるんです。ダルのない昼食なんてありえません」。その言葉通り、この日も昼食のメニューにダルが入っていた。ほかにはジャガイモと大豆タンパクのカレー、オクラの炒め物、白米が用意されている。つくりたてのパラータ（平たいパン）でおかずを器用にすくって食べるのだ。

メーラは目にもとまらぬ速さで料理をしながら、夫の相手をし、さらに、娘にてきぱきと指示を出して下ごしらえを進めていく。まずはカレーに加える自家製ガラムマサラの調合を頼み、そのあと、大さじ1杯分のからし油に砕いたクミンシードと乾燥唐辛子を加えた、絶品の合わせ調味料をダル用に用意してもらった。「からし油を好んで使いますね。少ない量から買えるのもありがたいです」。ムンナは、食事をとり昼寝を終えたら、午後のラッシュアワーにあわせてもう一度リキシャで街に向かう。夕食はきっとヨーグルトとパラータだろう。「メーラの大好物なんですよ」と教えてくれたあの甘い揚げ菓子ラヴァング・ラタを、ムンナはデザートにと持ち帰るに違いない。

自宅前の路地に立つリキシャ運転手ムンナ・カイラシュと、彼の平均的な1日の食事。13歳でムンナのもとに嫁いだ妻メーラは、撮影のようすを姪や甥とともに見つめている。3人いるムンナの息子のうち、ふたりにはさまれてしゃがみこんでいるのは、ムンナの母親だ。子ヤギを腕に抱えた隣人も撮影を見守る。インドでは、旅客用と貨物用併せて約1,000万台のサイクルリキシャが操業している。ムンナは自分のリキシャをもっているが、大半の運転手はオーナーから1日あたり約54円相当でレンタルしているという。大都市で営業する運転手の稼ぎは、平均して1日あたり約360～450円相当だ。サイクルリキシャは、排気ガスをまき散らす自動二輪タイプのオートリキシャより速度は遅いが、空気を汚すことはない。大気中に放出されるのは運転手の体から発せられる熱だけなので、環境にやさしい乗り物なのだ。

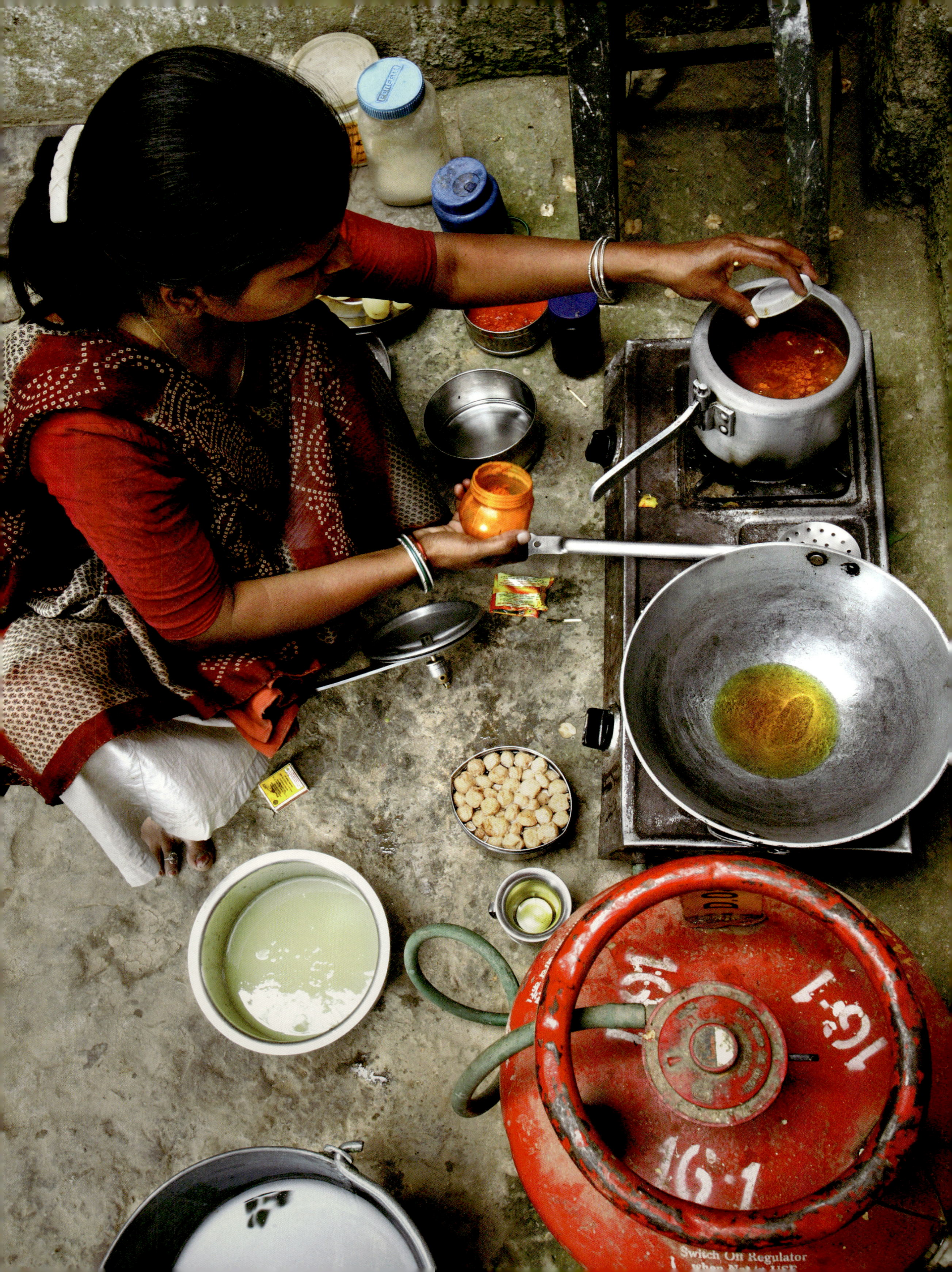

16·1
Switch Off Regulator

左頁：ムンナの妻メーラが、中庭にしゃがんで家族の昼食のしたくをしている。ジャガイモと大豆タンパクのカレーを炒めるために油を温めながら、圧力鍋で煮ておいたダルにターメリックを加える。
上：バラナシの繁華街にあるラウンドアバウトでは、中央に立つ警官のまわりを旋回するようにして車や人が行き交う。警官は数えきれないほどのリキシャと自転車、歩行者、そして数台の自動車と2頭の牛に目を光らせる。
左：買い出しに出かける妻と姪と息子をリキシャに乗せて走るムンナ。

2400

総摂取カロリー **2,400kcal**

ケニア　ナイロビのスラム街キベラ地区

食堂を営むマイクロ起業家

ローズライン・アモンディ　　　　女性、年齢43歳、身長180cm、体重104.8kg

1日の食事　3月

朝食：ンダジ(揚げパン) 79g、紅茶 127mℓ、全乳 127mℓ、砂糖 34g

昼食：インゲン豆、タマネギ、トマトにスパイスミックスを加え、油で炒めた料理 176g、白米 283g

夕食：ウガリ(トウモロコシ粉の固いお粥) 386g、スクマ・ウィキ(ケールやカラードグリーンの葉をタマネギとトマトと一緒に油で炒めた料理) 99g、コカ・コーラ 299mℓ

軽食その他：ティラピアの唐揚げ(写真にはない) 79g、紅茶(3杯) 373mℓ、全乳 373mℓ、砂糖 99g、路上で購入した水道水 781mℓ

炊事場から立ちのぼる湯気や煙が、くすぶりながら燃えるゴミの発するもやのような煙と混じりあい、なんともいえない臭気を放っている。ナイロビの一角にあるここキベラは、推定100万ともいわれる人々が暮らすスラム街だ。住民は、極端なまでに高い失業率と高い犯罪率、民族間の対立、そして劣悪な住環境に苦しむ。NGO(非政府組織)や人道支援プログラムの援助がなければ、状況はさらに悪化していたはずだ。

ローズライン・アモンディにとっては、融資を受けたことより、申請を機会に女性たちの互助組織を立ちあげられたことのほうがうれしかった。「ニョタ(星)」と名づけられたこのグループが、個々のメンバーのローン返済に対して共同責任を負う。魚の唐揚げ売り、コンビニエンスストアの店主、果物や野菜の露店商など、メンバーはそれぞれ小さな事業を営んでいる。このチームはネットボールの地域トーナメントやリーグにも出場している。マネージャーはローズラインだ。

ママ・スマキ(「魚のママ」の意)。近所の人たちがローズラインにつけたこのあだ名は、彼女の食堂の名前でもある。ローズラインは、夫のジョージとともに、年間この店を守り、4人の子どもを育ててきた。融資を提供してくれたのは、ウマンデ・トラストというNGOで、キベラ地区の一角に大規模な共同トイレとシャワーの設備を建設する活動もしている。ほかにも支援組織はたくさんある。公式にはだれも住んでいるはずのないスラム地区への政府援助が期待できないためだ。

肉屋が即席の露店に肉の切り身を並べて商いの準備をしている。野菜や果物の露店では、切り売りもしてくれるので、その日使う分だけ買うことができる。ここの住人には食料や必需品を買いおきする余裕も基本的にないし、冷蔵庫をもつだけの経済力もない。人々は店の前を通りかかったついでに、あるいは、スラムのはずれにある水道まで水をくみに行く途中に立ち寄って、買い物をすます。

掘っ建て小屋や商店のすぐ前にはふたのない側溝が走っている。底にたまった汚泥やゴミは路上へとかき出され、盛り土のようにつみあげられる。それを通行人が踏みかためていくのだが、この悪路を歩くのはキベラの住人でもひと苦労だ。しかも通りは年々高さを増し、側溝に隔てられた道と家の戸口との段差はどんどん広がっていく。子どもたちは腐りかけたゴミの山を飛び越えながら2、3人で連れだって、あるいは母親と手をつないで学校に通う。洗いたての清潔な制服を着ているが、よく見ればサイズがあっていなかったり、色があせていたりする。

毎朝、大人たちはキベラから群れをなして出か

上：NGOのマイクロクレジット機関から融資を受けて商いをする4児の母ローズライン・アモンディが、食堂の正面にたたずんでカメラを見つめる。前に置いてある木の台に並ぶのが、彼女の平均的な1日の食事だ。隣でマンダジ（ンダジの複数形、甘い揚げパン）を売る男性は、職場や学校へ急ぐ人をあてこんで商いをしている。ローズラインと夫のジョージは、アフリカ最大のスラム街キベラに住んでもう20年になる。最近、近所に大型の共同トイレ棟ができ、住民が1日数円相当の負担で利用できるようになったおかげで、「空飛ぶトイレ」の数は劇的に減ったという。それまでは、排泄物はビニール袋に入れられ、屋根や道路脇を走る側溝に投げ捨てられていたのだ。

左：職場から帰宅する人たちのために、ローズラインがティラピアを揚げる。

上：ローズラインが隣人のケネディ・ムボリと、自分の経営する食堂で食事を楽しむ。夜は、泥棒に入られないよう、ローズラインの兄弟が泊まりこんで店の番をする。
右：アメリカはニューヨークにあるセントラルパークほどの広さの土地（約3.4km²）に、100万近い人が住む。キベラ地区ではトタン板をはぎ合わせて建てた住まいが一般的で、3m四方のスペースに平均して5人が暮らす。
右頁：キベラ地区の近くを走る線路の脇では、きれいに磨かれた中古の靴が売られていた。

けていき、ナイロビのあちこちにある職場に向かう。夕方、彼らが帰宅する時間帯になると、ローズラインは食堂前の通りに魚の唐揚げを売る屋台を出す。商売としては、食堂よりもうまくいっているくらいだという。伝統的なケニア料理を出す食堂のほうは、競合店が近所にたくさんあるので、苦戦を強いられているらしい。「惣菜を買って帰りたい人は大勢いるんです。食事のしたくをしなくてすむでしょう？」

ローズラインの夫ジョージが、食堂で調理を担当する。取材班が訪問したときは、1.5mほどの木製のヘラを両手に抱え、大きな桶に入ったトウモロコシ粉の粥をかき混ぜているところだった。いまにも倒れそうな小さな店の後ろの路地では、下働きがかまどにまきをくべていた。

食堂では、ケニア定番の家庭料理ウガリ（トウモロコシ粉の粥）とスクマ・ウィキ（葉野菜をトマトとタマネギと一緒に炒めた料理、スワヒリ語で「1週間をのりきる」の意）を出す。お金をかけずに調達できるこのメニューさえ食べていれば、最低限必要な栄養をとることができるといわれている。この国では、実に国民の半数が貧困にあえいでいるのだ。

ローズラインは、6人家族を養い、店を守るため、お金や食料をやりくりしながら日々懸命に働く。店で出すときには肉を入れることも多いが、自宅の食卓に肉入りのスクマ・ウィキが登場するのは1週間に1度だけだ。「子どもたちには毎日だって肉を食べさせてやりたいです。でもトウモロコシ粉や野菜、米、豆類のほうが安いので」

ひとつだけ、ローズラインとジョージが無理をしてでも必要なだけお金をかけようと決めたことがある。子どもの教育だ。キベラの住民としてはめずらしく、ふたりは子どもたちを寄宿学校に通わせている。公立の学校のほうが学費ははるかに安いが、よい教育を受けさせ、高収入の仕事に就かせてやりたいと考えている。「教育はとても重要です。学があれば、どこに出ても恥ずかしくありません。ここにも、多くはありませんが、そう感じている人はいます。スラムは子どもたちにとってよい環境ではありません。それに、安全でもない。だから寄宿学校に入れようと決めたんです」とジョージは語る。

残念ながら、学費を滞納すると、両親が不足分を納めるまで子どもは自宅に帰されてしまう。ローズラインは、学費が工面できたら、すぐさま子どもたちを学校に送り返す。ただ、たいていは唐揚げにするための魚や食堂で出す料理の材料を仕入れるためのお金をまわすしかないのが実情だ。こうして、いつまでも終わることのない悪循環が続いていくのである。

「スラムは子どもたちにとってよい環境ではありません。
それに、安全でもない。
だから寄宿学校に入れようと決めたんです」

エッセイ

カロリー計算が もたらす苦悩と喜悦

ビジャル・P・トリヴェディ｜ジャーナリスト

　ベイクドポテトチップス11枚で120kcal。ペルシャグルミ7個で185kal。はちみつ大さじ1杯で64kcal。人は何かを口に入れるとき、その食物に含まれるカロリーについて考えをめぐらせずにはいられない。カロリーという概念を人類にもたらしたのは、ウィルバー・オリン・アトウォーターという人物である。19世紀末に炭水化物、タンパク質、脂肪それぞれ1gあたりに含まれるエネルギーを数値化し、1,000種類を超える食物の総カロリーを計算した。彼の労働の成果であるカロリー量は今日、食品コーナーに並ぶすべてのパッケージ商品に印刷されている。
　だが、このとき算出されたカロリー値は、正確なものではなかった。

　アトウォーターがカロリーを計算しようと思いたったのは、どうせ同じ金額を出すのなら、その中で一番栄養価の高い食事を選べるようにできれば、貧しい人々の助けになるに違いないと考えたからだ。そうと決めると彼は早速、さまざまな食品のタンパク質含有量と総カロリーの分析にとりかかった。その結果、たとえば25セント（約23円）分のチーズには240gのタンパク質が含まれており、同じ25セント分でもサーロインステーキの3倍の量を摂取できることを発見したのである。しかし、このカロリー計算という概念は今日、彼の想いとは裏腹に、巨大なダイエット市場の発展を支え、1日の摂取カロリーの上限を超えない限りは何を食べてもかまわないといった考え方の根拠となっている。どの食物のカロリーも同じように体に吸収されるなら、そういう考え方も間違いではないが、実際には同じではないのである。

　アトウォーターがカロリー計算を行った当時と比べると、栄養科学は大きく進歩した。消化のしくみについては、その後の研究でいろいろなことが分かっている。たとえば、食物を分解して栄養素をとりだすときに、食物の種類によって必要とされるエネルギーが変わってくる。すりつぶしたり調理したりして加工すると、食物の内部に閉じこめられているカロリーがとりだしやすくなることも明らかになった。食品に含まれているカロリーが吸収されやすければ、体がそこからカロリーをとりだすために必要な運動量は少なくてすむし、腰回りにも肉がつきやすくなるというわけだ。だが現行の栄養成分表示には、これらの要素が反映されていない。その結果、体が食物から引き出せるエネルギーが正しく評価されず、実際のカロリーと表示の誤差が最大25％にもなる事態を招いた。
　アトウォーターは、食物を実際に燃やして熱として放出されたエネルギーを測定し、その値をカロリーというエネルギーの単位に換算することで、食物に含まれるエネルギーを計算した。しかし現実には、人の体は食物を燃やすのではなく、それを消化することによって、食物に含まれた化学エネルギーをとりだしている。そこで、消化によって生じた化学エネルギーの何割が人体に吸収されるのかを算出するため、アトウォーターは厳密に計量した食事を被験者に与え、便を分析した。その結果、食物の約1割は未消化のまま体内を通り抜け、排出されることが分かった。さらに老廃物に混じって尿として排出されるエネルギーも差し引くと、タンパク質と炭水化物は1gあたり4kcal、脂肪は1gあたり9kcalを生み出す計算となった。
　ところが、アトウォーターは食物の消化に使われるエネルギーを考慮にいれていなかった。エネルギーをつくるのにはエネルギーがいる。消化のプロセスが行われる際にも、エネルギーが消費されているのだ。たとえば、炭水化物の一種である食物繊維の消化には、ほかの種類の炭水化物よりもたくさんのエネルギーが必要とされる。さらに、食物繊維は腸内に棲む微生物の栄養にもなるので、微生物も産出されたカロリーの一部をもっていく。こうした要素を加味すると、食物繊維から得られるカロリーは、現行の表示より25％減る計算になる（1gあたり2.0kcal

❶アメリカ・ケンタッキー州メイキング在住のトッド・キンサーは、自宅でインスタント食品を食べる。❷ベトナム・ソ村近郊で立ち寄った街道沿いのレストランでの昼食。❸ルクセンブルクのある中流家庭の週日の食事メニュー。❹ロンドンの一般家庭が客人のために用意した朝食。❺アメリカ・ロサンゼルスのレストランで出てきた肉のグリルと米料理の盛りあわせ。❻ベトナム・ハノイのフォー専門店で、朝食のスープをよそう若い店のスタッフ。

から1.5kcalに減少）。同様に、タンパク質から得られるカロリーは20％減る（1gあたり4.0kcalから3.2kcalに減少）。タンパク質がアミノ酸に分解されるときに産生される毒性のアンモニアは、肝臓で尿素に変えて排出する必要があるが、このプロセスでもエネルギーが使われるからだ。

食品処理技術の発展にともない、私たちは食物をさまざまに加工して摂取するようになった。加工するかしないかによっても、食物から得られるエネルギーは大きく変わる。たとえば、粗く挽いた全粒小麦の3割は未消化のまま排出されるのに対し、精白された小麦粉はほぼ100％消化される。つまり、精白された小麦粉は、栄養成分表示にある値よりも、かなりカロリーが高いのだ。こうした技術の進化は、アトウォーターには予測できない事態だったろう。また、肉類も、挽いたほうがカロリーは摂取されやすく、消化に必要なエネルギーも少ないことが分かっている。

とはいえ数ある食物の加工方法の中でも最も効率よくカロリーを引き出せるのは、やはり調理なのである。調理すると、タンパク質やでんぷんが分解されやすくなる。アミノ酸の鎖が固く折りたたまれてできた生のタンパク質も、すこし熱を加えると結合がゆるむので、消化酵素が分子全体に行きわたりやすくなる。つまり、加熱するだけでも、消化に使われるエネルギーは少なくなるというわけだ。

こうしたデータから何を読みとることができるだろうか。たとえば、食べるものが十分に確保できない場合は、加熱したり挽いたりすれば、ひと口分の食物からもっと多くのカロリーを引き出すことができる。逆に、減量したいときは、加工度が低い素材や、高温で調理していない食物をとるようにすれば、体が吸収するカロリーを減らすことができる。カロリーの摂取しやすさによって生じるすこしの差も、積みかさなればやがては大きな影響をおよぼす。ひとつ例をあげよう。タンパク質や食物繊維が豊富な食物の場合は、栄養成分表示には実際のカロリー値よりも高い数値が示されている。そのせいで、あまりヘルシーではない高カロリーな食べ物だ、という誤った印象を与えているのだ。

2002年、FAO（国連食糧農業機関）は主だった栄養学者たちを一堂に集め、この問題について検討した。その結果、消化に必要なカロリーを考慮することで、いまより正確にカロリー計算ができることについては意見の一致をみたものの、現行のシステムを変更することによって得られる効果は労力に見合わない、という結論に達した。既存のカロリー表をすべて計算しなおし、個々の食品についてカロリー値を新たに設定するには、膨大な手間がかかるからだ。

とはいえ、たとえ栄養成分表示に書かれているカロリーが100％正確ではないとしても、摂取できるエネルギーの概算にはなる。必要なカロリーを摂取できていない30億もの人たちにとっては、これも貴重な情報だ。FAOの発表によると、2009年の栄養不足人口は、世界全体で約10億2,000万人にのぼった。一方、WHO（世界保健機関）は、2015年までには約23億の成人が太りすぎに、7億以上の成人が肥満になると予測している。この「肥満病」の根本的な原因は、糖分と脂肪分が多く、栄養素や食物繊維が少ない食物がどこででも手に入るようになったことと、体を使う活動が減ったことにある。

栄養不足の人々にとっては、不備があるにしてもカロリー計算は必要不可欠だ。十分な食料を人々に届けて、必要最低限のカロリーだけでもとってもらおうと活動を続ける医師や栄養士、NGOの助けとなるからだ。一方、太りすぎや肥満の人にとっては、自分がどれだけカロリーをとっているかを知り、健康的な水準まで摂取量を減らすきっかけにもなるかもしれない。アトウォーターが生み出したカロリー計算という概念は、問題点はあるかもしれないが、人類の食事のとり方を変えたことは間違いない。栄養不足に苦しむ人と栄養過多に苦しむ人の両方がいるこの世界に均衡をもたらすための重要なツールであることには変わりないのである。

ビジャル・P・トリヴェディは、科学、環境、医学を専門に扱うフリーライター。執筆記事は『National Geographic』『New Scientist』『Wired』『Economist』などに掲載されており、数々の受賞歴がある。執筆活動のかたわら、ニューヨーク大学の科学健康環境報道プログラムで教鞭をとる。

2500

総摂取カロリー **2,500kcal**

ベトナム　ハノイ郊外のトー・クワン村
稲作農家

グエン・ヴァン・テオ　　　　男性、年齢51歳、身長163cm、体重49.9kg

1日の食事　12月

朝食：ゆでた米麺 77g（乾燥時の重量）、魚醤 大さじ1.5

昼食：豚ロースとモヤシと春タマネギの炒め物 102g、豚背肉とカラシナの漬け物の炒め物 85g、白米 635g

夕食：魚醤とカラメルで味つけをした豚背肉 45g、自宅の鶏が産んだ卵と春タマネギの炒め物 74g、ホウレンソウとゆで汁のスープ 147g、白米 635g、自家製ルオウ・ソク（アルコール度数が高い、香草入りの米酒）56mℓ

終日：緑茶 231mℓ、タバコ 14g、雨水を煮沸した水 1.5ℓ

グエン・ヴァン・テオはよく寝室へ続く階段に腰かけて竹製の水パイプをくゆらせながら、赤ん坊をあやす。中庭の一角にある狭いキッチンで長男ドイの嫁グエン・チー・フオン（21歳）が昼食のしたくをするあいだ、孫娘のお守りをしてやるのだ。グエン家の部屋は、すべて中庭に面している。この家で生まれた赤ん坊はみなこの中庭で、祖父母の膝に乗り、あやしてもらったのだろう。

フオンは、一家が所有する水田で収穫した米を電気炊飯器に入れ、雨水を加えてセットする。つぎに、プロパンのガスコンロに鍋をかけ、熱した豚の脂で豚ロースのこまぎれを炒め、新鮮なモヤシと細切りにした春タマネギを加えておかずをつくる。さらに、豚背肉とカラシナの漬け物を炒めた一品を用意する。食事の主役はあくまで米で、ほかのおかずは食事に味を添えるものだ。旬の葉野菜のスープなどと一緒にみなで分けあって食べる。

トー・クワン村で機械工として働くドイは、昼食の時間になるといったん帰宅する。昔は大勢いた家族も、いまは4人だけだ。

戦争中も、戦後の平和な時代が訪れてからも、グエン一家はハノイ南部から車で1時間ほどの距離にあるトー・クワン村でずっと生活を営んできた。ところが7年前、昔ながらの暮らしは一変する。妻ヴー・チー・ファットがハノイにいる姉妹のもとに身をよせ、露店で野菜を売って一家の生活費を稼ぐことになったからだ。この決断は、経済的な理由によるものといっていい。何より、子どもたちによりよい将来を与えるために必要な出費をまかないたいという思いがそこにはあった。大学に進学する娘には学費がかかるし、タクシー運転手になりたがっていた次男の願いをかなえるためには、ハノイのタクシー会社に高額の保証金を納めなければならなかった。しかし妻ファットがハノイで働きはじめる前は、一家にはこれといった現金収入がなかった――自給自足の農家だったからだ。ファットは活気あふれる街の暮らしを楽しんでいるが、テオには静かな田舎暮らしのほうが合っている。

ファット姉妹は、ハノイにあるひと間のアパートで暮らしている。毎日午前3時に起床し、人よりも早く卸売市場に行って新鮮な野菜を仕入れたあとは、姉妹別々に店を出し、売りあげを競いあう。歩道の一角を借りて1m幅ほどの露店を出し、雨の日も晴れの日も、夜の8時、10時まで、ときに値段交渉をまじえながら、野菜を売るのだ。姉妹はいってみれば、ハノイのアングラ経済に参画しているのである。歩道の一角を拝借した商売は違法なので、どこで店を広げるにしても、いつも警察の目を気にしなければならない。抜きうちで取り締まりが行われると、露店商は追いたてられ、商品は没収されてしまう。

テオが暮らす村では、都会とは違う時間が流れている。時計よりも、季節にあわせてものごとがすすむのだ。テオは毎年、稲を2回、トウモロコシを1回作付けするが、洪水で作物がすべてだめになってしまう年もある。また、自分では作付けを行わず、田畑を別の農家に貸して、収穫の一部を賃料として受けとることもある。

ハノイ近郊の村に暮らす農家とは違い、トー・クワン村ではいまのところ都市開発のために農地を接収された例はない。それでも、ハノイの都市圏が際限なく拡大し、ベトナム全土で都市化が進んでいる現状は、この村にもすこしずつ影を落としはじめている。

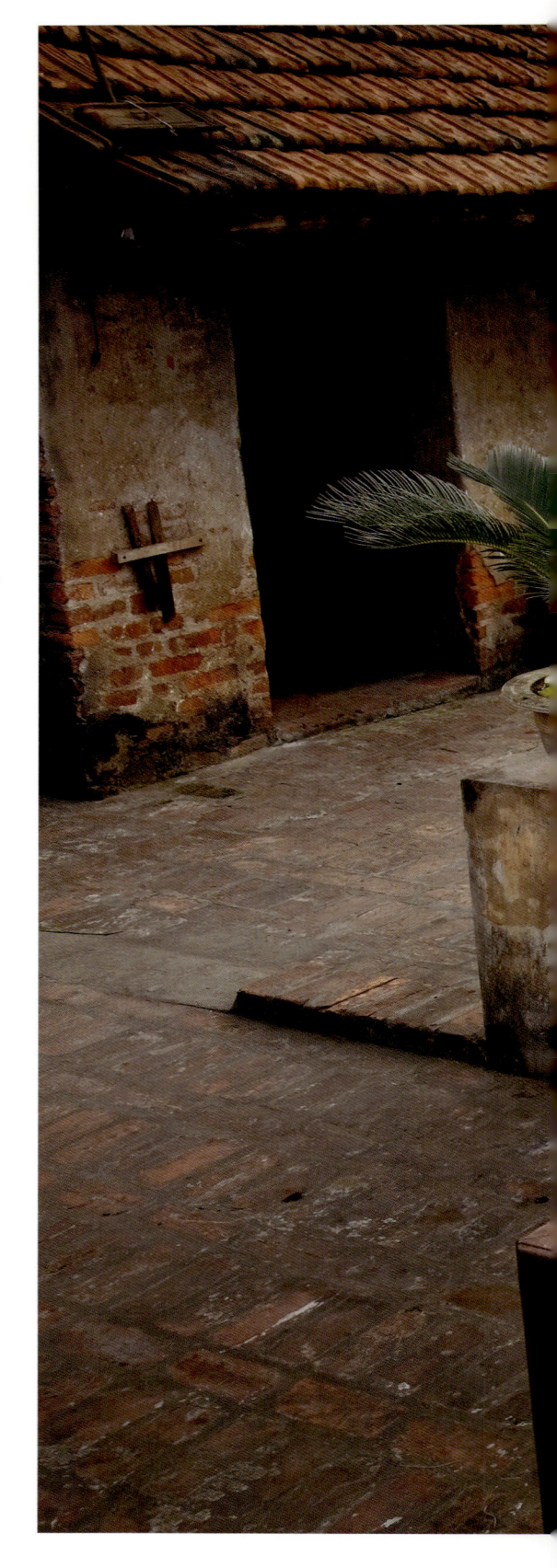

中庭でくつろぐ稲作農家のグエン・ヴァン・テオと、彼の典型的な1日の食事。背後に積んであるのは、前の収穫期にとれた米の稲わらで、小さなキッチンでお湯をわかすとき、燃料として使っている。屋根瓦から伝い落ちる雨水はセメント製の水槽に溜めておき、飲み水と料理に使う。ハノイの歩道で野菜類を売り、忙しい毎日を送る妻とは対照的に、テオは穏やかな村の暮らしを楽しんでいる。今期、作付けした稲は、数か月前におきた洪水ですべてだめになってしまった。だから、前の収穫期に収穫した米の蓄えが尽きたら、来年の収穫期がくるまでは妻の収入で主食の米を買い、しのがなければいけない。

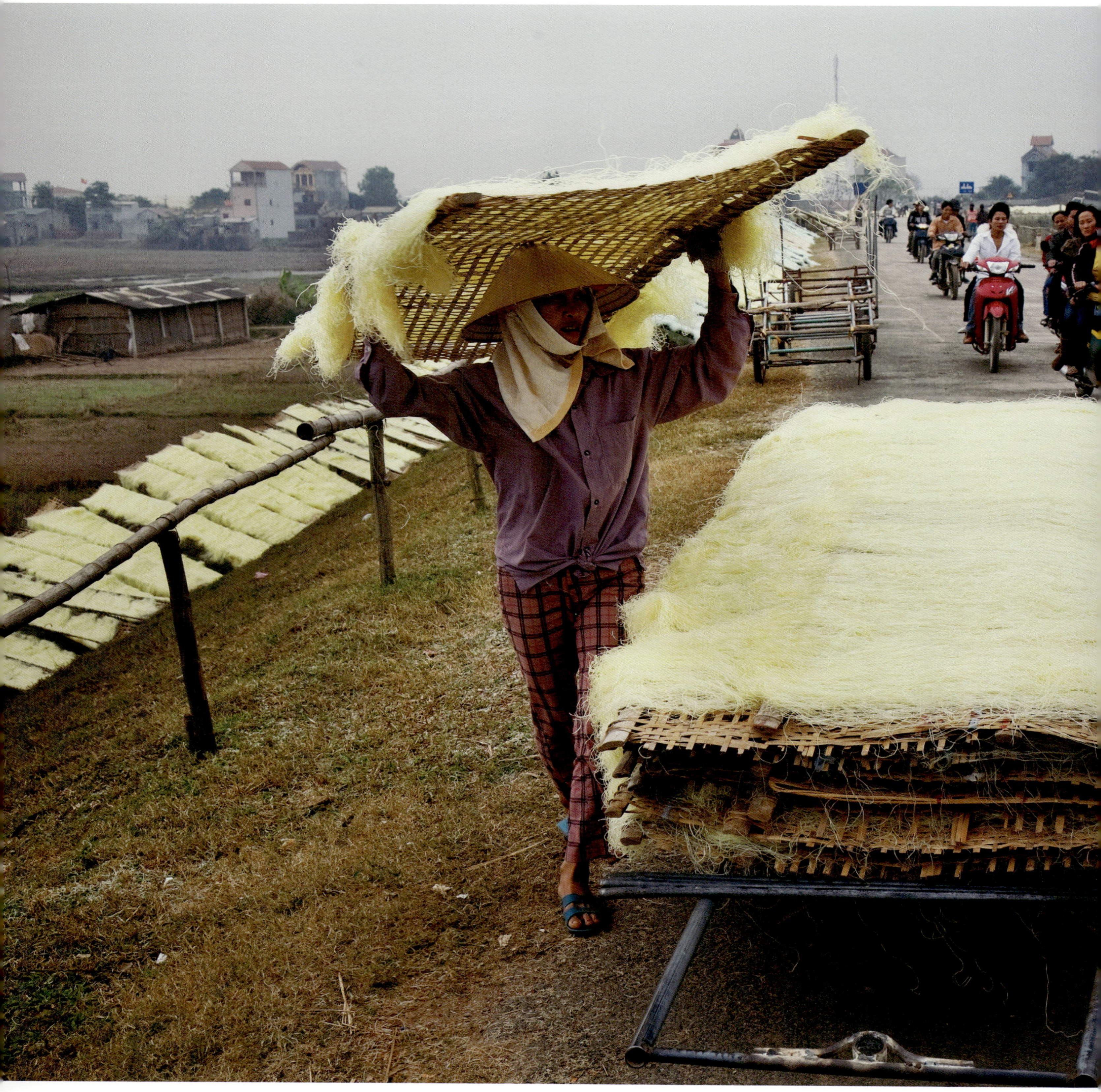

左：ハノイから24kmの距離にあるソ村から、麺を載せた台を荷車で運び出し、幹線道路脇で天日干しにする。米麺の原料は、ヤムイモと米のでんぷんである。
上：テオの妻ヴー・チー・ファットが、ドイ・カン通りの歩道で店番をしながら朝ごはんを食べる。この日は、ハノイでタクシー運転手をする次男グエン・ヴァン・ドアンが顔を出した。歩道には、夜明け前に卸売市場で仕入れた新鮮な野菜類が並べられている。キャベツ、根菜、春タマネギ、ジュウロクササゲ、キュウリ、ショウガ、レモングラス、ニンニク、いろいろな種類の葉野菜やトマトなどがある。
下：翌日、グエン・ヴァン・ドアン（写真上部中央、茶碗を手に持つ青年）は、中庭に面した飾り気のない部屋で父、兄、兄嫁たちと一緒に食事を楽しんだ。

2600

総摂取カロリー **2,600kcal**

カナダ オンタリオ州トロント
高層タワーの支配人

ニール・ジョーンズ　　　　男性、年齢44歳、身長188cm、体重99.8kg

1日の食事　6月

朝食：リンゴジュース 183mℓ、脂肪分 2%の牛乳入りのスターバックスのコーヒー 473mℓ、粗糖 小さじ0.5

CNタワー内レストランのキッチンでの昼食：サーモンのグリル 162g、オリーブ油 小さじ2、ニース風サラダ（ミニトマト 79g、ジャガイモ 65g、固ゆで卵 57g、サヤインゲン 51g、アーティチョークのつぼみ 45g、グリーンオリーブ 31g、カラマタオリーブ 31g、アンチョビ 17g、シャロットとレモン汁とオリーブ油のドレッシング 35mℓ）、コカ・コーラ 237mℓ、水道水 189mℓ

夕食：スパゲッティ 283g、自家製ミートソース 227g、フランスパン 54g、赤ワイン（カベルネ・ソーヴィニヨン種）438mℓ、水道水 189mℓ

その他：炭酸入りミネラルウォーター 376mℓ、ビタミンC、ビタミンD

イギリス生まれ、カナダ育ちのニール・ジョーンズは、ロンドンやバミューダ諸島でシェフとして活躍したのち、カナダにもどってきた。「あちこちのレストランで空いたポストを埋めてきたというわけです」

やがてニールはパティシエとして独立し、ついには世界一高いレストランへとのぼりつめる。値段ではなく物理的に高いという意味で、一時は自立式の建築物として世界一の高さをほこった、トロントのCNタワー内のレストランで働くことになったのだ。タワーの支配人に就任したいまも、料理のプロとしての目線は忘れない。料理長のピーター・ジョージとともにメニューを考案し、世界一高いワインセラーに貯蔵するワインを日々、選定して過ごしている。

出勤しているときは、ランチタイムになると、地下にあるオフィスから地上351mのレストランまでエレベーターであがっていく。新鮮な魚をシェフに料理してもらうあいだに自分で手早くサラダをつくり、厨房にあるステンレス・スチール製のカウンターで昼食をとる。ネクタイは汚さないように、シャツのあわせ目に差しこんでおく。

自宅にもどれば、ニールが料理長だ。「妻は、私と出会うまで料理らしきものをしたことがなかったんですよ。私も、妻と会うまではインスタントのマカロニグラタンなんて食べたこともありませんでした。それがどんなものかも知らなかったくらいです」。ニールにはそのよさは理解できなかったらしい。「おたがいにいろいろな経験をしながら、理解を深めているところなんです」

夕食は遅い時間に、パスタ料理か、インド料理店のデリバリーですます。生まれたばかりの赤ん坊の世話を中心に生活が回っているためだ。「郊外へ引っ越さないで、市内にとどまることにしたんです」と彼は語る。一家はギリシャ人街に住んでいて、歩いていける距離に食料品店が2軒ある。「フェタチーズも羊肉も種類が豊富で、ほしいものはなんでも置いてあります。だから1週間分の食料を一度に買いこんだりはしないんですよ。近くに店があるから、毎日のように買い物をしていますね。そんなやり方じゃよけいなお金が出ていくばかりと言われますが、食べ物にお金をかける分にはいいと思っているんです。それから、ときにはおいしいワインにもね。それが人生の楽しみですから」

上：世界一高いところにある回転式展望レストランで、平均的な1日の食事を手に顔をほころばせる支配人のニール・ジョーンズ。360度回転するこのレストランは、数々の賞に輝く名店だ。眺めがよいばかりではなく、観光スポットでありながらおいしい食事が楽しめるというので人気が高い。

左：高さ約553mのCNタワーは、最近、数百万円を投じて照明をアップグレードした。夜のイルミネーションはカナダの国旗の色を表す赤と白を基調にしている。読者にとっておきの情報をお伝えしよう。1人あたり25ドル（2,250円）前後もする入場料とエレベーター利用料は、予約を入れてレストランで食事をすれば無料になる。景色だけ眺めるよりも、ここでランチを食べるほうがお得なのだ。

精肉工場の現場監督として働くケルヴィン・レスターを自宅で撮影した。キッチンテーブルに載っているのが、彼の平均的な1日の食事だ。写真の右側に、娘キアラの手が写りこんでいる。レスター家では、従業員割引で購入したハンバーガーパテに妻のお手製のポテトサラダを添えた食事が定番で、週に何回かは夕食のメニューに登場する。職場に持参する弁当に入っていることもしばしばだ。ロチェスター・ミート・カンパニーで20年あまり牛挽肉の製造にたずさわってきた経験から、どこのだれが挽いた肉であっても、ハンバーガーパテは必ず中まで完全に火を通すようにしていると、ケルヴィンは語る。万一、細菌などで汚染されていたとしても、完全に火を通すことで、簡単に人体への害をとり除くことができるからだ。「完全に火が通る」とは、内部の温度が70度以上になった状態のことをいう。

2600

総摂取カロリー **2,600kcal**

アメリカ　ミネソタ州グランドメドウ

精肉工場の従業員

ケルヴィン・レスター　　　　男性、年齢44歳、身長180cm、体重88.5kg

> **1日の食事　6月**
>
> **朝食**：シリアル 23g、脂肪分2％の牛乳 98mℓ、バナナ（2本）366g、レーズン 43g、トロピカーナのフルーツドリンク（フルーツパンチ味）198mℓ、コーヒー 417mℓ
>
> **昼食の弁当**：ハンバーガー（ハンバーガー用パン 51g、牛挽肉100％のハンバーガーパテ2枚 187g、ケチャップ 小さじ2、マスタード 小さじ1、カイエンペッパー入りホットソース 小さじ1）、自家製ポテトサラダ（卵、酢、パプリカ、タラゴン、オニオンパウダー入り）264g
>
> **夕食**：チーズバーガー（ハンバーガー用パン 51g、牛挽肉100％のハンバーガーパテ 94g、アメリカンチーズ 23g、ケチャップ 小さじ2、マスタード 小さじ1、カイエンペッパー入りホットソース 小さじ1）、自家製ポテトサラダ 128g、脂肪分2％の牛乳 334mℓ、ビール 355mℓ
>
> **終日**：専用ティーバッグでいれたリプトンのアイスティー（カフェインレス）1.8ℓ、セント・ジョンズ・ワートのサプリメント、ココナッツ油のサプリメント

　ケルヴィン・レスターと妻のデブは、オンラインクーポン券を利用したり、お得感のあるプライベートブランドの食品を選ぶようにしたりと、できる限り出費を抑えるよう心がけている。一生懸命働いて稼いだお金を、できるだけ有効に使いたいからだ。

　ケルヴィンは、ミネソタ州ロチェスターにあるロチェスター・ミート・カンパニーで、20年ものあいだ挽肉製造にたずさわっており、自社製のハンバーガーパテや精肉を割引価格で購入できる制度を積極的に活用している。また、毎年8月には生のトウモロコシを200本買いこみ、いつでも好きなときに食べられるよう湯がいてから冷凍保存しておく。「こうしておくのが一番おいしいんですよ。缶詰はどうも味が好きになれなくて」

　ケルヴィンの実家が経営する農場は、いまの住まいがあるミネソタ州グランドメドウからもほど近いアイオワ州との州境にある。「子どものころ口にしていたのは、とれたての野菜ばかりでした。牛、豚、鶏、それにウサギを飼っていたので、ウサギと鶏の肉はよく食べましたね。卵を産ませるための鶏も、また別に飼っていましたよ」

　ケルヴィンの実家には、市販の菓子はおいていなかったという。「その代わり、母がパイやクッキーを焼いてくれていましたから」。それから20年経ったいまも、食生活はほとんど変わっていない。「ポテトチップスはほとんど食べませんね」と言う。ケルヴィンは毎日自分でアイスティーをいれ、午前7時から午後3時までの勤務時間中に、ボトル数本分を飲むという。自宅から弁当を持参し、多くの同僚とは違い、スナック菓子やサンドイッチの自動販売機は利用しない。「そうは言っても、前の晩の残りものばかりですよ」

　1週間に2、3回は、工場で調理した肉のサンプルが昼食の一品に加わる。ベルトコンベヤーから冷凍パテのサンプルを抜きとって試食し、味つけや「グリルのしやすさ」を確かめるのだ。

　仕事を終えて帰宅すると、ケルヴィンはほぼ毎晩グリル担当シェフに早変わりする。とはいえ、それは自宅で保育師として働くデブが預かっている子どもたちを5時半に帰してからの話だ。それまでの時間はもっぱら家まわりの手入れをしたり、ガレージにこもり作業台に向かうなどして過ごす。列車や飛行機、トラック、モーターグレーダーなど、木のおもちゃをつくって、インターネット・オークションサイトで売っているのだ。"共同経営者"の娘キアラ（4歳）専用の作業台と工具もある。「私が家にいるときは、一緒にガレージで作業をしたり、犬をつれて棒投げ遊びをしに行ったりするんです。この子にも外の空気を吸わせてあげたいですし、妻にも息抜きになりますから」

　キアラの好みを反映したメニューも、一家の食卓に登場する。「日曜日の夕食のメニューは、キアラが決めていいことにしているんです。夕べは、ウォルマートで買ったチキンフィンガーを揚げて食べました。飲み物は牛乳でね。細めのフライドポテトもつくりましたよ」

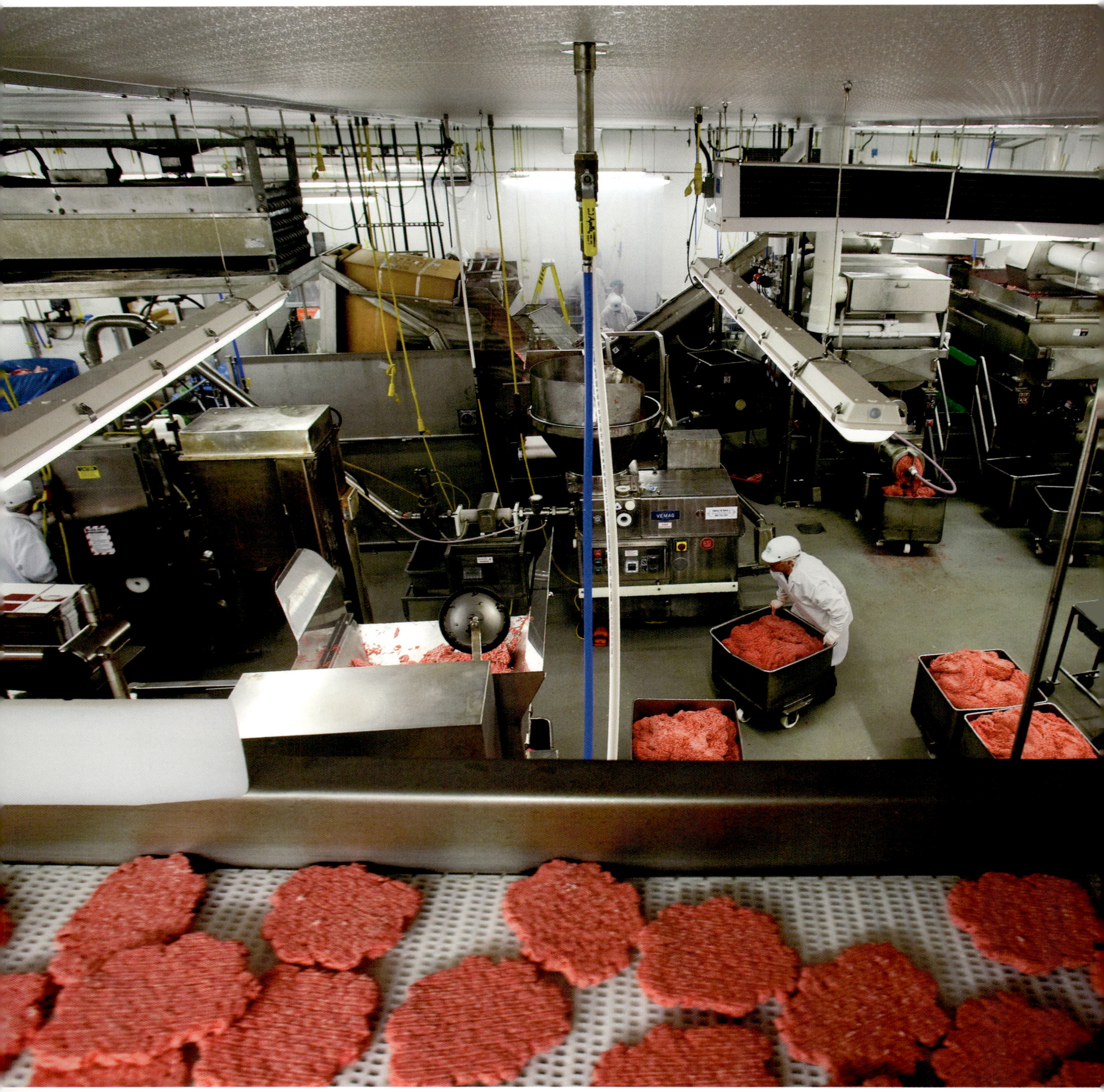
VEMAG

左：ロチェスター・ミート・カンパニーの挽肉製造室。ミキサー、グラインダーから出てきた挽きたての牛肉がぎっしり詰まった大きな車輪つき容器を、従業員がパテ成形機へ運ぶ。成形されたパテはベルトコンベヤーの上に次々と吐き出され、らせん状のトンネルフリーザーを通るあいだに急速冷凍される。ピンク色の冷凍パテは、そのあと大きな箱に詰められ、レストランなどへ出荷される。

上：赤身と脂身が半々の切り落とし肉約1t分をミキサーやブレンダーが設置してある場所まで運ぶケルヴィン。脂肪分が多い端肉は需要がないので、赤身の割合を調整してブレンドし、挽肉に加工する。この1t分の切り落とし肉は、脂肪分が少ない部位とブレンドされる。ときには脂身の代わりに、安価な精製牛脂を加える場合もある。

下：仕事を終えて帰宅したケルヴィンが、夕食用のハンバーガーパテに念入りに火を通していく。そのようすを娘のキアラがじっと見守っている。

133

上：平均的な1日の食事を載せたトレイを手に、南京東路でたたずむ大学生チェン・ジェン。麺も米も格別好きというわけではないが、粢飯（チーファン）は大好きだという。もちもちした黒米のおこわで油条（揚げパン）、野菜の漬け物、高菜、細切りの干し豚といった具材を巻きずし風に包んだ一品だ。ジェンは週に3回ぐらいは友人と一緒にKFCに行く。とはいえ、KFCが配布するクーポン券がなければ、こんなぜいたくはできないという。

右：上海北東部の狭いアパートで暮らすジェンの父親と祖父母は、週末にジェンが帰宅するときにとっておきのごちそうを用意しようと、平日は肉をとらず倹約に励む。チェン・ジェン一家が青菜のニンニク炒め、ピーマンとジャガイモの炒め物、ごはん、ソラマメと豚足の料理を囲む。

2600

総摂取カロリー **2,600kcal**

中国 上海
学生寮で暮らす大学生

チェン・ジェン　　　　　　　　　　　　女性、年齢20歳、身長165cm、体重48.1kg

1日の食事　6月

朝食：油条（揚げパン）、細切りの干し豚、野菜の漬け物、高菜の塩ゆでを黒米のおこわで包んだ粢飯（チーファン）207g、全乳 251mℓ

昼食：KFCのフライドチキンのレギュラーサイズ 105g、KFCのクリスピーチキンサンド 113g、KFCのフライドポテト（写真にはない）のスモールサイズ 65g、KFCのホットファッジサンデー 142g

夕食：蒜炒油菜（スアンチャオヨウツァイ）（チンゲン菜をニンニクと一緒に炒めた料理）57g、紅焼茄子（ホンシャオチエズー）（ナスにニンニク、しょう油、刻んだ赤唐辛子を加えて炒めた料理）82g、トマトと卵のスープ 227g、白米 102g

終日：飲料水 4.2ℓ

チェン・ジェンは、基本的に朝も昼も晩も中華料理を食べている。上海立信会計学院の学生寮のカフェテリアでも、週末に上海北東部にある実家に帰ったときも、その習慣は変わらない。だが、週に何回かはちょっとぜいたくをしてファストフード店のKFCで昼食を楽しむことにしている。「チキンサンドとフライドポテトが好きなんです。それに、クーポン券をもらえますし」

外国のファストフード企業として初めて中国市場に参入したのは、KFC（1990年代、親会社がケンタッキーフライドチキンからKFCに改称した）だった。そのあとを追うようにして、アメリカの大手ファストフード企業が続々と中国に上陸していったのだが、その中にあってKFCは毎年、中国国内に300以上の店舗を新設し、全国各地でふんだんにクーポン券をばらまいて、うまく集客につなげてきた。

ジェンは、上海のデパート内にあるハローキティ専門店でアルバイトをしてためたお金を、友人とKFCにくり出すための軍資金にしている。とはいえ、仲間うちで協力して集めたクーポン券がなかったなら、週に何度もこうして外食するようなぜいたくはできなかったはずだ。

両親は、ジェンが6歳のときに離婚した。ジェンと父親はそれ以来、祖父母が政府から支給されたアパートに身を寄せてきたが、生活は苦しく、外食を楽しむ余裕などなかった。国営工場に勤める父親と祖父母は、平日は野菜と米だけしか口にしない。週末にジェンが帰ってきたときに肉料理をたくさん食べさせられるように、ふだんは切りつめた暮らしをしているのだ。お父さんはKFCに行ったことがあるのかと尋ねると、「一度もありません。父は中華料理しか食べませんから」という返事が返ってきた。その場面を想像するだけでもおかしかったのか、ジェンは笑い声をたてた。

実家で出される料理の中で一番好きなものは、北京ダックだという。「ほとんどまるごと一羽、ひとりで食べちゃうんです」と、すこし恥ずかしそうにする。十分に栄養をとってきたおかげだろう。ジェンは身長が165cmあり、祖父母より頭ひとつ分、父親より数センチ背が高い。「私にきちんとした食事をとらせ、将来、成功するよう教育を授けるために、家族は多くの犠牲を払ってきました」とジェンは振り返る。「父は苦労して私を育ててくれたんです。私が幼いころは、お金を稼ぐのも大変な状況でしたし、いまはいまで高い学費を払ってくれています」。ジェンは、優秀な成績で大学を卒業し、将来は収入のいい仕事について家族を養っていきたいと考えている。成績はよいのかと尋ねると、「よいほうじゃないでしょうか」と謙そんした。

スペースシャトル「アトランティス号」のフライトデッキにNASAの宇宙飛行士リーランド・メルヴィンが腰をおろす。そのまわりを浮遊しているのが、彼の平均的な1日の食事だ。宇宙飛行が始まった当時の宇宙食は、タン（粉末ジュース）やスペースフードスティック（スティック状のバランス栄養食）、アルミニウム製チューブに入った各種のペーストが市場を独占していた。空中に液体や食べかすが飛び散るなどして機器が故障しないように考案された商品ばかりである。歳月を経るにしたがって、宇宙食はどんどんおいしくなった。今日では、ミッションの最初の数日間は、新鮮な果物を口にできるようにまでなっている。無重力の空間では思うように動けないので、写真撮影も大変だった。スペースシャトルの船長チャールズ・ホーバーがカメラを構えるあいだ、仲間の宇宙飛行士が3人がかりで奮闘してくれたにもかかわらず、リーランドの平均的な1日の食事として紹介されている食料をすべて画面の中に表示が見える状態で収めることはできなかった。

2700

総摂取カロリー **2,700kcal**

アメリカ　地球低軌道
宇宙飛行士

リーランド・メルヴィン　　　　　男性、年齢45歳、身長183cm、体重93.0kg

1日の食事　2月

NASAの宇宙食A：メキシカンスクランブルエッグ 37g、ヨーグルトでコーティングされたグラノーラバー 34g、バニラ・インスタントブレックファスト 40g、オレンジジュース 34g

NASAの宇宙食B：ひき割りエンドウ豆と刻んだハムのスープ 198g、チキンのピーナッツソース添え 198g、フラワートルティーヤ 31g、ミックスベジタブル 113g、プディング（バニラ味）113g

NASAの宇宙食C：ツナサラダのスプレド 82g、クラッカー 37g、燻製ターキー 57g、バターとパセリで味つけした輪切りのゆでニンジン 136g、ショートブレッド・クッキー 14g、砂糖入りの緑茶 17g

軽食その他：柑橘サラダ 142g、甘みをつけた干しクランベリー入りトレイルミックス 51g、エナジーバー（クランベリー・アップル・チェリー味）68g、トロピカルパンチ 11g、水 2.9ℓ

※フリーズドライ食品など、水でもどす前の重量を記載している食品もある。カロリーと重量はNASAから提供された情報に基づく。写真で空中を浮遊している食品のうち、アーモンドと2本目のエナジーバーは、この日の食事内容には含まれていない。

1986年、NFL（全米フットボール連盟）のドラフトで、リッチモンド大学で化学を専攻し、アメリカンフットボール部のワイドレシーバーを務めていたリーランド・メルヴィンが、デトロイト・ライオンズの指名を受けた。しかしプロ選手として活躍を始めた矢先、ハムストリングスの損傷により、夢は断たれてしまう。失意の彼をNASAの宇宙飛行士への道に進ませたのは、化学に対する情熱だった。「子どものころから宇宙へ行ってみたいと願っていたわけではなかったんです。でも、お世話になった恩師たちに導かれて宇宙飛行士になる道へと進んだ。自分ではそう思っています」とリーランドは語る。45歳になったいま、彼もまた恩師たちにならい、全国の子どもたちや教育者に科学と数学の大切さを伝える活動をしている。国際宇宙ステーションに機材を運搬するスペースシャトルの搭乗運用技術者として、2008年のSTS-122と2009年のSTS-129に参加した経験をもつ。

スペースシャトルは、時速約2万8,000kmで地球のまわりを周回する。無重力状態の閉ざされた空間で、6人以上の宇宙飛行士が2週間も生活をともにするのだから、船内の整理整頓は大きな課題となる。基本は色による識別で、乗組員の持ち物すべてに、持ち主固有の色で印をつけて、だれのものか分かるようにしておく。工具も、マニュアルも、食品のパッケージも、トイレに置いておく尿の吸引器具も、何もかもである。この識別システムとマジックテープのおかげで、船内での秩序は保たれているのだ。

宇宙飛行士は、個人用ロッカーに、持参した食糧を保管する。食糧はどれも個別包装されていて、フリーズドライ、温度安定化食品（レトルト食品）、そして「自然形態食」に大きく分類される。キャンディ、トレイルミックス、グラノーラバー、ジャーキーなど、下準備をして出す必要がなく、食事にも手間がかからない食品という意味で、「自然形態」と呼ばれている。

宇宙で、特に重宝する食品がいくつかあるという。「トルティーヤは便利なんです。どんな肉でもこれでくるめば、サンドイッチになりますから。ピーナッツバターもいいですね。あちこち飛び散りませんし、食べかすが出ることもない。両手を使わなくても食べられる点もありがたいです」と、リーランドは語る。

リーランドは色で印がつけられた自分のスプーンで、ホットソースをたっぷりかけたスクランブルエッグだろうが、バターで味つけをした輪切りのニンジンだろうが、ひき割りエンドウ豆のスープだろうが、どんなものでも食べてしまう。「食べ物がスプーンから浮きあがって離れていってしまったら、自分もすぐに空中に浮かんで、それを口でキャッチしなければいけないんです。たとえば、手から放したスプーンがだれかにぶつかったら、そのわずかな加速度でどこかへ飛んでいってしまいます。そうなると、探し出すのも大変です」。もちろん、見えなくなったスプーンをそのまま放置するわけにはいかないのだが、なくなったとき

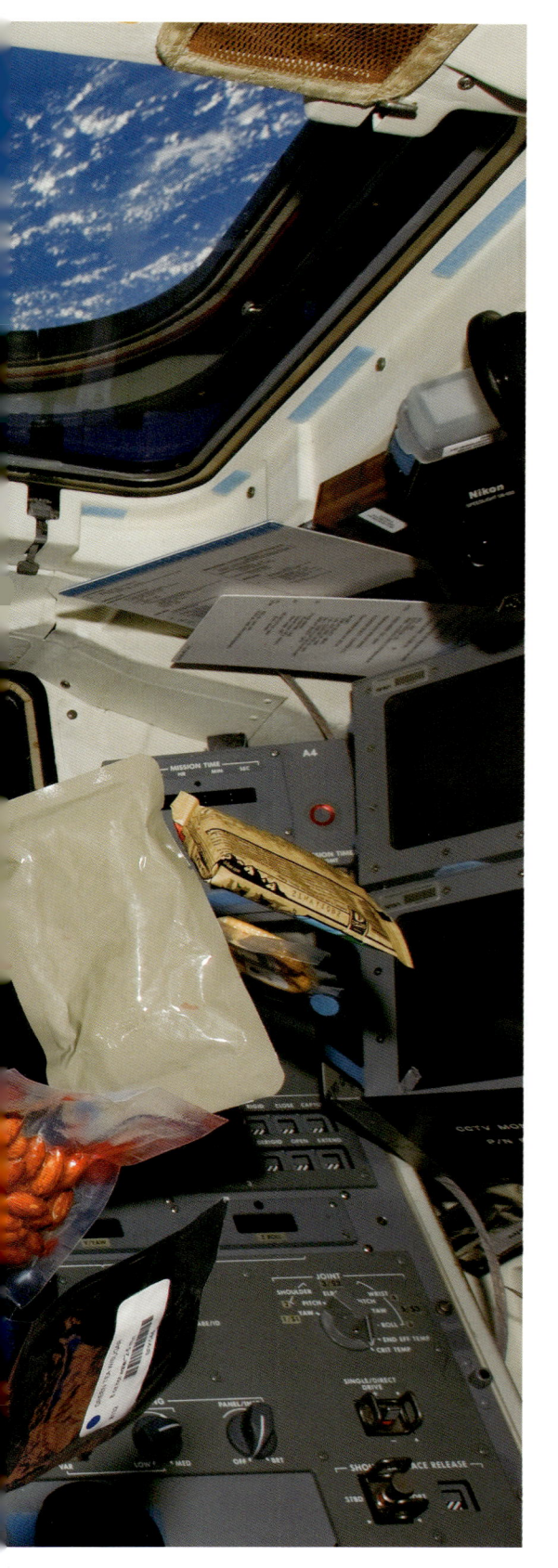

137

上：国際宇宙ステーションのユニティと呼ばれる結合部のギャレーで、持ち寄りパーティが開かれた。カニ、カキ、二枚貝、ツナ、マッシュルーム、プラムソースを添えた仔牛ほほ肉の煮込みなど、クルーがこの日のためにとっておいた缶詰のごちそうがテーブルに並んだ。
右上：「アトランティス号」は、国際宇宙ステーションとのランデブーを行うため、ケネディ宇宙センターから打ち上げられた。3回の船外活動を通じて、船外の機器が故障した場合に設置する予備品を運搬することが、このミッションの主な目的だった。
右下：リーランド・メルヴィンが「アトランティス号」のギャレーにある自分のロッカーから食糧をとりだす。体が動かないように、粘着テープで床に固定された「輪」に足を差しこんでいる。

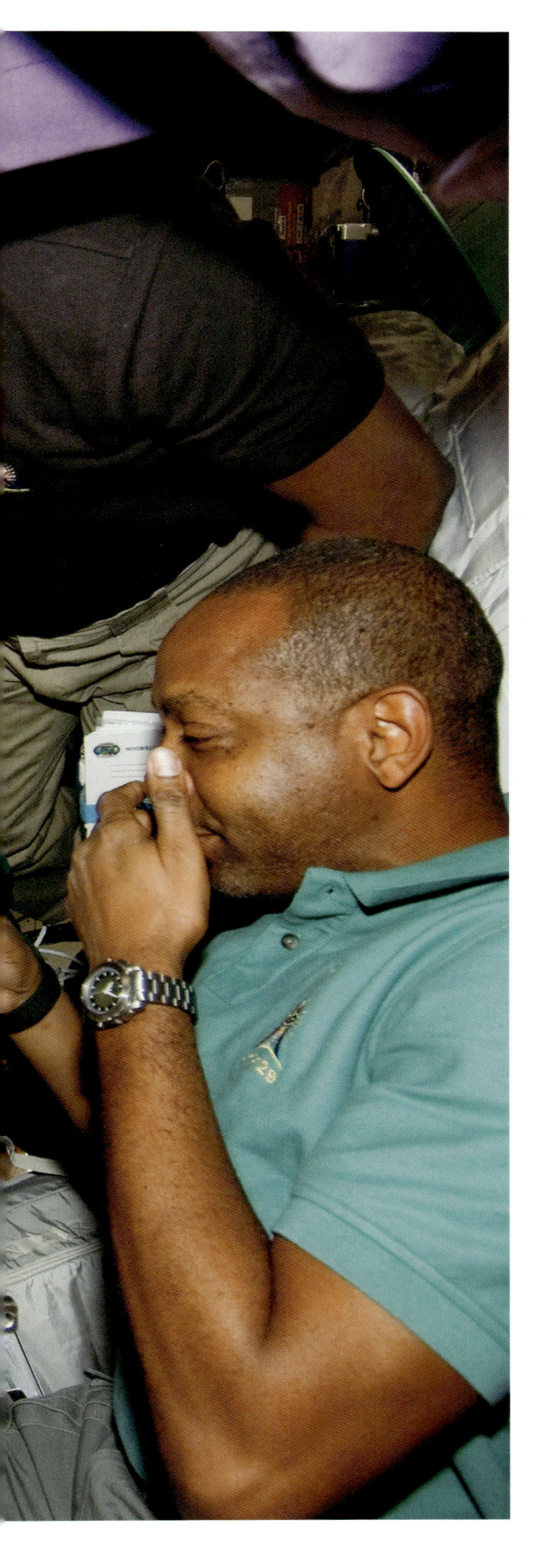

のために予備をロッカーに入れてあるそうだ。

　スペースシャトルに初搭乗した宇宙飛行士がしてしまいがちな失敗は、ほかにもある。「缶詰の肉がスポンと飛び出して遠くに行ってしまったり、トウモロコシの粒がふわふわと空中を浮遊していってしまったりということはよくあります。親切な人のところへ行けば、こっちにはじき返してくれますけど、だれのものかなんてことはお構いなしに、口を開けてぱくっと食べちゃう人もいますからね」。リーランドはおどけて言う。「そのうちに、器用に食べられるようになりますよ。新人にとっては通らなければならない道なんです」

　忙しくて手が離せない乗組員がいるときは、手の空いた人が代わりに食事を用意する。みんなで一緒に食事をすることはあるのだろうか？「スケジュールによりますね。たとえば、6時間にわたって船外活動の支援をするときは、ロボットアームの操作卓から離れられません。だから、携帯食を持ちこみ、操作卓の上のほうにマジックテープで固定しておくんです。タイミングを見計らってそこまで浮かびあがり、エナジーバーやジャーキーなど、スプーンもいらず、両手を使わなくても食べられるものをお腹に入れてしのぐんですよ」

　STS-129に参加したスペースシャトルの乗組員は、国際宇宙ステーションの長期滞在クルーとともにディナーパーティを楽しんだ。一人ひとりがお国自慢の一品を持ち寄ったという。「あの日の食事は最高でした。ロシア勢は仔牛ほほ肉の煮込みのプラムソース添え、ヨーロッパ勢はカニを差しいれてくれました。たしかカキもあったんじゃないかな」。アメリカチームは、牛のブリスケットとマッシュポテトのバーベキューソース添えを提供した。「ロシアの連中は大喜びしてましたよ。あれは実にうまいですから」

　ただし持参した食品がすべて大成功といえる出来栄えだったわけではない。たとえば胡椒入りのビーフジャーキーには大変な目にあったそうだ。「胡椒が空中を浮遊して、それがうっかり入ろうものなら、目も開けられない。それに食べたあとトイレに行くと、（お尻がヒリヒリして）ひどいことになりました。さすがに食品担当に報告をあげましたよ」

2700

総摂取カロリー **2,700kcal**

ドイツ　バーデン＝ヴュルテンベルク州　フライブルク・イム・ブライスガウ
地ビールのブラウマイスター

ヨアキム・ロシュ　　　　男性、年齢44歳、身長188cm、体重93.9kg

1日の食事　3月

朝食：全粒小麦パン 45g、ボンヌ・ママンのイチゴジャム 34g、純正ドイツ産のはちみつ 大さじ1.5、バター 小さじ2、コーヒー（2杯）473mℓ

就業中：ベアグミ 62g、自社ビール（テイスティング用）751mℓ

夕食：スペルト小麦とニンジンの自家製ブレット 130g、クリームチーズ 大さじ1.5、バター 大さじ1、ハードサラミ 91g、エメンタールチーズ 91g、キュウリ 74g、黄色いパプリカ 45g、自家製の甘酢漬け（唐辛子、タマネギ、カボチャ、トマト）大さじ1、自社ビール 500mℓ

軽食その他：クランベリードリンク（2本）662mℓ、飲料水 500mℓ

ふだんは仕事が最優先のヨアキム・ロシュも、週末は妻シルヴィアやふたりの子どもたちと温かな食事をとり、黒い森（シュヴァルツヴァルト）をサイクリングし、バーベキューを楽しむ。その代わり平日は、昼食をとる時間も惜しみ、ベアグミをつまむだけですましてしまうほど忙しく働く。朝夕も、火を使わずに簡単に食べられるものしか口にしない。世界で一番よく飲まれている人類史上最古の醸造酒、ビールの醸造に集中したいという思いからだ。

1997年に家族経営のビール会社ガンター・ブルワリーの醸造責任者に就任したヨアキムは、技術責任者も兼務している。ガンターではピルスナーとラガーを醸造しており、ヨアキムはコンピュータも駆使する一方で、ビールグラスをつねに手元におき、自分の五感を使って品質を確かめることを忘れない。醸造工程そのものは、近代化の波を受けて合理化されたが、テイスティングを繰り返すことで、ビールの外観や香り、味を頼りに、145年の伝統をほこるこの醸造所の水準に見合う品質かどうかを判断している。

ドイツでビールを醸造する際には、ほかにも満たすべき基準がある。この国では古来、醸造所でつくられた飲み物をビールと称するためには、「ビール純粋令」にしたがい、「原料は水、大麦、ホップ、酵母のみ」でなくてはならなかった。規定された以外の原料を加えた場合、その飲み物はビールとは呼べないわけだ。

この法令はもともと、ビールの価格と品質を統制し、小麦やライ麦をパンの原料として確保するために、バイエルン公国で制定された（微生物の存在が知られていなかった当時は、酵母については言及がなかった）。食品の品質管理を目的とした法令としては、世界最古といえる。のちにバイエルン公国がドイツ帝国に統一される際、ビール純粋令のドイツ全土への拡大を条件にしたため、以来スパイスやハーブなどを使ったものはビールとは呼べなくなってしまった。

ドイツ人の多くは、いまもビール純粋令を重視しており、この法令を守っていることは大きなセールスポイントになる。しかし、この法令の規定を満たさない飲み物を販売する業者にとっては、足かせ以外の何ものでもない。1987年、ビール純粋令は自由貿易の非関税障壁にあたると欧州司法裁判所で指摘され、海外業者には適用されなくなった。しかし、ビール純粋令に準拠したビールは、いまもラベルにそのことを謳っている。1993年の法改正では、大麦以外の麦芽や砂糖などを使うことも認められた。純粋なビールを守りたいという思いは、多くのドイツ人に脈々と受け継がれている。

上：平均的な1日の食事を前に、ビールのグラスを傾けるガンター・ブルワリーの醸造責任者ヨアキム・ロシュ。ガンター・ブルワリーのメインホールには磨きこまれた銅釜が展示されているが、伝統的な手法と近代的な手法を組み合わせて醸造を行うようになったいまは、コンピュータ制御されたステンレス・スチール製タンクも使われている。環境にやさしい設備も新設された。屋根の上に設置されたソーラーパネルと、排水処理プラントだ。ヨアキムは仕事柄、週に何回もビールのテイスティングをする。ただしワインのテイスティングと違い、ビールは1度口に含むと、吐きだすことができないそうだ。「舌の奥で苦みを確かめると、嚥下反射が起きて、自動的に口の中のものを飲みこんでしまうんです。そうなると、あとは胃までまっしぐらですよ」

左：旧市街の中心、ミュンスター広場にある直営のビアホールは、ガンタービールと書かれた看板が目印だ。

台北の夜市で屋台を出すリン・フイウェンが、平均的な1日の食事を前にカメラに笑顔を向ける。フイウェンの店は人通りの多い交差点の角にあり、1.5kmあまり歩けばかつて高さ世界一をほこった高層ビル、台北101がある。現在は夫とふたりで屋台をきりもりしているが、結婚前は母親と弟とともに料理をつくって出していた。「滷味をつくるときは、まずスープの材料を弱火で3〜4時間かけてゆっくりと煮出し、いろいろな風味が溶けこんだスープを準備しておきます。そして食材をだし汁に入れて煮ていくんですよ」。自宅で濃いめにつくっておいたスープを屋台にもってきてから水で薄め、温める。「野菜は人を雇って切ってもらっています」。ベトナム出身の従業員が、屋台のこまごまとした雑用をこなしていた。

2700

総摂取カロリー **2,700kcal**

台湾 台北市
屋台の店主

リン・フイウェン

女性、年齢32歳、身長157cm、体重54.9kg

1日の食事　12月

自宅での昼食：揚げた魚 77g、宮保鶏丁（ゴンバオジーディン）（下味をつけた鶏肉を、ピーナッツ、唐辛子、ニンニク、ショウガと一緒に炒めた料理） 91g、ニラの卵とじ 85g、ゆでたホウレンソウ 65g、白米 227g、タケノコのスープ 190g、グアバ 332g

職場での夕食：滷味（ルーウェイ）（写真にはない）（キャベツの塩漬けと春タマネギ 125g、インスタントラーメン 88g、固めの湯葉豆皮（ドウビー） 77g、ブロッコリー 74g、キャベツ 71g、米粉でつくった肉入り餃子 水晶餃（シュイジンジャオ） 51g、キクラゲ 54g、モヤシと春タマネギ 40g）

夜食：揚げた豆干（ドウガン）（乾燥豆腐） 31g、鹽酥雞（イエンスージー）（塩味の鶏の唐揚げ） 31g、台湾風の薩摩揚げ 31g、げその揚げ物 31g、砂肝の揚げ物 31g

終日：全乳 290mℓ、ライム汁入りハチミツ茶 450mℓ、コーヒー飲料 290mℓ、煮沸した水道水 1ℓ

　日が沈み、あたりが暗くなるころ、台北北部の士林をはじめとする大きな夜市がにぎわいだす。煌々と照らし出された市街地の一画に立つ夜市は、のみの市、フードコート、観光スポットの3つの機能をあわせもつ。装身具や電化製品、家庭用品、衣類のほか、さまざまな料理がふんだんに用意されており、現地の人々がいつもつめかけている。台湾の人たちは屋台で食事をするのが大好きで、臭豆腐（チョウドウフ）、蚵仔煎（オーアージェン）（カキ入り卵焼き）、ホルモンの串焼きなどのメニューは特に人気がある。もちろん、豚バラのどんぶり、焼き餃子、豚の血入りスープも変わらず支持されている。

　そのときどきのはやりの食べ物を扱う屋台は、回転も早い。一気に火がつくのは、たとえば、ジャガイモとチーズのミニキャセロールといった外国料理が多い。目新しい料理を食べさせる屋台のまわりには、とぐろを巻くように客が列をなす。しばらくは猫も杓子も群がってくるのだが、あるときを境にして客足はぱったりと途絶える。そしてまた新しい食べ物が登場するのだ。

　台湾市内の真義路と大安路の交差点付近には、リン・フイウェンの店をはじめ、何軒かの屋台が出ている。大きな夜市とは違い、にぎにぎしい宣伝もなければ群衆もいないが、毎晩通ってきてくれる地元のお得意さんだけを相手に手堅く商いを続けてきた。この界隈の屋台の多くは、この場所で店を出してもう何年にもなる。政府が営業許可証の新規発行をやめてからというもの、長年商いをしてきた店は許可証を宝物のように大切に守ってきた。どの屋台にもかならず名物料理があり、固定客がついている。

　店を構えて10年になるフイウェンは、この世界ではもうベテランといってもいい。夫ウー・チャンエンとともに週に7日、ひと晩も休まずに屋台に立ちつづけてきた。店頭に並ぶ40種類もの具材の中から客が選んだ食材を、ぐらぐら煮立った漢方生薬入りスープに投じて、手早く煮込めばできあがり。この料理は滷味（ルーウェイ）と呼ばれている。具材はキノコ、豆腐、胡椒、猪血糕（ジューシュエガオ）（豚の血と餅米を混ぜて蒸し固めたもの）、豚の耳、ブロッコリー、インゲン、鶏の足、鶏の心臓、鶏の手羽、キクラゲ、キジの卵、腸詰め、ヤングコーン、米麺など豊富に用意されている。フイウェンはしっかりと味つけしたスープを何時間も煮込み、風味を引き出していく。材料を尋ねると、「しょう油に砂糖、純米酒、それに漢方の生薬ですよ」と答えてくれたが、漢方薬の名前や正確なレシピは明かしてはくれなかった。

　フイウェンは第一子を出産したばかりだが、娘はもう母親のスケジュールにあわせて生活することを覚えてしまった。「私が寝ているときは、娘も寝ていてくれるんです」。母子が朝食の時間に目覚めることはない。フイウェンにとっては、義母がつくってくれる昼食が自宅で口にする最初にして唯一の食事なのだ。フイウェンと夫が働いているあいだ、娘のことは実家の母が見てくれる。

　フイウェンは、自家製の滷味か、ほかの屋台から買ってきた揚げ物で夕食をすます。この屋台を出したばかりのころ、お得意さんは手早く食事をすませたい独身のサラリーマンや学生が中心だった。ところが、いまでは家庭の主婦もこの店の料理をおかずがわりにテイクアウトし、自宅で炊いたごはんと一緒に食卓に出しているそうだ。

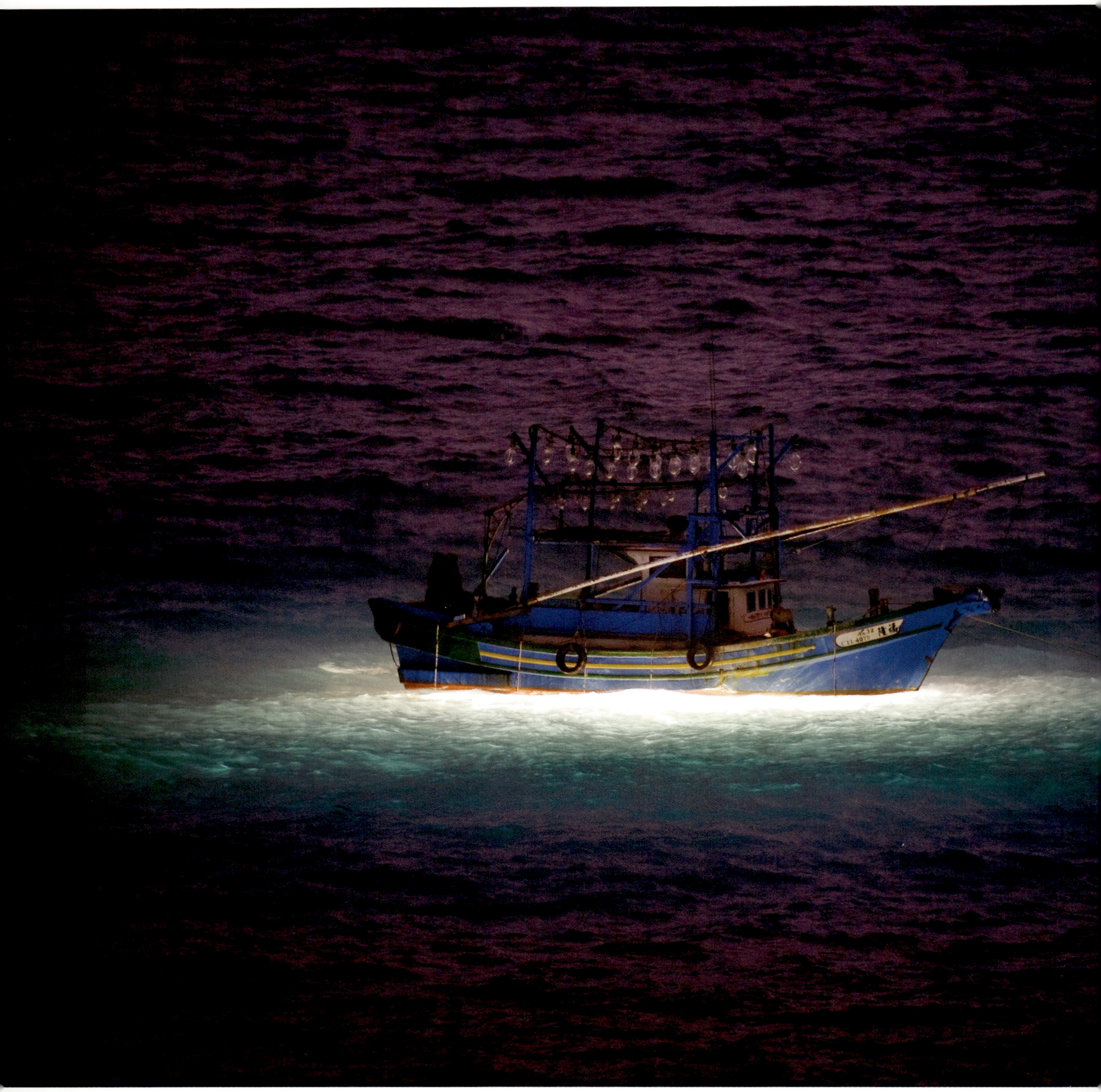

左：台湾北東部沿岸にある龍洞港の近くで、夜釣りが行われていた。煌々と明かりをつけたエビ漁船が網を海に投げ入れる。龍洞港のすぐ南にある大渓の魚市場には、卸売市場と小売市場がある。
上：土砂降りの午後、カニ、エビ、イカ、サバの品定めをする客の買い物に店主が手を貸す。台湾の人口は2,300万人で、1人あたりの魚介類の消費量は年間約37kgだ。日本よりは少ないものの、中国本土の消費量の2倍はある。
下：大渓魚市場で、氷が敷きつめられたかごの中にキンセンフエダイが並ぶ。

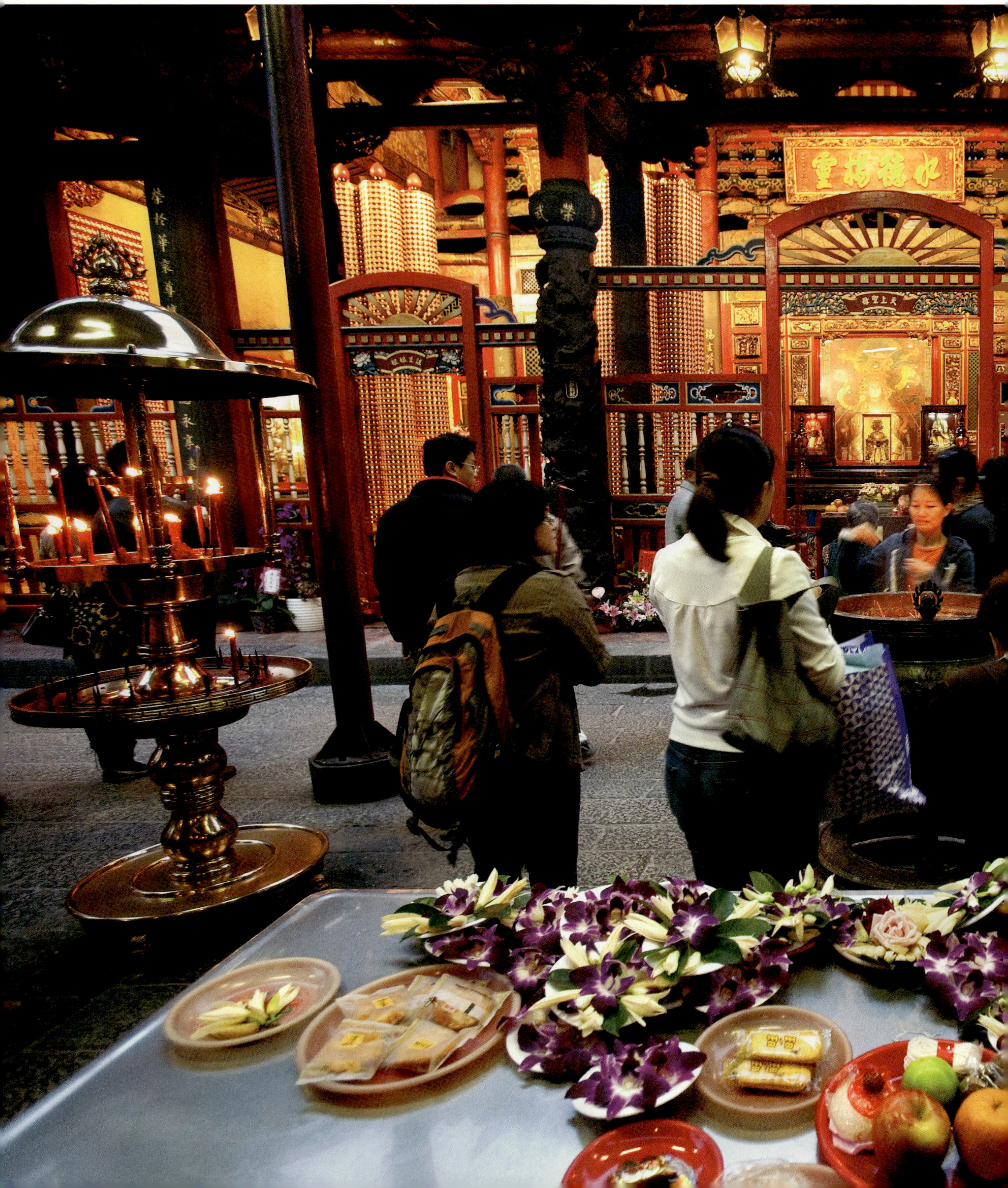

台北市内にある龍山寺は、正式には観音菩薩をまつる仏教寺院だが、土着のさまざまな宗教の影響がそこここに見られる。第二次世界大戦中にアメリカ軍の空爆を受けて焼失したが、のちに再建された。いつも参詣者でにぎわう境内は、まさに生きた博物館だ。参詣者は思い思いに祈りを捧げ、ランの花、そして果物、クッキー、中華風まんじゅう、紙パックのジュース、袋入りの砂糖など、ありとあらゆる食べ物を供える。花や食べ物は祭壇周辺の供物台に供え、参拝を終えて帰るときに各自が持ち帰る。これと思った神に祈りを捧げ、その神の祝福を受けた食べ物を自宅でいただこうというわけだ。龍山寺は台北の旧市街にあり、有名な夜市がすぐそばに立つ。占い、按摩、足つぼマッサージの店が軒を連ねるほか、何百もの食べ物の屋台が立ち並び、鶏の肛門、豚足、魚の膀胱といった珍味を含め、伝統の味がなんでもそろう。

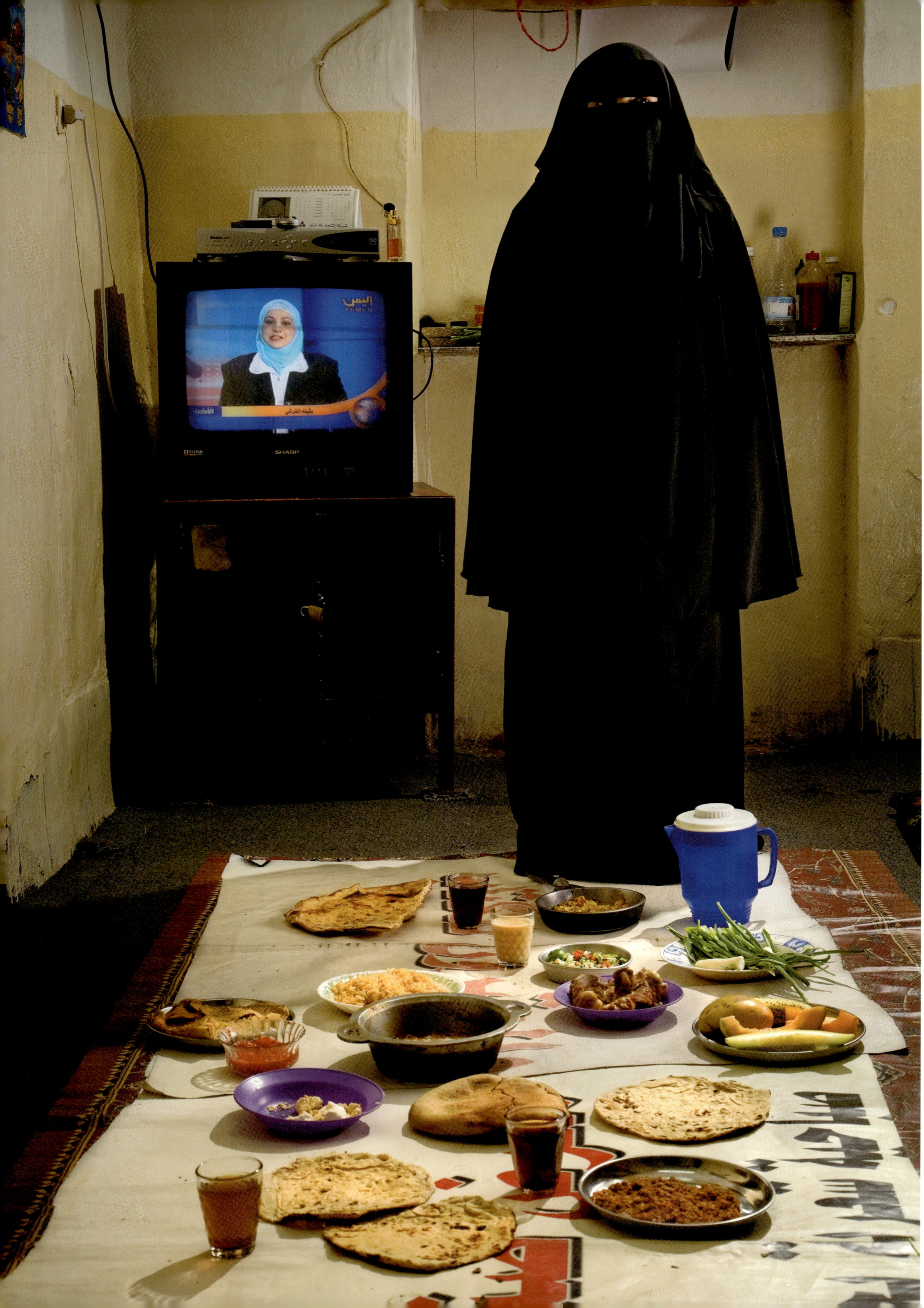

YEMEN
SHARP

2700

総摂取カロリー **2,700kcal**

イエメン　サヌア

イスラムの教えを守る主婦

サーダ・ハイダル　　　　　　　　　　　　　　　女性、年齢27歳、身長150cm、体重44.5kg

1日の食事　4月

早朝：ギシル（コーヒー豆の殻を煮出してつくる甘い紅茶に似た飲み物）121mℓ

朝食：フール（ソラマメ）をタマネギ、トマト、粉唐辛子と一緒に煮込んだ料理159g、ホブズ（小麦粉でつくる平たいパン）105g、紅茶101mℓ、砂糖 小さじ1

午前中の軽食：ホブズ51g、タヒニ（ごまのペースト）26g、フェタチーズ26g

昼食：サルタ（羊肉、ナス、トマト、タマネギを唐辛子と一緒に煮込み、フェネグリークなど香味野菜のムースをかけた料理）247g、クミンとカルダモンをきかせた白米301g、生トマトを使った薬味125g、ラフーフ（生地を発酵させてつくるパンケーキ風の平たいパン）111g、キュウリ、タマネギ、ニンジン、トマト、コリアンダーの葉、パセリをライムのしぼり汁であえたサラダ164g、春タマネギ37g、大根51g、加糖練乳入りの紅茶95mℓ

夕食：トマトとタマネギ入りのスクランブルエッグ108g、マルージ（ミレット粉と小麦粉でつくるパン）142g、紅茶101mℓ、砂糖 小さじ1

軽食その他：マンゴー247g、バナナ116g、メロン85g、ハニーデューメロン91g、パパイヤ116g、カフーア（小麦粉とレンズ豆粉でつくるパン。写真ではまるごと写っているが、実際に食べたのは1/3）116g、骨付きの子牛肉* 261g、飲料水1.5ℓ
※週に一度しか食べないので、総摂取カロリーの計算には含まなかった。

アラビア半島南部は乳香と没薬の産地として名高く、3,000年以上も昔から文明の中心地として栄えてきた。南イエメン、北イエメンに二分され、他国の属領となっていた時期を経て、1990年に両国が統一され、現在のイエメン共和国が誕生した。イエメンには信心深いイスラム系アラブ人が多く、部族社会の伝統がいまも息づいている。しかし、一方で人々を何世紀にもわたり支えつづけてきた伝統と慣習こそが、近代以降の苦しい時代をもたらしているという見方もある。今日でも農業くらいしか大きな産業がなく、貧困、女性差別、水不足の深刻化、石油資源収入の減少、分離主義など、さまざまな困難に直面している。国内に足場を築くアルカイダ勢力に抵抗しようにも、資源不足でなすすべがない。

家長制度とイスラム教の伝統が根強く残るイエメンでは、女性が家族以外の男性との交流をもつことはまずない。女性たちが公共の場に出るときは、全身をすっぽり覆う真っ黒な衣装で体の線や髪の毛を隠す。結婚式でも、花嫁は女性客とだけ、花婿は男性客とだけで別々に披露宴を開くほどの徹底ぶりだ。

しかし、銀行の頭取の運転手を務めるファドヒル・ハイダル（37歳）は、妻サーダの取材を快諾してくれた。都会ほど女性の隔離が厳しく言われていない、遠い田舎の村から出てきた家族だったことが幸いしたのだろう。

サーダはサヌアから悪路を車で12時間走ったところにある田舎の山村出身で、17歳のときに結婚した。両親が決めた縁談だった。ふたりはいとこ同士だが、血縁関係を重視するアラブ社会では、親戚間の結婚はめずらしくない。故郷の村では、家族を手伝い、段々畑で穀類と野菜を育て、羊や牛の世話をしていた。ほかの少女たち同様、読み書きを教わったことはない。イエメンでは、国民の教育水準を引きあげようとさまざまな取り組みが行われているが、女性の識字率はいまだ30％にも満たない。

ハイダル夫妻と3人の幼い息子たちが、サヌアの「新市街」に引っ越してきたのは最近のことだ。歴史的な建造物が建ち並ぶ旧市街の周囲に広がるこのベッドタウンには、200万人が暮らす。イエメンではめずらしくもない話だが、ファドヒルの収入の75〜80％は食費に消える。そのため、家賃がすこし値上がりしただけでも家計がひっ迫し、もっと安いアパートに移らざるをえなくなるのだ。しかし、どれだけ食費を切りつめていても、週末が来るとファドヒルは友人たちとカートの葉をかみ、社交にいそしむ。サヌアでは女たちもカー

左：自宅でくつろぐサーダ・ハイダルと、彼女の平均的な1日の食事。サーダをはじめイエメン人女性の大半は、公共の場に出るときは、慎み深さをあらわすため、伝統にのっとって全身を覆い隠す衣装を身にまとう。
右：サヌアの「新市街」にあるジュースバーで休憩する女性客たち。

الحسين الخليجي
للشيلان
قطري كشميري
AL Hussein
For ShaWIS Who
Buy ShaWIS Will Get
gift
Present

トをかむが、サーダは違う。カートをかむと、刺激物質が放出され、アンフェタミンと似た覚醒効果をもたらすという。

祈りを呼びかける朗々とした声があちこちのモスクから流れてきて、町じゅうに響きわたる。朝の祈りを終えた人々は、1日を始める前にギシルを1杯飲む。コーヒー豆の殻を茶葉のように熱湯で煮出し、砂糖やカルダモン、シナモン、ショウガなどを加えた飲み物だ。食事どきには、ギシルと同じくらい甘くした紅茶とともに、きまってフールが食卓にのぼる。乾燥したソラマメをひと晩水に浸し、トマト、タマネギ、唐辛子とともに煮込んだ料理だ。これを、サーダお手製の平たいパン、ホブズ（アラビア語でパンの総称）と一緒に食べる。パンはイエメンの食卓に欠かせない一品で、平たいもの、中が空洞になったもの、何も加えていないプレーンなものや穀物や種子が入ったものなど、全土でさまざまな種類の無発酵のパンが食べられている。

食事と食事のあいだには、果物やフェタチーズ、タヒニ（ごまのペースト）、パンなどを軽食としてつまむ。夕食はたいていスクランブルエッグとパンで簡単にすませるが、1日で一番大切な食事である昼食は、そうはいかない。生地を発酵させてつくるパンケーキ風のパン、ラフーフは早めに仕込んでおく。このパンは、そのまま食べることもあれば、クリーミーなヨーグルトとコリアンダーの葉をトッピングして食べることもある。サルタの調理にも余裕をもってとりかかる。毎日昼どきに自宅に立ち寄るファドヒルが口にするころ、ほどよく風味が深まった状態にしておきたいからだ。サルタとは、野菜と肉を煮込んでつくる、とろみがある辛いシチューで、フェネグリークの種と香味野菜のムースをかけて食べる。この日は鶏肉ではなく羊肉を使っていた。クミンとカルダモンをきかせたごはん、生トマトを使った薬味、ライムのしぼり汁であえた刻み野菜のサラダも食卓に並ぶ。都会で暮らすいまの食事と、村で暮らしていたころの食事とはだいぶ違うのだろうか？「村では穀物のお粥と季節の野菜を食べていました」とサーダは教えてくれた。

10年前、もっとよい暮らしがしたいと、夫がサヌアに移り住む決断を下したとき、サーダは心からうれしく思ったという。別のいとこと結婚し、やはりサヌアで暮らしている姉妹のひとりとはたがいの家を行き来しているが、それ以外は誰かから招待を受けることもなく、社交を楽しむチャンスはないに等しい。イエメンでは家にまで招待するほどの付き合いをするのは親族に限られており、サーダの親族のほとんどは故郷に残っているからだ。

左：頭上に張りめぐらされた電線や店頭に並ぶ中国製品を除けば、サヌアの旧市街にあるスーク（市場）は、紀元前1世紀に交易の中心都市として誕生した当時の面影をそのままに残している。石とレンガでできた建物には凝った装飾がほどこされており、靴や衣類、伝統工芸品のジャンビーヤ（短剣）、金製品、カートの葉、食品、スパイス類を売る商店や屋台がひしめきあう市場を、ぐるりと取り囲むようにして並ぶ。
上：イエメン人女性が、買ったばかりの揚げ菓子をハンドバッグにしまいこむ。写真奥の少年は、甘いサボテンの実を買うところだ。
下：熱々の甘い紅茶が入ったグラスを手にした店主が、大きな袋からあふれんばかりになった豆類やピーナッツや粉類の脇を通り、自分の屋台にもどっていく。イエメンもかつてはほぼ食糧を自給できていたが、過去50年のあいだに外国からの輸入食料に依存するようになった。いまでは輸入食品が占める比率は85％にのぼる。

「空白地帯」と名づけられたアラビア半島のルブアルハリ砂漠。この砂漠のはずれにある町シバーム近郊で、真っ黒な民族衣装アバヤに身を包んだ3人の女性がヤギを追っていた。砂漠の強烈な日差しから身を守るため、つばの広い麦わら帽子ナキルをかぶり、手袋まではめている。アラビア半島に広く分布する砂漠の中でも、この一帯は世界最大の砂砂漠といわれている。北方のサウジアラビア領内には、世界最大の埋蔵量を誇る油田とガス田が広がっている。装いこそつつましやかだが、イエメンの女たちは離れていこうとするヤギの足を止めるためなら平気で石だって投げる。見ず知らずの人間がカメラを手に近づこうものなら、もちろん石で追い払われるだろう。

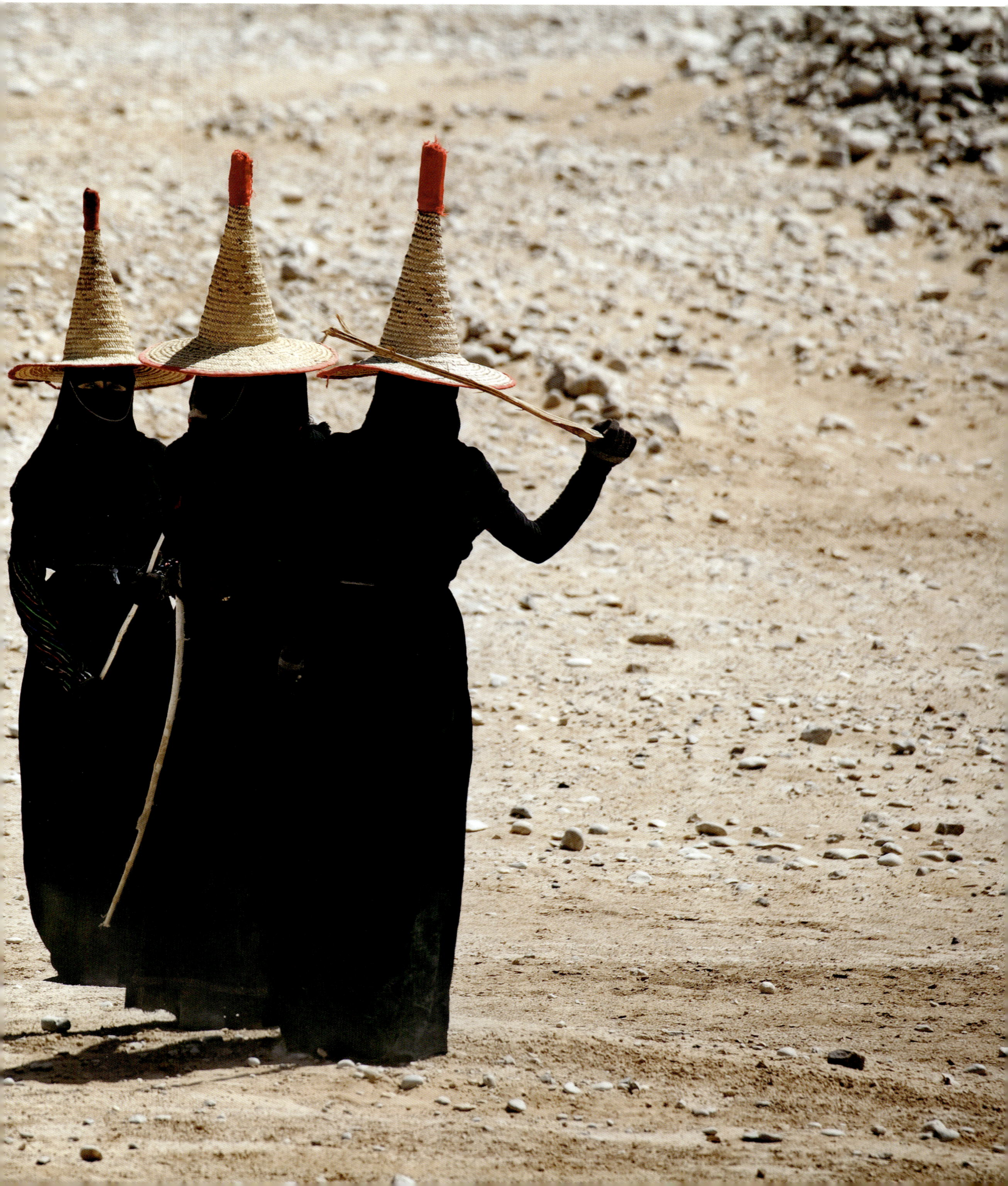

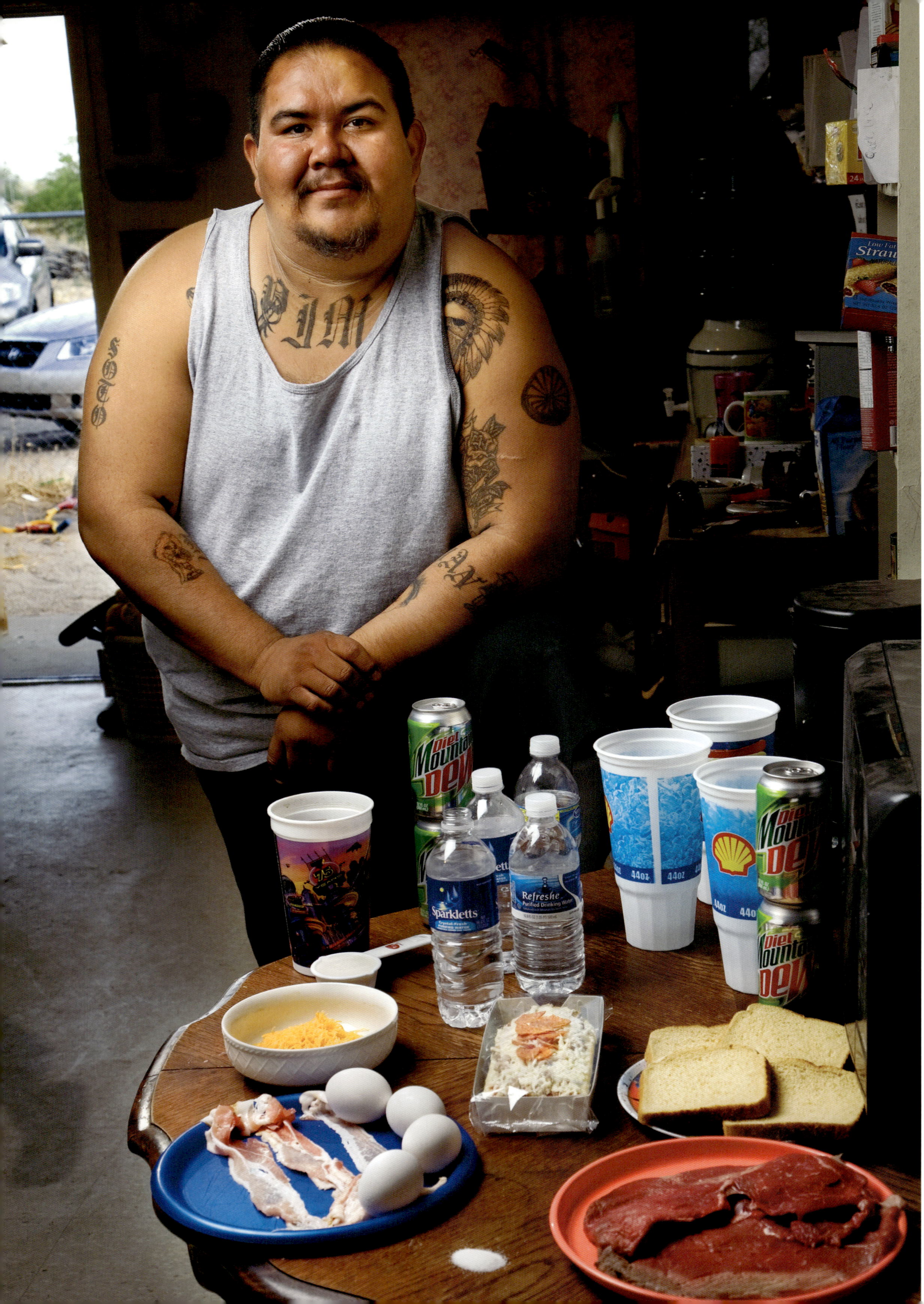
Sparkletts
Refreshe
Purified Drinking Water
44oz

2700

総摂取カロリー **2,700kcal**

アメリカ　アリゾナ州サカトン
大工助手兼タトゥー師

ルイ・ソト　　　　　　　　男性、年齢30歳、身長175cm、体重145.2kg

1日の食事　5月

朝食：卵（4個）215g、バター 大さじ1、クラフトのチェダーチーズ 37g、ベーコン 40g（調理前の重量）、コーヒークリーマー（フレンチバニラ味）入りのコーヒー 1ℓ

昼食：フランスパンピザ（三種のミート味）156g

夕食：ステーキ 590g（調理前の重量）、植物油 大さじ1、小麦パン 108g

終日：すべての料理にふりかけられた塩 小さじ1.5、サラダイート（塩漬けのプラムを乾燥させたもの。写真にはない）28g、ダイエットマウンテンデュー（4本）1420mℓ、ミネラルウォーター 5.7ℓ

ネイティブアメリカンのピマ族は、土地の灌漑に長けた部族で、何世紀ものあいだ過酷な砂漠で自給自足の農業を営んできた。ルイ・ソトの先祖にあたる人々は、ヒーラ川とサルト川流域の、現在のアリゾナ州があるあたりで作物を育てていたという。ところが、よその土地から来た人間が川の上流で開発を進めるために川の水をせき止めたところ、川が干上がり、ピマ族は食料を生産できなくなってしまった。たちまち飢饉がおき、人々は飢え、やがてはよりどころとしてきたピマ族としての文化的な伝統までが失われてしまった。生きていくために最低限必要なものを自分の手でつくり、それを摂取する昔ながらの暮らしを奪われた人々はやがて、加工した粉類や砂糖、ラードがたっぷり含まれた食べ物を常食するようになる。

現代のピマ族は、肥満や糖尿病を患う人の比率がアメリカ人の中でも突出して高く、アルコール依存症に苦しむ人も少なくない。そこで、ヒーラリバー・インディアン・コミュニティは、今日の社会が提供する手段をうまく活用して、失われた伝統や遺産を自らの手にとりもどそうと立ちあがった。政府からの資金的な援助やカジノとリゾート施設からの収益を活用して地域社会振興事業を立ちあげる一方で、用水権を勝ちとり、伝統農法の再開も進めてきた。

左：ピマ族、トホノ・オーダム族、モホーク族、オタワ族、そしてメキシコ人の血をひくルイ・ソトは、大工の助手をしながらタトゥーアーティストとしても活動する。住み慣れた自宅でポーズをとるルイの前にしつらえられたテーブルに並ぶのが、減量しているときの平均的な1日の食事だ。

右：ルイの子どもたちとピットブルが、新築の家の前で遊ぶ。この家は、カジノで得た収益を元手に、ヒーラリバー・インディアン・コミュニティが建ててくれた。

ルイ・ソトの半生は一見すると、ヨーロッパ人渡来後のネイティブアメリカン社会が直面してきた諸問題の縮図のように思える。しかし、さらに踏みこんでみると、これまでの自分との決別を固く決意したひとりの男の生き様が浮かびあがってくる。

「酒を飲みはじめたのは14歳のときです。両親は離婚していてね。父の家に行くと、ぼくにも酒を飲ませてくれたんですよ。キング・コブラというビールを一緒になって瓶であおっていました」と、ルイは当時を振り返る。

20代に入ると、1本単位ではなくケース単位で暴飲するようになった。日がな一日だらだらと飲んで騒ぎ、1ℓ入りのビール瓶を12本も空ける。食事のほうもむちゃくちゃで、体重は一気に167.8kgに達した。

だが2007年のある日、「酒はやめようって決心したんです」とルイは語る。ふたりの子どもや妻ジュリーンのためばかりではない。「なにより自分自身のためでした」。アルコール依存の悪循環から脱することのできない父の姿を見て、それだけは避けたいと思ったからだった。ルイの父の暮らしぶりは、いまも悪化の一途をたどっている。

運命のいたずらとでもいうべきだろうか。断酒に踏み切った翌週、ルイは2型糖尿病と診断される（父方も母方も糖尿病家系だった）。絶望し、いったんはまた酒におぼれるが、父親としての自覚が酒に逃げる気持ちに打ち勝った。「さすがに参りました。成長していく子どもたちをそばで見守ってやりたかったんですよ。病院に入り、息もたえだえの状態で横になっているのも、透析を受けるのも、ごめんです」

糖尿病と診断される以前は、卵焼きをはさんだサンドイッチ6切れとソーセージとチーズが朝食の定番だった。昼食や夕食も尋常でない量を食べていた。キャンディバー3本とポテトチップス2袋を食事どきでもないときにたいらげ、ドクターペッパーなどの清涼飲料水も大量に飲んでいた。夕食前でも、前菜代わりにポテトチップスに手をのばす日々だったという。

糖尿病と診断されたのち、この病気をコントロールするためには減量が欠かせないことを知り、食事の量を制限する方法を学んだ。その後は、ダイエット用の炭酸飲料や砂糖不使用のキャンディを選んで買い、ウェイトトレーニングやウォーキングを毎日の日課にしている。その甲斐あって1年経った現在は、27kgの減量を達成した。リバウンドも何度か経験したが、粘り強く減量に取り組みつづけている。ルイも家族も、以前はあまり野菜を食べなかったというが、いまは食べるのだろうか？「野菜を買おうと努力はしてみました。でも、野菜は値段が高いので、結局は『いつものやつ』にもどってしまいましたよ」。一家はいまでも冷凍ピザや加工食品ばかり食べているが、ルイが食べる量は確実に少なくなった。

2900

総摂取カロリー **2,900kcal**

メキシコ ソノラ州ラ・ドゥーラ
ピマ族の農場主

ホセ・アンヘル・ガラビス・カリーリョ　　男性、年齢33歳、身長173cm、体重75.8kg

1日の食事　8月

朝食：農場の鶏が産んだ卵（2個）99g、植物性ショートニング 小さじ1、自家製コーントルティーヤ 235g、ゆでたピント豆を炒めた料理 145g、しぼりたての全乳（農場の牛からしぼった）287ml、ネスカフェのインスタントコーヒー 201ml、全乳 30ml、砂糖 大さじ1

昼食：コーントルティーヤ 320g、ケソ・フレスコ（白いフレッシュチーズ）119g、ゆでたピント豆を炒めた料理 136g、ジャガイモ 329g、植物性ショートニング 小さじ2、しぼりたての全乳 254ml

夕食：コーントルティーヤ 224g、ゆでたピント豆を炒めた料理 139g、しぼりたての全乳 254ml

終日：井戸水 1.2l

　メキシコ北部のシエラマドレ山脈に位置する小さな村で暮らすホセ・アンヘル・ガラビス・カリーリョと息子のオスワルドは、夜明けとともに起き出し、ホセ兄弟が共同で飼育している8頭の牛の乳をしぼりに行く。オスワルドが牛を捕まえると、ホセが牛の後ろ足をひもで縛り、乳をしぼるあいだ逃げ出さないようにする。育てている家畜を彼らが口にすることはない。必要に迫られたときにだけ仔牛を売って現金を手に入れ、自前では調達できないコーヒーや砂糖、油などの食材を購入するのだ。

　緑に覆われた谷間に朝を告げるおんどりの鳴き声が響きわたり、農地を囲む森のあいだを風が吹きぬけていく。曲がりくねった田舎道の先に、バケツを手にした兄弟の嫁の姿が見えた。彼女は、一族が暮らす日干しレンガづくりの家を通りすぎ、農場に到着した。しぼりたての牛乳を家に持ち帰り、白いフレッシュチーズをつくるためだ。

　一見、なんとものどかな風景だが、これは夜寝るまで1日じゅう続く、きつい肉体労働の始まりにすぎない。一家は基本的に自給自足の生活を営んでいる。家は簡素なつくりで、土を平らにならした床の上にドラム缶でつくったキッチン用のまきストーブが置いてある。ホセたちは、農場の仕事がないときは森に何日もこもって炭を焼く。木炭は、1トンあたり13,500円相当で売れるという。しかし、炭焼きの仕事は骨が折れる重労働だし、一歩間違えば環境破壊にもつながりかねない。

　今日は、フェンスの修理とトウモロコシと豆の畑の草取り、そしてほぼ1日中炎が絶えることのない料理用ストーブにくべるためのまき割りをする。だがまずは、妻エステラがつくってくれる朝ご飯で腹ごしらえだ。メニューはコーヒー、ピント豆の炒めもの、できたてのコーントルティーヤ、それに農場の鶏が産んだ卵だった。

　ホセ一家はピマ族である。ヨーロッパ人がアメリカにわたってくる前から、メキシコ北部からアメリカ南西部の砂漠地帯で農耕を営んでいた先住民族だ。同じピマ族でも、アメリカ側で暮らす人たちは経済発展が進むにつれて加工品や精製された穀物ばかりを口にするようになったが、メキシコ北部の田舎に住むピマ族は、昔ながらの生活を守ってきた。炭水化物が多く脂肪分が少ない食事をとり、体もよく動かす。さまざまな研究の結果、伝統食をとり体をよく動かす生活をしてきたおかげで、アメリカのピマ族のあいだでまん延する慢性病に悩まされずにすんでいることが分かってきた。

　しかし、人里離れた村落に住むホセ夫妻のもとにも、開発の波が押し寄せようとしていた。昨年12月、村に電気が通ったのである。一家は仔牛を1頭売って得た現金で冷蔵庫を1台買った。ところが、電気代がまかなえないため、いまも使うことができないでいる。

右：農場主のホセ・アンヘル・ガラビス・カリーリョが、日干しレンガづくりの自宅で平均的な1日の食事を前にたたずむ。

左：ホセと甥がフェンスを修理していると、最近妻に先立たれたばかりの父マヌエル・ベイエス（72歳）が、アドバイスをしにあらわれた。

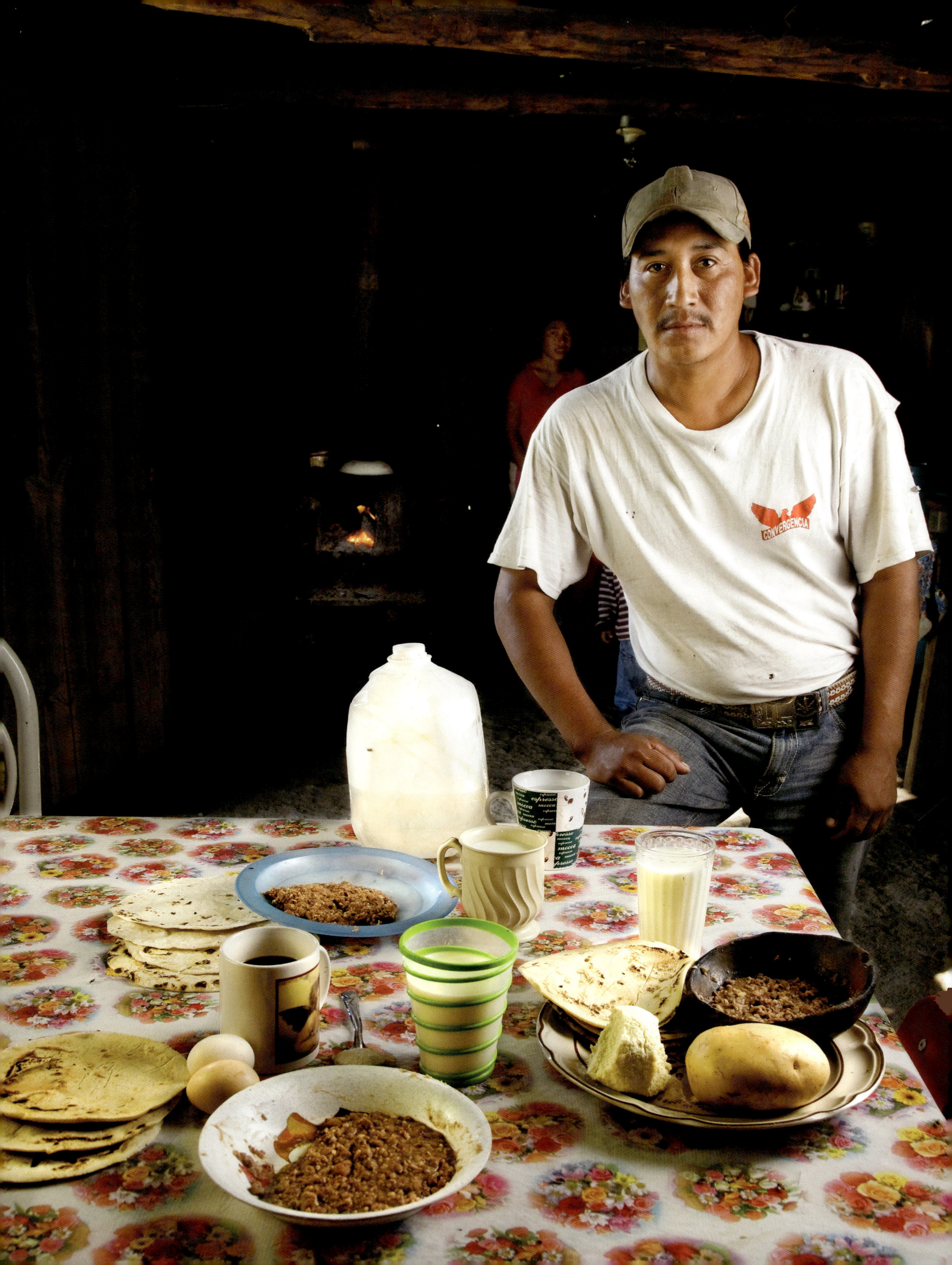
CONVERGENCIA

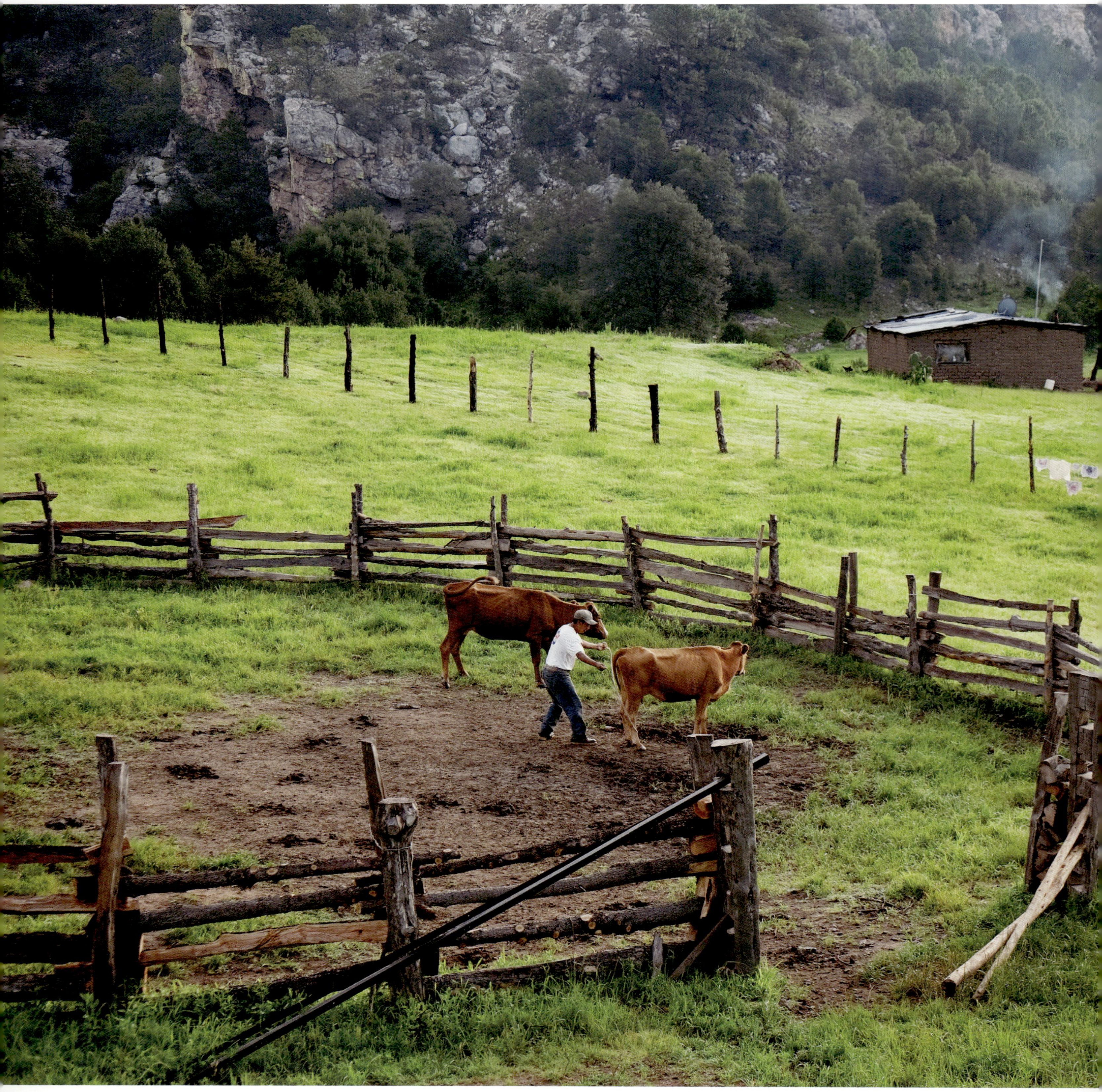

左：ホセは朝一番に自宅に隣接する牛の柵囲いに行き、乳をしぼる。この仕事は、一族のメンバーが持ちまわりで担当する。
上：エステラがトルティーヤの生地を手でこねている。このあと、まきストーブの上で焼いていくのだ。シエラマドレ山脈の冬は冷えこみが厳しいので、このストーブは室内の暖房の役目も果たす。下の息子ふたりが朝食を待つあいだ、長男はホセを手伝って乳しぼりをこなす。ほぼ自給自足の生活をしているものの、粉ミルクなど一部の食材は地方コミュニティをサポートする政府系の食品店「ディスコンサ」で買う。最寄りの店は、自宅から10kmほど離れたマイコバという町にある。ホセ一家は、自分の農場で栽培したトウモロコシを挽いて食用にする。ただし、トルティーヤ用には、加工済みのトウモロコシ粉である市販のマサ粉を買いおきしている。
下：ホセと末息子のファビアンが、朝食に出されたピント豆の炒め物をエステラ特製のトルティーヤでボウルをぬぐいとるようにして食べている。

エッセイ

ポーション、いま、むかし

リサ・R・ヤング｜栄養学者

ピザ1枚を何切れに分けてほしいかと尋ねられたら、こう答えるよ。「4切れにしてくれ。8切れも食べられる気がしない」──ヨギ・ベラ（アメリカの元野球選手）

50年前、1人前の料理の量はいまより少なく、人々の体ももっと小さかった。現代人は、着々と体重を増やしつづけている。今日のアメリカでは肥満という名の病がまん延しているが、もとをただせば、単に食べすぎているだけなのではないだろうか。

私たちはいま、こうして豊かな生活を送ることができている。この状況はありがたいことである一方で、実は困った側面もある。企業がマーケティングに工夫を凝らし、たがいにしのぎをけずってきたおかげで、1人前の料理の量が昔の2～5倍にまで増えてしまったのだ。たとえば、ベーグルやマフィンは大きさが倍になった。映画館でポップコーンを頼むと、以前は計量カップ5杯分のポップコーンが袋に入ってきたが、いまは20杯分が入った大きなバケツのような容器をわたされる。自宅にある皿やボウル、コップ類も、両親や祖父母が使っていたものよりひと回り大きくなっているはずだ。量の増えた料理にあわせて、食器までが知らないあいだに大きくなっていたのである。

消費者は、1人前を頼むとそれ以上の量が出てくる状況にも次第に慣れ、多かったはずのその量が標準になっていった。1人前の量が適正に設定されていないこの現象は「ポーション・ディストーション」と呼ばれている。飲み物のサイズ表示である「スモール」「ミディアム」「ラージ」にしても、本来その言葉に備わっている意味は、実態とは乖離してしまった。各カップのサイズそのものが大きくなっていったからだ。1950年代当時、16オンス（473ml）のソーダは「ラージ」サイズとして売られていたが、今日ではそれが「スモール」と呼ばれるようになっている。しかも、量が多いほうが相対的にお得な値段設定になっているので、消費者も大きいサイズを買うほうがいいと思いこまされているふしがある。実は、パッケージ代やマーケティング費といった間接費と比べて、食品そのもののコストが安い場合、業者としては単位あたりの量を増やして売ったほうが得なのだ。このようなケースは大量生産が可能な、さほど高級でない食品に多い。1人前の量を増やしても業者側のコストはそれほど増えないが、販売量が伸びた分だけ利益があがるからだ。

では、人はなぜ、自分がほしい量、必要な量に関係なく、とにかく大量に買っておきたい衝動にかられるのだろうか？　だれに強要されるわけでもないのだが、多くの人は「割安感」や「お買い得」という言葉に弱いので、レストランや製品を選ぶときに、そこを基準にしがちなのだろう。大きければ大きいほどいいという考えが染みついているために、山盛りの大皿料理や、スーパーサイズのハンバーガーなどをつい求めてしまうのだ。

1人前の料理の量が増えるにつれ、人々の胴回りも太くなってきた。肥満になりやすい体質かどうかを左右する生物学的、遺伝的、心理的な要素だけでは、ここまでアメリカ人の胴回りが太くなった理由は説明できない。人の遺伝子そのものは簡単には変わらないし、運動への関心や意欲もそこまで劇的には変わらないはずだ。変化したのは、どれだけの量を食べ、どれだけのカロリーを摂取しているかだけなのである。

アメリカでは現在、1人1日あたり4,000kcal分の食料が生産され、供給されている。これは平均的なエネルギー所要量の2倍にあたる量だ。一部は廃棄され、無駄になっているにしても、供給量そのものが多すぎる。それでも、大手食品販売業者は自社製品をもっと食べてもらおうと、あの手この手で売りこみに精を出す。たとえばバーガーキングの主力商品「ワッパー」は、発売当初は1/4ポンド（113g）の牛肉パテ

❶テキサス州サンアントニオで、巨大な菓子パンをほおばる兄妹。❷ナミビアのオカペンブンプ村でトウモロコシ粉のお粥を食べるヒンバ族の少年。❸ニューヨーク大学の学生でモデル業もこなすマリエル・ブースが、スーパー「ホールフーズ・マーケット」の総菜コーナーでサラダをパックにつめる。❹イランのヤズドで朝食の食卓を囲む家族。❺フードファイターの"コラード・グリーン"ヒューズが、ヴァージニア州ニューポートニューズにある食べ放題のシーフードバイキングで食事をしている。❻東京の食品サンプル職人が休憩時間に自宅で昼食をとっている。

が1枚入った、670kcalのハンバーガーだった。何年か経つうちに、ワッパーの種類はどんどん増えていき、今日では総カロリー1,250kcalの「トリプルワッパーチーズ」なる商品もメニューに並ぶ。1日のエネルギー所要量の半分以上をまかなってしまう商品を1食分の食事として売るなんて、おかしいのではないだろうか？　残念ながら、このことに疑問を感じる人はほとんどいない。1人前の量として適正かどうか、どれだけのカロリーをとることになるのか、深く思いをめぐらすこともなく、多すぎると分かっていながら目の前に差し出されたものをつい食べてしまうのである。

多くの人は、過食から太りすぎという悪循環を際限なく繰り返したすえに、危機感を抱き、ダイエットをしなければと思うようになる。アトキンス・ダイエット、ビバリーヒルズ・ダイエット、ゾーン・ダイエット、サウスビーチ・ダイエット、キャベツスープ・ダイエット、グレープフルーツ・ダイエット、アイスクリーム・ダイエット、ジェニー・クレイグ、ニュートリシステム、サブウェイ・ダイエットなど、ちまたではやっているダイエット法はいくらもあるが、長期的な効果が期待できるものはほとんどない。せっかく減量してもすぐに元の体重にもどってしまう、しかも以前よりもっと太ってしまった、といったたぐいの話が多いのはそのためだ。カロリー制限をとりいれたダイエット法であれば、どれを選ぼうが短期的には効果を出せる。しかし、正しい食習慣を身につけることができなければ、長期的な減量効果は期待できない。

大切なのは、健康によい、適正な食事量に対する正確な認識をもちつつ、食欲を満たし、体に必要な栄養をとること。そのためにも、食生活指針や食品の栄養成分表示を活用していってほしい。ただし、外食先で出される1人前の料理は、栄養成分表示などに記載されている標準的な1人前の分量よりはるかに多いので、注意が必要だ。たとえば、レストランで出てくる1人前のパスタの量は、推奨される1日分の穀物摂取量と同じか、それを上回っている。1人前のステーキが、肉類の推奨摂取量の数日分に相当するケースさえあるのだ。さらに言えば、1人が消費することを前提として売っている1人前用のパッケージ商品の多くには、実際には2、3人分の量が入っている。だからといって、2.5人分の容量がある20オンスのソーダを買った人が、それを1.5人と分けあうなどということはまずおこらない。

減量して適正な体重を維持するためには、自分が食べた量をきちんと認識することが一番重要なのだが、私たちは自分が摂取したカロリーを大幅に少なく見積もる傾向がある。何をどれだけ食べたのかなど、自分の食生活の実態を正確に把握したいのなら、食事日記をつけるといい。食事の内容に注意が向くようになるし、健康によい食べ物を意識して選ぶようにもなる。摂取する総量も減ってくるはずだ。長期的に減量を成功させるには、これ以外に手はないのである。

また、加工食品の摂取量を減らすことも心がけたい。果物や野菜、全粒の穀物のほうがずっと健康にもよいし、加工品に比べて栄養価が高く、食物繊維も豊富なので、満腹感と満足感にもつながるはずだ。800kcal相当のソーダをがぶ飲みするほうが、800kcal分の果物と野菜を食べるよりもはるかに簡単なことからもそれは明らかである。もっと時間をかけ、ゆっくり食事を楽しむことを心がけるだけでも効果はある。日々口にする食べ物にきちんと意識を向け、友人や愛する人たちと食事を囲む機会を増やしていってほしい。

自分にあった方法が見つかるまでは、いろいろなやり方を試してみることだ。体重を健康的な水準にもどす道のりは長く険しいものに思えるかもしれない。だがその一歩一歩が、この先の自分自身の健康と幸福へとつながるのである。多くの人々がこの道のりを通して健康をとりもどし、幸福になることを私は心から願っている。肥満がこのまま広がりつづければ、社会に大きな負担をかけることになるだろう。このゆゆしき事態を好転させるには一人ひとりが、ひと口ずつ、食事行動を変えていくしかないのだ。

リサ・R・ヤングはニューヨーク大学の兼任教授で、栄養学が専門。栄養士の資格をいかして個人クリニックも開設している。著作に『The Portion Teller Plan: The No-Diet Reality Guide to Eating, Cheating, and Losing Weight Permanently』がある。

3000

総摂取カロリー **3,000kcal**

インド　カルナタカ州バンガロール

コールセンターのオペレーター

シャシ・チャンドラ・カーント　　　男性、年齢23歳、身長170cm、体重55.8kg

1日の食事　12月

朝食：スクランブルエッグ（卵2個 99g、具のタマネギ、トマト、青唐辛子、コリアンダーの葉 71g）、チャパティ（全粒小麦でつくる平たいパン）85g、全乳 163mℓ、パウダー状のサプリメント（全乳 163mℓで溶く）大さじ1.5

昼食：サンバール（レンズ豆、ニンジン、タマネギ、ジャガイモを、乾燥赤唐辛子、コリアンダーの種、黒胡椒などを挽いて煎ったスパイスと一緒に煮込んでつくるカレー）164g、チキンケバブ 85g、白米 167g

仕事中にとった夕食：チャーメンセット 198g

仕事中にとった軽食と飲み物：チョコレートバー（3本）96g、トロピカーナのオレンジドリンク 349mℓ、トロピカーナのアップルドリンク 349mℓ、スナック菓子（トマト味）51g、キャラメル（チョコレート味、3個）34g、コーヒー（4杯）355mℓ、乳製品不使用の粉末状クリーマー 小さじ1、シュガーレスガム（ペパーミント味）6枚

軽食その他：オレンジ 164g、タバコ 6本、浄水器を通した水道水 1.5ℓ

「『ふつう』なんてぼくらにはありません。日々の生活そのものが、昼夜逆転しているんですから」と、シャシ・チャンドラ・カーントは言う。コールセンターに勤務するシャシは、アメリカが活動している時間帯に、バンガロールにあるハイテクオフィスパークで、AOL会員からの問い合わせの電話に対応している。シャシは、シフトに入るとヘッドセットをつけ、その日の最初の電話を待つ。「マーク」と名乗り、気遣いのできる礼儀正しいカスタマーケア担当者として、サービス内容や登録方法に関してAOL会員をサポートするのだ。「ぼくのところにきた問題の99％は解決できますね。ただし、会員さんが激怒している場合は別です。音声ガイドが延々と続き、生身のオペレーターと話ができるまでにものすごく時間がかかるケースはありますから、怒りたくなる気持ちは分かりますよ。『時は金なり』って言うでしょう？」

カスタマーケア業界大手のイージスに勤めるシャシは、アメリカ人と話すこの仕事を楽しんでいる。ところが本人はアメリカには行ったこともないという。「アメリカ人がどんな人たちなのかは正直、分かりません。でも、電話をしてくるお客さんの中には、1時間、2時間と話すうちに心を開いてくれて、自分の子どもの話から仕事や生活のことまで話してくれる人もいるんです。それにね、こちらの話も聞いてくれるんですよ」

シャシが歩くと、腰のあたりでカチャカチャと音がする。景品にもらったピンや、企業のバッジなどをベルトにぶら下げているせいだ。職場ではクールな青年として通っている彼は、離職率が高い職場で2年以上も勤続し、シニア・コンサルタントの肩書きを手に入れた。しかし、「最初は3か月の契約でした。小遣い稼ぎぐらいのつもりだったんです」と気負うところがない。

シャシは機械工学部の学生だった2005年、実習中に重傷を負ったことがきっかけで、人生設計を大幅に見直した。シャツのすそが機械にはさまり、顔に大きな傷を負ったのだ。「鏡で自分の顔を見たときは、思わず悲鳴をあげましたよ」。その後、何度も再建手術を受けて傷を治していったという。機械工学関係の仕事に誘われたこともあったが、「機械類を扱うのが恐くなって」断った。

コールセンターでは、9時間の夜勤シフトをこなす。夕食は、大勢の若い同僚たちと一緒に、会社がある高層ビルの1階にあるファストフード店「ベイジン・バイツ」やKFCなどですます。「母は、ちゃんとした（インド料理の）ランチを持っていけってうるさいんです」。シャシには母親のそんな気遣いが少々けむたいらしい。母親は、バンガロールの学校への進学が決まって引っ越すことになったとき、一緒に来てくれたほどに子煩悩だ。「自宅と職場では、180度違う暮らしをしていますよ」

シフトが終わりに近づき、疲れがたまってくると、シャシはチョコレートをかじって眠気を払う。ようやくシフトが明けても、帰宅するまでには1時間かかるのだが、会社が手配した運転手に任せておけば帰り着けるのはありがたい。ただし、夕方職場にもどるときは、激しい交通渋滞のせいで通勤に2時間はかかるという。

自宅では、シャシの母スミトラ・チャンドラが、

AOLのコールセンターで、オペレーターのシャシ・チャンドラ・カーントを平均的な1日の食事とともに撮影した。インドでは何千人もの人がコールセンターで働いている。技術的な質問や請求書の問題を抱える欧米人と夜通し話すのが仕事だ。シャシも多くのオペレーター同様、仕事の合間にファストフードやキャンディバーをつまみ、コーヒーをすすって、集中力を保つ。最初は医療費と学費を稼ぐため、短期アルバイトと割り切ってコールセンターの世界に飛びこんだが、2年経ったいまも同じ職場で働いている。いつ専門の勉強を再開するのか、そもそも学校にもどるのか、本人もまだ決めかねている。

インド西海岸にある故郷マンガロールの伝統料理をつくってくれる。スパイスと甘みがきいた料理は、ココナッツで味つけする。ほぼ毎日、食卓にのぼるのは、手間暇かけてつくったサンバール（黄色いレンズ豆トゥールダルと野菜の激辛カレー）だ。温めた油に2杯分の唐辛子とスパイス類を入れて香りを引き出すので、味わいは奥深い。

シャシ母子はヒンドゥー教徒といってもベジタリアンではない。それでも、母スミトラはヒンドゥー教の神々を讃えるために、週に2日は肉をとらない日をもうけている。「月曜日はシヴァ神、金曜日はドゥルガ神の日なので肉を控えます。ぼくは毎日、肉を食べていますけど」

シャシが午前8時ごろに帰宅すると、朝食の用意ができている。メニューはダルを発酵させた生地でつくる蒸しパン、イドゥリとチャツネと野菜カレーの組み合わせか、スパイスのきいた卵料理とチャパティだ。食事がすむと、あとは夕方までこんこんと眠る。そして、午後4時に遅めの昼食をとり、午後5時半にはまた出勤する。週末以外は仕事をして眠るだけでほぼ1日が終わってしまう。いったいいつ友だちと会うのだろうか？「アメリカが休日だと、こっちも仕事が休みになるんです。母は知りませんけどね」。平日の休みは、友人であるクルディープの家に遊びに行くのだという。

今日の昼食は、サンバールとチキンケバブと白米だ。シャシは、英語放送やMTVを観ながら食事をとるが、チャンネルの変え方が実にめまぐるしい。「いつだってテレビを観ながら食事するんですよ」とスミトラがこぼすと、「毎日小言を聞かされてます」とシャシは笑った。

この日は取材班が訪問していたので、スミトラは腕によりをかけてデザートを一品、奮発してくれた。ハルヴァというそのお菓子は、世界各地ですこしずつ形を変えて親しまれている。インドのハルヴァは、とても甘く、基本的に野菜だけでつくる。スミトラがこの日つくっていたのは、ニンジンのハルヴァだ。ソースパンでギーを温め、そこにすりおろしたニンジンを加え、ペースト状になるまで煮込む。加熱しながら少量を指先でつまみ、火の通りぐあいを確かめていたが、味見はしない。そこに温めた牛乳とザラメ糖を加え、泡が立ってキツネ色になったら、挽いたカルダモンとくだいたカシューナッツとピスタチオ、レーズン、挽き割り小麦を混ぜこむ。「つくり方なんてぜんぜん分かりませんよ。キッチンには入らない主義なので。下手に手を出したらひどいことになるのは目に見えていますから。近寄らないほうがみんなのためなんですよ」。クウェートにいる娘を訪ねて母親がひと月ほど家を空けるときは、どうやってしのぐのだろうか？「ファストフードと外食で食いつなぎます。母には内緒にしてくださいね」

上：母と暮らすアパートの下の歩道で、シャシがスクーターを駐輪している。これから夜勤に出るところだ。
下：出勤前に遅めの昼食をとりながら、MTVを観るシャシ。母がつくってくれる伝統的な南インド料理は大好きだが、出勤しているときはKFCや「ベイジン・バイツ」などのファストフードが定番になっている。勤め先が入っているバンガロールのはずれの高層オフィスビルの1階に店があるからだ。
右：旧空港道路にあるシヴァ神をまつる寺院で、ヒンドゥー教の僧侶が供物のギーを炎にそそぐ。結跏趺坐（けっかふざ）の形に座るシヴァ神の漆喰像は、20mほどの高さがある。背景をなす遊園地風のヒマラヤ山脈は、亀甲金網を張った上にセメントを吹きつけて形づくられている。キッズ・ケンプ・ショッピングモールの裏手にあり、入場料もいらないことから、お祭りの日ともなると50万人近い信者が詰めかける人気スポットになっている。

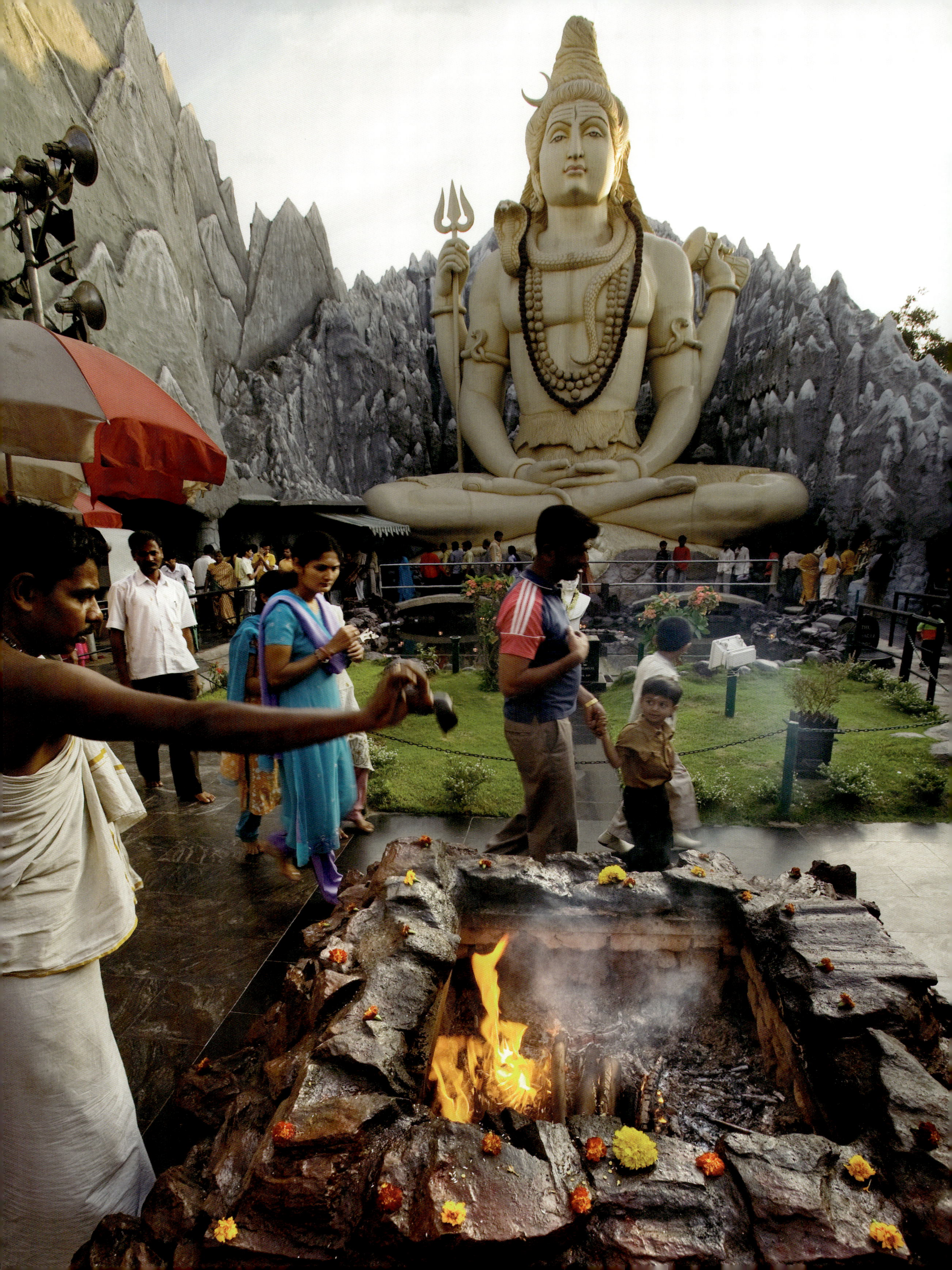

パレスチナ人のガイド兼運転手アブドゥル・バセット・ラゼムが、親戚の家の裏庭にあるオリーブ園で、平均的な1日の食事を前に座る。画面右角の丘の上にイスラエルが建設した高さ8m近いコンクリート製の「防護壁」（分離壁）があり、ここアブ・ディス村周辺の地域とエルサレムとを隔てている。以前はエルサレム市内まですぐに出られたのだが、いまはこの壁を避けて迂回し、高速道路に設けられたイスラエルの検問所を通らなければならない。パレスチナ側からの攻撃や自爆テロを防ぐという名目で建設されたこの分離壁については、各方面から非難の声があがっている。写真を撮影した当時は、全長700kmを超える壁の6割が完成していた。今日、パレスチナ人の大多数は、東エルサレムを行き来するのに、イスラエル政府が発給する特別な許可証を取らなければならない。だが取得には時間がかかるし、取得できない場合も多い。

3000

総摂取カロリー **3,000kcal**

パレスチナ暫定自治政府　ヨルダン川西岸地区、東エルサレム
パレスチナ人運転手

アブドゥル・バセット・ラゼム　　　男性、年齢40歳、身長168cm、体重92.5kg

1日の食事　10月

朝食：スクランブルエッグ（卵2個 136g、具のトマト 130g）、ピタパン 241g、ラブネ（ヨーグルトからつくるやわらかいチーズ）77g、オリーブ油 小さじ1、トマト 130g、オリーブ 28g、全乳 160mℓ、紅茶 104mℓ、砂糖 小さじ2

昼食：マクルーバ（鶏肉、米、ニンジン入りのキャセロール。ひっくり返して盛りつける）414g、香辛料（シナモン、黒胡椒、オールスパイス）小さじ0.5、オリーブ油 小さじ2、ピタパン 111g、カリフラワー（写真にはない）45g、キュウリ 173g、ヨーグルト 119g、紅茶 104mℓ、砂糖 小さじ2

夕食：牛肉のパイ（2切れ）116g、紅茶 104mℓ、砂糖 小さじ2

軽食その他：リンゴ 153g、洋なし（2個）142g、グアバ 187g、カキ 102g、チーズ 31g、スース（甘草の根からつくるジュース。写真にはない）104mℓ、紅茶 104mℓ、砂糖 小さじ2、飲料水 1.5ℓ

　アブドゥル・バセット・ラゼムと妻ムニラは、5人の子どもを連れてヨルダン川西岸地区のアブ・ディス村にいる親戚の家を訪ねていた。以前は、東エルサレムの自宅から車ですぐ行けたが、いまではイスラエルが設置した分離壁を迂回して、検問所を通らなければ行けない。パレスチナ人のアブドゥルは、外国人ジャーナリストを車に乗せてこの地区を案内することが多いので、各地に設けられた検問所については詳しく知っている。

　アブドゥルの親戚の敷地は丘の中腹にあり、遠くに目を向けると「ヘビ」の異名をとる分離壁が見える。裏庭のオリーブの木は、1週間前に実を摘んで塩漬けにしたばかりだ。この辺りの暮らしを語るのに政治問題は避けて通れない。アブドゥルを取材するあいだも、一度ならず政治が話題にのぼった。それでも極力そういった類の話には深入りせず、アブドゥルの平均的な1日の食事内容を取材することにだけ集中するように心がけた。

　アブドゥル一家はイスラム教徒なので、イスラム教の食の戒律を守って暮らしている。人道的な方法で処理された動物だけがハラール（許されるの意）で、豚はハラーム（禁止の意）。アルコールもハラームだ。ムニラお手製のマクルーバはもちろんハラームではない。アブドゥルの大好物でもあるマクルーバは、シナモンをきかせて炊いた米と鶏肉の料理で、ひっくり返して皿に盛りつけ出す。「昼食は9割がた米料理が出てきますね」とアブドゥルが教えてくれた。昼どきも仕事で自宅にもどれない日や、ムニラが大学で授業を受けている日などは、サンドイッチやピザを外で軽く食べてすますという。

　アブドゥルの姪と娘が、グアバとカキを皿に盛って運んできた。「昨日はここにチェスボードを出して、兄弟で対戦したんです」と、アブドゥルは足の短い長方形のテーブルを指した。「そうしたら、この子たちがボウルに山盛りの果物を持ってきてくれてね。ここに座ってチェスをしながら、ひたすらそれを食べたんです。たぶん7個くらいはいったんじゃないかな」。自分でもあきれてしまうといわんばかりの口調で、前日のようすを振り返る。

　そうするうちに取材班の手元には、甘くて熱いコーヒーのグラスが配られてきた。「こうして家を訪ねて来てくれたお客さんと2、3時間、じっくり話をしたころ、歓迎の気持ちをこめて甘いコーヒーをお出しすることにしています。お帰りになる前にもう1杯すすめますが、こちらは『いつでもまたおいでください』という意味なんですよ」

追記：編集の過程では、取材対象を含め各方面に何度も事実確認する。2009年夏のこと、アブドゥルからの返信が急に途絶えた。数か月後になってようやく、イスラエルにあるシャタ刑務所に拘禁されていることが分かった。イスラエル当局が違法とみなす組織に所属し、給与や手当を受けとって活動に参加していたためだという。アブドゥルの同僚はつぎのように語った。「アブドゥルは1年前から、イスラエル政府に家を壊された東エルサレム住民たちの記録写真を撮りはじめたんですよ。平和的な活動だったと思います。でも公判の予定が何度も延期されて……」

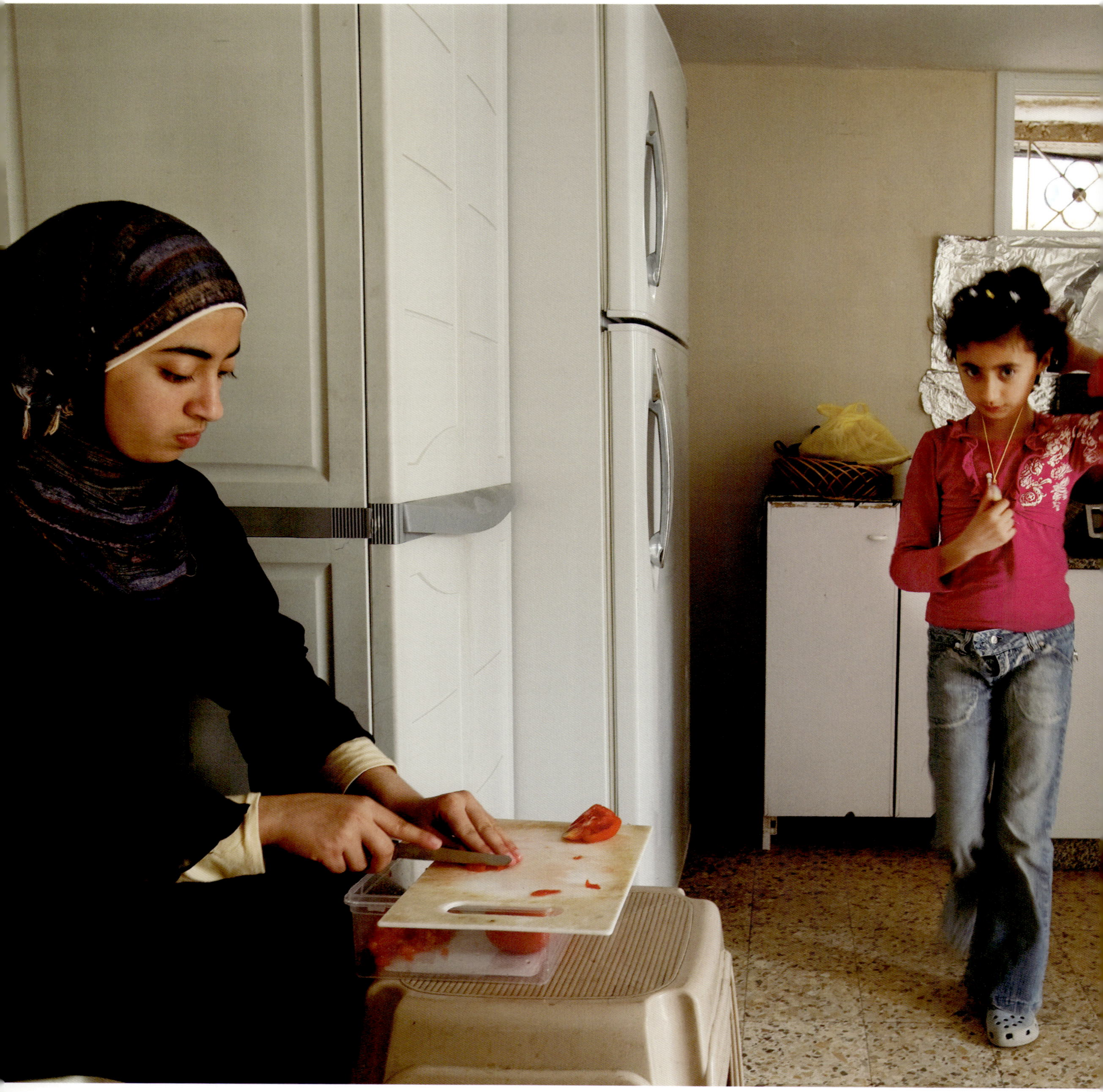

上：朝もやに包まれた夜明け。ふたりの訪問者がオリーブ山に立ち、墓地の向こうにある岩のドームを眺めている。金箔で覆われたこのドームは、エルサレムの旧市街にあるイスラム教の建造物の中では最も有名だ。
左：アブドゥル・バセット・ラゼムの妻ムニラが、コンロに向かいマクルーバの炊けぐあいを確認するあいだ、上の娘マリアム（14歳）がトマトを刻んでいる。手伝いを免除された下の娘マラム（8歳）は、週末の豪華な昼食の準備が進むキッチンをぶらぶら歩きまわっている。
下：東エルサレムからほど近く、分離壁のすぐ外側に位置するアブ・ディス村。パレスチナ料理店にはフムス、オリーブ、唐辛子、ビート、キャベツのサラダ、ババガヌーシュ（ナスと練りゴマでつくるペースト）など、色とりどりの地元の料理が並ぶ。

上：タリート（祈とう用ショール）をはおったユダヤ教改革派のラビ、オフェル・サバツ・ベイト・ハラフミが、平均的な1日の食事を前にして自宅のバルコニーでくつろぐ。オフェルが住むツール・ハダサという町はユダヤ山地にあり、エルサレムから車で南西に15分ほどの距離だ。イスラエル各地にある集団入植地のひとつで、住民が組合を結成する形で町の運営にたずさわり、イスラエル国家から99年契約で土地と住居をリースしている。
毎週金曜日の夜、オフェルは移動式の小さな建物で安息日の礼拝を行う。この建物は、昼は幼稚園、夜と週末はシナゴーグ（会堂）として使われている。

右：オフェルとラヘル夫婦の家に集まった人たちは、ワインを手に神を賛美する祈り、キドゥーシュを捧げ、食事をスタートさせる。テーブルの中央に置いてあるのは、飾り布に包まれたパン、ハラーだ。このパンには宗教的にも文化的にも重要な意味があり、安息日の食事には欠かせない。

3100

総摂取カロリー 3,100kcal

イスラエル　エルサレム地区ツール・ハダサ

ユダヤ教の宗教指導者(ラビ)

オフェル・サバツ・ベイト・ハラフミ　　男性、年齢43歳、身長185cm、体重74.8kg

1日の食事　10月

朝食：ルゲラッフ（ペストリー、チョコレート味2個）94g、ネスカフェのインスタントコーヒー 355mℓ、全乳 大さじ1、浄水器を通した水 269mℓ、コーヒー（職場にて。写真にはない）237mℓ

昼食：サーモン入りサンドイッチ（低カロリーの全粒小麦パン 153g、スモークサーモン 51g、トマト 51g、レタス 6g、低脂肪のクリームチーズ 大さじ1）、カラマタオリーブ 20g、コーヒー 322mℓ

午後の軽食：ピタパン 57g、フムスと松の実 119g、マヨネーズ入りナスのペースト 85g、コカ・コーラ 500mℓ、コーヒー 355mℓ

夕食：リガトーニ（パスタの一種）68g、オーガニックケチャップ 37g、ピタパン 57g、トルコ風トマトのスプレッド 45g、ダノンのヨーグルト（プレーン）201g、固ゆで卵 68g、カッテージチーズ 111g、キュウリ 68g、トマト 196g、浄水器を通した水 532mℓ

軽食その他：アイスクリーム（バニラ味、キャラメルソースがけ）111g、自家製クッキー 34g、赤ワイン 213mℓ、マルチビタミン、浄水器を通した水 532mℓ

「日によって違いますから」と、ユダヤ教改革派のラビ、オフェル・サバツ・ベイト・ハラフミが言った。エルサレム郊外の彼の自宅で、1日の食事内容を尋ねたときのことだ。自宅で仕事をしているとき、娘が近くにいるとき、同じくラビをしている妻ラヘルとともに外出するとき、会合でエルサレムにいるときなど、状況に応じてその日の食事内容は変わるという。たしかに食事の内容は変化に富んでいるが、そこには一定の規則性もある。ユダヤ教にはカシュルートという食に関する戒律が昔からあり、食べてよいものと悪いもののほか、食事の準備の仕方や食べ方まで細かく規定されているからだ。

口にしてよい食べ物は、ひづめが分かれている反芻(はんすう)動物、一部の家禽(かきん)、ひれとうろこがついている魚などだ。ただし、どれも儀式にのっとって処理しなければいけないし、乳製品と肉類を同時に食卓に載せることも許されない。

ラヘルはベジタリアンだが、オフェルは違う。だからオフェルは、外食するときは魚や鶏肉も口にするが、自宅では最も敬虔なユダヤ教徒も安心して食事ができるよう配慮して、菜食を貫く。「そのほうが、ユダヤ教のほかの宗派の方たちを自宅にお招きしやすいですから。わが家の食卓でなら、正統派の方たちも戒律違反を気にすることなく、なんでも食べられますよ」とオフェルは胸を張る。金曜日の夜はたいてい、安息日の夕食を囲む客が、大勢自宅に集まるという。

オフェル夫妻は、実生活でも研究生活でも、エコ・カシュルートに強く影響されている。これは1970年代に提唱された考え方で、従来の食に関する戒律を守るだけではなく、一歩踏みこんで行動をしようと訴える。「エコ・カシュルートについては、妻から学ぶことが多いんです。彼女は実に聡明な女性なんですよ」。エコ・カシュルートは、倫理観をもって、持続可能性のある農業や動物保護を目指そうという動きである。さらには、人間が地球に大きな負荷をかけている現状を反省し、伝統的な食に関する戒律の見直しもすすめている。そして、地球のためにも、一人ひとりのスピリチュアルな幸福のためにも、地球にかける負荷を減らそうとしているのだ。また、オフェルは、娘のテヒラー（4歳）からも学んでいる。インタビューの冒頭で、食事は日によって違うと言っていたが、最近では末娘の好みに合わせることも多いからだ。テヒラーの大好物であるパスタにオーガニックケチャップをかけた料理の頻度が増えているという。

171

3100

総摂取カロリー **3,100kcal**

ケニア　ケリチョ県キオンゴ
茶農園の息子

キベット・セレム　　　　　　　　　男性、年齢25歳、身長180cm、体重64.9kg

1日の食事　2月
- **朝食**：白い食パン 82g、所有する乳牛のしぼりたて全乳入りの紅茶 260mℓ、砂糖 小さじ2
- **午前中の軽食**：砂糖入りのウジ（ミレット粉とトウモロコシ粉でつくった薄いお粥を発酵させた飲み物）399mℓ
- **昼食**：白米 238g、ピント豆とトマトの煮込み 269g、母親がしぼりたての全乳からつくったヨーグルト 301g
- **夕食**：ウガリ（トウモロコシ粉の固めのお粥）1,134g、しぼりたての全乳 275mℓ、キャンディ（2個）9g
- **終日**：全乳入りの紅茶（2杯）520mℓ、砂糖 大さじ1、水道水 739mℓ

　アフリカのグレートリフトバレー（大地溝帯）の西側にあるケニア高地には、青々とした茶農園が広がる。絵画を思わせる美しい風景の中、大きな袋を背負った茶摘み労働者たちが、茶樹の先端の一番やわらかい葉だけを摘みながら歩いていく。摘んだ葉は、ジェームズ・フィンリーやユニリーバ・ティー・ケニアなどの大企業に納められる。何週間かおいて、茶摘みたちは同じ区画をもう一度歩き、新しい若芽を摘む。

　ケニアでは、茶畑が1haにも満たない農園も含め、小規模な茶農園が全国の茶葉の生産高の6割を担う。このような農園では、農園主が家族を動員し、あるいは手伝いをひとりふたり雇って、若芽が育ちすぎる前になんとか茶葉を摘み終える。茶葉の多くは、政府系のケニア茶業開発機構を通じて販売されている。

　ケリチョ県に住むキベット・セレムは、両親の小さな農場で1haほどの茶農園を管理している。茶葉が収穫に適した状態になると、雇い入れた労働者たちと肩を並べて茶摘みにはげむ。茶葉は1か月に2、3回摘み、年間で合計6～7tの収穫になるという。キベットはそのほかに、トウモロコシ畑や5頭の牛の世話も任されている。ケニアでは厳しい干ばつが続いており、歴史的に降雨量の多い地域だったケニア高地でも、近年は水不足が深刻な問題になっている。水不足は茶樹や牛、トウモロコシの生育状況、ひいてはキベットの生活にまでも影を落とす。

　キベット一家は、キプシギス族（カレンジン）である。伝統的に牧畜で生計を立ててきた民族だが、国の政策と土地開発のあおりを受けて牧草地帯から追い出され、なじみの薄かった農業を手がけるようになった。キベットの父ジョンも、若いころは牛の群れを追って暮らしていたが、成人すると大手の紅茶会社で働きはじめた。ジョンが初めて自分の茶農園をもったのは、キベットがまだ幼いころのことだ。キベットは兄弟姉妹にまじって茶畑の雑草を抜いたり、茶摘みをしたりして成長した。そして、高校を卒業すると、家族が経営する農園でフルタイムで働きはじめる。「大学に行ってみたい気持ちもありましたけど、お金がなかったんです」とキベットは語る。

　商魂たくましいキベットは父親とも相談して、近隣の畑の茶葉を買いとり、大きな単位にまとめてから販売する戦略を打ち出した。出だしは順調だったが、そのうち納入先の企業が、小規模農園と直接取引をしたいと言い出し、契約の解除を申しいれてきたため、頓挫（とんざ）してしまった。ユニリーバ・ティー・ケニアにも似たような契約内容を提案しているが、先方からはまだ返事がない。

　取材班は、キベットと父ジョンの朝食のお相伴にあずかった。しぼりたての牛乳を入れた甘い紅茶と、スーパーマーケットで購入した白い食パン、そして母ナンシーが数日前に仕込んでおいた伝統的なヨーグルト飲料ムルシクが食卓にのぼる。ナンシーはキッチンがある離れにこもり、直火でミルクを温めてヨーグルトをつくっていた。

　しぼった牛乳は基本的には近くの学校に納入する。学校に納めない日は、ナンシーがヨーグルトの原料として買いあげてくれる。母はできたヨーグルトを近所の人たちに買ってもらって、元手を回収する。「じゃあ、ヨーグルトを食べたいときは、お母さんから買うんですか？」と、いじわるな質問をしてみた。すると「母はぼくからはお金をとりません」とキベットは笑って答えた。

　キベットは生家で両親と未婚の兄弟ふたり、そ

家族経営の小さな茶農園をきりもりするキベット・セレムが、平均的な1日の食事を載せた茶樹の脇にたたずむ。ケニアの西側に広がる高地には、ヴィクトリア湖から立ちのぼる水蒸気が集まるため、雨が多い。その雨の恵みを受けて生い茂る常緑の茶樹は、ケリチョ県の地方経済、ひいてはケニアの輸出業界もけん引している。キベット一家の1haあまりの茶畑では、1年を通じてほぼ2週間ごとに茶摘みが行われ、年間およそ6〜7tの収穫が得られる。彼らは茶樹のほかにもトウモロコシを栽培し、5頭の牛を飼っている。

上：キベットと兄嫁のエミリーが、農園で飼っている5頭の牛の乳をこしている。
下：母屋での昼食の時間が近づき、エミリーがピント豆と米を皿に盛りつける。母ナンシーはキプシギス族のミュージックビデオを観ながら、ソファでくつろいでいる。エミリーは、キベットの兄に嫁いでこの村に来たばかりのころは、直火で料理をしたことがなかった。そんなエミリーがうっかりウガリ（トウモロコシ粉のお粥）を焦がさないよう、ナンシーは使いやすい鍋を買ってやったという。
右：1時間後、離れにあるキッチンでは、ナンシーがエミリーとおしゃべりをしながら直火で牛乳を温めていた。

して住みこみの牛追いと一緒に暮らす。「あと何年かして結婚したら、隣に家を建てますよ」

穀物中心のキベットの食生活を見直し、1日分の食事量を割り出し、写真に収める相談をしていると、すでに隠居の身であるキベットの父が、丘の上に建つ子どもたちの家を見上げて、「日中も明かりをつけっぱなしにするなんて」と小言を言いはじめた。「あいつらに代わって、わしが電気を消してまわらなきゃならん」と父がこぼすのを、キベットは苦笑しながら聞いている。

農園の収入で生計を立てているのは、母屋に住む6人だけだ。もちろん、乳しぼりを手伝ってくれる兄嫁のエミリーには、牛乳を分ける。キベットが育てたトウモロコシは、地元の工場で製粉してもらい、そのトウモロコシ粉でケニアの国民食ともいえる、ウガリをつくって日々の糧にする。農場でとれた穀物を食べつくしたあとは、乾燥トウモロコシを店で買ってしのぐ。農場ではつくらないが、食卓には欠かせない米やピント豆も外で買う。また、肉料理は1週間に1、2回しか食べない。たいていはヤギ肉か鶏肉で、自家菜園でとれた野菜と一緒に煮込んで料理する。

キベットは昼前に小腹がすくと、薄い穀物のお粥からつくる飲み物ウジに、砂糖を入れて飲む。キプシギス族の伝統をいまどきの若者らしくアレンジして楽しんでいるのだろう。彼の両親は、こんな飲み方をしようとは思ったこともないはずだ。

自分の農園でとれたお茶を飲むことは？「ぼくたちが摘んだ茶葉は、すぐに工場に送って加工してもらいます。飲みたいときは、お店に行って買います」。キベットの発言に一同はどっと笑った。

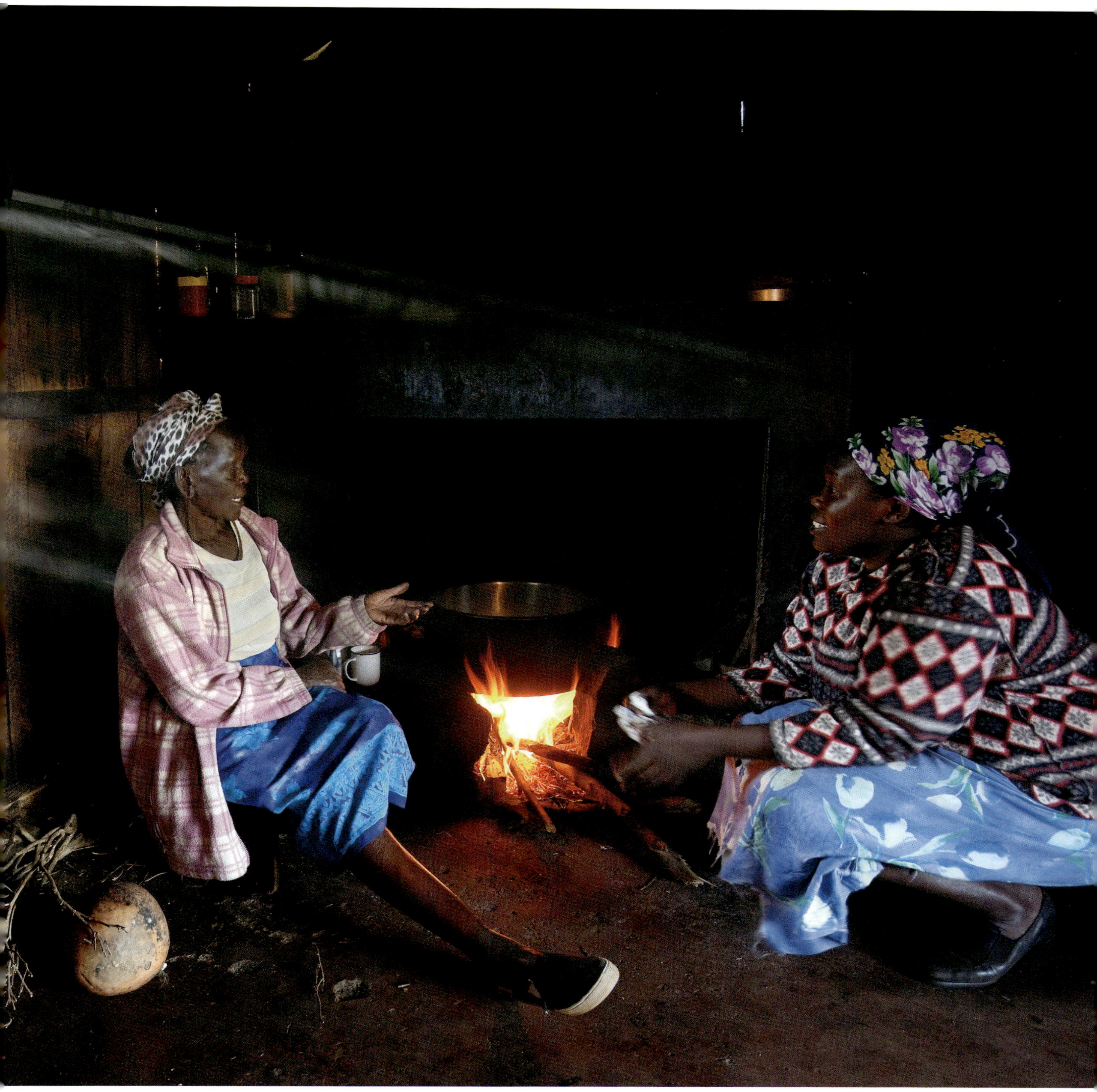

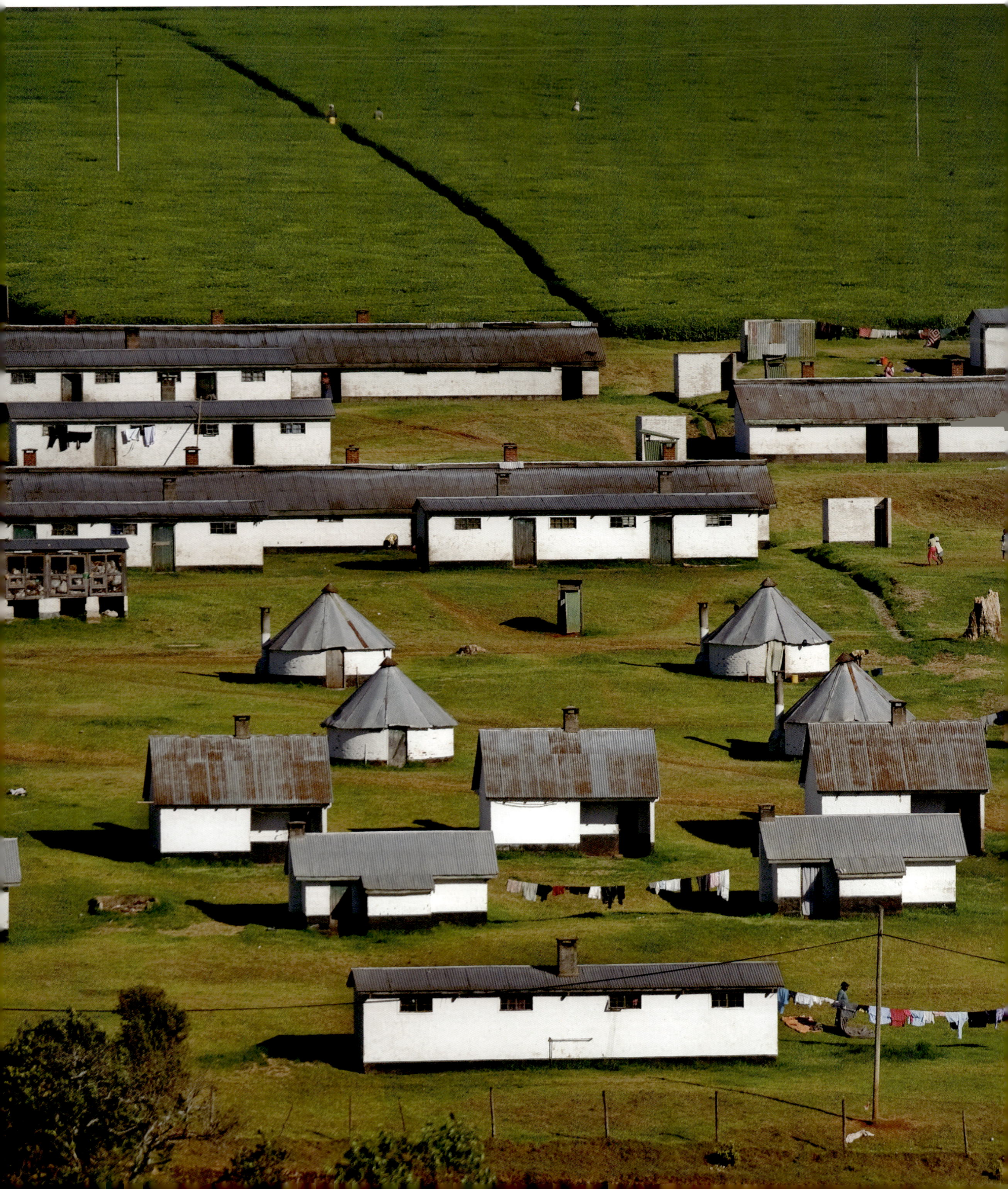

グレートリフトバレーにあるケリチョ県は、火山性の豊かな土壌とひんやりとした空気、そして湿潤な熱帯性の気候に恵まれ、茶葉の栽培に理想的な条件を備えている。ユニリーバは、紅茶の主力ブランドであるリプトンにケニア産紅茶を採用することで、ケニアを世界最大の紅茶輸出国に押しあげた。ケリチョ県にあるユニリーバ・ティー・ケニアの広大な敷地には、どこまでも続く青々とした茶畑の真ん中に社宅があり、茶摘み労働者たちが暮らしている。常緑の茶樹は年間を通じて14〜17日ごとに収穫する必要があるため、茶摘みたちが仕事に困ることはない。茶摘み労働者への支払いは出来高制で、kg単位で計算する。現場監督によると、1人1日あたり270〜800円相当の収入になるという。ケニア政府系の大手紅茶会社であるケニア茶業開発機構は、ケニア全土に散らばる50万軒ほどの小規模茶農園をとりまとめることで、ユニリーバやジェームズ・フィンリーなどの大規模生産者と肩を並べる規模の商いをしている。

3100

総摂取カロリー **3,100kcal**

ラトビア　ヴィゼメ地域ヴェツピエバルガ

養蜂家

アイヴァルス・ラズィンシュ　　　　　男性、年齢45歳、身長174cm、体重74.8kg

1日の食事　10月

朝食：酸味のあるライ麦パン 79g、はちみつ 大さじ1、バター 小さじ2、固ゆで卵 65g、自家製豚肉のミートボール 71g、ハム 23g、コーヒー 331mℓ

昼食：サワークリームとディルを添えたミートボールと米のスープ 255g、パン粉をまぶした豚肉のカツレツ 196g、サワークリームを添えたゆでジャガイモ 193g、レタス、トマト、タマネギを酢であえたサラダ 51g、ニンジンとキャベツを酢であえたサラダ 51g、クヴァス(パンからつくる発酵飲料) 500mℓ

お茶の時間：レーズンとヘーゼルナッツ入りのケーキ 57g、紅茶 266mℓ、はちみつ 大さじ1

夕食：自家製の豚肉ミートボールを揚げた料理 91g、タマネギのソースを添えたゆでジャガイモ 218g、サワークリームソースを添えたゆでニンジン 79g、サワークリームソースを添えたキュウリとトマトのサラダ 193g、酸味のあるライ麦パン 99g、クヴァス 500mℓ

長い間疎遠だった父親が亡くなって何年か経ったころ、父親の後妻がアイヴァルス・ラズィンシュに電話をしてきた。父親が遺した養蜂箱をいくつか引きとる気はないか、と言うのだ。「10箱くらいはあったんじゃないでしょうか。当時は養蜂箱についてはおろか、はちみつについてもまったく知識がありませんでした」とアイヴァルスは振り返る。彼はそれを機にラトビアの首都リガで養蜂家育成コースを2年間受講し、養蜂を家業として手がけることにした。いまではラトビア中央部のヴェツピエバルガ村にある自宅の裏庭も含め、近隣のあちこちに50箱の巣箱を設置してミツバチを飼育している。「巣箱を200箱に増やせば、すぐにでも専業でやっていけますよ。いまは趣味と実益を兼ねて細々とやっています」

食料品店の棚にずらりと並ぶ、量産されたはちみつについては、「中には質のいい商品もあります」と、一定の評価をする。しかし、個人養蜂家がミツバチの行動範囲を把握しつつきめ細やかに飼育したときに得られるはちみつの繊細な香りとは、「比べものにならない」という。

アイヴァルスはフルタイムで森林管理の仕事に従事するかたわら、医者として働く妻イロナを手伝う。ふたりが暮らす自宅から半径25km圏内には、医者はイロナひとりしかいない。幸いこれまでのところ、キッチンのテーブルで手術をする事態に陥ったことはないが、「お産はずいぶん手伝いましたよ」とアイヴァルスは語る。また、軽傷の患者はいくらでも訪ねてくるという。「大きなもりが手に刺さった状態で漁師が運びこまれてきたときなんて、もりの先にはまだ魚がひっかかってたんですよ!」とアイヴァルスは表情豊かに語る。

アイヴァルスは話しながら、田舎風のライ麦パンをスライスしようとしていた。この日の朝、友人が焼きあげたばかりのパンを、はちみつと物々交換したのだという。ライ麦の全粒粉を使った黒いパン種は、カエデの葉の上に載せて焼く。見た目もきれいに仕上がるし、まきストーブで焼きあげるあいだ、オーブン内の湿度を保ってくれるからだ。「焼きあがったあと、何日かおいて熟成させたほうがおいしくなるんですよ」。アイヴァルスは手にしたナイフを振りまわしながら解説する。それでも切り分けようと考えたのは、取材班になんとしても食べさせたいという思いからなのだろう。「ナイフを替えたほうがいいかもしれない」などとぼやきながら、アイヴァルスはようやくパンを切り終えた。パンの底に敷かれたカエデの葉は焦

上：森林管理のかたわら養蜂業を営むアイヴァルス・ラズィンシュが、平均的な1日の食事を裏庭に設置した巣箱の上に並べてくれた。旧ソ連に属していた時代もあるラトビアでは、政府から支給されるアイヴァルスの給料も、地方の医者である妻の収入も低く抑えられている。そこで彼は、父親から相続したミツバチの巣箱を活用して養蜂ビジネスを立ちあげ、副収入を得ることにした。上の写真では、燻煙器を手に持ち、防護服を着ている。

左：地元のフェスティバルやマーケットではちみつを売るときは、19世紀ラトビアの伝統衣装を身につける。昨夏に開かれたラトビアの歌と踊りの祭典では、この伝統的な衣装で1等賞をとったという。ラトビアは豊かな文化をもち、優れた建築も多いものの、EU内では最貧国のひとつで、人口も最も少ない部類に入る。1991年の独立以降、人口は減る一方だ。

げてパリパリになり、パンの底にくっついたまま残っている。そこはかとなく木の香りが漂い、口に入れるとつばがわき出るような酸っぱさがあった。ラズィンシュ家のはちみつと最高に合う。

アイヴァルスとイロナは、田舎暮らしの醍醐味を意識してとりいれながら、生活を組み立ててきた。たとえば、モノやサービスを物々交換する、自分の土地で育てた果物を3人の娘たちと収穫する、収入に見合ったつつましい暮らしをするといったことが、彼らにとっては大切なのだ。ラトビアの田舎で医者になっても、患者としてやってくる地元の人たちと似たような収入しか得られない。「ここに住みたいから、ここにいるんです。こんな田舎じゃ高い給料をもらえませんけど」とイロナは特に気にするようすもない。

ふたりはできることはすべて自分たちの手でやり、何年もかけてすこしずつ養蜂業を大きくしていった。「あのシンクも、もし新品を買っていたら、その分はちみつを値上げしなければならなかったでしょうね」と、はちみつ加工場の改修中の水場を指さした。

上：果樹やサウナが見える居心地のいいキッチンで、イロナが客人をもてなそうと紅茶をいれている。
下：ライ麦でできた酸味のある黒パンのスライスは、ずっしりと重い。イロナがそこに自家製のはちみつをたっぷり塗ってくれた。はちみつと物々交換したパンの表面には、焼くときに敷いたカエデの葉がくっついていた。
右：ラズィンシュー家が、伝統的な日曜日の昼食を近所のレストランで楽しむ。ライ麦パンを発酵させ、砂糖や果物で甘みをつけたクヴァスも欠かせない。

ジャガイモやニンジンはアイヴァルスの母親から、牛乳は近所の酪農場から分けてもらう。母屋の廊下には、リンゴの箱や、クリーム色の蜜蝋のかたまりが積みあげられていた。「田舎に住んでいると、自然の恵みには事欠かないんですよ。このあたりでは、パンやはちみつをつくっているでしょう？　お隣の地区では、生肉や燻製肉を売る人が多いんです」と、イロナが教えてくれた。

　一家は、冷涼なバルト海沿岸特有の料理や食材を好む。酸味のあるライ麦パン、サワークリームのソース、酢漬け野菜のサラダ、燻製肉、キャベツ、根菜、そして香り高いディルなどである。アイヴァルスの好きな飲み物は、発酵したパンからつくるクヴァスだ。この地域は一年のうち作物を育てられる期間が短い。だから長い歴史の中でこの地に暮らす人々は必要に迫られ、さまざまな食材を発酵させ、漬けこみ、燻し、乾燥させて、保存がきくようにしてきたのだろう。

　冷涼な土地で飼育されるミツバチは、眠る時間が長くなる。「生産量は落ちますけど、品質はよくなる」とアイヴァルスは誇らしげに語る。彼のはちみつが賞をとったのだから、それは証明済みだ。「ほかの国では、ミツバチはもっと長い時間働かされますからね。うちのミツバチときたら、年間4か月働けばいいだけ。あとの8か月は、とても居心地のいい家で暮らしているんだから、いいご身分ですよ」とアイヴァルスはおどけて笑った。

　別の場所に置いた巣箱でとれたはちみつをブレンドすることは？「はちみつは採集地ごとに別のタンクに保管します。養蜂業をしていると、おもしろいエピソードはいろいろありますから、覚えておいてお客さんに伝えたいんですよ」

　アイヴァルス夫妻は、はちみつに薬草や根菜を漬けこんで、薬効のある商品をつくれないかと実験を重ねている。スウェーデンカブを漬けこんだ強烈な味のはちみつは、「はちみつというより、男性の健康を増進する薬といったところでしょうか」と、イロナは遠回しな表現をした。ビーポレン（ミツバチが集めた花粉）やプロポリス（はちみつを溜めた穴をふさぐためにミツバチが使う樹液）、ローヤルゼリー（未来の女王や働きバチに与えられる、栄養たっぷりの分泌物）といった副産物も、ホリスティック療法のレメディ（療剤）として売ったり、使ったりしている。

　アイヴァルスとイロナは、自前のサウナもつくっていた。ロシアの別荘風のたたずまいで、室内にはまきストーブがあり、窓からは池を見わたすことができる。「サウナに入ったあとは、そこの池で泳いで、またサウナにもどるんですよ」。養蜂や森林管理で忙しく働いた1日のしめくくりとしては、最高の過ごし方ではないだろうか。

**「うちのミツバチときたら、年間4か月働けばいいだけ。
あとの8か月は、とても居心地のいい家で暮らしているんだから、
いいご身分ですよ」**

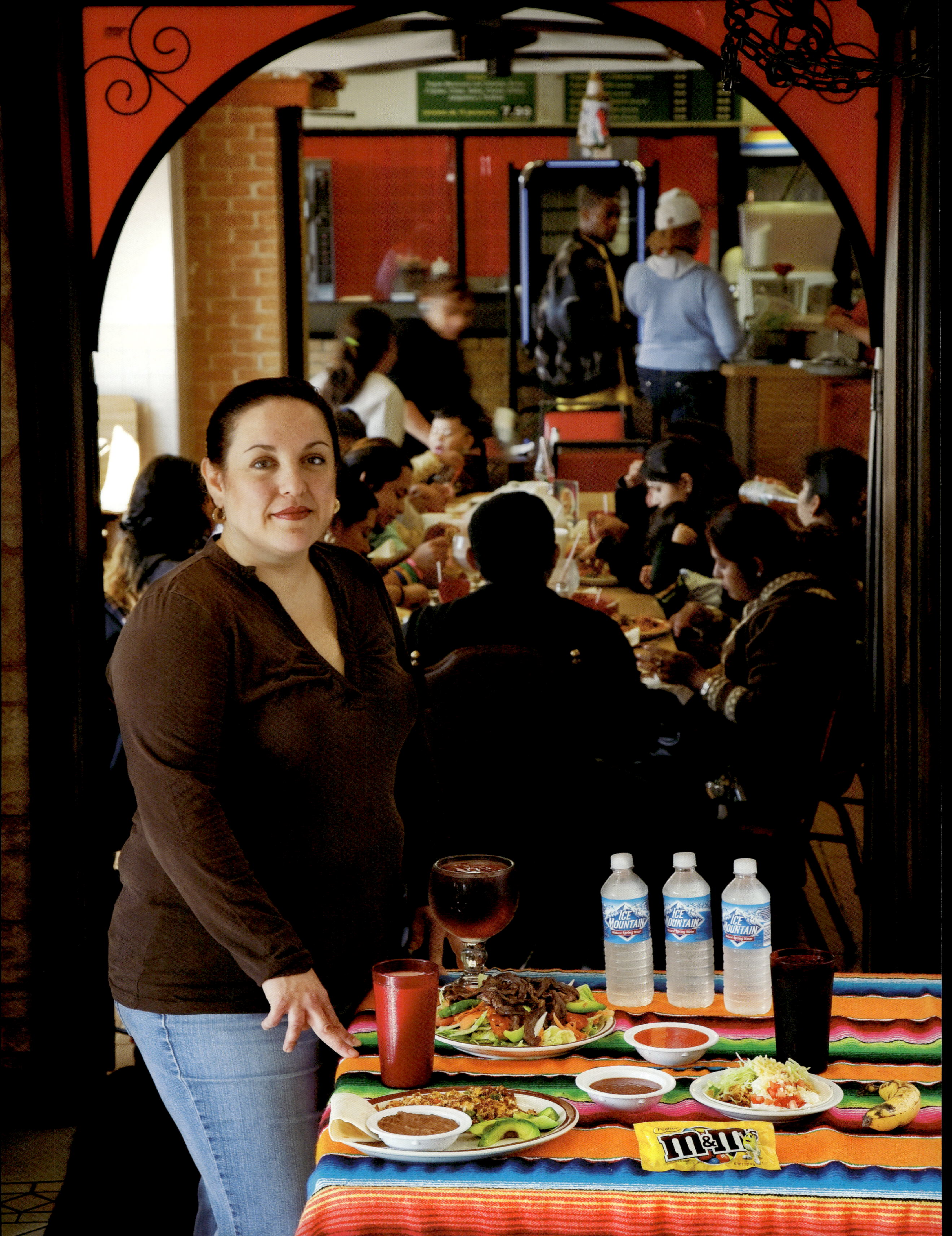
7.99
ICE MOUNTAIN
ICE MOUNTAIN
ICE MOUNTAIN
m&m's

3200

総摂取カロリー **3,200kcal**

アメリカ　イリノイ州シカゴ
レストランのオーナー

ルルデス・アルヴァレス　　女性、年齢39歳、身長159cm、体重86.2kg

1日の食事　9月

朝食：チョリソー、トマト、ハラペーニョ入りのスクランブルエッグ 232g、フラワートルティーヤ 34g、ピント豆を煮込んでつくる自家製リフライドビーンズ 139g、アボカド 119g、サルサ 74g、脂肪分2％の牛乳入りコーヒー 467mℓ、砂糖 大さじ1

昼食：ステーキサラダ（アイスバーグレタス 232g、ハラミ 145g、アボカド 43g、トマト 43g、ニンジン 31g、ピーマン 26g、タマネギ 11g）、ドレッシング（クラシック・フレンチ） 136g、粉末を水で溶いてつくったハイビスカスドリンク 497mℓ

夕食：ベジタリアン・ソフトタコス（フラワートルティーヤ 43g、アボカド 119g、ピント豆を煮込んでつくる自家製リフライドビーンズ 57g、メキシカンライス 45g、サワークリーム 40g、アイスバーグレタス 31g、トマト 17g、モントレージャックチーズ 14g）

軽食その他：ピーナッツ入りのM&M's 48g、バナナ 130g、ダイエットペプシ 473mℓ、ミネラルウォーター 710mℓ、サプリメントと薬（写真にはない）（ビタミンB₆、クロミフェン、メトホルミン）

「うちの店で出すデザートは、トレス・レチェスも、トレス・レチェス・チョコラーテもフランも、全部私がつくるのよ。これが目当てで来てくださるお客さまもいるんですから」。シカゴ出身のルルデス・アルヴァレスは得意そうに語る。トレス・レチェとは3種類のミルクを使ったケーキ、フランとはカスタード・プリンのことだ。ルルデスと夫のオスカーは、シカゴの南にあるアルシップという町でメキシコ料理店「エル・コヨーテ」を経営している。昼どきともなれば、「タコ・ベル」の店舗を改装してつくった店内のブースは満席になる。お目当てはスイーツだが、新鮮な野菜でつくったサルサのバーや手頃な値段のタコス、マヨネーズとライムのしぼり汁、チーズ、チリパウダーのソースをかけたゆでトウモロコシなども人気だ。唐辛子入りの辛いたれで下味をつけたチポーレ・チキンやチポーレ・チキン・タコスは、大勢の客が注文していく。

とはいえ、ルルデスが最も得意とするのはデザートだ。ケーキのデコレーションを学んだ経験もあり、名刺の裏側には「ケーキ職人」と書いてあるほど。何段にも重なるウェディングケーキや、キンセニエラ（ラテンアメリカ文化圏には、少女の15歳の誕生日を盛大に祝う習慣がある）でふるまうお菓子だってつくれるのだ。

ルルデスは、生まれたときからレストラン・ビジネスにどっぷりつかってきた。いまも「エル・コヨーテ」と、車で30分ほどのところにある父親が経営するレストラン「ロス・ドス・ラレドス」をかけもちで働く。ルルデスの父親は、シカゴ南西部のリトル・ビレッジで、1966年にレストランを開いた。最初は小さな店だったが、周辺に住むメキシコ系アメリカ人の数が増えるにつれて、店構えも大きくなっていった。ルルデスは、子どものころから料理や接客をしていたという。

食事は、たいていどちらかの店でとる。「自宅には非常用のストックぐらいしか置いてないんです。そう、ジュースと、卵と、朝食のミルクシェイクをつくるのに使う果物くらいかしらね」。娘のアレハンドラ（10歳）の朝食の食材ばかりだ。アレハンドラは、学校が終わるとエル・コヨーテに遊びにくる。夜はオスカーに連れられて父方の祖母の家に行き、夕食を食べさせてもらう。エル・コヨーテで1日10時間働くルルデスは、夜の8～9時にならないと仕事から解放されないのである。

ルルデスは出産後、多囊胞性卵巣症候群と闘ってきた。病気に対して、担当医は糖尿病と同じ治療をする。ルルデスは糖尿病ではないが、インスリン抵抗性があるからだ。多囊胞性卵巣症候群の症状のひとつに、体重増加がある。「診断が出るまでは、『食べ過ぎですよ』とよくお医者さんに言われました。だから食事制限や運動をしたんですけど、ちっとも減量できなくて」。治療薬を飲みはじめてから体重は落ちはじめたが、もっと減量したほうがいいと、医者には言われる。

「ダイエットでつまずいているのは、甘い物好きだからなんです。夫は戸棚を開けるたびに、『なんでここにこんなにチョコレートがあるんだ』って言います。チョコレートがちょっと食べたくなると、3、4個つまむでしょう？ でもそれだけじゃすまなくて、また3、4個は食べてしまう」。ドーナツもよくない。「うちの裏にダンキン・ドーナツの店があって、『ママ、しばらくドーナツ食べてないんじゃない？』って娘がときどき言うんです。ドーナツは、食べはじめると1個でやめられないからよくありません。父は『メキシコ風の揚げパンを食べればいい』と言うんですけど、あれは本当に大きいからサイズの小さいドーナツを選ぶんです。カロリーは同じくらいだってことは、本当は分かっているんですけどね」

左：レストランのオーナー兼シェフのルルデス・アルヴァレスは、父親が経営するメキシコ料理店「ロス・ドス・ラレドス」で平均的な1日の食事を用意してくれた。彼女はロス・ドス・ラレドスの2階にあるアパートで育ち、いまでも週に2日は店を手伝っている。そのほかの日は、イリノイ州アルシップにある自分のレストランで朝から晩まで働く。
右：注文の電話に応対するルルデスの横で、学校がひけて店に立ち寄った娘のアレハンドラが、携帯メールをチェックしている。

3200

総摂取カロリー **3,200kcal**

エジプト　カリュービーヤ県カイロ郊外のビルカシュ

ラクダ商人

サレハ・アブドゥル・ファドララー　　　男性、年齢40歳、身長173cm、体重74.8kg

1日の食事　4月

朝食：卵（2個）108g、バター 大さじ1、フール・ミダミス（ソラマメをニンニク、レモン汁、クミン、油と一緒に煮込んだ料理。写真にはない＊）147g、アイシ（エジプト特有の平たいパン）244g、揚げた薄切りのジャガイモ 37g、トマト 173g、塩 小さじ0.5、フェタチーズ 105g、紅茶 112mℓ、砂糖 大さじ1、煮沸した水 207mℓ

昼食：ヤギ骨つき肉のスープ 190g、ジャガイモとトマトをタマネギ、ニンニク、クミン、エジプシャン・バハラット（スパイスミックス）、油と一緒に煮込んだ料理 190g、モロヘイヤ、チキンストック、バター、ニンニク、コリアンダーの種でつくるスープ 128g、白米 213g、紅茶 112mℓ、砂糖 大さじ1

夕食：アイシ 244g、フェタチーズ 65g、白米 179g、揚げた薄切りのジャガイモ 43g、紅茶 118mℓ、砂糖 大さじ1、煮沸した水 207mℓ

終日：紅茶（6杯）591mℓ、砂糖 71g、キングサイズのタバコ 1箱

※写真右下の皿（ヤギ骨つき肉のスープ）は、フール・ミダミスの代わりに置かれたもの。総摂取カロリーには含まれていない。

　エジプト最大のラクダ市場は、以前はカイロ北西部のインババ地区で開かれていた。ところが首都の発展にともない、土地取引や開発の波がインババにも押しよせてくると、はるか西方の郊外へと追いやられてしまった。1995年のことだ。おかげでサレハ・アブドゥル・ファドララーをはじめカイロやギザのラクダ商人たちは、カイロ市街から35kmも離れた移転先のビルカシュまでマイクロバスで通勤しなければならなくなってしまった。時間がかかるし、バスの乗り心地は悪いし、道中は騒がしいことこのうえない。マイクロバスはいきなり停車しては乗客を乗降させるし、いらだたしげにクラクションを鳴り響かせる。

　市場に連れてこられるラクダの旅は、さらに過酷だ。陸路や海路でソマリアやスーダン、エチオピア、そしてエジプト全土から運ばれてくるのだが、中には数千kmの旅を強いられるものもいる。ビルカシュに来るのは、途中のラクダ市場で買い手がつかなかったラクダばかりだ。平ボディのトラックにすし詰めの状態で市場に運びこまれると、食肉用や荷役用として売られていく。

　ラクダが10頭ほど、ビルカシュ市場の中央を貫く大通りにさまよい出てきた。走り出せないよう片足をロープで縛られているせいで、不器用に跳びはねながら、砂ぼこりを舞いあげる。監視役がどなり声をあげながら、宿泊所からあわてて飛び出してきた。ラクダを棒でたたいて、囲いに誘導する。10頭のラクダは、大声で鳴いたり、つばを吐いたりしながら、よろよろとゲートを通って囲いの中に入り、同じくさんざんたたかれたあげくに閉じこめられた50頭のラクダに合流した。

　ラクダ市場で働く男たちの中には、市場内に住みこむ者もいれば、自宅から通う者もいる。サレハは基本的に自宅から通勤するが、食事はたいてい職場ですませる。しかも、この仕事にはほとんど休みがない。サレハたち腕利きのラクダ商人は、この市場で行われる何千件ものラクダの取引を仲介している。事務所スペースと囲いを市場で借り、ほかの商人も雇い入れて、手広く商売をしているのだ。

　市場のレストランは、夜も明けきらないうちから朝食を出していた。メニューには、フール・ミダミス（ソラマメをニンニクと油と一緒に煮込んだ料理）、卵、できたての平たいパン、紅茶などが並ぶ。「コカ・コーラを飲もう」と書いた真っ赤な看板の下では、うたい文句通りに客がコカ・コーラを飲んでいた。商人たちは、脈がありそうな客と見ると、喜んでコカ・コーラをごちそうする。もうすこし時間が遅ければ、元精肉業者の店主が出すこのレストランの目玉料理（ありとあらゆる動物の肉）も食べられるのだが、いまはまだ仕込みの最中だ。

　ターバンを頭に巻き、ゆったりとした長い外衣を身につけた男たちが、ひげをしごき、あるいは腹をぼりぼりとかきながら、温かくて甘い紅茶に砂が入らないよう手で覆い、開場を待っている。彼らはラクダ以上に国際色豊かだ。ヨルダン人やサウジアラビア人もおり、その多くは売り手と買

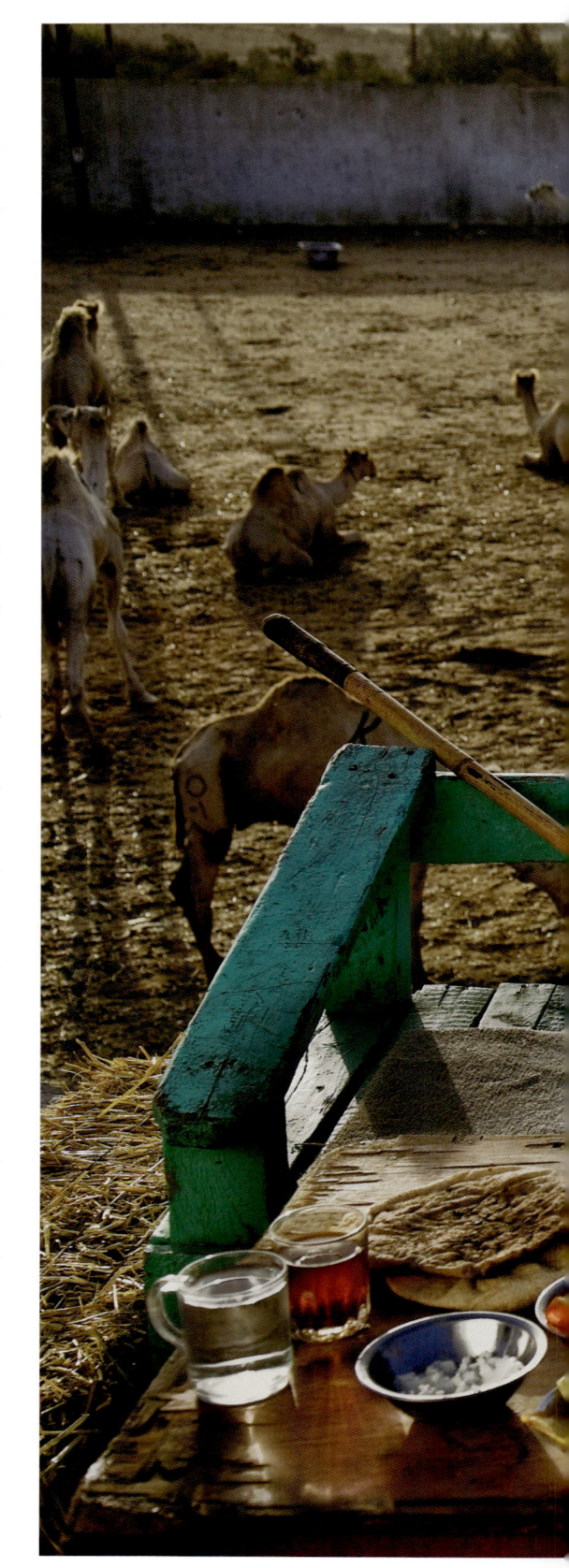

ラクダ市場の囲いの上に、平均的な1日の食事を前にしたサレハ・アブドゥル・ファドラーが座っている。ラクダのこぶには水が蓄えられているとよくいわれるが、実はここには脂肪組織が集まっていて、体内のほかの組織に熱が溜まりにくい仕組みになっている。こぶの数は、アラビア産のヒトコブラクダがひとつ、アジア産のフタコブラクダがふたつだ。ラクダは、砂漠の気候にうまく適応している。長い脚、大きくて先がふたつに割れた蹄、そして革のように硬い足裏のおかげで、砂の上でも楽に歩くことができる。しかもまぶたや鼻孔、厚い毛皮は、熱や巻きあがる砂から身を守ってくれる。このような特徴を備えているうえに、とげのある植物でも平気で食べ、草木の堅い部分からも水分をとることができるため、砂漠という過酷な土地でも生き延びることができるのだ。

い手をつなぐ仲介業務にたずさわっている。
　ラクダを満載した青いトラックが2台、ソマリアから到着した。10日もかけて紅海を北上してきたために、ラクダはみな疲れ果てている。ラクダ商人や助手たちも続々とバスで到着する。何人かは市場にあるモスクにまっすぐ向かった。
　父親から仲介業の手ほどきを受けたサレハは、「親父はもっと腕がたった」と言う。だが、父親はサレハが12歳のときに42歳で亡くなったのだから、これは少年の日のあこがれが入りまじった記憶として、割り引いて聞いておいたほうがいい。父親の死後、長男のサレハは一家の稼ぎ頭としてラクダ市場で働きつづけた。手伝いの仕事から始め、やがて精肉業や仲介業にも乗りだしたという。学校に通ったことはないが、交渉の達人たちに実地で鍛えられるうちに、やり手の交渉人に育っていった。サレハの息子は、父親と一緒に働きながら学校にも通っている。「ビジネスってやつを学んでいるんですよ」。サレハはうれしそうだ。
　さきほどソマリアから到着したラクダに目を向けると、男たちが6人がかりでトラックの荷台からおろそうとしている。よく見ると、出口をふさいでいる2頭のラクダのうち、1頭が死んでいるではないか。もう1頭は座りこみ、何度棒で打たれても動こうとしない。しっぽを強く引っぱると、ようやくよろめきながら立ちあがり、トラックから降りていった。ほかのラクダがそのあとに続く。
　市場が活気づく中、首から鈴を下げたラクダが群れの先頭を歩き、あわれな仲間を導いていく。スーダン産のラクダは、3頭まとめて12,000エジプトポンド（約 196,380円）で売れた。たてつづけに別の取引が成立し、2頭まとめて9,000エジプトポンド（約 147,240円）で売れた。3番目の取引は、1頭で5,000エジプトポンド（約 81,810円）というバイヤーの要求を売り手がのまなかったために、交渉が決裂してしまった。なんとか話をまとめたいラクダ商人が、長い外衣をまとった大柄なバイヤーに紅茶をすすめている。
　サレハは、食肉用のラクダを調達にきたバイヤーのために、手ずからオレンジソーダを運んでいく。価格交渉が続いているが、バイヤーは「高すぎる」と言って歩みよってこない。すると、売り手が思わず声を荒らげた。サレハはすかさず男たちの胸元に手を置いて両者を制し、穏やかな、落ち着いた口調で、ラクダの品質についてとうとうと語りはじめた。
　交渉が白熱すると声が大きくなることもあるが、実はこれもかけひきのうちだ。その朝は一度だけ、激しい感情的な言いあいの場面に遭遇した。「あんたの息子となら取引をしてもいいが、あんたとだけは絶対にするもんか！」。ここで交渉はご破算になった。「運次第ですよ。負けるときもあれば、勝つときもある。どう転ぶかはだれにも分かりません」。サレハは超然としたものだ。
　価格交渉というものは、かならず白熱するものだ。双方が提示する金額の差大小にかかわらず、それはかわらない。最終的には、サレハがなんとか取引をまとめあげた。
　あるバイヤーが、両腕を空に向かって突きあげた。高すぎる、と身振りで示しているのだ。すると、売り手がその男の肩に力強く手を置き、言い値を下げて、なんとか取引をまとめにかかる。お互いが腕をつかんだところで、取引が成立した。

左頁：ラクダ市場にいたトラックの運転手たちが、ひなびた露店で遅めの朝食をとっている。今日のメニューは羊肉、ジャガイモ、タマネギ、トマト、そして平たいパンだ。
上：サレハが売り手の手首をつかみ、両者の口論を収めて取引をまとめようとしている。仲介業者としての腕の見せどころだ。
左：ソマリアから到着したラクダが、ぎこちない足どりでトラックをおりる。紅海沿いの港からここまで砂漠を横切って運ばれてきたのだ。

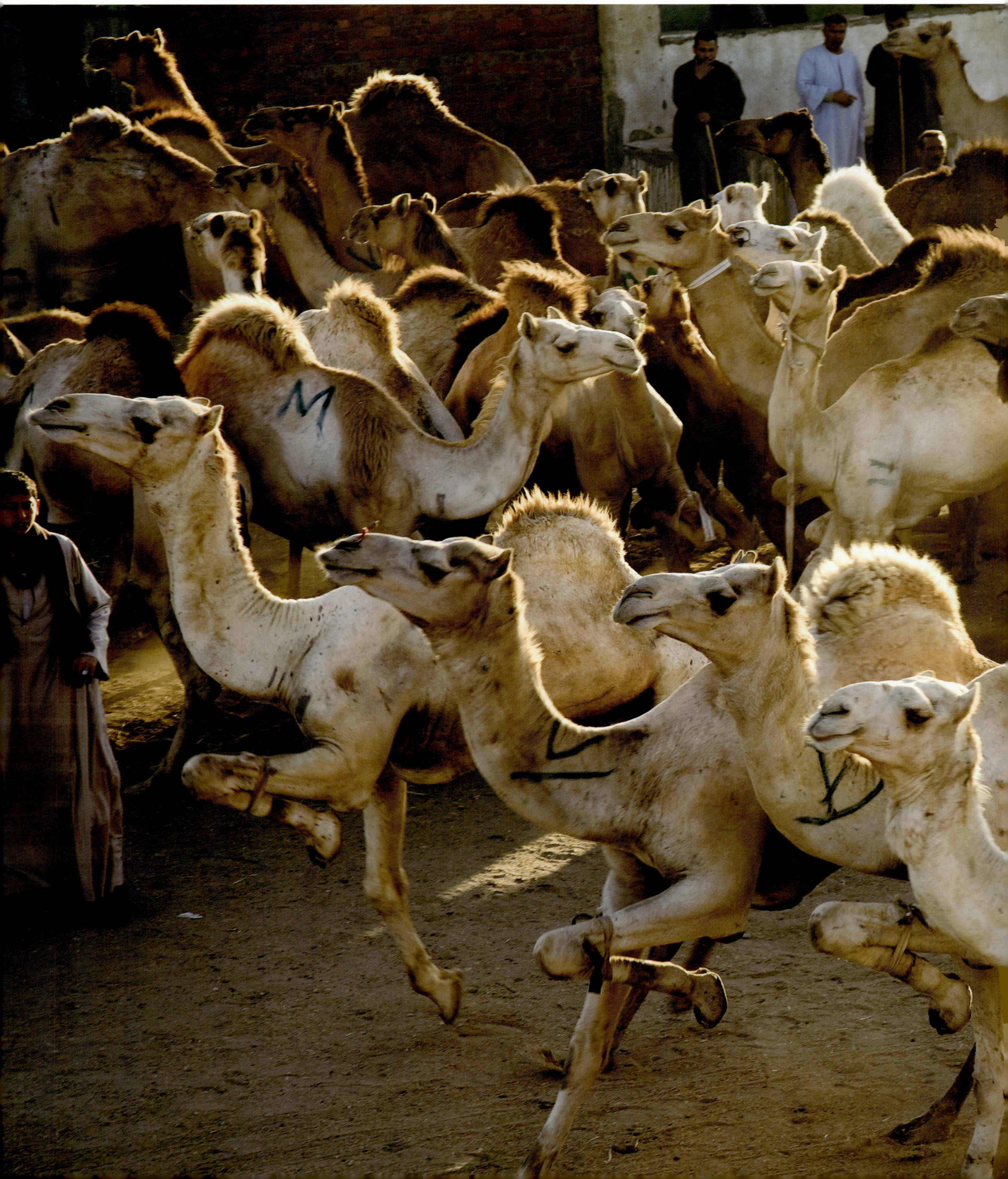

紀元前2000年ごろに家畜化されたラクダは、いまでは荷役用ではなく、食用の家畜として育てられることが多い。ラクダは一気に時速60kmまで加速することができるので、ビルカシュ市場に到着すると、業者がすぐに脚を1本、ロープで結わいてしまう。そのため、ラクダは3本の脚で跳ねるようにして歩く。また、売り手と買い手の双方が識別しやすいよう、背にはペンキで印がつけてある。ラクダ商人もラクダも、愛想の悪さは折り紙つきだ。言うことをきかせるためなら、商人たちはためらいなく長い棒でラクダをたたく。

3200

総摂取カロリー **3,200kcal**

アメリカ　ケンタッキー州メイキング

炭鉱労働者

トッド・キンサー　　　　　　　　　男性、年齢34歳、身長180cm、体重83.9kg

1日の食事　4月

朝食：ケロッグのポップターツ(砂糖衣つきチェリー味、2個) 125g、コーヒー(通勤途中) 355mℓ、コーヒー(職場にて) 299mℓ

昼食：ボローニャソーセージとチーズのサンドイッチ(食パン 60g、ボローニャソーセージ 85g、クラフトのプロセスチーズ 23g)、ダイエットペプシ(ワイルドチェリー味) 355mℓ、チョコレートケーキ菓子 40g、飲料水 355mℓ

夕食：インスタントのパスタセットを使った挽肉入りマカロニ料理(チェダーチーズ味) 726g、クラフトのバーベキューソース 大さじ1、デルモンテのグリーンピースの缶詰 88g、クルミ入りチョコレートファッジ(2個) 122g

終日：コーヒー(帰宅途中) 299mℓ、カフェイン入りの水(ベリー味) 591mℓ、ダイエットペプシ(ワイルドチェリー味) 355mℓ、かみタバコ(ワイルドベリー味) 34g

「仕事中は、かみタバコをやってるんです」。ケンタッキー州東部の炭鉱で10人の仲間とチームを組み、石炭運搬車の運転を担当するトッド・キンサーは言う。「かんでいるとつばがわいてくるから、粉塵(ふんじん)対策になるんです」

トッドが勤める鉱山会社サファイア・コールでは、刃がたくさんついた大型機械の頭部を回転させて、地下深くに埋蔵された石炭を削り出す。背が低く車体の長い電気自動車を操作するオペレーターの仕事は、削り出された石炭を、地上に送るベルトコンベヤーまで運ぶことだ。

採掘は、柱房式採掘法で行う。炭鉱労働者が作業を進めるあいだも石炭の一部を支柱として残し、作業場である切羽(きりは)を1.2～1.8mのルーフボルトで一時的に安定させるやり方だ。

10時間の勤務シフトは午前6時に始まるので、トッドは通勤途中に車中で朝食をすませる。どんなものを食べているのかと尋ねると、しぶしぶといった感じで教えてくれた。「ブラックコーヒーと砂糖衣つきのポップターツですね。できればチェリー味がいいけど、シナモンシュガー味やブルーベリー味も好きですよ」。妻のクリスティはもっとおおらかで、「1週間分のメニューを最初に考えておくんです」とすすんで教えてくれた。どうやら、トッドはいままでその事実に気づいていなかったらしく、すこし驚いていた。「そうだったの？ でも言われてみれば思いあたるふしもあるな」

鉱山の事務所に着くと、あわただしくコーヒーを1杯飲む。それから全員が作業用の車に乗りこみ、15分かけてホワイトバーグ郊外のアドバンテージ・ワン鉱山の地中深くにある切羽に向かう。

勤務中の食事は、どうしても手軽に食べられるものにせざるをえない。作業員は、仕事が始まったら手を止めるわけにはいかないし、シフトが明けるまでは鉱山から出ることもできないからだ。「自宅からサンドイッチを持っていくんです。石炭を削っているあいだは手を休められないので、フォークやスプーンを使う食事なんて論外ですよ。サンドイッチとダイエット用の炭酸飲料、それからケーキ菓子が私の昼食です」

3児の親であるトッドとクリスティは、どちらもフルタイムで働いている。そのためクリスティは、夕食にはたいてい手軽につくれる料理を用意する。家族みんなが大好きなインスタントのパスタセットを使い、レシピの倍量のパスタをソースであえて、缶詰の野菜を添えたりするという。ミートローフとマッシュポテトにインゲンといったボリューム満点の料理も、ときにはつくる。

一家は、週に2日はレストランで食事をする。日曜日にはトッドの父ハロルドが勤務する教会の礼拝に出て、そのあと教区の人たちと一緒に昼食にくり出す。ハロルドは、近くのセコという町にあるメソジスト教会の牧師なのだ。

トッドの一番好きな夕食メニューを尋ねると、「夜に朝食メニューを食べるのが好きです」と即答した。「ごくたまにしかしませんけど。たいていは父の家ですね。夜に朝食メニューを出すときは、いつも声をかけてくれるんです。ただの朝食じゃなく、田舎風のフルブレックファストですよ。目玉焼き、ソーセージ、ハム、焼いたボローニャソーセージ、ビスケットパン、グレービーソースと、すべてそろっているんですからね」

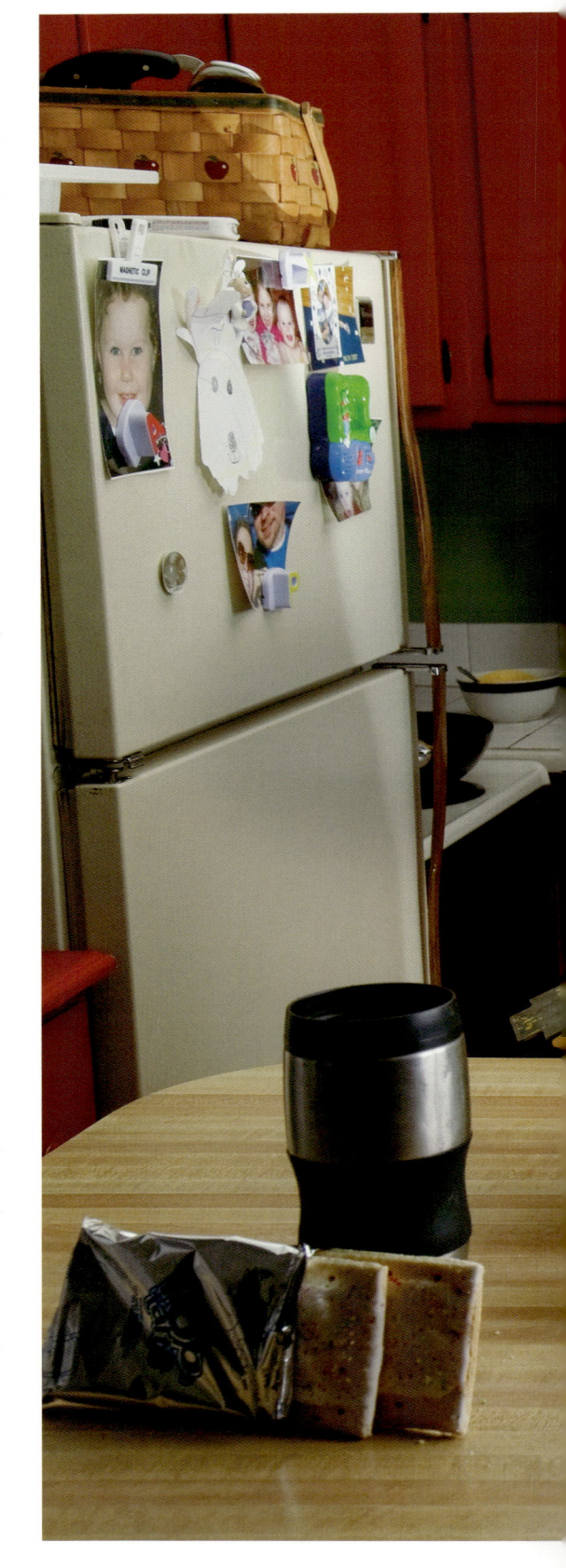

炭鉱労働者のトッド・キンサーが、平均的な1日の食事と職場に持参する弁当箱をキッチンのテーブルに並べてくれた。自宅でシャワーをあびて1日分の粉塵をこすり落としたあとは、大好物のインスタントのパスタセットをレシピの倍量のパスタでつくり、心ゆくまで堪能する。大学を卒業後、比較的高い賃金が得られることに惹かれて鉱山労働者になったトッドは、地中深くにある炭鉱で1日10時間の勤務シフトをこなす。切羽では、粉塵にまみれた掘削機が轟音を立てながら石炭を削り出す。トッドは車高の低い電気自動車を運転して、それをベルトコンベヤーまで運ぶ。彼が働く鉱山はケンタッキー州ホワイトバーグ近郊のアパラチア山脈内にあり、ヘッドライトやヘッドランプの明かりが届かないところは漆黒の闇だ。冬になると、出勤日はまず太陽をおがめない。

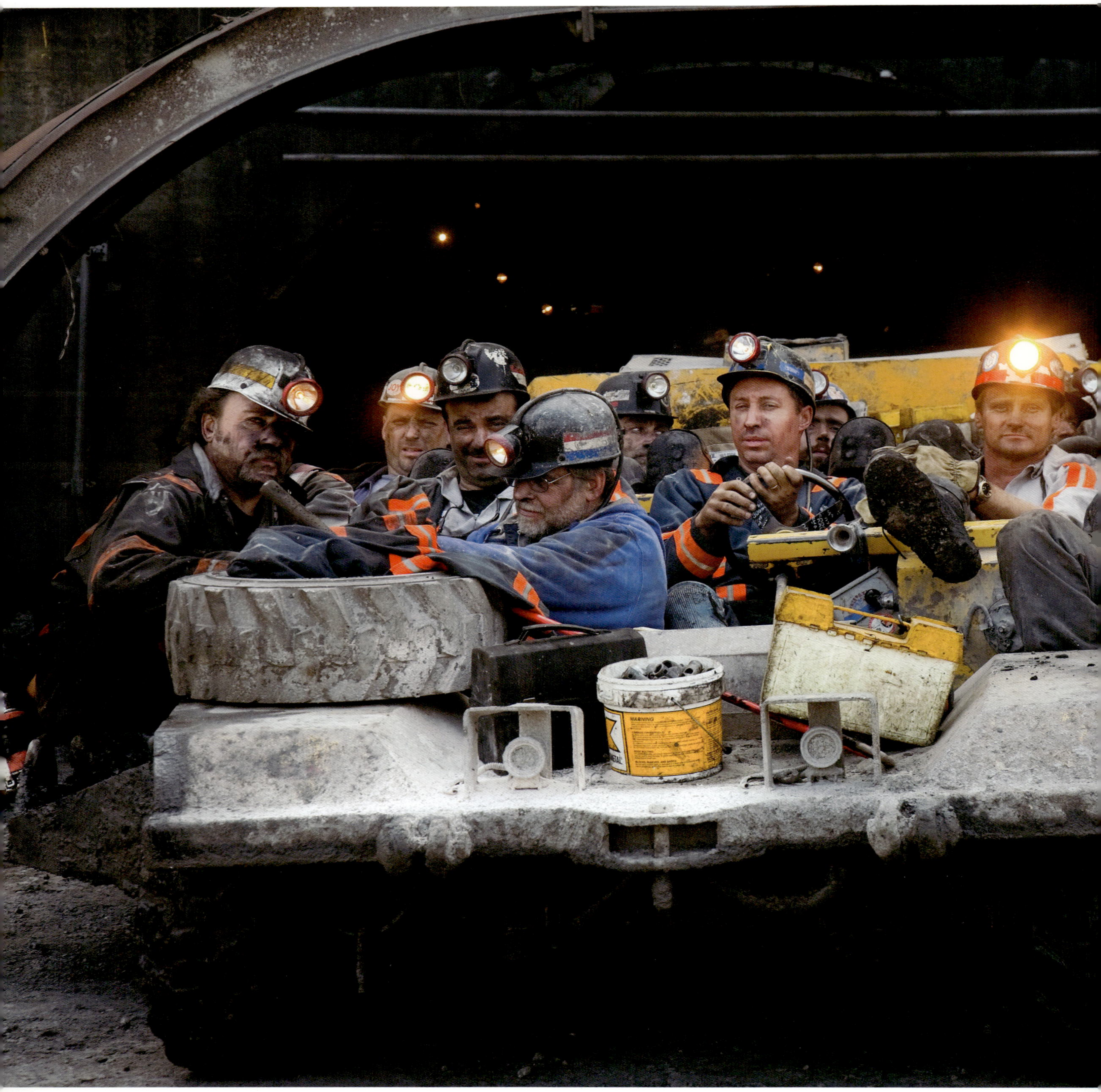

左：ケンタッキー州ホワイトバーグ郊外のアドバンテージ・ワン鉱山の坑口から、10時間の勤務シフトを終えたトッドら鉱山労働者たちが姿をあらわした。山中を数キロ入ったところにある切羽と地上を往復して労働者たちを運ぶ「人車」に乗り、くつろいだようすだ。

上：毎週日曜日、トッド一家はマイルストーン統一メソジスト教会の礼拝に出る。トッドの父であり、元鉱山労働者のハロルド・キンサー牧師が、ひざをついて妻ジュディの背に手を置き、イエス・キリストの祝福を求めて祈る。ジュディは教会では奏楽を担当している。この日の礼拝では、地獄の責め苦についての説教があった。あいまあいまで信徒たちが音楽担当に曲の伴奏が入ったCDを手渡し、順番にマイクを握っては、美しい歌声を披露していた。

下：礼拝後、トッドと妻クリスティが、ホワイトバーグにある食べ放題のレストランで親戚や友人との会食を楽しむ。

上：カート商人のアハメド・アハメド・スウェイドが、サヌア旧市街にある建物の屋上で、平均的な1日の食事を前にして座っている。イエメン人の男性らしく、ジャンビーヤと呼ばれる短剣を身につけている。彼は旧市街のスークで、8年前からカートを売っている。カートをかむ習慣は、喫煙ほど健康に深刻な害をおよぼすことはないが、社会的、経済的、環境的には多大な影響をおよぼす。

右：カートの葉をかむと、アンフェタミンに似た、弱い覚醒作用をもたらす物質が放出される。イエメンでは、男性の9割が週に数回カートをかむ習慣がある。女性も25％と、非常に多い。カートを栽培すると、他の穀物の10〜20倍の利益が上がるため、人々は乏しい地下水をくみ上げてはカート畑の灌漑に使ってしまう。そのせいで、ほかの食糧や輸出用農産物の生産が圧迫されている。

3300

総摂取カロリー 3,300kcal

イエメン サヌア

カート商人

アハメド・アハメド・スウェイド

男性、年齢50歳、身長170cm、体重67.1kg

1日の食事 4月

朝食：タマネギ、トマト、粉唐辛子と一緒に煮込んだフール(ソラマメ) 159g、挽肉 159g、クダム(中が空洞のイーストでつくるもっちりしたパン) 113g、コーヒー 44mℓ、加糖練乳(写真にはない) 小さじ2

昼食：子羊肉 255g、白米をニンジンとタマネギと一緒に炊き、ショウガ、シナモン、カルダモンをきかせた料理 258g、サルタ(牛肉、ナス、トマト、タマネギを唐辛子とコリアンダーの種と一緒に煮込み、ムース状のフェネグリークのトッピングであるハルバをかけたシチュー) 417g、クダム 108g、ニンジン、キュウリ、ピーマン、タマネギのサラダ 204g、酢とライム汁のドレッシング 大さじ1.5、マンゴー 346g、メロン 343g、マンゴージュース 245mℓ、ギシル(コーヒー豆の殻を煮出してつくる、甘い紅茶のようなコーヒー) 50mℓ

夕食：サルタ 247g、クダム 57g、白インゲンとタマネギとトマト 278g

夕食後の軽食：グアバジュース 313mℓ、カート(刺激を得るためにかむ葉) 153g

終日：ミネラルウォーター 3ℓ

美しい高層住宅やモスクが空に向かってそびえ立つイエメンの首都サヌアは、見る者を魅了してやまない。石とレンガでできたこれらの建物は、装飾部分には白い石膏、そして窓には宝石のように美しい大理石の一種、アラバスターが使われている。2,500年前に築かれたこの歴史ある街は老朽化が進んでいたが、1980年代にユネスコ(国際連合教育科学文化機関)とイエメン政府によって、修復と再建が行われた。サヌアの市街地は、とうの昔に旧市街を囲む高い塀を飛びこえて郊外へと広がっている。旧市街の周囲には、商業施設、政府機関、そして住宅地が無秩序に乱立しているのだ。サヌアの人口は現在約200万人だが、10年後には倍増すると予想される。しかし、この国は深刻な水不足に悩まされており、最終的にはこの問題が、大規模な内紛を引き起こすのではないかともいわれている。

生粋のサヌアっ子であるアハメド・アハメド・スウェイドは、いまも生家に住んでいる。旧市街のスークにある穴蔵のような店や屋台まで、歩いても5分ほどの距離だ。アハメド自身も、そういった屋台のひとつで商いを営んでいる。

アハメドの妻がつくる一家5人分の食事は、たいていはイエメン料理だ。アハメドは、強烈な暑さをしのぐために1日じゅう水やジュースを飲む。コーヒーやギシルも好きだという。ギシルとは、コーヒー豆の殻を煮出してつくる甘くて温かい飲み物で、好みに応じてスパイス類を加える。スークでは、朝から晩まで紅茶をすすっている人が多い。その中で紅茶があまり好きではないというアハメドは、かなりめずらしい存在かもしれない。

社交的なアハメドは毎日店を開け、こぢんまりとした屋台にしつらえたクッションの上でゆったりとあぐらをかく。そしてイエメンに何千といるカート商人のひとりとしてこの葉を売るのだ。

カート(アラビアチャノキ)の葉は、イエメン人男性の90％と女性の25％がたしなむ国内最大の娯楽だ。カートの葉をかむと幸福感に包まれ、覚醒効果が何時間も続くという。アハメド自身も、友人とともに毎日1袋分のカートの葉をかむ。しかし彼の妻はカートの味が嫌いだといって手を出さないそうだ。

首都サヌアから北西に車で15分ほど行くと、ワディ・ダハールに着く。ロック・パレスとして知られるダル・アルハジャールがある町だ。しかし、こ

上：サヌアでは、木曜日の午後に友人同士で集まり、5～6時間かけてカートをかみながらタバコを吸う習慣がある。男たちはビニール袋をかきまわしてはつぎにかむ葉を選び、1枚かみ終えるとほおにため、葉のかたまりがゴルフボール大になるまで口から出さない。
下：カートは年間を通じて栽培される。葉の覚醒効果は1日でなくなるので、その日摘んだものをすぐに仕分けして洗い、市場まで大急ぎで運ばなければならない。
右：旧市街のスークで、屋台に腰かけてカートの葉を売るアハメド。中程度の品質のカートが170～230g（ひとりが1回にかむ量）入った袋は、日本円で約720円する。

の町の魅力はなんといってもカートの葉につきるだろう。頭にターバンを巻き、スーツのジャケットを着た男性の一群が、甘くて温かいお茶を飲みながら、緑色の金ともいわれるカートの葉をかんでいる。足下には、使い古したビニールの袋が風に吹かれてちらばっている。この地方でもまだマンゴーの果樹はそこここに残っているが、果樹園の大多数はカートの木に植え替えられ、首都圏の人々の消費を支えるために管理・収穫されるようになった。

カート生産者のアリ（80歳）は、町の近郊でカートを栽培し、ひと財産を築いたという。この日は自ら監督して、雇い人に56キロ強の葉を収穫させていた。これは、サヌアで開かれる結婚パーティの主催者が予約した分だ。結婚パーティに集まる250人の男性に十分行きわたるよう、18万円分の葉を現金で前払いしたという。

カートは社会的な悪だという意見がある一方で、なくてはならない妙薬だという意見もある。失業率が35％にものぼるイエメンでは、国内第2位の雇用を生み出す重要な産業という側面もある。食糧の生産を圧迫しているとはいえ、カートは国内最大の換金作物なのだ。

その一方で、農業は危機的な状況に置かれている。くみあげた地下水の3分の1が、カート畑の灌漑に使われているからだ。地下水の急減にともない、井戸掘り業者は前代未聞の深さまで穴を掘り、先史時代に蓄えられた水をくみあげているが、いまやそれすらも水量が減りはじめている。イエメン全体では10年以内、サヌアに限定すればさらに早い時期に、水資源は枯渇すると予想されている。

197

古代都市サヌアには石膏で縁取られたアースカラーの高層建築が立ち並び、夢のような風景をつくりだす。旧市街は、世界で最も長く人が住みつづけてきた都市で、世界遺産にも登録されている。ここにある10か所あまりのハマーム（伝統的な公衆浴場）、100か所以上のモスク、そして6,000軒を超える家は、11世紀にまでさかのぼることができる。レンガづくりの家の大半には、幾何学的な装飾が美しいフリーズや、色彩豊かな窓、平らな屋上テラスがついており、中には7階建ての建物まである。1969年に北イエメンの内乱が終わるまでの2世紀間、旧市街にはよそ者が入ってくることがなかったが、老朽化が進む中心街を嫌い、富裕層が郊外にできたいま風の快適な住宅に移りはじめると、こんどは近代化の波におびやかされるようになった。サヌアは過去100年のあいだに拡大しつづけ、人口も2万人から200万人に膨れあがった。1980年代にイエメン政府とユネスコが共同で旧市街の保存と修復を手がけたおかげで、建築美と文化的な美しさをかねそなえた、見る者を圧倒する生きた記念碑としてよみがえることができた。

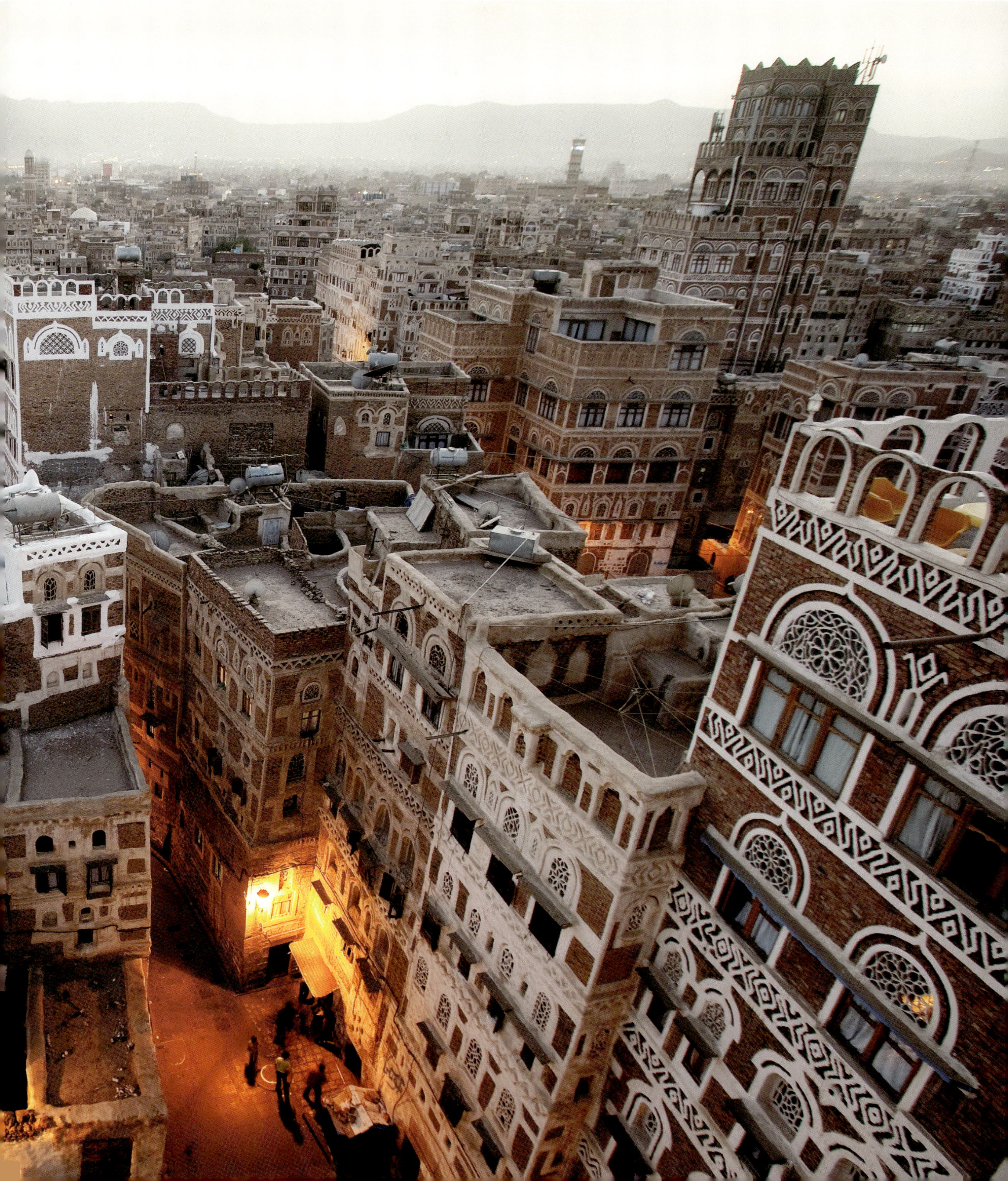

3400

総摂取カロリー＝3,400kcal

ブラジル　アマゾナス州カヴィアナ郊外
アマゾンで孫を育てる主婦

ソランジェ・ダ・シルヴァ・コヘイア　　女性、年齢49歳、身長159cm、体重76.2kg

1日の食事　11月

朝食：自宅の近くでとれたトゥックマン（5個）241g、コーヒー（2杯）251mℓ、乳製品不使用の粉末状クリーマー（写真にはない）小さじ2、砂糖45g

まとめてつくった昼食と夕食：アイスポットシクリッドの頭部にグリーンマンゴーを詰め、タマネギ、ニンニク、レモン汁と一緒にゆでた料理499g（丸ごと1匹の生の重量だが、食べたのは頭部のみ）、魚のゆで汁のスープ（塩大さじ1、白米264g）296mℓ（写真にはない）、スープに添えたピント豆の煮込み（乾燥時のピント豆153g、タマネギ91g、ニンニク3g、植物油大さじ1）、各プレートにふりかけたキャッサバ粉278g

軽食その他：ミルハリナ（加工済みのトウモロコシ粉）でつくったトウモロコシ粉の蒸しケーキ136g、マーガリン（写真にはない）小さじ1、マンゴー（6個）726g、ロスカ（ドーナツ型の固いパン）37g、クリームクラッカー23g、ソフトドリンク（カフェインを含むガラナという植物の実からつくる飲料）1ℓ、井戸水2ℓ

　ソランジェ・ダ・シルヴァ・コヘイアの家は、アマゾンの熱帯雨林の奥地にある。家のすぐ横までせまった森の上空を、極彩色のオウムの群れが飛んでいった。「オウムは毎日飛んでいますよ」。黄緑色のヤシの木の実、トゥックマンをむいて食べながら、ソランジェが言う。夫のフランシスコは、カヌーに乗って川に魚網をしかけるときや、28頭の牛の世話をするために自宅からカヌーで30分ほどのところにある農場に向かう途中で、やはりこのオウムを見かけるそうだ。「朝と午後にここを通るんです」。フランシスコが教えてくれた。

　ソランジェとフランシスコは、ソリモンエス川（アマゾナス州にあり、アマゾン川にそそぐ）の支流のほとりに建てられた質素な家で暮らす。最寄りのカヴィアナ村からも数キロほど離れたところだ。船の速さにもよるが、テフェなど西にある町にしろ、東にある州都マナウスにしろ、町に出るには6〜8時間かかる。アマゾン川水系では、点在する村をつなぐ交通の足は川船だからだ。

　カヴィアナ村には井戸水があり、供給は不安定だが電気も通っているし、電話が1台、自家用車が1台、それにトラックも2台ある——あったところで車を運転していける場所などないのだが。カヴィアナから船で20分かかるソランジェの家には、電気は通っていないし、飲料水もない。飲料水は、村から運んで粘土製の容器で冷やしておく。氷は、町に住む息子の家でつくり、発泡スチロール製のクーラーボックスに入れて生鮮食品の冷蔵用に使ったりしている。

　いまどきの便利な暮らしができるテフェで子ども時代を過ごしたソランジェは、将来こんな暮らしをするとは思いもしなかったという。「ここで暮らしていくのは、本当に大変ですよ」。ふたりが出会った当時、フランシスコはテフェ近郊でジュートの栽培と加工をしていた。ソランジェがそんな彼と結婚したのは、16歳のときだ。ふたりは3年ほどテフェで暮らしたのち、「カヴィアナ近郊の農場にもどってきてほしい」というフランシスコの父親の頼みを聞き入れた。

　この家では子どもが3人生まれたが、末の娘は2歳のときに川船の中で亡くなった。誤って中毒をおこし、救急病院に運んでいく途中だった。

　一家は牧畜と漁業で生計を立てている。アマゾン川流域の開発が遅れた地域の漁師たちは、長い網をつけた杭を川にさし、カーテンのように網を垂らして漁をする。夜に漁をするほうが涼しいが、いまはやっていない。いやというほどアリゲーターに出くわして、痛い目に遭ってきたからだ。

　牛もまた、ジャングルに棲む動物、特にアメリカヒョウの餌食になりやすく、年に3、4頭は襲われる。いまから2年前になるが、フランシスコは牛の死骸の脇にヒョウの足跡を見つけた。そこで、2本の木のあいだにハンモックを渡し、12番口径の散弾銃を手にしたままハンモックに横たわり、暗闇にまぎれてヒョウがあらわれるのを待った。しかし、夜の10時になり、あきらめて家に帰ることに。散弾銃を地面に置き、ハンモックをたたもうとしたそのとき、ふとふり返ると、アメリカヒョウがこちらを見ているではないか。フランシスコは散弾銃をひっつかんで発砲し、そのヒョウをしとめた。「ヒョウの肉は5日間かけてたいらげましたよ」。友人や親戚にもたっぷりふるまったそうだ。ヒョウの皮を自宅の壁に飾っ

農場主の妻ソランジェ・ダ・シルヴァ・コヘイアが、ソリモンエス川を見下ろす自宅で家族とともにくつろぐ。目の前に置いてあるのが、彼女の平均的な1日の食事だ。ソランジェと夫のフランシスコ（背後の右側の椅子に座っている）は、カヴィアナ村郊外にフランシスコの祖父が建てた家で、4人の孫のうちの3人と一緒に暮らしている。一家は現金収入を得るために牧畜を営み、ときには自宅で食べるために羊を1、2頭飼育することもあるが、基本的にはその日にとれた魚や飼っている鶏が産んだ卵から動物性タンパク質をとっている。果物やブラジルナッツは敷地内で育て、米やパスタ、トウモロコシ粉はカヴィアナにある商店で買う。ソランジェの大好きな、ブラジル原産のカフェイン含有量が高いベリー、ガラナのソフトドリンクも、市販のものだ。

上：子ども部屋で学校に行くしたくをする孫を手伝うソランジェ。
下：朝食には、甘くないトウモロコシ粉のケーキもつくってくれた。フランシスコがブリキの缶を改良してつくった容器で蒸したものだ。
右：朝食がすむと、子どもたちはリュックサックを背負い、船外機つきのカヌーに乗って、20分ほど川を下ったところにあるカヴィアナの学校に向かう。

てみると、天井から床まで届くほどの大きさで、武勇伝は折に触れて人々の口にのぼったという。
　一家は、飼っている家畜は食べない。捕食動物に襲われて失う頭数にもよるが、だいたい年間6〜10頭を売って現金収入にするだけだ。基本的には魚を食べて暮らしていて、鶏肉もときどき口にする程度なのである。ソランジェは、アイスポットシクリッドという魚が大好物で、中でも頭部が一番好きだという。乾季には、戸外でまきを使って火をおこす。魚は、焼くこともあるが、タマネギやニンニクと一緒に煮ることのほうが多く、グリーンマンゴーが手に入れば中に詰めて煮る。豆料理は毎日つくるし、米とパスタは日替わりで用意する。そしてブラジル全土の習慣として、どの料理にも粗く挽いたキャッサバ粉をたっぷりふりかけて食べていた。一方、雨季には室内のプロパンガスコンロで料理をする。これは5年前に購入したもので、ソランジェにとっては初めて手にした室内用のコンロだ。
　学校がある日は、夜明け前からオイルランプをともし、コンロで重い鉄を温めて、同居している3人の孫の洋服にアイロンをあてる。そして寝ぼけ眼の

3人のために、バターを塗った市販のクラッカーと粉ミルク入りのコーヒーの朝食を用意する。食事中には、聖書を読み聞かせていた。

ソランジェは、ときどき朝食用にトウモロコシ粉のケーキをつくる。フランシスコが専用の道具をつくってくれたのだ。そのほかには、農場でとれた季節のごちそうがいつも食卓に並ぶ。たとえばマンゴー、オレンジ、グアバ、マンダリン、ブラジルナッツ、カシューナッツ、ヤシの実の一種であるトゥクマンとアサイ、それにクプアス（カカオ豆に似たブラジル産の熱帯フルーツ）などだ。

イラン・ジュニア（10歳）とイタルー（8歳）、イリス（7歳）は、カヴィアナに住む息子イランの子どもたちだ。彼は一族の土地やその周辺で伐採した硬材を売るためのエージェントとして働き、大きな町に出向いては価格交渉をしている。父フランシスコや子どもたちが集めたブラジルナッツも売ってきてくれる。一家のもとには、孫たちの世話を手伝うためにイレーヌ（17歳）という新しい家族が来たばかりだった。彼女はイランの4番目の子どもを身ごもっているのだが、ソランジェはその件については触れてほしくないようだ。

イリスは、牛乳がたっぷり入ったコーヒーを飲みながら、テーブルの脚にひもで結わえつけられた川カメに足を載せている。ソランジュは来月、このカメをローストするつもりだ。「孫息子の誕生日の夕食の一品にしようと思って」と、もう1人の孫息子について語りはじめた。娘のところの3歳の男の子のことである。これまで開かれてきた数々の誕生日パーティの名残なのか、キッチンにはカメの甲羅がいくつもちらばっていた。

朝食を終えた子どもたちはリュックサックを背負い、自宅から川岸まで急な丘を下っていった。船外機つきの小型カヌーに乗って学校に行くのだ。途中ですれ違った種類の違う2匹の犬には、ヘビにかまれた傷跡が残っていた。川岸の木や茂みに、太陽にさらされて白く乾いた草がくっついている。川が最高水位に達したときに流れ着いた草の跡だ。いま、アマゾンは乾季なので、水位はとても低い。しかし1月から5月にかけての雨季には川の水かさは12〜15mも増し、船は家の玄関のすぐ外に係留される。

ソランジェとフランシスコの家がある、川の流れがゆるやかな一帯は、イガレイプと呼ばれている。この地域の先住民であるトゥピ族の言葉で「カヌーの道」という意味だ。ここはまた、蚊の天国でもある。家族のだれもが、少なくとも1回はマラリアにかかった経験があるという。

大人の朝食がすみ、大人向けの聖書の朗読も終わると、フランシスコが漁に出るしたくを始めた。子どもたちが学校に行っているあいだ、イレーヌは何をするのか？「まあ、寝てるんだろうな」。フランシスコの言葉にみな笑ったが、ソランジェだけはその輪に加わろうとしなかった。

ソランジェには、人生の楽しみがふたつあるという。孫の世話と、アッセンブリーズ・オブ・ゴッド教会で開かれる女性グループの集会だ。土曜日になると、ソランジェは孫を連れて船でカヴィアナまで行き、礼拝に出席し、聖書の勉強をする。ソランジェにとっては、友人に会って羽をのばせる、週に一度の息抜きの機会でもある。

エッセイ

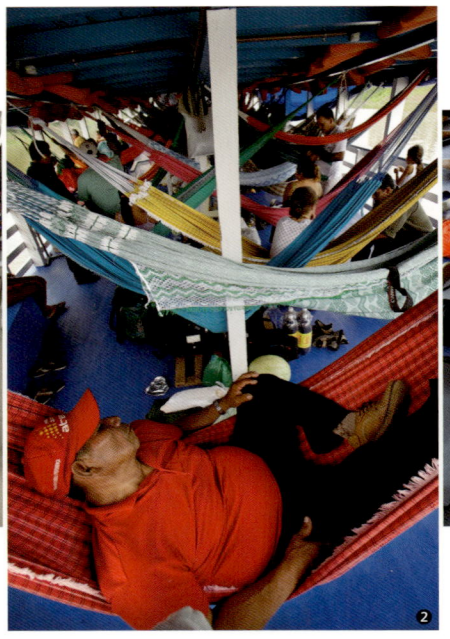

動かない生活から抜けだそう

メアリー・コリンズ｜ライター

私は40代のはじめに自転車事故に遭い、競技アスリートとして鍛えてきた体の健康と運動能力を一瞬にして失った。事故当時の状況はまったく記憶にない。土手沿いの小道に倒れていた私に気づいてくれた親切な人たちの顔はおろか、ヘリコプターで救急医療センターに運ばれたときに聞いたはずのプロペラの轟音も覚えていないのだ。分かっているのは、自分が椎間板を損傷し、数日後に退院したときには座りがちな生活を送る集団に組みこまれていたことだけ。都市部に住み、中程度の運動でさえほとんどしない34億人（世界の人口の約半分に相当する）のひとりになったというわけだ。日々必要なカロリーを確保するために収穫や狩猟、採集を行い、いわば原始的な生活に近い暮らしを営む残りの34億人と比べると、体力や健康状態の差は歴然としている。

特に工業国では、実に多くの人が食の方程式から身体活動の項をけずっている。これには、はたしてどんな問題があるのだろうか？ 私の場合、日常面では健康的な体重を維持することやふさぎがちな気分を盛りあげることに苦労し、仕事面では集中力が衰えた。しかし、周囲に目を向けると、みな私と同様、体を動かさない文化の中で生きているではないか。しかも、積極的に体を動かさない人もいれば、動かなくてもすむ社会システムになっているせいでそうなった人もいる。コミュニティ全体が、耕作や栽培、収穫、脱穀、製粉、手ごねといった骨が折れる作業に汗水たらす代わりにデスクワークで毎日の糧をえて、自家用車やバス、電車、飛行機などの交通機関で移動するようになった結果、私たちは体を動かさない生活パターンへと移行したのだろう。

このような新しい生活様式には、メリットが多い。狩猟採集社会や初期の農耕社会では、自然を相手に厳しい戦いを挑まなければ生きていけず、戦いつづけるエネルギーを補給するために必死でカロリーをとるよりほかなかった。カロリーの需給バランスはより均衡点に近く、十分なカロリーがとれなかったときの結果は惨憺たるものだった。何千年ものあいだ、人類の平均寿命は50歳に満たなかったのである。工業化をはたした今日の社会は、このような過酷な食の方程式から解放されたのだから、幸せといえるだろう。電気や安全な水道水、まともな食糧が手に入り、公衆衛生が発達し、過酷な生き方を手放すデメリットは十分に補われている。しかし、先祖から受けついだ体の声を、危険を承知で無視していることは忘れてはいけない。自分の意志で狩猟採集生活や農耕生活に背を向けることはできても、なんらかの形で身体活動を続けていたいという体の欲求を葬り去ることはできないからだ。

人間の体はいろいろな食糧を追い求めて活動するようにできているので、その点をおろそかにするとうまく機能しなくなるのである。そうなると影響は広範囲におよび、糖尿病や心臓発作、がん、さらにはメンタルヘルスの不調の発症率もあがるだろう。動物園にいる動物も、毎日エサを食べさせてもらう生活をしていれば同様の問題が生じる。思う存分走り、好きにさまよい、自分の食べ物は自分で狩り、狩られないように、ときには逃げなければならない野生動物には、肥満や糖尿病、心疾患などの病気はめったに見られないが、動物園の動物にはそれがあらわれるのだ。動物だって、閉じこめられればメンタルヘルスに不調をきたす。オオカミは自分の毛をむしりはじめるし、本来はおとなしい生き物でも攻撃的になる。そこで、岩の下にエサを隠してクマに探させたり、ロープに結びつけた肉をチーターに追わせるなど、動物が自発的に探したり、動いたりしなければエサをもらえない仕組みをつくる動物園も出てきた。

工業諸国ではこれと似たような趣旨の身体活動を人間用に開発して広めているが、残念ながら日常生活に組みこまれた自然な身体活動の代わりにはならないことが分かってきた。たとえばアメリカでは、学校で団体スポーツを行う時間を増やした結果、逆に肥満児の割合が増えてしまった。コロラドスプリングスにあるアメリカオリンピックトレーニ

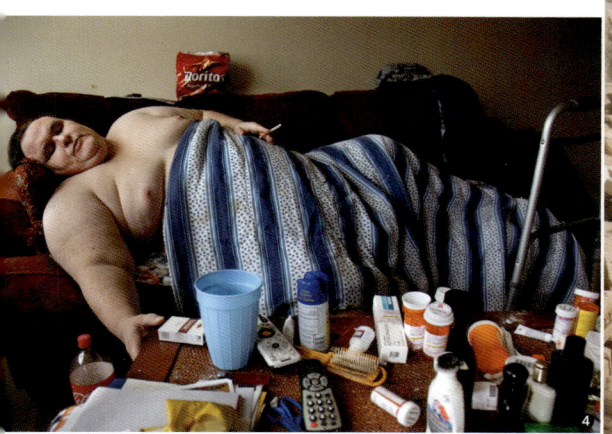

❶インド北部の聖地バラナシの混みあった通りを、ムンナ・カイラシュが家族を乗せて走る。❷ブラジルのソリモンエス川を走る川船では、乗客がハンモックに寝そべってくつろぐ。❸アメリカ・ニューヨーク州のキャッツキル山地で行われる減量キャンプに参加した少女たちが、朝の運動プログラムの一環としてストレッチをしている。❹アメリカ・テネシー州ノックスビル在住の湾岸戦争の退役軍人は、体重が226.8kgある。❺バングラデシュのソナルガオン近郊のレンガ工場で働く労働者。❻矢島純は、東京じゅうを駆けめぐって荷物を配達する。

ングセンターでスポーツ科学部門のトップを務めるビル・サンズによると、子どもは団体スポーツに参加するときより、勝手に遊んでいるときのほうがずっとよく動くという。実際、彼が娘のバレーボールの練習を1時間測定したところ、子どもたちは5分程度しか激しい運動をしていなかったそうだ。子どもにはスポーツをさせたほうが健康にいいといわれてきたが、狙い通りの効果はあげていなかったのである。しかも、アメリカ人はフィットネスプログラムに数十億円相当ものお金を注ぎこんでいるというのに、65％の人は運動不足だ。この数字は、1950年代から基本的に変わっていない。

実のところ、工業化した社会では世代が変わるたびに身体活動のレベルが低下している。今日の子どもたちは、生活習慣がよくないというだけの理由で、歴史上初めて親の世代より寿命が短くなるかもしれない。個人レベルでもつらい事実だが、もっと大きな集団レベルで見れば、壊滅的な結果をもたらす深刻な事態だ。アメリカでは、ヘルスケア関連の支出の8割が生活習慣病などの治療に費やされているため、支持政党や所得水準に関係なく、ヘルスケアについての議論がさかんにくり広げられている。体を動かす生活を国民全体にとりもどさせる。これができれば、ヘルスケア問題の解決策としては安く簡単に実行できるし、費用対効果も大きいはずだ。

工業化社会に生きる多くの人にとって、健康を維持できる程度に体を動かす生活に切りかえ、それを維持することが、なぜこんなに難しいのだろうか？ それは、体を動かす努力をして十分に報われるのがごく少数の幸運に恵まれた人だけで、その他大勢にはそういう恩恵がないからである。意志の力を鍛え、自らを奮いたたせなければ、大半の人は運動習慣を維持できない。ところが、いまどきの文化にはそれを妨げる要素がいくつも織りこまれているので、うまくできないのである。たとえば都市計画に配慮がなかったり、公共の場の安全が確保できていなかったり、時間やお金がなかったり、テレビやコンピュータを中心に据えた社会で仕事や生活をするせいで精神的にまいっていたりといった具合だ。

このような現状を見ればだれもが落胆するだろうが、小さな変化を起こすだけで驚くばかりの成果をあげることもできる。たとえば、安全な自転車専用道路をつくれば、自転車の利用者数は25％増えるだろう。職場にシャワーを設置すれば、従業員の身体活動は3割増える。職場で有給の運動時間を15分とりいれれば生産性があがり、子どもに戸外で自由に遊ぶ時間を30分与えれば、成績があがるかもしれない。

効果的な方法はそれぞれが見つけていかなければならないが、土地や食べ物との関係を見直してみるのはよいやり方だ。先祖たちの暮らしの中では、体と運動と土地と食べ物は密接につながっていたのだから、その絆をとりもどせば、さまざまなレベルで健康を再構築できるはずだ。たとえば、庭いじりは心身によい影響を与える。しかも、自宅の庭やコミュニティ・ガーデンで収穫した野菜は、店で買ったどんな野菜よりもヘルシーで新鮮で、季節感にあふれ、身近な存在なのだ。

もちろん、この方法は万人向けではないし、1年じゅう使えるわけでもない。けれども、自分の生活を見直し、運動レベルを向上するきっかけを見つけることくらいなら、だれにでもできるはずだ。ささいな変化としか思えないようなことが、大きな影響をもたらす場合もある。たとえば私は、リハビリテーションの一環として立ち机を買ってみた。すると、1日に4時間も座りっぱなしでいなければならなかった悪夢のような仕事場が、好きなときに立ち、座り（高いスツールを使う）、何時間でも歩きまわれる、運動と創造性に満ちたオアシスに早変わりしたのである。いまどきの椅子文化の中にいるとすぐに背中に痛みが走るのだが、この机を導入した初日にその痛みから解放されたうえ、生き方をほんのすこし変えるだけで新しい運動パターンを生み出せることに気づいた。これは、リハビリテーション中、自分にも状況を変える力があることを強く実感した瞬間だった。

メアリー・コリンズは、セントラル・コネチカット州立大学の教授で、専門はクリエイティブ・ライティング。ナショナル・ジオグラフィック協会や『Smithonian Magazine』などでフリーランスのライターとして活躍した。最新の著書『American Idle』では、座りがちなライフスタイルによって引きおこされる社会・文化・身体・道徳面での影響について論じている。

205

3500

総摂取カロリー **3,500kcal**

日本 愛知県名古屋市

力士

雅山
みやびやま

男性、年齢29歳、身長188cm、体重181.4kg

1日の食事　6月

朝稽古：水（取り組み前に儀式的に口に含む水）

相撲部屋での昼食：鶏の唐揚げ 176g、豚肉入りのちゃんこ鍋（2杯）771g、野菜の天ぷら 77g、キャベツと卵と鶏肉の煮込み 128g、白米 405g

相撲部屋での夕食：ほっけの塩焼き 99g、アサツキ入りの炒り卵 65g、ツナとキュウリとタマネギ入りのにゅうめん 454g、大根と鶏肉の汁物 215g、アサツキ入りのみそ汁 309g、白米 428g、大根 51g、キュウリの漬け物 37g

終日：ルーツの無糖ブラック缶コーヒー（4本）1.2ℓ、爽健美茶 2ℓ、六甲のおいしい水 6ℓ

知識も素養もない者にしてみれば、相撲という競技は、たんに太った男がふたり、土を盛ってつくられた風流なリングでくんずほぐれつするスポーツとしか映らないだろう。しかし、相撲ファンにとっては、何百年にもわたり、覇者を目指す者たちがしのぎをけずってきた神聖な国技であり、昔ながらの習わしや神道の伝統がいまも息づく神事でもある。

土俵では才気や経験がものをいうとはいえ、途方もない腕力とけたはずれの巨体をもちあわせていなければ、とてもではないが勝ち星をあげることはできない。立ち合いで相手の力士とぶつかるときはどんな感じなのだろうか？「壁に激突したような感じです」。東京の武蔵川部屋に所属する雅山が教えてくれた。
みやびやま

雅山は15歳のときにアマチュア力士となり、相撲の世界に飛びこんだ。相撲の取り組みに耐えられるだけの大きな体を手に入れるために、必死に食べて体重を増やしたという。そして出世の階段を駆けあがり、プロ相撲界の上位陣に食いこんでいった。いまは体重を維持すればよいだけなので、そこまで無理して食べる必要はなく、食べる量も以前ほど多くない。雅山の体は健康といえるだろうか？「コレステロール値はすこし高めですが、おしなべて健康ですよ」。しかし、健康だからといってけがと無縁でいられるわけではない。現に、彼の土俵での命運は、けがのためにずいぶん左右されてきた。

雅山は大関（相撲界で上から2番目の地位）になったこともあるし、何度も賞を獲得したほどの実力の持ち主だ。それでも、相撲界では一度手に入れた地位にしがみつくことは許されない。各本場所前に、先場所の成績に応じて力士の昇進や降格が行われるからだ。関取の定員は42人と決まっており、その中でさらに複数のランクに分かれている。昇進を決定するさいの明確な基準がないので、力士にとっては目標を定めにくい面もあるだろう。

力士の生活は、すべてにおいてしきたり通りに進んでいく。若手力士は部屋のまかないや掃除のほか、兄弟子の付け人も担当するのだが、雅山は昇進が早かったので下積みはあまり経験していない。「実際、料理をする機会はほとんどありませんでした。せいぜい野菜を刻んだくらいですよ」

若手力士が寝泊まりする大部屋は、居間と食堂も兼ねている。関取と呼ばれる上位力士になると、個室を与えられ、食事も先に用意してもらえる。とはいえ、朝起きてすぐに食事をする者はいない。黒いまわしをつけた若手力士は午前5時から稽古を始めるし、白いまわしをつけた関取もあとから練習に加わる。3〜4時間におよぶ稽古のあいだは、儀式的に水を口に含む以外、何も口にしない。

206

上：雅山の四股名をもつ力士、竹内雅人を、平均的な1日の食事とともに部屋の稽古場で撮影した。雅山が所属する部屋では、名古屋場所に備えて3時間もの猛稽古が行われた。汗だくになった力士たちは、闘志を胸に黙々と稽古に励む。体重180kgの巨漢にしては食べる量が少ないと思うかもしれないが、いまの体重を維持し、土俵で闘うエネルギーを得るにはこれで十分だという。場所前の猛稽古に入っていないときには、夜な夜な後援会の人たちと酒を酌み交わしたり、食事をしたりする。稽古中に1日の食事とともに雅山を撮影する許可が相撲協会から下りなかったので、上の写真は2日に分けて撮影した写真を合成した。

左：雅山は稽古中、関取の地位を示す白いまわしをつける。

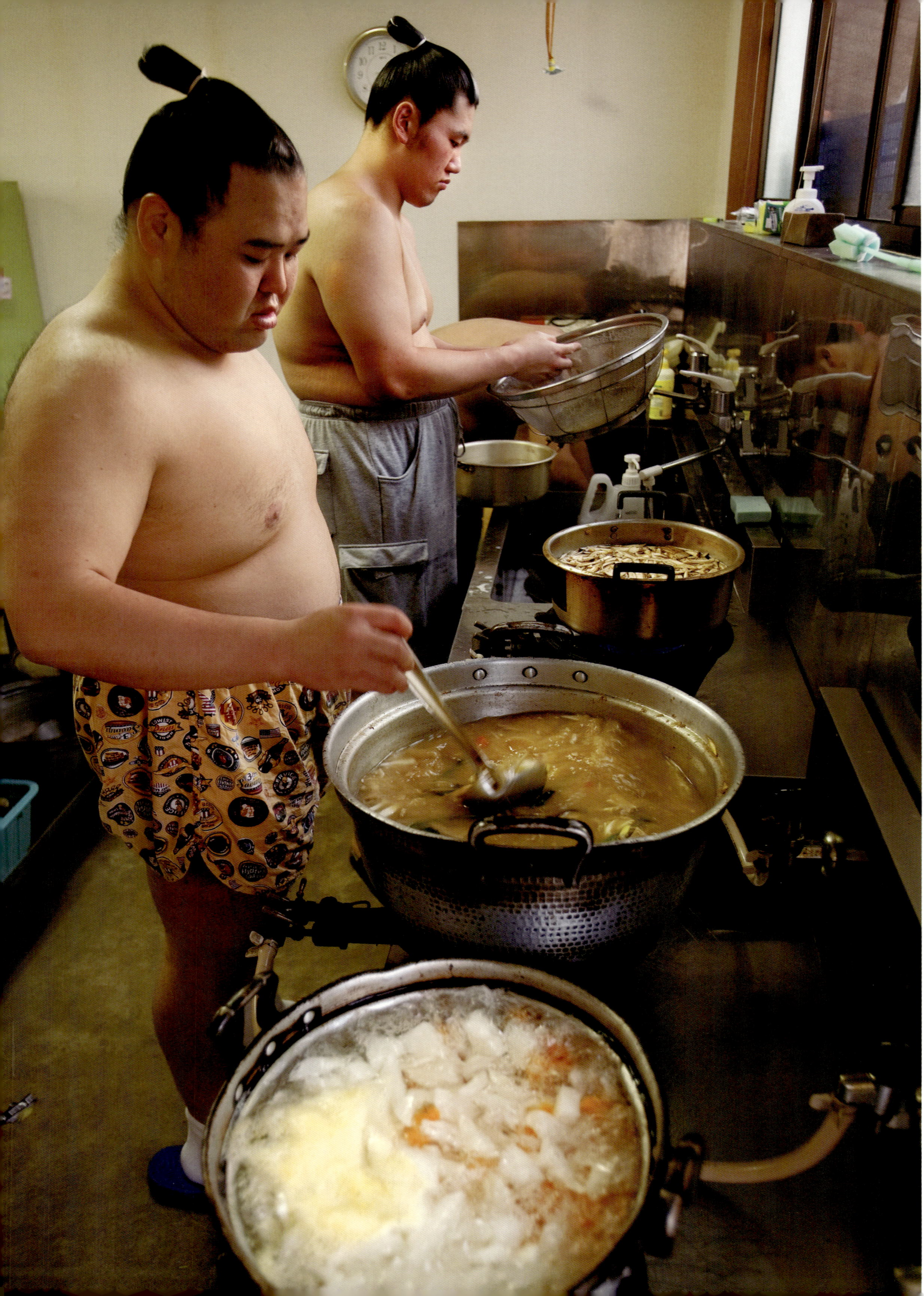

1日の最初の食事は、昼食なのである。

昼食と夕食には、山盛りの白米や麺のほか、肉や魚、野菜を煮込んだ高タンパク質のちゃんこ鍋が出る。ちゃんこ鍋は、手間がかけられるときは鶏ガラを長時間煮込んでおいしいだしをとる。忙しい力士たちが大急ぎでつくるときは、市販のスープをだし代わりに使うことが多いが、どちらも結局はがつがつと胃袋におさめられていくことに変わりはない。

「体重を増やしたいなら、正しいやり方ってものがあるんです。私は食べ物にはうるさいほうでね。体重が増えればいいぐらいのいい加減な気持ちで、若いの（力士）が体に悪いものを食べているところを見つければ、必ず注意するようにしています。ケーキやクッキー、甘いお菓子、ポテトチップスを食べても、健康的に体重を増やすことはできませんから」。力士たちのあいだで、栄養について議論することはあまりないというが、「力士は糖尿病になりやすいので、この話は仲間うちでもよくします」と雅山は語る。

取材班が訪問したとき、下位力士たちは同輩どうしということもあり、くつろいだようすで調理をしていた。取材したのは名古屋にある合宿所のちゃんこ場で、力士たちが出場する本場所を1週間後に控えた時期だった。力士は東京の部屋からちゃんこ鍋の道具をすべて名古屋に運び、数百キロの移動などまるでなかったかのように、着いた翌日からふつうに料理をしていた。

力士たちはステンレス・スチール製の長いカウンターで野菜を刻み、雪のように真っ白な山ができるほど大量の大根をおろす。さらにサバの缶詰をいくつも開け、ふたりがかりで皿に盛りつけては、粉唐辛子をふりかけていた。

ちゃんこ長の永井 明が、コンロでぐつぐつと煮立っている巨大なちゃんこ鍋の味見をしている。おもむろに日本酒を足してから、もう一度味を見た。「いつ死んでもいいように、だれかにこの味を伝えておかないと……」。力士でもあるちゃんこ長はだれにともなくつぶやきながら、菜箸を手にとり、こんどはしょう油とごま油、ごま、唐辛子で味つけをしたキンピラゴボウの味見にとりかかった。

ちゃんこ長がプラスチック製の皿に料理をとり分けるあいだに、ほかの力士たちがゆでたそばや麺、ごはんが入った鍋をちゃんこ場から隣の部屋に運ぶ。食事はすでに始まっていた。ちゃんこ場はかなり広いのだが、立ち働く男たちの体があまりに大きいので、狭苦しく感じる。「お前、太りすぎだぞ」。焼いた鶏の胸肉がいっぱいに入った金属の皿を手にした力士が、すれちがいざまに仲間に声をかけた。

左：力士は当番制で料理をするが、作業の大半は若手力士がこなす。
上：相撲部屋で黒いまわしをつけているのは、若く、小柄で、経験の浅い力士たちだ。東京の部屋では、つらい朝稽古のしめくくりに全員が参加して基本動作の確認を行い、部屋としての一体感を高める。
下：食堂は、寝室も兼ねる。力士は全員そろってたたみの上で食事をとる。部屋の奥には、ふとんが積みあげられていた。若手力士は相撲の取り組みに耐えられるよう体を大きくしなければならないので、とにかくたくさん食べろと言われる。食費にはスポンサーからの援助もあてられる。食事は和食ばかりというわけではない。「ファストフードを出した日は、和食より食べるのが早くなります」と、ちゃんこ長の永井 明が明かしてくれた。

WATERMAN
HONOLUA
SURF Co.
CORE FOUR
BALANCE ENDURANCE
STRENGTH TRADITION
CORE FOUR
STRENGTH TRADITION
BALANCE ENDURANCE
WATERMAN
Sparkletts
Coors LIGHT
OLUA
F Co

3500

総摂取カロリー **3,500kcal**

アメリカ　カリフォルニア州サンオノフレ
スタンドアップパドル・サーファー

アーニー・ジョンソン　　　　　　男性、年齢45歳、178cm、体重74.8kg

1日の食事　9月

朝食：紙パック入り卵白(生のまま飲む)とホットソースと黒胡椒 238g、オリーブ油 小さじ1、オートミール 105g、クレイズン(甘みをつけた干しクランベリー) 11g、バナナ(2本) 340g、緑茶 355mℓ

昼食：鶏肉とピント豆とサルサソース入りのブリトー 454g、バナナ 170g

夕食：サーモンの切り身 266g(生の重量)、ブラックバーレー(大麦の一種)と大根の種入り長粒玄米 269g、レタス、ピーマン、トマト、ニンジン、マッシュルームのサラダ 139g、イタリアンドレッシング 57g、クアーズ・ライト・ビール(4本) 1,390mℓ

軽食その他：オートミールとレーズンとクルミ入りバー 68g、リンゴ 156g、蒸留水 3.8ℓ、サプリメント(マルチミネラル、アルギニン、ビタミンBコンプレックス、ベータカロチン、カルシウム、魚油、グルコサミン・コンドロイチン、ミルクシスル、トリプトファン)

アーニー・ジョンソン(EJ)と妻のアンディは、カリフォルニア州ロサンゼルス南部のデイナポイント湾内に停泊する全長約12mのヨットで暮らしている。建具屋として働くEJのサーファー歴はかなりになるが、スタンドアップパドル・サーフィンと運命的出会いを果たしたのは2006年のことだった。

週の半分ほどはサーフボードの上に立ち、波立つ海にこぎ出していく。柄の長いパドルを握る姿は、ほうきで海を掃いているようにも見える。「海の用務員だってよく言われます」とEJは笑う。サーフボードとパドルを自在にあやつり、沖に出たり、加速したりすることはもちろん、狭い場所でのターンもやすやすとこなす。スタンドアップパドル・サーフィンは1920〜30年代にハワイで発祥したスポーツで、波が穏やかな湾内でも、荒波が立つ外海でも、多くの大会が開かれている。

長く伸ばした金髪のおかげで、EJの姿は沖にいても簡単に見つけられる。「これまでずっと長髪で通してきましたからね。丸刈りならだれにだってできますけど、長髪は気持ちが入っていないと無理です」。そう語る彼は、食生活に対しても同じように思い入れをもっている。18歳でウェイトトレーニングを始めたときに完成させたスタイルをいまも貫き、「ジャンクフードは食べません」と断言。脱脂乳とバナナでつくるプロテイン・シェイクを飲み、卵は白身だけを食べ、買い物に出ればオーガニックのものを選ぶという徹底ぶりだ。「大盛りのホウレンソウサラダに、ピーマンとトマト、天然の魚、オーガニックの鶏胸肉。1週間、これのくり返しですよ」。夜はビールを2〜6缶、もしくはワインを飲むのが日課のようだ。「かかりつけの医者には内緒ですよ」と彼はおどけてみせた。

EJとアンディはたいてい地元の店で魚を買うが、ときにはヨットで沖に出て、水中銃で天然の魚をとる。「30kmほど沖合に出て、ケルプを見つけたら、潜ってその下に隠れている魚をしとめるんです。なかなかおもしろいですよ」

EJがよくサーフィンをするビーチは、サンオノフレ原子力発電所に隣接している。このビーチは人が少なく、犬ものびのびできるので、飼い犬のタコも大好きだ。ここの常連に原発を恐れる人はいない。「別に気にしていません。原発のすぐ目の前で波に乗ることもしょっちゅうですしね。原発の近くで奇形の魚がとれたなんて言う漁師さんもいますよ。でもぼくはこうかわすんです。『それなら今日の晩飯は3つ目の魚にでもしようかな』ってね。原発では年に2回、実際に警報がなるかどうか、音を出して検査します。その音を聞くと、さすがに『本番でこの音を聞くようなことは絶対にあってほしくない』と思いますね」

左：サンオノフレ原子力発電所の近くで、建具屋兼スタンドアップパドル・サーファーのアーニー・ジョンソンを撮影した。ボードの上に載っているのが、彼の平均的な1日の食事だ。
右：夕食にサーモンのグリルを味わうEJとアンディ。

3600

総摂取カロリー **3,600kcal**

アメリカ　コロラド州グランド・ジャンクション

グリーン・キーパー

ボブ・ソレンセン　　　　男性、年齢25歳、身長180cm、体重79.4kg

1日の食事　9月

朝食：レーズン入りグラノーラ 82g、脱脂乳 142ml、コーヒー 251ml

昼食：ピーナッツバターとジャムのサンドイッチ（オート麦とヘーゼルナッツ入りのパン 88g、粒入りピーナッツバター 62g、アンズジャム 34g）、トルティーヤチップス 116g、フレッシュサルサ 150g、グラノーラバー（ピーナッツバター味）43g、リンゴ 167g

夕食：スピレッリパスタ 96g（乾燥時の重量）、ソーセージ、トマト、ズッキーニ、カボチャ、ピーマンでつくったソース 590g、オリーブ油（写真にはない）大さじ1、クロワッサン（3個）74g、ビール 355ml、無脂肪のフローズン・ヨーグルト（バニラ味）213g

終日：水道水 4.2ℓ

　レッドランズ・メサ・ゴルフクラブのコースは起伏に富み、芝生も青々として美しい。グリーン・キーパーの一群は、まだ日が昇らないうちから仕事にとりかかっていた。このゴルフ場はコロラド州西部の山麓にあり、周囲には高地砂漠が広がる。副コースマネージャーのボブ・ソレンセンは、全18ホールのコースの芝の管理と、前日のプレーで傷ついた芝の修復の監督を任されている。

　この土地で生まれ育ったボブは、学生時代に別のゴルフ場で働いた時期もあったが、大学に進み、刑事司法を専門に学んだ。「地元のメサ・ステート・カレッジに入ったんです。司法関係の仕事に就くつもりが、どうしても気が進まなくて。ぼくは戸外にいるのが好きなんです。デスクワークは想像できなかったんですよ」。そこで、Eラーニングで芝生管理の学位を取得し、レッドランズ・メサに就職したのだった。

　ゴルフ場は、メサのあいだを蛇行する渓谷に埋もれるようにしてつくられている。メサとは、周囲が切り立った崖を形成する、上が平らな岩石丘のことだ。太陽の光を受けて赤や金色の輝きを見せるメサのすそ野には、数百万円相当の豪邸が建ちならぶ。息を飲むような絶景にすっかりみとれてしまい、カートのハンドル操作を誤って、蛇行する狭い道からそれてしまうゴルファーはいないのだろうか？「みな自分のゲームに集中しているので、それはないですね。でも、急な坂道の運転はたしかに大変です」

　この仕事の役得といえば、コースに出てプレーをする機会がふんだんにあることだが、アメリカンフットボールのシーズンが始まると、その時間をとる余裕はなくなる。ボブは、妻が教鞭をとる高校で、代表チームのコーチをしているからだ。「毎日、ゴルフ場の仕事を終えると、午後の練習に駆けつけるんです」。試合がある夜は、帰宅も遅い。

　そんな忙しい毎日を送るボブだが、裏庭の菜園の世話をする時間はうまく捻出している。だから家でスープやパスタをつくるときは、ズッキーニやトマトやピーマンなど、そのとき収穫できた野菜をなんでも入れてしまうのだ。キュウリは生野菜サラダにする。ただし、試合がある晩は外でピザを食べてすますことにしている。夜はビールやワインをグラスに1杯ほど飲むが、日中は水しか飲まない。

　朝食はたいていグラノーラとブラックコーヒー1杯で簡単にすませ、職場にはいつも昼食を持参する。前夜のスープの残りか、ピーナッツバターとジャムのサンドイッチ、それにチップスとサルサ、グラノーラバー、リンゴというのが定番だ。「毎日代わりばえがしないメニューなんですよ」

上：レッドランズ・メサ・ゴルフクラブの12番ホールのフェアウェイに、ゴルフ場の副コースマネージャー、ボブ・ソレンセンが立つ。手前の岩場に置いてあるのが、彼の平均的な1日の食事だ。司法関係ではなく芝の管理を仕事に選んだボブは、机にしばりつけられることなく、絵のように美しい西部の風景を楽しみながら戸外で働く。体を使う仕事が多いが、技術が向上したおかげで散水は格段に楽になった。乾燥した高地砂漠の谷間につくられた青々としたフェアウェイやグリーンを見下ろす岩場に立てば、無線の遠隔装置ひとつで各所に点在するスプリンクラー本体を操作できる。

左：自宅の裏庭の菜園で野菜を収穫するボブの背後で、飼い犬が仲間とじゃれる。

213

製パン・製菓マイスターのロビーナ・ワイザー・リンナーツが、両親が経営するパン屋で平均的な1日の食事を手にほほえむ。撮影用に出してくれた「パンの女王」のたすきとティアラは、ドイツ・ケルン市の製パン組合を代表してお祭りや展示会、教育イベントなどに出演するときはかならず身につける。ロビーナは、父親の店の地下にあるパン工房で3歳のときからパン職人の道を歩みはじめたという。ナッツの選別などの簡単な作業をして、両親を手伝っていたのだ。今後の見通しとしては、4代続いた家族経営の実家のパン屋に、数年以内にもどりたいという。古い店内をすこし改装し、パンづくりのようすを客にも見てもらいたいとは考えているが、先祖から受けついだ伝統はしっかりと残していくつもりでいる。

3700

総摂取カロリー **3,700kcal**

ドイツ　ノルトライン＝ヴェストファーレン州ケルン

パンの女王

ロビーナ・ワイザー・リンナーツ
女性、年齢28歳、身長168cm、体重65.3kg

▶ 1日の食事　3月

朝食：クルミ入りのロールパン 108g、ハム 17g、ハーブ入りマヨネーズ 大さじ1、クロワッサン 71g、バナナ 136g、ダノンの乳酸菌飲料 101mℓ

昼食：全粒小麦粉入りパン 88g、ハム 34g、ボローニャソーセージ 23g、ラックスシンケン（豚ロースの燻製）17g、ゴーダチーズ 45g、マスタード 小さじ2、ハーブ入りマヨネーズ 大さじ1

夕食：ラディアトーリ・パスタ 499g、自家製ミートソース 635g

終日：「泥水」（水でうすめたリンゴとブドウのジュース）1.5ℓ、水でうすめた濃縮オレンジジュース（2杯）266mℓ、水でうすめた濃縮ブドウジュース 234mℓ、水でうすめた濃縮リンゴジュース 213mℓ、オーガニックのフェンネル茶（4杯）399mℓ、ガム 1枚

ロビーナ・ワイザー・リンナーツは、代々パン屋を営む一族に誕生した4代目の製パン・製菓マイスターだ。ケルン市の製パン組合から初代「パンの女王」に任命され、その責任を重く受け止めている。「パンの女王」ロビーナは、地元のパン職人組合の仲間を代表して各地に出向いては、手づくりパンの職人という、数百年の伝統をほこる仕事を人々に紹介する。ドイツでは、手間をかけ丹精込めた手づくりのパンを買わずに、スーパーマーケットや安売りチェーン店の安いパンを選ぶ人が増えてきた。これはそんな現状に対抗し、伝統食品のよさを人々に伝えようと続けられている活動の一環なのだ。「身にあまる立派な肩書きをいただいたので、パンづくりにかける情熱を伝えていこうと思います。製パンマイスターの仕事ぶりや、この仕事の大切さ、そして伝統を守りぬくという私たちの決意を分かってもらいたいのです。ドイツでは、手を使わずに機械でパンをつくる企業がたくさんありますからね」

ドイツでは何世紀ものあいだ、だれもが近所にある家族経営の小さなパン屋から気軽に質の高いパンを買えていた。サワー種からつくったずっしりと重みのあるパン、ライ麦パンやプンパーニッケル（全粒ライ麦粉入りのパン）、黒パン、ブロッチェン（朝食用の固いロールパン）はもちろん、ラウゲンブレーツェルン（苛性アルカリ溶液につけてから焼くプレッツェル）という岩塩をまぶしたやわらかいプレッツェルなど、地方限定の特産品もふんだんにあった。ケーキや菓子類については触れるまでもない。ところが、今日では機械化されたパン工場が、小さなパン屋の顧客を容赦なくかすめとっていく。家族経営のパン屋は次々と閉店に追いこまれ、製パンマイスターたちは職を失っているのである。

ロビーナは100年の歴史をほこるパン屋の家に生まれ育った。店はケルン北部の、ライン川から西へ1ブロック歩いたところにあり、いまも両親が経営している。「パン屋に小さなカフェを併設しているんです。席は30ほどですが、隣のテーブルとの距離が近くて」とロビーナが語る。パン焼き窯はすべて地下室にあり、85年もののオーブンもあるという。「そのオーブンは、石炭が燃料なんですよ」。ロビーナは実家のパン屋で見習いとして修業したあと、マイスターの称号を取得するべく、精進した。彼女の兄弟もやはり製パン業界で働いているという。

「3歳になって、地下室に続く階段を下りられるようになったとき、最初にやらせてもらった仕事はナッツの選別でした。両親はじょうずに導いてくれたと思います。『これをやりなさい』って言われたことは一度もありません。『おもしろいぞ。おまえも手伝ってみるか？ うん、これはうまい。パンやケーキを焼けばこうしてみんなを幸せにできるんだからなぁ』と、両親は口癖のように言ってくれました」

ロビーナは、両親が引退したらこの店を受けつぎ、すこし現代風に改装しようと考えている。もちろん伝統は守っていくつもりだ。とはいえ、いまは、はやりの業界で懸命に仕事をこなす日々を送っている。市の中心部の、おしゃれな歩行者エリアにある高級カフェ兼ベーカリー「バスチアンズ」に勤めているのだ。朝、彼女が出勤するたっぷり3時間前から、父親は町の反対側にあるパン屋でパンを焼きはじめる。「父の店のようなふつう

のパン屋は、朝食用のパンを買いに来るお客さんのために朝の6時には店を開けるんです」。しかし、バスチアンズは中心部の商業エリアにあるので、朝8時まで開店しない。「早朝からこのあたりに来る人はいませんから」

バスチアンズは、ベーカリーを併設したウィーン風カフェで、厳選したオーガニック素材や天然素材を売りにしている。ヨーロッパ料理をベースにしたフュージョン料理がずらりと並ぶメニューには、手づくりのパンが欠かせない。ロビーナと同僚のパン職人たちは、客席に隣接した大きな窓の向こう側でパン種を混ぜてこね、成形したのちに、浅いトレイに載せてオート麦やさまざまなシード類をまぶしていく。パンのかたまりを載せた重いパレットを同僚と一緒に運ぶとき、パン職人の勲章ともいえる太い上腕二頭筋が盛りあがった。「ドレスを着るときは、ちょっと格好が悪いんですよね」。パンの女王としては着こなしが気になるのか、ロビーナは笑いながら言った。

午前7時半には菓子類の仕込みに移り、その日に販売するサンドケーキ、濃厚なチョコレートケーキ、マーブルケーキ、フルーツタルトなどの焼き菓子をつくりはじめる。「菓子職人とパン職人同士で、ちょっとしたケンカをするんです。子どものケンカみたいなものですよ。菓子職人が『われわれの仕事が一番すごい』と言えば、パン職人が『ふん、あいつらはただのアーティストだろ。本当に大事な仕事はしていないさ』と返すんですよ」とロビーナは笑いながら教えてくれた。レストランでつくるパンは、父親がつくるものとどう違うのだろうか？「つくるパンは父も同じですよ。でも、数が違いますね。それに、特に日曜日には、菓子類の割合が多めだと思います。クリームやバタークリーム、フルーツを使ったケーキは父のほうがたくさん焼くくらいですから」

ロビーナは仕事一辺倒の暮らしをしているわけではない。馬小屋では20年来の愛馬ゾロが待っているし、合唱の練習に参加する晩もある。それに、スケジュールがなかなか合わずすれ違いこそ多いものの、夫のスヴェンだっている。

「私が実家のパン屋にもどるにあたっては、父なりの考えがあってね。2年ほど一緒に仕事をして経営が軌道に乗ったら、パン屋のきりもりは私に任せ、父は裏庭でトマト栽培でもしたいんですって」。ロビーナが、店内につり下げられたプラカードを指さした。昨年のクリスマスに両親に贈ったもので、そこには「みんながパンを求めている！」と書いてあった。

左上：夜明け前の町に、世界遺産にも登録されているケルン大聖堂のイルミネーションが輝く。
上：ロビーナは、大聖堂の10ブロックほど先にあるバスチアンズで明け方から仕事を始める。同僚が混ぜたパン種の重さを量り、成形する作業が担当だ。別の同僚は、成形したパン生地にヒマワリの種をまぶしている。
左下：日が高くなるころには菓子類にとりかかり、タルトに隙間なく冷凍ベリーを載せていく。

3700

総摂取カロリー **3,700kcal**

アメリカ　カリフォルニア州バーズランディング
風力発電所の技術者

ジョン・オプリス　　　　　　　　　　　　男性、年齢50歳、身長178cm、体重81.6kg

1日の食事　7月

朝食：オートミール 320g、ブラウンシュガー 43g、レーズン 43g、自宅でいれたコーヒー 473mℓ、クリーム（写真にはない）30mℓ、バーガーキングのクリーム入りコーヒー（通勤途中）473mℓ

昼食：ターキー（七面鳥）のサンドイッチ（雑穀入りパン 57g、ターキー 113g、トマト 57g、レタス 26g、チェダーチーズ 14g、マヨネーズ 大さじ1、マスタード 小さじ1、リンゴ 201g）、コカ・コーラ・プラス 355mℓ

夕食：アーティチョークとチーズ入りラビオリ 283g、バジル 6g、オリーブ油 大さじ2、溶かしバター 大さじ1、フランスパン 111g、アジアーゴチーズ 40g、葉野菜のミックス 167g、バターミルク入りドレッシング 74g、赤ワイン（2杯）355mℓ

軽食その他：チョコチップとピーナッツ入りシリアルバー 62g、裂けるモッツァレラチーズ 28g、紅茶（2杯）473mℓ、ミネラルウォーター 710mℓ

ジョン・オプリスは典型的なアメリカ料理を食べて育ったが、ルーマニア系ということもあり、幼いころ祝日に食べた家庭料理はいまも強く心に残っている。母親は東欧の伝統料理ママリガをよくつくってくれたという。これはトウモロコシ粉でつくるお粥の一種で、イタリア料理のポレンタに似ている。粥の固さや、中に入れる材料は、レシピによってさまざまだ。「母がつくってくれたママリガは、濃厚で、ボリュームもあり、口当たりがよく、層状になっていて、サワークリームやクリームチーズが入っていました」

ジョンは、各地を旅行しながら食の幅を広げてきた。何より衝撃を受けたのは、1990年代に仕事でスペインに行き、オリーブ油で炒めた卵料理を生まれて初めて食べたときだった。「うちの家族はオリーブ油を使ったことがなかったんじゃないかな。値段が高かったからでしょうね」。こうして、覚えた味を妻や子どもが待つ家庭に持ち帰ったというわけだ。

3人の子どもが幼いうちは、料理はほとんどジョンの妻キャシーが担当した。小麦粉団子入りのチキンスープ、ジャガイモ入りポットロースト、ショウガとパイナップルと肉団子を炒めてつくる「ワイキキ」ミートボールなどがよく食卓に登場したという。しかし、子どもが大きくなるにつれ、ジョンが料理をつくることが増えていった。自家製ラビオリやタコスをつくっては隠し味にしょう油をたらし、料理番組で学んだ第5の味、「うまみ」を出そうと試行錯誤を重ねる日々が続く。ちなみにこの場合は、トマトのほか、しょう油やハムなどの塩漬けや発酵食品に含まれるアミノ酸の一種、グルタミン酸塩がうまみのもとになっている。

ジョンは自他共に認める料理番組マニアだ。「テレビの料理ショーが好きでしてね。子どものころ、60〜70年代にはやったグラハム・カーの『世界の料理ショー』を観たのが最初です。PBS（公共放送サービス）でも『アカデミーでクッキング』（カリフォルニア料理アカデミー制作）という番組をやっていましたね」

「実は妻が図書館で、昔観ていた料理番組のビデオテープを見つけてきてくれたんですよ。結構、勉強になりました」。いまどきの料理番組は観ないのだろうか？「昔の番組のほうが好きですけど、フードネットワークというチャンネルはすばらしいと思います。中でも『グッド・イーツ』はいいですね。食物科学というか、それに近いコンセプトが気に入っています。あそこで紹介された料理はかなりつくりましたし、テクニックもだいぶ身につけましたよ」

右：電力会社エンクスコで風力発電所の保守管理をするジョン・オプリスを、平均的な1日の食事とともに撮影した。背後には高さ80mの風力タービンが並ぶ。

左：風力タービン1基につき、カリフォルニア州の平均的な家庭350世帯の年間電気使用量をまかなうことができる。

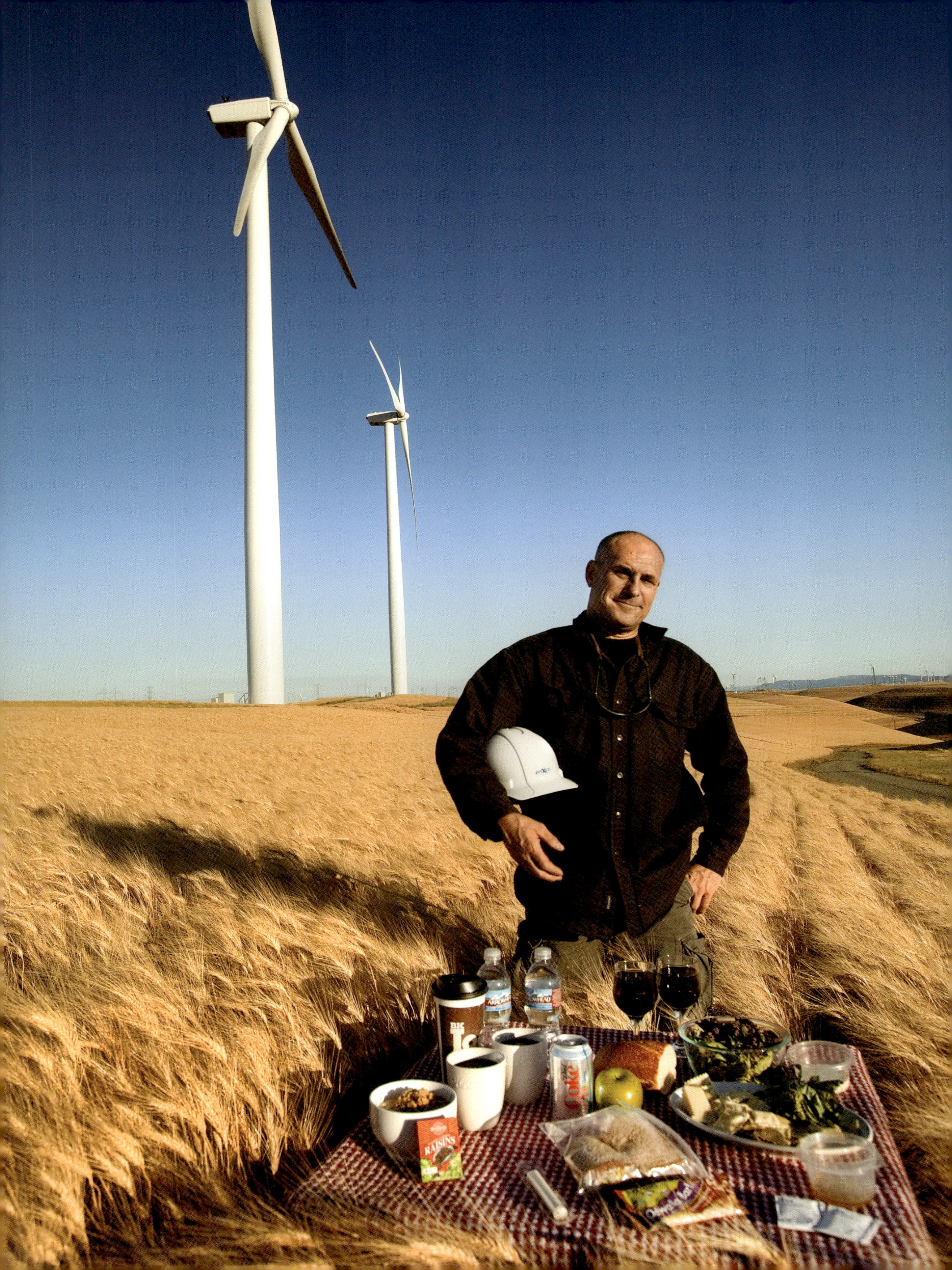
RAISINS
Coke

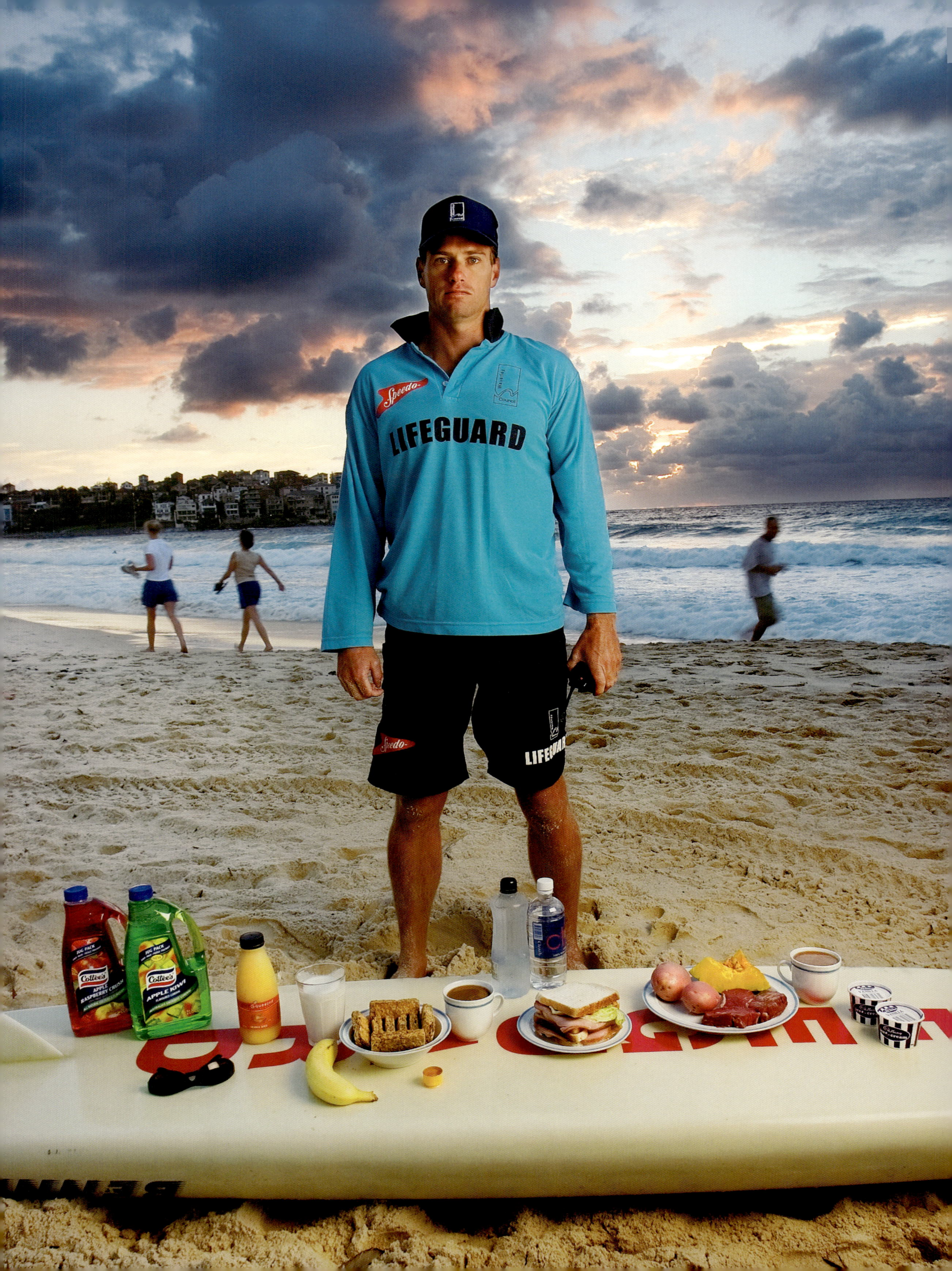
Speedo
LIFEGUARD
Speedo
LIFEGUARD
Cottee's
APPLE KIWI

3700

総摂取カロリー **3,700kcal**

オーストラリア　ニューサウスウェールズ州ボンダイビーチ
ライフガード

ブルース・ホプキンズ　　　　　　　　　　男性、年齢35歳、身長183cm、体重81.6kg

1日の食事　2月

朝食：シリアル（オリジナル味）133g、脱脂乳 326mℓ（コーヒーに入れた量も含む）、はちみつ 大さじ1、バナナ 119g、オレンジジュース 500mℓ、コーヒー 266mℓ

昼食の弁当：ハムサンドイッチ（2個、食パン 156g、ハム 71g、レタス 31g、マスタード 大さじ2）

夕食：牛ヒレ肉 286g（生の重量）、赤いジャガイモ 179g、カボチャ 201g、植物油 大さじ1、キャドバリーのアイスクリーム（バニラ味、2個）227g、コーヒー 266mℓ、脱脂乳 30mℓ

終日：コーディアルドリンク（アップルラズベリー味）2ℓ、コーディアルドリンク（アップルキウイ味）2ℓ、水道水と飲料水 1ℓ

オーストラリア有数の海岸、ボンダイビーチで働くライフガードにとって、ビーチで過ごす1日は楽しむどころの騒ぎではない。繁忙期には、8～10人のライフガードとボランティアのチームだけで、4万人もの海水浴客に対応しなければならないのだ。「見わたす限り人の頭ばかりで、砂なんてちっとも見えない日もあるほどです」。ライフガード歴が長く、いまでは仲間を統率する立場にいるブルース・"ホッピー"・ホプキンズは語る。

水泳大国オーストラリアでは、沿岸部に暮らす人口が圧倒的に多く、サーフ・ライフセービングは古くから立派な職業として確立している。スイムブランド「スピード」の発祥の地だけあって、ライフガードも海水浴客も子どものころから海で泳ぐことに慣れているのだ。

2児の父ブルースは、週に6日は日に2回の厳しいトレーニングをこなし、体力を維持している。間食は少なく、アルコール類を飲むのは友人と外食するときだけ。食事は低脂肪の食品をとることが多いが、例外的に週に何回かはアイスクリームを口にする。アイアンマンレースに参戦していた20代はプロテイン・パウダーもとっていたが、だいぶ前にやめたという。「筋肉隆々の体は、水泳にはじゃまですから。タイムが遅くなるだけです」

オーストラリアのビーチで長年ライフガードをしてきた彼の目から見て、何か変化はあるのだろうか？「明らかに、昔より太めの海水浴客が増えました。太った人ほど救助が大変なんです」。

救助の手順としては、サーフボードに乗ってパドリングで被救助者に近づき、相手をボードの上に引きあげたら自分の胸を使ってボードから落ちないように固定し、つぎの波に乗って海岸までもどる。「ボードに乗せるのが大変なんです。しかも、太めの人たちのほうが、被救助者になる確率が高いですね」

左：ボンダイビーチで働くライフガードのブルース・ホプキンズを、平均的な1日の食事とともに撮影した。オーストラリアには10,685か所のビーチがあり、皮膚がんの発症件数は世界一だ。

下：ボンダイビーチで毎年開催される全長2kmのオープンウォータースイムレースには、何百人ものスイマーが参加する。

8児の母マリア・エルメリンダ・アイメ・シチガロは農業を営む。日干しレンガづくりの建物の中にもうけられたキッチンに、平均的な1日の食事を並べてもらった。室内にはテーブルも椅子もないので、家族の食事をつくるときはいつも、土間でおこした火のそばでひざをついて、小枝やわらをくべる。残飯やこぼれた穀物を狙ってキッチンを走り回るモルモットも、最終的にはかまどの上で調理され、特別な日のごちそうになる。家には煙突がないので、梁や草葺きの屋根はすすで真っ黒だ。また、料理中に出る煙が室内にこもるせいで、呼吸器系の病気の発症率は高い。エクアドルの地方を対象にしたある研究は、乳児の死因の約半数は室内の換気が足りないことだと指摘する。

3800

総摂取カロリー **3,800kcal**

エクアドル　コトパクシ県アンデス山脈のティンゴ

高地農家の主婦兼助産師

マリア・エルメリンダ・アイメ・シチガロ　　女性、年齢37歳、身長160cm、体重54.0kg

1日の食事　9月

朝食：チーズ入りエンパナーダ(パン生地を折って揚げた料理) 230g、チャポ(焦がした大麦と小麦の粉に、インスタントコーヒー、黒砂糖のかたまりパネラ、お湯を混ぜてつくる) 213g、パネラを溶かしたお湯 189mℓ

昼食：大麦粉を水に溶いてつくる大麦粉スープ 301g、ゆでたジャガイモとニンジンとインゲン 635g

夕食：レタスとジャガイモとニンジンのサラダ 431g、緑色のバナナ 99g、黄色いバナナ 221g

軽食その他：焼いたジャガイモ 635g、マチカ(焦がした大麦と小麦の粉、お湯で溶かして日中に適宜食べる) 130g、近所の泉からくんだ水(料理用) 2ℓ

　8児の母マリア・エルメリンダ・アイメ・シチガロと夫のオルランドは、中央アンデス高地の急斜面で農業を営む。市場が立つシミアトゥグの町を目指して山腹をずっと下っていったところに広がるよその畑にくらべ、土壌はかなりやせている。しかし、それでもこの土地を一家は代々耕してきた。「下のほうの土地は値段が高すぎるから仕方ないんです」と、この一帯の部族の代表を務めるオルランドが教えてくれた。

　一家は根菜類と小麦を栽培するほか、親戚と共同で羊の群れを飼っている。農閑期には、谷間の町で毎週開かれる市場で羊を1、2頭売り、穀物や野菜、パネラ(黒砂糖のかたまり)を買うことにしている。飼っている羊を自分たちが口にすることはめったにない。動物性タンパク質は、卵や、卵を産まなくなった鶏をつぶして得た肉や、特別な日に食べるささやかなごちそうクイ(モルモット)などからとる。クイはふだんからキッチンの暖かい火のそばを走りまわっては、わらやこぼれた穀物をかすめているので、調達はいたって簡単だ。

　エルメリンダは助産師で、病気の治療も手がける。アンデス山中で採集した薬草類を煎じて、いろいろな病気に効くお茶をつくっていく。特に婦人科の病気に効くものが多いのだと、エルメリンダは語る。彼女の仕事量は膨大で、とても1日ではこなしきれないのではないかと思えるほどだ。たくさんいる家族の食事のしたくや家畜の世話はもちろん、畑の耕作や種まき、収穫もしなければいけない。ところがエルメリンダは、スリングに入れた幼子を背負ったまま、山のような仕事をてきぱきとこなしていく。急な山道を身軽に上ったり下りたりするようすを見る限り、なんの苦もなさそうなのだから、驚くばかりである。

　標高3,300mを超える山中は気温が低く、風も強い。こんな土地で朝から晩まで大量の仕事をこなすのだから、食べる量も、頻度も、おのずと多くなる。たとえば朝食にはチーズ入りのエンパナーダと、焦がした大麦と小麦の粉にインスタントコーヒーとパネラを混ぜてつくる薄いお粥チャポを食べる。その後は終日、焼いた小ぶりのジャガイモや、焦がした大麦と小麦の粉をお湯で溶いたマチカを適当につまんでしのぐ。大好物のエンパナーダを食べない日はバナナを食べるが、チャポは食事には欠かせない一品だ。自宅の畑でとれたニンジンや、標高の低い地域で栽培されたバナナも、肉体労働ばかりの長い1日を支えるエネルギー源となっている。

　パネラは家族みんなの大好物だ。すこしずつかじったり、お湯で溶いて飲んだりする。エルメリンダは、市場が立つ日に大きなかたまりをまとめて買うことにしている。市場で買った物はすべて、幼子ともども背中にしょって帰ってくる。市場に出かけるとき、子どもたちを手伝いに連れていくことはめったにない。「市場に行くと、なんでも買ってくれってうるさいから」。できる限り子どもには留守番をさせるのだという。

　エルメリンダとオルランドはごくたまにだが、すこし奮発してシミアトゥグの市場の屋台で昼食を楽しむ。羊の頭の煮込みや、ごはんを敷いた上に細切りのレタスとトマトと、豚肉か羊肉をすこし載せた料理に舌鼓を打つのだ。どちらもだいたい90円相当だが、45kgほどのジャガイモが1袋360円相当で買えることを考えればかなりの贅沢品であり、日常的に口にできるものではない。

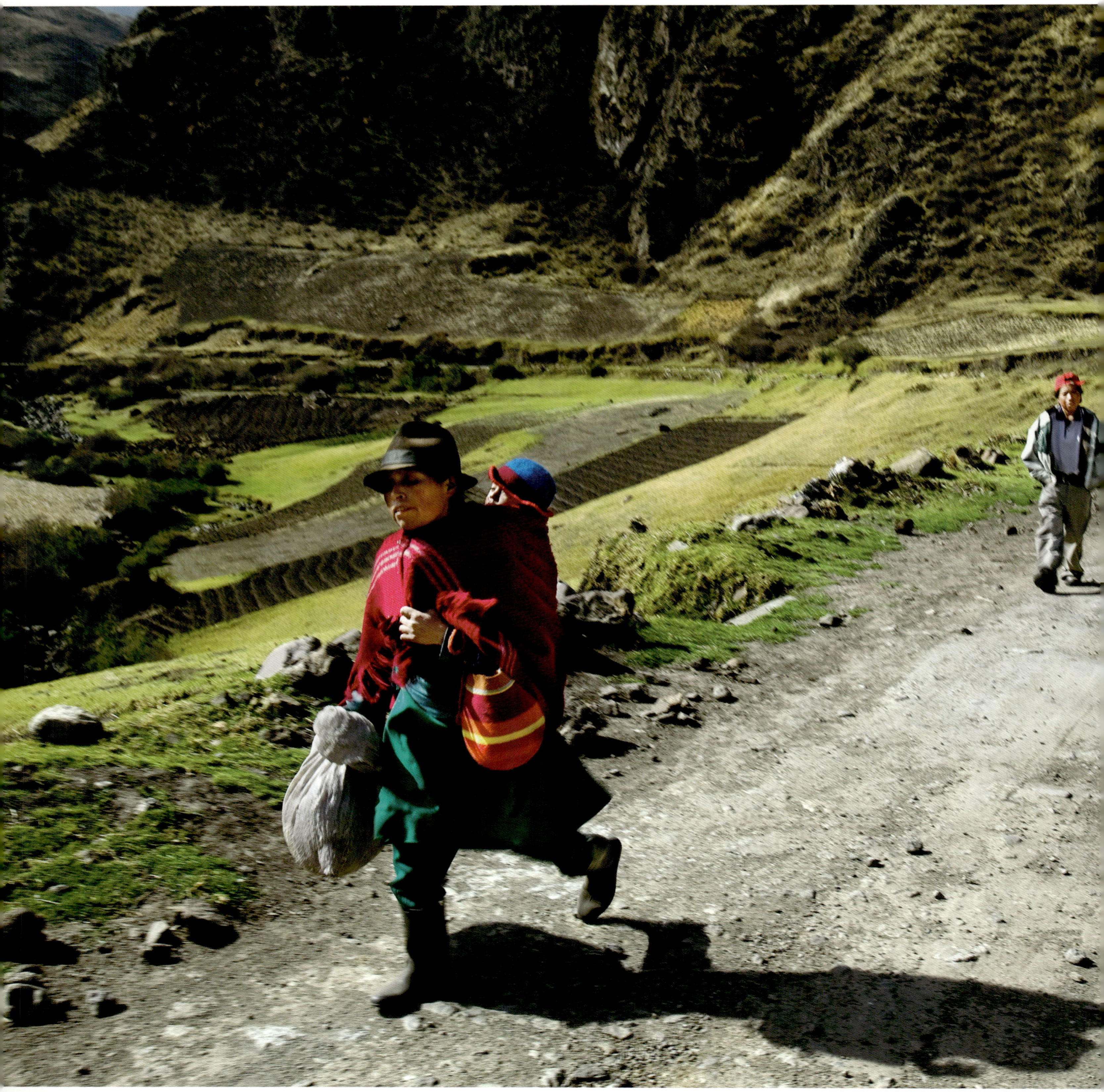

左：オルランド・ジュニアを背負ったエルメリンダと、夫のオルランドと、息子のモイゼスが、羊を２頭連れて山道を１時間ほど下り、毎週シミアトゥグで開かれる市場を目指す。
上：羊は２頭あわせて3,150円相当で売れた。
下：キッチンの床の上や小さなスツールに座るエルメリンダの４人の子どもたち。エンパナーダとスープの朝食をとっている。

225

グレート・ダイヤモンド・アイランドの船着き場に、ロブスター漁師のサム・タッカーがたたずむ。後ろに停泊しているのが彼の船で、隣には平均的な1日の食事が並ぶ。人件費を抑えるため、普段はひとりで漁に出るが、夏場は息子のスカウトもついてくる。「にぎやかな子でね。友達と一緒に船に乗せてやるんですよ。みんなライフジャケット姿でそろって手すりから身を乗り出し、引きあげているトラップに何が入っているか、目を凝らして見るんです。『とっていいやつだ』とか、教えてくれてね」。サムの漁業権はメイン州政府から取得したものなので、トラップは湾内でしかかけられない。漁獲量を平均すれば、トラップ2個に対しロブスターが1匹程度。売り上げから燃料とエサ代を差し引けば、利益はわずかしか出ない。そこで、サムは魚の卸売市場で働いて収入を補い、島に住むシカの間引きを請け負うと手間賃代わりにもらえるシカ肉で家族の食卓をうるおしている。

3800

総摂取カロリー **3,800kcal**

アメリカ　メイン州グレート・ダイヤモンド・アイランド

ロブスター漁師

サム・タッカー　　　　男性、年齢50歳、身長187cm、体重81.2kg

▶ **1日の食事　3月**

朝食：ケロッグのミューズリー風シリアル 145g、全乳 177mℓ（コーヒーに入れた量も含む）、トロピカーナのオレンジジュース（写真にはない）201mℓ、カフェインレスコーヒー（セビリアオレンジ風味、2杯）473mℓ

昼食の弁当：ハーフサイズのバゲット（写真では半分のみ）224g、ベルのレダマール（オランダ産のセミハードのチーズ）85g、トマト 113g、ホースラディッシュ 大さじ 1.5

夕食：シカ肉 190g（調理前の重量）をマーフィーズのスタウトビールとハインツのチリソース、ブラウンシュガー、タマネギ、黒胡椒と一緒に煮込んだ料理 261g、卵入りパスタ 37g（乾燥時の重量）、メスクラン（南仏の葉野菜のサラダ）51g、ブルーチーズドレッシング 大さじ1、クッキー 45g、全乳 207mℓ

軽食その他：クルミ 34g、ニンジン 145g、全乳（写真にはない）822mℓ、バドワイザービール 355mℓ、飲料水（写真にはない）1ℓ、マルチビタミン、ぜんそく用の吸入器

「スカウト、したくはできたか？」メイン産ブルーベリー入りのパンケーキをひっくり返しながら、サム・タッカーが2階にいる息子に声をかける。十代の義理の息子コリンとブレンダンが最初に焼けた分を食べたところで、スカウト（8歳）が姿をあらわした。片手におもちゃ、もう一方の手に靴下を持ったまま、どうにかパンケーキを1枚確保する。ここはアメリカ・メイン州のカスコ湾に浮かぶグレート・ダイヤモンド・アイランド。雪の舞う3月の朝6時15分、外はまだ暗い。刻々と針を進めるキッチンの時計が、そろそろしたくを急がなければフェリーに乗り遅れるかもしれないと告げている。

「朝は分刻みのスケジュールなんです」。こう話すサムの妻カレンは、島の対岸のポートランドにある広告代理店に勤めている。しかし、この日の朝の忙しさは分刻みどころではない。週に1度、カレンがボストンまで出向いて仕事をする日にあたっていたからだ。「子どもたちと一緒に7時発のフェリーで出て、8時発ボストン行きのバスに乗らないと間に合わないんです」。パンケーキで皿についたシロップをぬぐいながらカレンが話しつづける。「でも、慣れればそう大変でもないのよ」。カレンはポートランドに車を置いているので、まず息子たちを車で学校へ送りとどけ、そのあと単身バスに乗って2時間の旅に出る。

パンケーキは、ふだんは週末にしか食べない。この日は、遅いフェリーに乗っても仕事に間に合うサムが、特別につくってくれたのだという。「8時55分発のフェリーに乗り、競りが始まるまでポートランドで時間をつぶします」。サムはボストンのバイヤーから、ポートランドの魚市場でその日にとれた魚を競り落とす仕事を請け負っている。

サムは意識して、カレンほど時間に追われずにすむ生活リズムを維持するよう心がけてきた。そのためには、よろずやのように競りの代行やエビの皮むきもこなせば、単発の仕事とロブスター漁のかけもちもする。「ロブスター漁では250個しかトラップをしかけません」。メイン州政府が発行するロブスターとカニの漁業権はもっているが、深海での操業が許される合衆国の漁業権はもっていない。「私のライセンスでは800個までしかけることが許可されていますが、そこまで手を広げる人はたいてい助手を1人雇います。ロブスター漁ひと筋で生計を立てるなら、私ももっとがんばって漁に出ないといけないんでしょうがね」

魚市場の競り代行で得られる収入は、年々減っている。10年ほど前、魚がおもしろいほどにとれた時代は、海沿いに建つ2,000m²の倉庫を擁するこの魚市場でも1日あたり数百から数千キロの魚類が取引され、好況に沸いていた。ところが昨今は、競りにかけられる魚の数そのものが少なくなっている。乱獲や魚類の棲息数の減少、そして政府による規制があいまってのことだ。「いつまでこんな状態が続くのか、見当もつきませんよ。まったく困ったものです。昨日は競りがなかったし、月曜日もなかった」と、サムが表情をくもらせる。夏になればすこしは取引も増えるだろうが、年間の平均漁獲高は激減し、いまでは最盛期の1割程度しかない。

227

サムは競りの前後にエビの皮むきをして、すこしでも現金収入を増やす努力をしている。「私は、座りっぱなしの作業を何時間でも続けられるんです。とにかく顔さえ出せば仕事はあります。いろんな人から仕事は請け負ってますよ。エビの所有者ならだれからでもね。出来高制の仕事は、帰りたくなれば帰れるのがいいですね。場所にもよりますが1ポンド（約450g）あたり1.25ドル（113円）前後の手間賃をもらえます」。収入だけではなく、食生活の面でもやりくりは欠かせない。手に入る食材をうまく組み合わせたり、海産物の残りを活用したりといった具合だ。「あるレストランのオーナーは水産会社ももっているので、私はよくそこでエビの皮むきをします。水産会社がとった魚をそのままレストランに卸しているんでね。そこで魚を買うんですが、いつも皮むきで稼いだ分以上にお金がかかってしまって」

　島の恵みも活用する。サムは地元の住宅所有者協会からシカを間引く仕事を請け負っており、しとめたシカの肉を報酬としてもらって帰る。「このシカ肉は極上ですよ。ここではいわゆるシカ狩りはしません。森の中を人間が追いまわすと、シカの体内でアドレナリンが分泌されて肉に臭みが出ますからね。だから逃げるシカは撃ちません。基本的には急所である首を一撃で打ち抜きます。こうすれば、シカは恐怖を感じません」

　しとめたシカは自分の手で解体し、ほとんどは冷凍しておく。そして、必要な分だけ解凍し、シチューなどに入れてじっくり煮込む。「友人が簡単なレシピを教えてくれたんですよ」。カレンがシカ肉をひと口大に刻み、鍋で焼き色をつけていく。「シカ肉はスタウトビール1本分と一緒に電気鍋に入れます。そこにチリソース、ブラウンシュガー、刻んだタマネギ、黒胡椒を加える。以上です。水も特には加えません。水分はスタウトビールで十分ですからね。仕上がりはすこし甘くなります。うまいですよ。食べたらあっと驚くんじゃないかな」

　全長1.6kmほどの細長いこの島に、1年を通じて住む人は100人に満たない。ところが、夏になると人口は膨れあがり、腹をすかせた来島者たちはロブスターを買い求めようと、時間も考えずにサムに電話をよこす。「商売はきちんとやるべきですし、お客さんは何より大切ですからね。ある晩、電話がかかってきたんです。妻は『配達できませんって言ったら？ もう夜の9時よ！』と言いましたが、結局その男性にはロブスターを数匹と、ワイン1本、それにバター1本を買ってもらいましたよ」とサムは笑った。

左上：パンケーキを食べるカレン。息子たちとフェリー乗り場に行く前に、その日の予定を確認する。
左下：サムはもうすこしあとのポートランド行きのフェリーに乗ればいいので、家族を送り出してから、新鮮なエビが入った卵料理を食べるつもりだ。

上：競りの開始前、魚のバイヤーでもあるサムが、がらんとした倉庫でタラの品定めをする。漁獲高は減る一方なので、今日の競りも30分足らずで終わるだろう。

3900

総摂取カロリー **3,900kcal**

スペイン カスティーリャ・ラ・マンチャ州サルスエラ・デ・ハドラケ

羊飼い

ミゲル・アンヘル・マルティン・セラーダ　　男性、年齢47歳、身長171cm、体重69.9kg

1日の食事　4月

朝食：子羊肉 232g（調理前の重量）、オリーブ油 大さじ1、トシノ・デ・パンセタ（豚の脂身の塩漬け）82g、バゲット 150g、コーヒー 95mℓ、砂糖 小さじ2、ビール 331mℓ

仕事中の食事：ツナ缶入りオムレツ 278g、バゲット 150g、ビール（3本）994mℓ

夕食：メルルーサ（海水魚）269g（調理前の重量）、オリーブ油 大さじ1、魚を煮込んだニンニクとハーブ入りのスープ 145mℓ、ジャガイモ（写真にはない）と春タマネギ（写真にはない）と塩 272g、ビール 331mℓ

軽食その他：バナナ 122g、オレンジ 162g、モスカテル（マスカットでつくる、ポートワインに似た甘いワイン、2杯）151mℓ

スペインでは何世紀ものあいだ、トゥラスマンテスと呼ばれる移牧が盛んに行われ、羊飼いに連れられた羊の大群が季節ごとに国内各地を大移動していた。その一方で、エスタンテスと呼ばれる定着牧畜にも長い歴史がある。ミゲル・アンヘル・マルティン・セラーダが父親から受け継いだのは、このエスタンテスだ。一家は、スペイン中央部の高地メセタ・セントラルで、4代以上も前から羊を飼っている。

ミゲル・アンヘル・マルティン・セラーダと弟のパコ（37歳）は、400頭のめん羊と60頭のヤギを食肉用として飼育している。「羊毛はただ同然でしか売れませんから」とミゲルは語る。かつてはそれなりの値段で取引されていたが、1960年代に合成繊維が台頭すると、羊毛の市場価格は急落し、ふたたび値をもどすことはなかった。ふたりは子羊の体重が10kg前後に達すると市場に出荷し、一部は自家用に処理して冷凍する。

ともに独身の兄弟は、マドリッドの北東約120kmのサルスエラ・デ・ハドラケ村で暮らす。羊の群れには、自宅近くの広い納屋がねぐらとしてあてがわれている。昔は自由に公有地や公道で放牧できたが、いまではそれにも費用がかかる。人の手を借りずふたりだけで羊の世話をしていることもあり、父祖たちと同様、若いころから毎日かなりの距離を歩いている。

スペインでは、村の生活を捨てて都会に出る若者が増えていて、ミゲルも高校を卒業するとこの流れに乗って町に出た。当時は義務だった兵役を終えたあと、マドリッドの飲食店で8年間給仕として働いたが、1988年、家業を継ぐために実家にもどった。パコの兵役と父マクシモ・マルティン・ペレスの引退が重なり、心を決めたのだった。

納屋の周囲では、マスティフ種の大型犬が4頭、近年増えつつあるイベリアオオカミの襲撃に備えて目を光らせている。日が昇ると、ミゲルは羊の群れのようすを見てからキッチンで火をおこす。1日で一番大切な食事である朝食の準備をするためだ。それから村のバルに足を運び、コーヒーを1杯飲む。それだけでは物足りなくてモスカテルを頼むこともある。

サルスエラ・デ・ハドラケは、平日こそ静まりかえっているが、週末になると別荘を訪れる都会人でにぎわう。都会に移り住んでも、先祖代々暮らしてきた家を手放さずにいる人も多いのだ。1年じゅう滞在する家族が3世帯しかいないこの村にはレストランが一軒しかないので、週末には目が回るような忙しさになる。

「高校時代の友人はみな、仕事を求めて先を争うように村を出ました」とミゲルは語る。ここ50年で地方人口の激減を経験したスペインでは、郊外のほとんどの地域で同様の現象が見られる。1950年には全人口の48％が地方に住んでいたが、2005年になるとその割合は23％に落ちこみ、2050年には14％を下回るとの推計も出ているほどである。

自宅にもどると、パコは赤ワインを飲みはじめる。ミゲルはその日最初のビールを手にとり、缶のプルトップを引きあげながら、真っ赤になったおきをならしてラムを焼く。部位はチュレタ（チョップ）かロモ（ロース）。朝食はいつも肉料理が中心だ。食卓にはグリルした肉のほか、トシノ・デ・パンセタ（豚の脂身の塩漬け）やパン、ときにはチョリソや、大ビンに入れて保存しておいた揚げポー

羊の群れ、牧羊犬のマスティフ、そして平均的な1日の食事とともに羊飼いのミゲル・アンヘル・セラーダを撮影した。ミゲルと弟のパコは、マドリッドの北東約120kmに位置する小さな村サルスエラ・デ・ハドラケで牧場を営み、400頭のめん羊と60頭のヤギを飼育している。父マクシモ・マルティン・ペレス（84歳）は、2006年に妻を亡くして以来、地方に住む息子たちの家とマドリッドに住むふたりの娘の家に、交互に滞在するようになった。ミゲルとパコは、日の出から日没まで羊の群れを追って戸外で過ごす。水代わりにビールやワインを飲むのは、アルコールが体を温めてくれると信じているからだ。一家は代々家業として牧羊を手がけてきたが、ミゲルもパコも独身のため、その伝統も彼らの代でとだえるだろう。

クリブのオイル漬けが並ぶ。パコはリブを何本かビンからとりだし、電子レンジで温めると、それをかじりながら赤ワインをのどに流しこむ。週末や休日には、ミゲルのガールフレンド、ベア・ロペス・サソがマドリッドから遊びに来て料理を手伝ってくれるが、ベアいわく「ミゲルのほうが料理はうまい」そうだ。

終日、羊の番をする日がほとんどなので、昼食の弁当も用意する。メニューはラムのサンドイッチかツナ缶入りのオムレツ、あるいはジャガイモ入りのスペイン風オムレツだ。羊とともに過ごす長い1日のおともに、ミゲルはビールと果物、パコはワインを持っていく。ミゲルによれば、現役当時、父親はボタ（革袋）に赤ワインを入れて持ち運んでいたそうだ。そして、ボタと、羊を追ってひたすら平原を歩く、長く孤独な1日に酒を飲む習慣の両方をさして、「伝統ですよ」と言った。「ここでは、伝統は法律みたいなものですから」。兄弟は群れをふたつに分け、それぞれ別の場所に連れていって1日を過ごす。広大なエリアを歩きまわるので、帰宅するころには日もとっぷり暮れている。

放牧ができないほど気温が低い日や、雨が強い日、雪が降る日は、羊を納屋から出さずに穀物を与えてしのぐ。家にいる時間を利用してたまった雑用を片づけたあとは、1杯のモスカテルとおしゃべりを楽しみにふたりでバルにくり出す。出産シーズンを迎えると、100頭を超えるメスの羊が出産するので、兄弟は毎日、納屋で介助に追われる。

ミゲルの姉たちは、家に寄るたびに食料品貯蔵庫に何かしら入れていってくれるが、ミゲルもパコもあまり野菜は食べない。「スープに入れて、野菜だと分からないようにしたときだけ食べるのよ」とベアが笑う。ベアは、この家に来たときは、普段ふたりがつくらないような料理を出すように心がけている。家にある食べものをかき集め、あるいは、マドリッドから持参した食材を使って、クリームスープなどをふるまうそうだ。この日の夜は、魚のステーキを用意してくれた。ニンニクとハーブ入りのスープで魚を軽く煮たあと、フライパンで焼きあげる料理だ。しかし、夕食に、朝食で食べたものと同じメニューが並ぶこともよくあるという。

ミゲルとパコは独身なので、子どもがいない。家業をつぎの世代に引き継ぐ可能性はほとんどないが、ミゲルはそれほど感傷的にはなっていなかった。「いまどきの年老いた羊飼いは、引退するときに羊を全部売り払ったら、それでおしまいですよ」

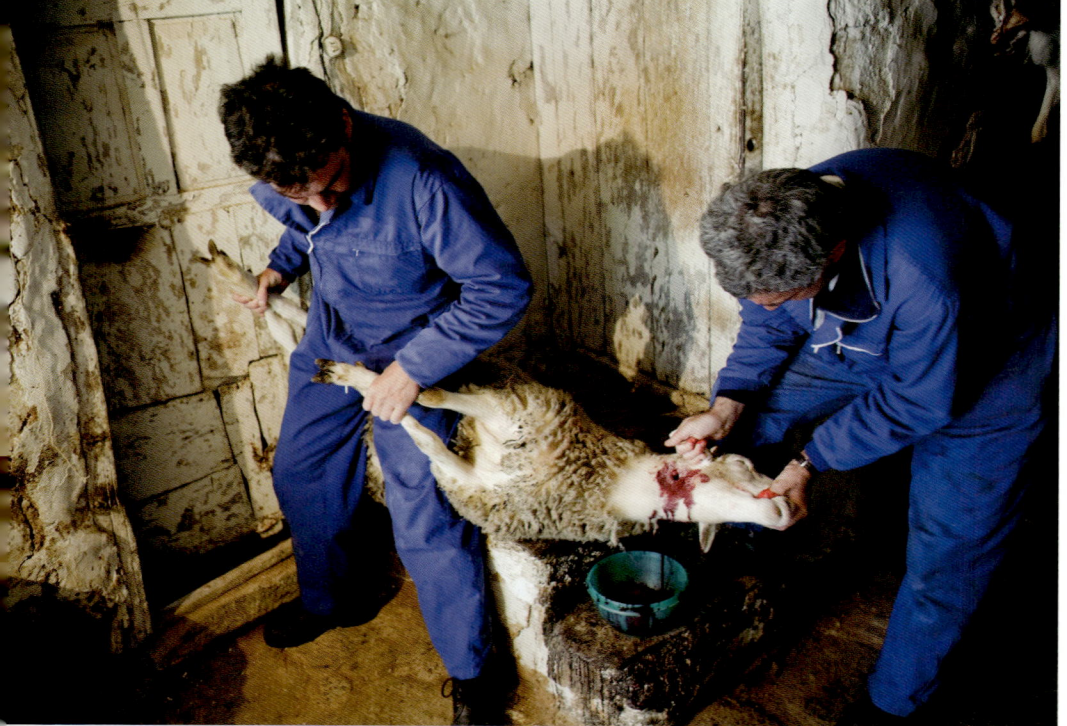

上：イースター（キリスト教の復活祭）を3日後に控えた霧深く寒い朝、ミゲルが1頭の羊を納屋から出し、処理場として使っている町の空き家に連れていく。
下：パコが羊の脚をつかみ、ミゲルがのどをかき切る。羊は皮をはぎ、内臓をとりのぞき、室温を低く抑えた貯蔵室につるしておく。肉は、親族が集まるイースターのディナーに出すつもりだ。
右：あかあかと燃える石炭の火でラムチョップを焼きながら、ちびりちびりとビールを飲むミゲル。パコは、ポロンと呼ばれるガラス容器から直接赤ワインを口にそそぎ、のどの渇きを癒している。ポロンは、めいめいのグラスを用意せずに、ワインをまわし飲みする用途で昔から使われてきた。パン、ベーコン、ポークリブ、ラムチョップで構成するシンプルな朝食には、いつもながら野菜はない。肉中心の食生活を送っているふたりは、食に関してはほぼ自給自足といえるだろう。ふたりが住む小さな村にはパン屋も市場もないので、週に1度はグアダラハラか、車で30分ほどのところにある別の大きな町に買い出しに行く。

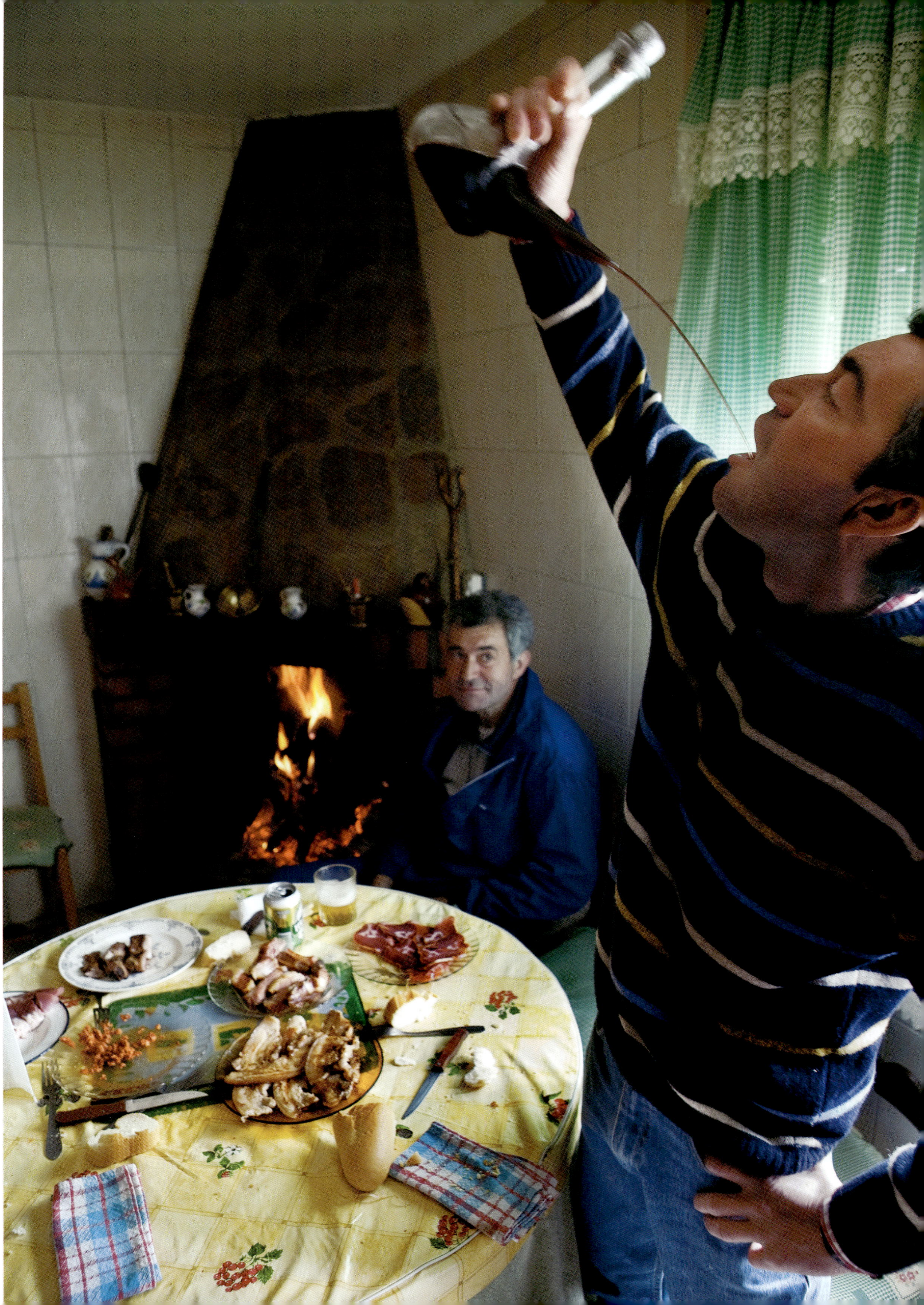

3900

総摂取カロリー **3,900kcal**

ラトビア　リガ
ボイストレーナー

アンスィス・サウカ　　　　　　　　男性、年齢35歳、身長187cm、体重83kg

1日の食事　10月

朝食：半熟のゆで卵 68g、ライ麦パン 139g、ハム 54g、スイスチーズ 34g、バター 大さじ2、ショートブレッドクッキー 37g、チョコレートケーキ 34g、全乳入りコーヒー 266mℓ、砂糖 小さじ2

学校のカフェテリアでの昼食：チキンのトマト煮込み 198g、パセリを添えたジャガイモ 275g、マヨネーズ 大さじ2、ビーツの漬け物 108g、チェリー・クランブル・タルト 167g、緑茶 361mℓ、砂糖 小さじ2

夕食：ライ麦パン 133g、ハム 54g、スイスチーズ 31g、バター 大さじ1.5、ゴマ入りニンジンサラダ 142g、アロエベラ入り緑茶 361mℓ、砂糖 小さじ2.5

軽食その他：ショートブレッドクッキー 45g、チョコレートケーキ 45g、カモマイルティ 275mℓ、砂糖 小さじ2、ココア 172mℓ、ミネラルウォーター 1.5ℓ

ラトビアを代表するカメール・ユース合唱団のボイストレーナー、アンスィス・サウカは、訪問した取材班を深みのある豊かなバスの声で出迎えてくれた。自身も複数の合唱団に所属していた経験をもち、オペラでソリストを務めていたこともあるという。「ですが、バス歌手を何人ご存じですか？ オペラの楽曲はテノール向けばかりでしょう」。ラトビアは世界でも有数の歴史ある合唱大国で、どんなにつらい時代にも、人々は歌いつづけてきた。

アンスィスも出版社に勤める妻も、平日は料理をする時間がない。手のこんだ家庭料理は週末や夏休みのお楽しみにとっておき、ふだんふたりが息子（15歳）と囲む食卓には、スライスした冷製のハムやチーズ、ライ麦パン、スーパーマーケットで買ってきたサラダなど、簡単に準備できるものばかりが並ぶ。

アンスィスは食道裂孔ヘルニアを患っており、症状を悪化させる物を食べると、胃が焼けるような感覚に襲われる。だから、ラトビアの伝統食（発酵食品、漬け物、酸味のあるもの）はほとんど食べられない。トマトやボルシチやザウアークラウトを口にすると、とたんに痛みが襲ってくるからだ。とはいえ、あとでどんな思いをするか分かっているにもかかわらず、ときには手を出してしまうこともあるという。

炭酸飲料も症状を悪化させる。だから、発酵したパンからつくる天然の炭酸飲料クヴァスは、大好物なのに控えている。現代風のソフトドリンクも飲めないが、こちらはもともと好きではないので特に困ることはない。それでも、ラトビアに初めてソフトドリンクが上陸したときのことはよく覚えているという。「ソ連時代の末期には、ソ連の外にあるものはなんでもすばらしいと、だれもが信じていました……。だから、みなこぞってソフトドリンクを飲んだんです。私も含めてね」

ボイストレーナーという職業柄、飲食物が声に与える影響も熟知しているので、アイスクリームはけっして口にしない。でも、「コニャックやブランデー、ウィスキーといったアルコール度数が高い飲み物を飲むと、声がよくなるんですよ、私の場合」と言う。

上：ボイストレーナー、音楽家、作曲家の肩書きをもつアンスィス・サウカが、リガのカメール・ユース合唱団のリハーサルをしている。ピアノの上に並んでいるのが、彼の平均的な1日の食事だ。ラトビアの首都リガには、いまも変わらず活況を呈するヨーロッパ最古の市場があり、ユネスコの世界遺産にも登録されている。ラトビアは合唱大国として昔からヨーロッパじゅうにその名をとどろかせている。リガでは、ラトビアの歌と踊りの祭典が5年ごとに開催されており、2008年の祭典では、1週間の会期中に3万8,000人を超える歌手やダンサー、音楽家などが参加した。

左：救世主生誕大聖堂。遠くにリガの旧市街とダウガバ川が見える。

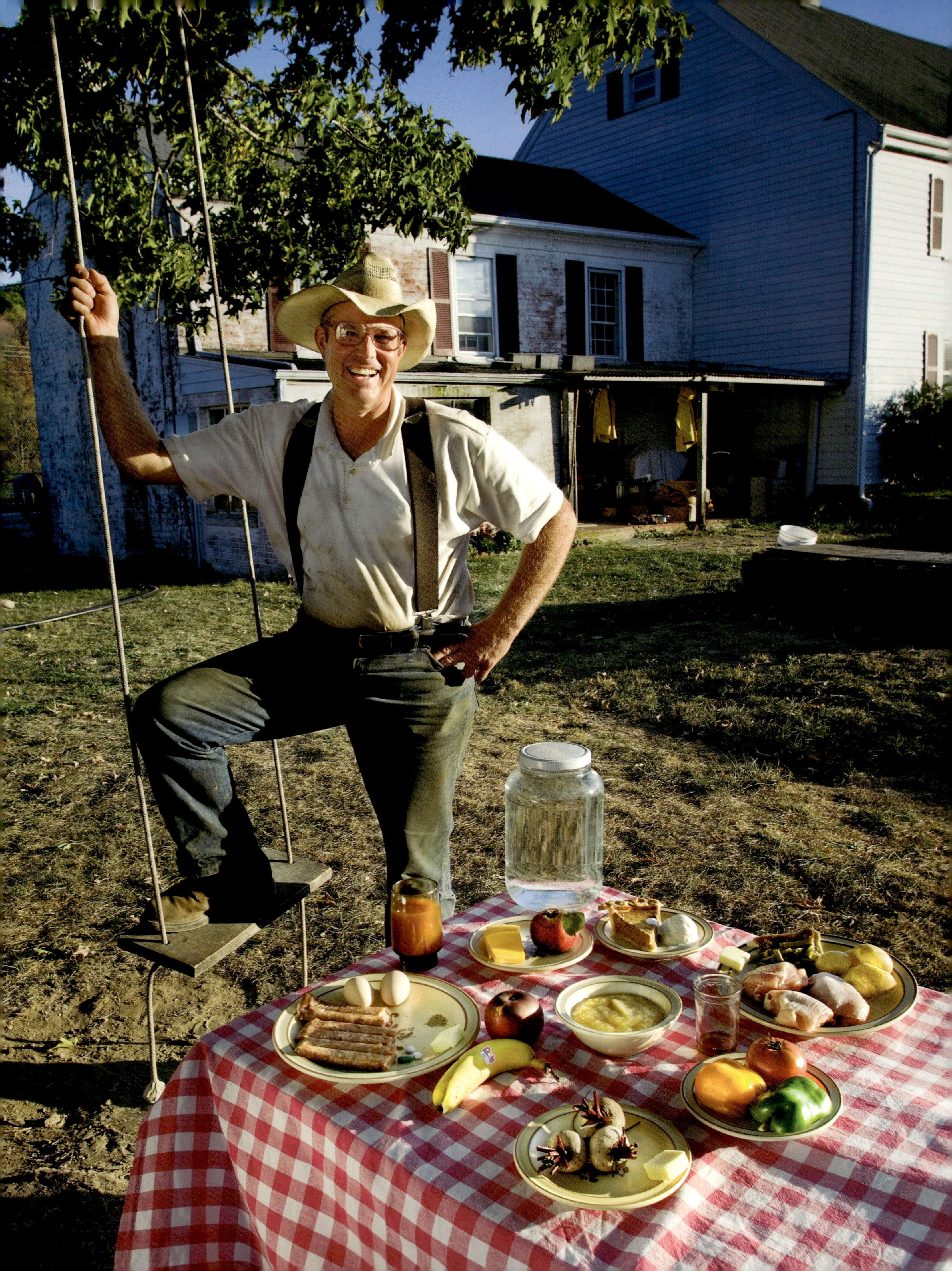

3900

総摂取カロリー **3,900kcal**

アメリカ バージニア州スウォープ
持続可能（サスティナブル）な農業を行う農家

ジョエル・サラティン　　　　男性、年齢50歳、身長180cm、体重89.8kg

1日の食事　10月

朝食：農場の卵(2個) 96g、バター 43g、黒胡椒 小さじ1、農場の豚の肉でつくった自家製ソーセージ 218g、リンゴ 145g、バナナ 145g、全乳(写真にはない) 281mℓ、自家製アップルサイダー 281mℓ

昼食：コルビーチーズ 74g、リンゴ 167g、緑色のピーマン 60g、黄色のピーマン 74g、トマト 119g

夕食：鶏肉 329g(調理前の重量)、はちみつ 大さじ1、自家製アップルソース 281g、ジャガイモ 156g、バター 43g、自家製ビーツ 133g、バター 43g、自家製インゲン 57g、ベーコン 17g、自家製パンプキンパイ 105g、アイスクリーム(バニラ味) 113g

その他：井戸水 3.8ℓ、サプリメント(ビタミンC 小さじ0.5、マルチビタミン、亜鉛)

家畜の幸せな暮らしを保証する2.2km²もの広大な牧草地。1960年代に父親が手に入れたシェナンドー谷の農場を、ジョエル・サラティンはこう表現する。「ここの鶏たちは幸せですよ」。ジョエルは鶏を脇に抱えたまま、鶏舎を見せてくれた。台車に載った鶏舎は、数日ごとに新鮮な牧草がある区域に移動させる。自慢の豚も見せてくれた。林の一画にもうけられた電気柵の中で、幸せそうに鼻をならし、あるいは鼻で地面を掘っている。どんぐりや在来種の穀物を探して食べるのだ。いつ処理されてもおかしくない大きさに成長しているが、最後の瞬間までこうして満ち足りた生活を送っている。

サラティン一家は土地の近代化・工業化・過使用といった現代農業のトレンドに背を向け、地球のもつ自然なリズムを利用した持続可能な農業を行ってきた。試行錯誤を繰り返しながら、土地から得たものをきちんとその土地に返していくシステムを模索してきたのである。「その土地が代謝できる量を超える堆肥をつくってはいけないんです」とジョエルは語る。もちろん、この農場ではそんなことはしない。これもジョエルの基本理念のひとつである。

ここポリフェイス農場では、牧草をすべての基礎に位置づけた、「超有機農業」が行われている。全体とは単に部分の総和ではなく、ひとつの統一体であるととらえる全体論にもとづいて、牛や豚、鶏、七面鳥、ウサギ、さらには人間の子どもまで育てるという考え方だ。牧草地と動物(子どもはのぞく)の管理と移動を緻密な管理のもとに行い、土地が自然に肥えて再生する仕組みをつくる。化学肥料に頼ることなく、人道的な環境で健康な家畜を育てているのだ。

ほかにはどのような理念があるのだろうか？「うちでつくったものは、車で半日の距離に住む人にだけ食べていただいています」。ポリフェイス農場からどこかに出荷する気はないと言い切る。「それぞれ地元の農家から買えばいいのです」。数年前、作家のマイケル・ポーランはこの理念にひかれ、ポリフェイスで見習いとして1週間、実際に働かせてほしいと頼みこんだ。そして著書『雑食動物のジレンマ』(東洋経済新報社)でジョエルについて触れ、すでに一部の業界では有名だった(悪名高いという説もある)彼の存在を、全国民に知らしめたのである。

若いころに新聞記者として鳴らし、書くことに関しては腕に覚えがあるジョエルは、自分が考える農場経営のあり方を自分自身の言葉で発信している。テーマは自分たちが実践する農業の紹介や、慢性的に合理性を欠いた政府のやり方に対する批判などだ。「動物はこの農場にいるのに、処理するときはあっち(農場の外)でやらなきゃいけないなんて」というのは、数ある不満のひとつにすぎない。

ほかにもよりどころにしている理念はあるのだろうか？「他人に売ったり、一般公開したりしないことですね」とジョエルは言う。ジョエルも妻のテレサも、販売計画などという代物は信じていない。「売り上げ目標なんて立てませんよ。そんなものを立てたら、まずは生産に追われ、つぎには物流に追われます。帝国主義的な考え方をすれば……事業を見る目が変わり、従業員を見る目が変わり、家族を見る目が変わり、顧客を見る目が変わり……環境資源を見る目が変わり、ついには社会を見る目が変わります。要するに、すべてを違う目で見るようになってしまうんです」

自称「変人農家」のジョエルはいまも農業を続けているが、最近では講演の依頼があとを絶たない。環境や道徳に配慮した価値観の形成と実践を、広く推進するプロジェクトも進めている。ポリフェイス農場の日常業務はつぎの世代(息子のダニエルは就学前から農場で働いている)に譲ったが、現場から離れる気はさらさらない。「おれにも作業をさせろって、いつも言っているんです」

左：農家兼作家のジョエル・サラティンと彼の平均的な1日の食事を、バージニア州シェナンドー谷にある家族経営の農場で撮影した。ジョエルの食事の大半は、自分の農場でとれたものでまかなわれている。アップルソースやアップルサイダーは、妻のテレサがつくり、ビン詰めにする。テレサは毎年、農場の収穫物で地下の食糧貯蔵庫をいっぱいにする。

下：日の出とともに、新鮮な牧草がある場所に移動式鶏舎をトラクターで動かす。そのあと、納屋にもどり、こんどは牛を別の牧草地に移す手伝いをする。

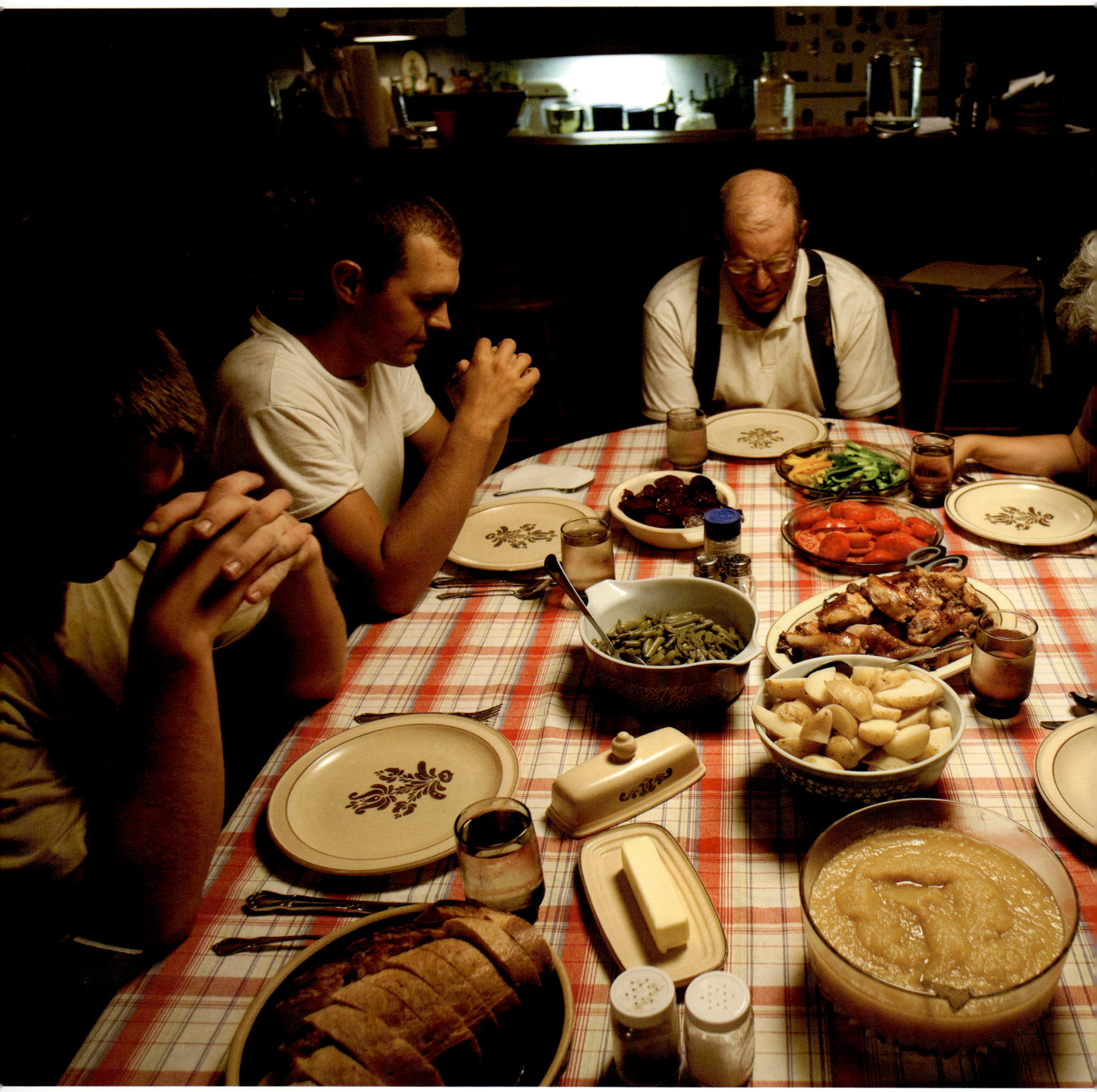

左：ジョエルとテレサは18世紀に建てられた農家で暮らしている。ジョエル（中央）とテレサ（写真右からふたり目）、敷地内で暮らすジョエルの母ルシールと、農場の見習いアンディ・ウェントとベン・バイヒラーがそろって食卓を囲み、感謝の祈りを捧げて食事を始める。今夜の夕食は、ポリフェイス農場産チキンにはちみつを塗って焼いた、テレサの得意料理だ。「自家製アップルソースははずせないね」とジョエルは言う。バターを載せたジャガイモ、自家菜園でとれたインゲンとベーコンの炒め物、バター味のビーツ、自家菜園でとれた野菜のスライスも並んでいた。1日のどの食事が一番好きか、ジョエルに尋ねてみる。「そりゃ朝食ですよ！ パンケーキと卵に、ソーセージかベーコンがついて、絶品なんです」
上：日が昇ると、鶏はエッグモビル（移動式鶏舎）から出され、牛が移動したあとの牧草地で1日を過ごす。虫や牧草、種子、牛のふんに含まれる未消化の栄養分を食べるのだ（その過程で堆肥をまわりに広げる役目も果たす）。
下：別の移動式鶏舎では、見習いのアンディ・ウェントが採卵している。移動式鶏舎は、数日ごとに新鮮な牧草がある区画に移す。

239

3900

総摂取カロリー **3,900kcal**

ロシア サンクトペテルブルク近郊のシュリッセリブルク

美術修復家

ヴャチェスラフ・グランコフスキー　　男性、年齢53歳、身長188cm、体重83.5kg

1日の食事　10月

朝食：コーヒー 701mℓ、砂糖 54g

昼食の弁当：卵とハムのオープンサンド(白パン 125g、目玉焼き2個 65g、ハム 14g、キュウリ 224g、トマト 145g、ラディッシュ 57g、タマネギ 51g、ピクルス 20g、唐辛子 11g、ディル 小さじ1、マヨネーズ 57g)

夕食：ソリャンカ(チキンとハムが入ったピクルスのスープ) 445g、マヨネーズ 大さじ2、赤と緑のピーマン(中に豚肉、牛肉、タマネギ、トマト、ニンニク、ディルが詰めてある) 726g、マヨネーズ 108g

夜食：ビール(2本) 1ℓ

終日：生クランベリーに砂糖を加えたドリンク 2.5ℓ、タバコ 2箱

　毎日どんな食事をしているのか、ヴャチェスラフ・グランコフスキーに尋ねた。「妻に聞いていただけますか。私は意識していないことが多いので」。芸術家で美術修復のプロでもあるスラヴァ(ヴャチェスラフの愛称)はそう言いつつも、朝食の内容だけは覚えていた。「コーヒーとタバコですね」

　ロシアの北西端にあり、フィンランド湾に面したサンクトペテルブルクは、ロシアでも屈指の美しい町だ。スラヴァはここで20年以上前から美術品や工芸品の修復にたずさわってきた。彼の携帯電話には、取材中もひっきりなしに電話が入る。帝政ロシア時代の18世紀に建てられたペテルゴフ(ピョートル夏の宮殿)の管理者たちからは都合のいいときに立ち寄ってほしいとの連絡で、修復が必要な甲冑を個人で所有している人からは、相談があるのでその日の午後に会えないかという問い合わせだった。

　1917年のロシア革命からソビエト連邦時代にかけて、東方正教会とその遺物はイデオロギーの名のもとに破壊され、帝政ロシア時代の豊かな装飾品はまったく顧みられることがなかった。そのため、修復すべき美術品は山ほどある。「歴史的な工芸品や、名工の手による作品の修復にあたるときは、やりがいを感じます。ですが、食べていかなければいけないので、どんな仕事でも文句は言わずにやりますよ」

　スラヴァは現ウクライナ共和国のオデッサ出身で、工学や美術の知識は生まれ故郷で学んだ。24種類におよぶ工芸技術を独学で習得し、それぞれの分野の修復技術も身につけた。「化学や鍛冶、溶接の知識は以前からありました。ですが、金属細工の修復は、資格をとれる教育機関がないので、本をたくさん読んで勉強しています」。好きな素材は？「こだわりはありません」

　ペテルゴフの庭園には、等身大の像がいくつもある。これらは修復もできないほど傷みがひどかったため、スラヴァは複製品を制作するよう依頼された。先日は、コーカサス地方で使われていたサーベルの修復を依頼された。銀のつかに宝石が埋めこまれていて、修復には1か月かかったそうだ。サンクトペテルブルクのプーシキン美術館からは、ロシア人貴族パーヴェル・ナシュチョキンが所有していたミニチュア・ドールハウスのうち、100点以上の修復を頼まれた。以前にも修復された形跡があるのだが、できが悪かったのだという。「どれも本物と同じように動きます。グランドピアノはマッチ棒を使えば演奏できます。シャンデリアや小さなオイルランプは実際に明かりがつくんです。兵器庫まであるんですよ」

　修復全般について、彼はこう語る。「どの素材にも、技術的な仕様と化学的な性質の両面があります。たとえば、昔使われた火縄銃の台木には、象牙や角、金、銀、真珠などがはめこまれているかもしれません。だから、どんな素材でも扱えなければいけないんですよ」

　「思いつきで仕事を進めることはありません。作業に入る前に、綿密に下調べをしておきます」。専門家や美術評論家に相談し、何時間もかけて図書館で調査するなどして準備するという。美術館から依頼された作品はたいてい館内の作業場で修復するが、個人の所有物は自宅の工房で、天使の石膏像や彼の手で救い出されたロシア史

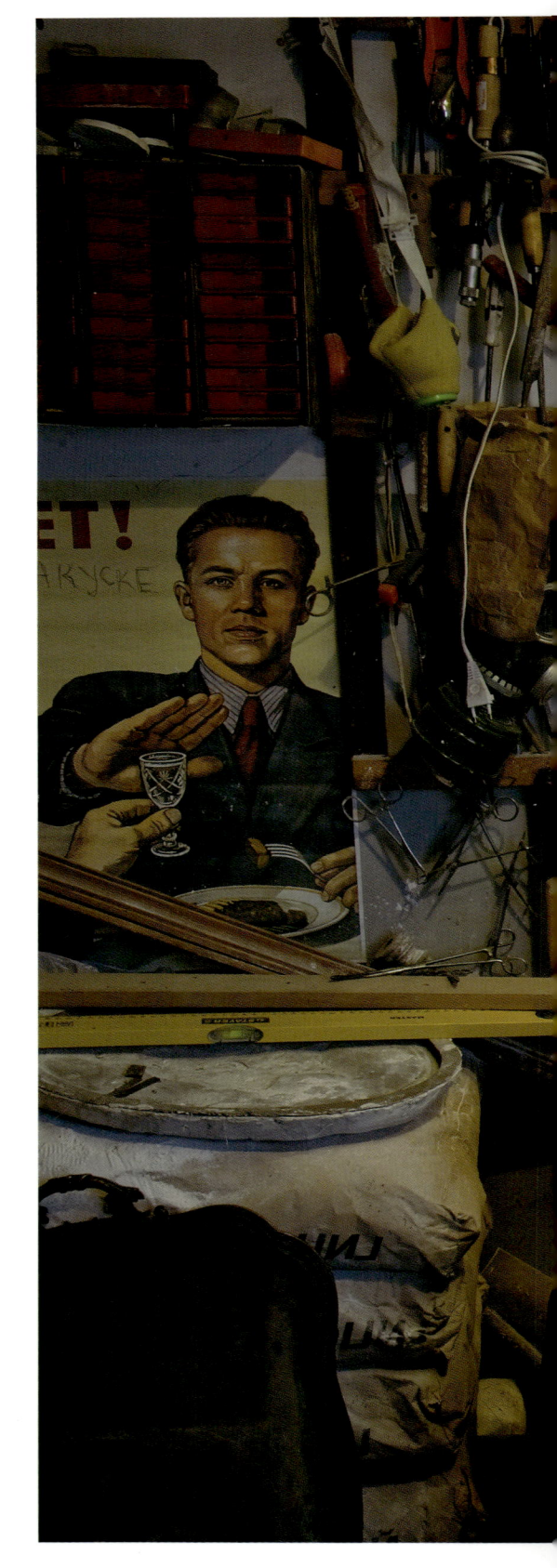

自宅の裏にある工房で、平均的な1日の食事とともに美術修復家ヴャチェスラフ・"スラヴァ"・グランコフスキーを撮影した。父親が集団農場の指導者だったため、ソビエト連邦時代は黒海のほとりで育ち、最初はアーティスト兼技術者として働いた。その後、何年もかけて何十類もの手工芸を独学で習得する。その知識と技術をいかして膨大な数の作品の修復をこなし、自己資金で家を建て、修復業で生計を立てられるまでになった。

彼は昔、トルクメニスタン共和国のカラクム砂漠を横断する旅をしたことがあり、そのときは目が不自由な隠者と一緒に過ごしたほか、クマ狩りを生業にするモンゴル人女性と食事をともにし、マーモットのスープをごちそうになったという。一番好きな飲み物はコニャックだ。炭酸飲料を飲んだことはあるかと尋ねると、「ありません。コーラはさび落としに使いますけど、飲むことはありませんね」と答えた。

ロシアではソビエト連邦時代、芸術が抑圧され、顧みられることがなかったため、スラヴァが一生かかっても終えられないほど大量の修復作業がある。サンクトペテルブルク周辺には、スラヴァの才能と技術のおかげでよみがえった美術品や建物も多い。
上：血の上の救世主教会。
右：広大なエルミタージュ美術館。どちらもスラヴァが何年にもわたり修復にたずさわってきた文化施設である。
右頁：ラドガ湖のほとりに建てた自宅で、家族との夕食を楽しむスラヴァ。

に名を残す作品群に囲まれながら修復にあたる。

スラヴァと妻ラリッサ、末息子のアントン(13歳)が暮らす家はそれ自体が美術館のようで、芸術的な照明器具や、文化の香りが漂う工芸品や絵が所狭しと並んでいる。四方の壁いっぱいに飾られた18世紀の宗教画イコンや、2,500年前のスキタイ人の器なども含め、何十年にもわたり粗大ゴミの中から拾い集めたものばかりだ。ちなみにスキタイ人の器は、スラヴァが見つけたときは灰皿として使われていたそうだ。ダイニングルームの背もたれつきの椅子やテーブルはスラヴァの作品であり、家の内装は夫婦で手がけた。天井のメダイヨンに石膏でできた飾りがある。一部が欠けていることを取材班が指摘すると、「妻には言わないでください」と頼まれた。「『あなた、修復家じゃなかったの?』って言われるに決まっていますから」とすこし憂鬱そうだった。

台所仕事は、画家のラリッサが一手に引き受けている。その日に食べたものを教えてほしいと頼まれたスラヴァが四苦八苦しながら記憶をほじくり返すようすを見て、ラリッサは笑いだし、スラヴァのコメントを訂正してくれた。「平均的な量をお教えしますね。スラヴァはコーヒーを15～20杯と言いましたけど、本当は10杯です。夕食に食べた肉とタマネギを詰めたピーマンは、2、3個ではなくて5個です。それから、マヨネーズのドレッシングも、夫が言った量の2倍ですね。そうそう、東欧の伝統的なスメタナ(こってりしたサワークリーム)を使うこともあるんですけど、この日はマヨネーズをかけたんです」。これに対し、スラヴァは「全部ウソですから。本当は食事なんてつくってくれないんですよ」とまぜかえした。

昼食はたいてい弁当を持参する。ハム、目玉焼き、生タマネギ、唐辛子、ピクルスを載せたオープンサンドをラリッサが用意してくれるのだ。「魔法瓶にコーヒーを入れておくんですけど、スラヴァはいつも忘れちゃって」とラリッサが嘆くと、「妻はなまけて目玉焼きを入れてくれない日もあるんですよ」とスラヴァも負けじと反撃する。

夕食のメニューは、この地域に伝わる寒冷地帯特有の料理が中心だ。たっぷりの肉と根菜のほか、漬け物や保存食を材料として活用し、ディルやレモンやコリアンダーの葉をふんだんに使う。夜はたいていビールを飲む。「2缶から6缶ですね」とスラヴァは言うが、ふつうは2缶だ。特別な日に限っては、コニャックをしこたま飲む。昨晩はラリッサのために自家用車を買ったお祝いに、ふたりでコニャックにスライスしたレモンを添えて飲んだ。スラヴァの夕食は、たいてい真夜中の12時から1時だ。仕事のペースにあわせた時間帯ではあるが、必然的に独りで食べることが多くなる。

ラリッサは取材日の夕食に、ピーマンの肉詰めのほか、ピクルスを使ったシチュー風のスープ、ソリャンカを用意してくれた。肉、鶏肉、魚などを具に入れることもあれば、野菜だけでつくることもある。この日は鶏肉とハムが入っていた。さきほどはラリッサをからかったスラヴァだが、ほめることも忘れない。「妻は料理がとてもうまいんです。それに想像力も豊かでね」。スラヴァが料理を手伝うときは、スパイスがきいたロシア南部の料理をつくりたがる。「どんな料理も、タマネギを炒めるという偉大な儀式から始まるんですよ」と彼は言いそえた。

エッセイ

食にまつわるタブー

エレン・ラペル・シェル｜ジャーナリスト

　初めて馬肉を口にしたのは、数十年前のことだった。大学を卒業したばかりの私は、中古のバンに荷物を詰めこみ、アメリカ西海岸のシアトルを目指して4,800kmあまりにおよぶ大陸横断の旅に出た。新生活に対する期待に胸をふくらませてはいたが、経済的にまったく余裕がなかった。当時は、馬肉が最も安く手に入る動物性タンパク質だったので、それまでの信念を曲げ、思い切って食べてみることにした。乗馬を楽しみ、馬にまつわるものをこよなく愛していた私にとって、それは並大抵の決意ではなかった。私は馬肉ハンバーガーをつくった。ケチャップを塗りたくり、ピクルスを詰めこみ、肉が見えないようパンでがっちりくるんでから、恥をしのんで食卓にのせた。だが、そこまでしても、馬肉特有の金属的な味はいつまでも舌に残った。この試みのあとはっきりしたのは、どれほど苦しい状況にあっても、馬肉を口にすることだけは受けいれられないということだけだった。

　つぎに馬肉を口にしたのは、昨年の春だ。私はイタリア東海岸のプーリア州を旅していた。大衆食堂に入ったとき、店主が馬肉料理の盛りあわせをサービスしてくれた。サラミやソーセージのほか、ねじれた細切り肉のグリルもある。友人たちは、大皿に盛られた肉にひっきりなしに手をのばしていたが、私はおそるおそるひと口かじってみるのが精一杯だった。例の金属的な味を舌に感じたとたん、罪悪感にさいなまれた記憶がよみがえり、強烈な吐き気を催したからだ。

　人間にとって、自分の口に入れるものは何より近い存在といえる。ところが、自分が食べたものを正確に把握している人はめったにいない。最近食べた食事、あるいはその食事に使われていた食材のひとつでもいい。私たち欧米人の中で、産地をきちんと把握している人はどれだけいるだろうか？　改めて尋ねられると途方に暮れるはずだ。それでも、何も気にせずになんでも食べるという人はまずいない。たいていの人は、食べる物と食べない物のあいだにはっきりと線を引いている。

　犬を例にあげよう。昔、ミクロネシアのコスラエ島で葬式に出たことがある。故人の知人や親族が顔を合わせ、思い出を語りあいながら、ずらりと並んだごちそうに舌鼓を打つ、すばらしい集まりだった。そこではなんと、犬料理が出たのだが、その理由はあとになって理解することができた。資源が乏しいコスラエ島では、ペットはお荷物だったのである。島に棲む生き物は、それぞれ何かしらの役割を果たすことを期待されている。しかし駆り集めるべき羊もおらず、ほかにこれといって犬が役立ちそうな状況もないこの島では、夕食の一品にでもならない限り、犬はただの邪魔者でしかなかったのだ。

　犬の肉はたしかに栄養価も高く、味もよい。そうなると、考えるべき点は、なぜ犬の肉を食べる人がいるのかではない。むしろ、なぜ大半の人は食べないか、である。人類学者のマーヴィン・ハリスは著書『食と文化の謎』（岩波書店）でつぎのように記している。「西欧人が犬を食べないのは、犬がこのうえなく愛しいペットだからではない。根源的な理由は、肉食動物である犬は肉の供給源として効率が悪い、ということなのである」。対照的に、犬の肉を食べる文化圏では、動物の肉を食べようと思っても犬以外の選択肢がほとんどない。しかも、ハリスが指摘するように「犬が生きていてはたす貢献は、死んだあとに残る有用物の価値をしのぐまでにいたらない」（同上）のである。

　犬と違い、豚はまさに人が食べるためにつくられたかのような生き物だ。信じられないほど効率よく体内にカロリーを蓄えることができ、なんと摂取したカロリーの35％が肉に変わる。ちなみに牛の場合は6.5％にすぎない。また、雌豚は4か月という短い妊娠期間で子豚を8頭以上産み、生まれた子豚は半年も経てば体重が180kgに達する。実に効率よく肉をつくり出し、蓄えることができるのだ。それなのに、なぜ豚肉を口にすることを禁じる文化がこうも多いのだろうか？

　病気が恐いからだ、と一般にはよく言われる。豚は糞便を食べるうえ、泥の中を転げまわる。また、生焼けの豚肉を食べると旋毛虫症にかか

❶バングラデシュのソノラガオン市場で撮影した鶏の足と頭。❷バングラデシュのダッカで、犠牲祭イード・アル・アドハーを祝って処理されたばかりの牛。❸ベトナムのハノイに立つチャウロン市場で売られていた犬のロースト。❹メキシコのクエルナバカの公営市場に並ぶ豚の足と頭。❺パプア・ニューギニアのコモロで、腐ったサゴヤシの木から採取したばかりの地虫。❻インド北部の聖地バラナシで、マニカルニカー・ガート（火葬場）付近の通りを歩く牛。

る可能性もある。こうした説明にはうなずける部分もあるが、完全に納得できるものでもない。鶏やヤギだって、糞も含め、食べられるものはなんでも口にしているのだから。たしかに旋毛虫症は恐ろしいが、感染症にかかった牛などの肉を食べたときにかかる病気に比べれば、まだましではないだろうか。

ハリスは、豚を忌み嫌う習慣は気候や地理に由来すると主張した。豚の飼育にはいろいろな意味で手がかかるが、中東はその手間をかけられるような余裕のある土地ではない。豚には日陰や、泥浴びをするぬかるみをつくってやるだけの水が必要であり、人間が食べる穀物や貴重な植物や野菜も、飼料としてある程度は与えなければならない。また、コスラエの犬同様、豚はすきを引くわけでもなければ、織物にする毛を産出するわけでもなく、食用の乳や卵を提供してくれるわけでもない。ここまで考えて、ハリスは当然の疑問を抱いた。ベドウィンのように牧畜で生計を立てる遊牧民にとって、豚はなんの役に立つのだろうか、と。豚肉はおいしいかもしれないが、砂漠環境で飼育するのは無理がある。だからこそ、宗教の力で豚肉食を禁じることは、理にかなっていた。

それでは、食に関するタブーを単純に経済的な問題として扱ってもいいのだろうか。インドを例に考えてみよう。インドには地球上の牛の30％がいる。これらの牛は長生きはするが、かならずしも幸せな一生を送るわけではない。もちろん牛にはすきを引き、牛乳を産出し、肥やしをつくるといった利用価値がある。ところがインドにいる牛の多くはやせこけて病気がちで、いつも空腹を抱えて村の通りをさまよっているのだ。これでは、邪魔でしかない。ヒンドゥー教徒は、牛は涅槃（ニルヴァーナ）に続くはしごを上る人間の1段下にいる存在だと信じている。牛を殺すのはもちろん、食べようなどという愚かな人間は、はしごの最下段にまで一気に滑り落ちてしまうというのだ。だから敬虔なヒンドゥー教徒は、牛を食べるくらいなら飢えたほうがましだと考えるのだろう。牛肉食を禁じるヒンドゥー教の教えは、かつては経済的な理由だけで説明できたとしても、今日では少なくとも直接的な理由としては成り立たない。

それでも、タブーには人々の信仰心を深める効果があったのかもしれない。「ヒンドゥー教における聖牛崇拝の歴史が示すように、単体では疑念や誘惑を完全に排除できない有益な習慣がすでに存在し、それにそった決断を人々に促す場合には、宗教は力を得る」とハリスは述べている。

こうしたことをふまえて考えてみると、昆虫食に関しては宗教的な禁忌がほとんどない理由も説明できるかもしれない。欧米人が考える以上に多くの文化圏で、昆虫は食べられている。事実、昆虫食を忌避する欧米文明のほうが例外的な存在といっていいぐらいだ。アマゾンの先住民は幼虫を、中国の農家はカイコを、そしてラオスやタイやベトナムの農家は大きくてみずみずしいタガメを、競うようにして食べる。私自身、メキシコのオアハカの市場で、塩で味つけしたバッタのサクサクした食感を楽しんだ経験がある。虫は地球上で最も一般的な動物であり、捕まえやすく、タンパク質も豊富だ。一方で、家畜をわずらわせ、家畜にかみつき、殺す——その害が人間におよぶこともある。だからこそ、欧米人は虫を毛嫌いするのだろう。ハリスはつぎのように記している。「われわれは昆虫を食べないから、昆虫をまったく邪悪なもの——人間を内から襲う敵——とみなしても、そして昆虫を不浄、恐怖、嫌悪の表象記号と化しても、なんら困ることはないのだ」（同上）

「甲の薬は乙の毒」とは、言いえて妙ではないか。「薬」になるか「毒」になるかの分かれ目は、いまもってよく分からない。欧米人はなぜ、子羊や子豚を食べることは許せるのに、タガメや幼虫などさほどかわいくもない生物を口にすることを忌み嫌うのだろうか。どう考えても経済的な理由では説明がつかない。なんといっても虫はただで手に入るのだから。また、旧約聖書ではバッタやイナゴは食べてよいと明記していることを考えれば、宗教的な理由も成り立たない。「薬」か「毒」かの決断に影響をおよぼしているのは、もっと不可解で謎に満ちた理由——だれにも説明できない、「味の好み」なるものなのである。

エレン・ラペル・シェルは『Atlantic』の特派員で、ボストン大学大学院科学ジャーナリズム専攻の教授兼共同専攻長。著書に『価格戦争は暴走する』（筑摩書房）がある。

4000

総摂取カロリー **4,000kcal**

アメリカ　カリフォルニア州フォート・アーウィン
アメリカ陸軍兵士

カーティス・ニューカマー　　男性、年齢20歳、身長196cm、体重88.5kg

1日の食事　9月

食堂でとった朝食：コーンビーフハッシュ 62g、スクランブルエッグ 85g、ベーコン 20g、リンゴ 170g、クッキー(チョコレートチップ味) 65g

昼食：MRE(米軍の野戦食)ハムとエビのジャンバラヤ 227g、MRE 野菜とチーズ入りオムレツ 227g、MRE ジャガイモの細切りとベーコン 142g、MRE シナモン・スコーン 57g、MRE トースターペストリー(イチゴ味) 45g、MRE クラッカー 37g、MRE パウンドケーキ(バニラ味) 71g、MRE カルシウム・ビタミンD強化乳製品のシェイク(イチゴ味、粉末状) 99g、MRE スポーツ飲料(オレンジ味、粉末状) 大さじ 1.5、MRE 紅茶 小さじ 0.5(すべて乾燥時の重量)、MRE ブラックベリージャム 大さじ2、ペッパーソース 大さじ 1.5

食堂でとった夕食：エビの炒め物 77g、パルメザンチーズ 小さじ 0.5、ペッパーソース 大さじ 1.5、食パン 71g、レタスとトマトのサラダ 68g、グリンピースの缶詰 51g、デルモンテのフルーツカクテルの缶詰(ライト) 113g、フェイマス・エイモスのクッキー(チョコレートチップ味、1袋) 57g

終日：ゲータレードのスポーツ飲料(3本) 1ℓ、飲料水(5本) 7.6ℓ(粉末ジュースやMREの加水にも使用)、タバコ(胸ポケットに入れておく) 1箱

アメリカンフットボールの奨学生としてテキサス工科大学に進学したカーティス・ニューカマーは、けがのために奨学金を打ち切られると、心機一転、陸軍に入隊した。年上のいとこが空軍での体験談をおもしろおかしく話して聞かせ、親戚じゅうを楽しませていた姿を見ていて、子どものころからずっと軍隊にあこがれていたからだ。すでに1度歩兵としてイラクに派遣された経験がある。取材時は、テキサス州フォート・フッド陸軍基地の所属部隊とともに、モハーベ砂漠にあるフォート・アーウィン国立訓練センターにいた。センターで2週間の実地訓練をしたのち、イラクに移動する予定だ。今回は無線オペレータとして活動する。「無線を担当したことはありません。前回は武器をつねに携行して町中を走りまわっていましたね。狙い撃ちされることも多かったです。でも、しゃべりは得意なんで、だいじょうぶですよ。回りくどい言い方はしないし、吃音が出ることもないから、無線の仕事は性に合っていると思います」

カーティスは、フォート・アーウィンにいるいまより、イラクにいたときのほうがよかったという。「家族さえそばにいれば、イラク滞在はもっと快適になるでしょうね。イラクでは決まりがないんです。やりたいことはたいていやらせてもらえるし、だれかに報告する義務もない。特殊部隊や民間軍事会社ブラックウォーターやレンジャー(アメリカ陸軍の精鋭部隊)との共同任務も7、8回ありました。無事に帰還して、いつか子どもたちに武勇伝を聞かせてやりたい。それには、イラク派遣は最高のチャンスなんです」

食生活について尋ねた。「何かを口にしていないときなんてありませんよ。スポーツバーのフーターズには入りびたっていました。日に3度は行ったな。妻が(店で)働いていたから、タダ飯が食えたんです。ファストフードのソニックも定番でしたよ。毎回15〜20ドル(1,300〜1,800円)は使っていました。特大のチーズドッグを2本に、チリソースとチーズがかかった特大のフライドポテトを食べますからね。ミルクシェイクとレギュラーサイズのチェリー・ライムエイドも注文していたし。それでも、体重が増えたことはありません。うちの家族はやせ型なんです。多少がっちりはしていますが、太ってはいない。アイスクリームはバニラ味なら食べますが、それにもホットソースをかけます。なんにでもホットソースをかけるのが好きで。スパイシーな料理に目がないんです」。自宅に帰ったら何が食べたいか尋ねると、間髪をいれずに「ハラペーニョ・ポッパー(チーズをつめたハラペーニョのフライ)」という答えが返ってきた。

健康によくない習慣は？「紙巻きタバコを1日に1箱から1箱半ほど吸います。だれかにかみタバコを勧められても、1本でも紙巻きタバコがあれば手を出しません。シガレットがまったくないときでなきゃ、かみタバコなんてやらないですよ」

アメリカ・カリフォルニア州のモハーベ砂漠にあるフォート・アーウィン国立訓練センターで、アメリカ陸軍兵士カーティス・ニューカマーを平均的な1日の食事とともに撮影した。2度目のイラク派遣を控えた2週間の実地訓練中、カーティスは背後に見える無線通信用テントで12時間のシフトをこなす。朝食と夕食は食堂テントでとるが、昼食はMRE（野戦食）用に加工された各種のインスタント食品です」。MREの中で一番嫌いなメニューは、野菜とチーズ入りオムレツだ。「みんなも嫌いだって言っています。食べられたものじゃありません」。1.6kmほど後方の山のすそ野あたりに、イラクの村を模したセット、メディナ・ワスルが見える。訓練用につくられた13の村のひとつで、隠しカメラや隠しマイクが随所にしかけられ、基地のコントロールセンターに送られてくるデータをもとに、兵士の行動を評価することができる。

上：メディナ・ワスルは、映画会社パラマウント・ピクチャーズのセット・コーディネータが製作した。イラクに派遣される兵士向けに、何百人もの俳優（軍人や市民役を演じる）と複数の監督を動員してきめ細かな訓練が行われる。
下：爆発が起きて陸軍の軍用車両が破壊されたという設定で訓練が始まった。衛生兵がけが人の手当にあたる。実際に手足を失った俳優を起用し、血のりや切断された手足の模型を使うなどして臨場感を演出している。

上：大好物のMRE、チリマック（牛肉とマカロニのチリソース煮）の昼食をとるカーティス・ニューカマー。カーティスが装備している武器にはレーザー光の発射装置が内蔵されている。訓練に参加する兵士や俳優は全員、任務や階級や訓練場内での持ち場に関係なく受光器を身につけていて、レーザー光に当たると感知するしくみになっている。

下：この日に予定されている3回の模擬戦の2回目が終了したのち、兵士や犠牲者、反乱軍を演じたイラク人とアメリカ人が、日陰でくつろぐ。休憩後は、20分にわたってもう一度、シナリオにそって危険な状況をシミュレートする。

4000

総摂取カロリー **4,000kcal**

イタリア ローマのサン・マルチェロ・アル・コルソ
修道士

リッカルド・カサグランデ　　男性、年齢63歳、身長174cm、体重63.5kg

> **1日の食事　7月**
>
> **朝食：**バゲット 60g、はちみつ 大さじ1、メロン 71g、コーヒー（イタリア風エスプレッソ） 44mℓ、砂糖 小さじ1
>
> **昼食：**スパゲッティ 249g、トマトソース 122g、牛フィレ肉 153g（調理前の重量）、エクストラ・バージン・オリーブ油 大さじ1、バジルとニンニクと唐辛子で味つけしたナスのグリル 57g、ズッキーニのグリル 77g、オリーブ油 大さじ1、生トマトとキュウリとフェンネルのサラダ 320g、白パン 85g、スイスチーズ 11g、自家製白ワイン 355mℓ
>
> **夕食：**バリラのパスタ 28g（乾燥時の重量）、生野菜の角切り 40g、クノールのチキンブイヨンをお湯で溶かしたスープ 266mℓ、牛肉ステーキ 159g（調理前の重量）、ジャガイモとカリフラワーとマッシュルームとニンニクとバジル 218g、ステーキと野菜の調理に使ったオリーブ油 大さじ2、白パン 85g、カチョッタチーズ 23g、自家製赤ワイン 355mℓ
>
> **その他：**全乳（2杯） 591mℓ、タバコ 1箱、ホスチア（ミサで用いる聖別されたパン、写真にはない）

　ローマのサン・マルチェロ・アル・コルソ教会では、聖母マリア下僕会の修道士たちが夕食を楽しんでいた。今日のメニューは、ファルファッレとピーマンを煮込んだ料理だ。「それはもう、じっくりと煮込むんですよ。舌の上でとろけるほどにね」と、アイルランドのダブリンから訪問中のブラザー・パトリック・キャロルが教えてくれた。「ゆっくりていねいに煮込むから、クリームのようになめらかな食感になるんです」。こう解説するブラザー・リッカルド・カサグランデは、16世紀に建てられたこの教会でミサをとり行うほか、厨房のスタッフの監督や、広大な教会の地下にあるワインセラーの管理を任されている。

　教会の敷地の地下に眠る紀元4世紀の旧教会跡は、考古学者が長きにわたって調査を進めてきた。ルネッサンス期に建てられた現教会の内部には金箔が施され、フレスコ画がいたるところに描かれている。何世紀もかけて完成された絵画や構造物が、炎で温められた蠟やお香の香りとみごとな調和を見せている。しかし近年、この教会のミサに足を運ぶ人の数は減る一方だ。

　敷地の中央に回廊に囲まれた屋上菜園があった。かごの鳥たちがさえずる中、ブラザー・リッカルドは料理に使うハーブを収穫する。バジルとローズマリーが青々と茂っているが、バジルの若葉はブラザー・リッカルドだけが摘むことを許されている。

　さきほどのピーマン入りのファルファッレは、コースで出される夕食の1皿目の料理で、ナッツのような風味があるペコリーノチーズが添えられていた。このあとは、2皿目の料理である肉と野菜が続く。今日の献立はステーキとインゲンだ。「皿の上でもまだ脈打っているような、新鮮な牛肉がいいですね」と、ブラザー・リッカルドは語る。食後に果物の盛りあわせとチーズ（ペコリーノとカチョッタ）が回された。もちろん、ワインは昼食にも夕食にも登場する。赤ワインも白ワインも、トスカーナ州にある聖母マリア下僕会の修道院で醸造されたものだ。ブラザー・リッカルド手ずから、教会の地下にあるかびくさい、洞窟のようなワインセラーで樽のまま保存されているワインをボトルに詰めかえる。

　サン・マルチェロで暮らす修道士や聖職者は、いつも一緒に食事をする。世界各地から訪れる聖職者たちも、入れ替わり立ち替わりこの食卓に加わる。ここに来れば極上の食事と昔から大切に使われてきた温かなベッドが待っていることを、みなよく知っているのだ。

右：ローマ・カトリックの修道士リッカルド・カサグランデは、食通だ。サン・マルチェロ・アル・コルソ教会の食堂で、平均的な1日の食事とともに彼を撮影した。
左：ブラザー・リッカルドは、ローマのスペイン階段の近くにあるこの教会で生活する修道士や司祭のために、20年以上にわたって厨房や屋上菜園、地下のワインセラーを管理してきた。

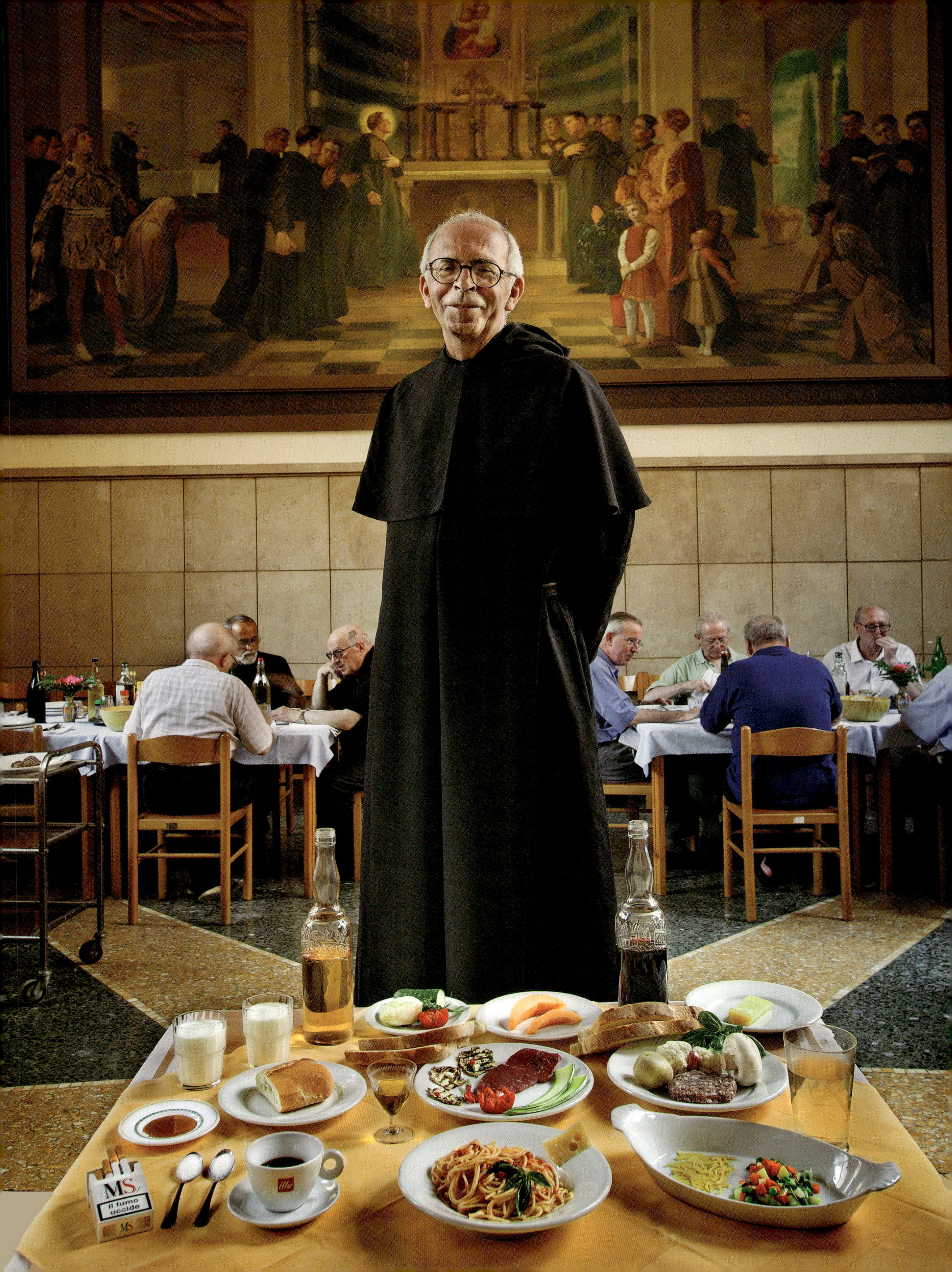
MS
il fumo uccide
illy

上：高校生のキャサリン・ナバスが、カラカスのバリオにある自宅の屋上でくつろぐ。テーブルに並んでいるのは、平均的な1日の食事だ。バリオは治安が悪いので、多くの先進国の住宅事情とは異なり、丘の上に行けば行くほど家賃が安くなる。急斜面のてっぺんに住んでいると、手続きをしたり、店や大通りへ行って用を足すのにも、だれよりも長い距離を移動しなければならないからだ。しかも、外出できるのは基本的に日が高い時間に限られる。
右：キャサリンの家では、食事どきは一家団らんの大切なひとときだ。料理をつくるのは母親だが、準備は全員が手伝う。今夜の夕食は、おじの店で買ってきた揚げたての魚だ。食事中はテレビを消し、幼い子どもも含めて、みんながその日のできごとを語りあう。

4000

総摂取カロリー **4,000kcal**

ベネズエラ カラカスのラ・シルサ地区

バリオに住む高校生

キャサリン・ナバス

女性、年齢18歳、身長170cm、体重75.8kg

▎**1日の食事　11月**

朝食：パステリートス（トウモロコシ粉でつくったペストリー生地に、鶏肉を詰めて揚げたもの、2個）65g、リンゴ 204g、オレンジジュース 222mℓ、コーヒー 98mℓ、砂糖 小さじ1

昼食：鶏肉 96g、着色料で色づけした白米 204g、レタス、キュウリ、トマトのサラダ 40g、オイルとレモン汁のドレッシング 小さじ1、コーヒー 98mℓ、砂糖 小さじ1

夕食：揚げたフエダイ 312g、着色料で色づけした白米 204g、レタス、キュウリ、トマトのサラダ 40g、オイルとレモン汁のドレッシング 小さじ1、白パン 65g、コカ・コーラ 296mℓ、コーヒー 98mℓ、砂糖 小さじ1

軽食その他：リンゴ 204g、バニラケーキ 51g、ポテトチップス（チーズ味）34g、キャンディバー（3本）196g、ガム（ミント味）5枚、オレンジジュース（2杯）444mℓ、水道水 834mℓ

カラカスのバリオ（低所得者居住地区）は治安が悪いことで知られており、部外者はもちろん、住民さえ危険とつねに隣り合わせの日常を送る。「ここは歩いても大丈夫ですが、あっちはダメです」。バリオの10月12日（ベネズエラでは「先住民抵抗の日」）地区で生まれ育った生粋のカラカスっ子でさえ、ほんの数歩先を示して、そんなふうに言う。カラカスは2008年、不名誉にも「世界一殺人が多い首都」に格付けされてしまった。本書の取材対象を探すときは、国境を越えるかのように、別のバリオに入るたびに、違う人が引き継いで案内してくれた。

曲がりくねった狭い通りが、丘の上まで続いている。道の両側には、不法に建てられた家がびっしりと並び、細い歩道や危なっかしい階段が、途中で脈絡なく枝分かれしていく。あちこち歩きまわったあげく、ようやく取材に応じてくれる人物に行きあたった。この地区に住む高校生、キャサリン・ナバスだ。バリオのラ・シルサ地区のふもとで、義父が経営するコピーとインターネットの店を手伝っていた。店は自宅から2分ほど丘を下ったところにあり、カラカスの大通りからは、1ブロックしか離れていない。

「物騒なところですけど、ここでの暮らし方は心得ていますから」。高校3年生のキャサリンは、時間をやりくりしてコピー店での仕事と学校を両立させ、さらに地域のバスケットボール・リーグにも参加している。キャサリンはラ・シルサで生まれ育ち、母親と義父、3人の弟妹と一緒に暮らしている。近くのアパートには、親戚も住んでいた。鉄格子がはめられた窓やドアがものものしい感じだが、一歩室内に入れば、和やかな時間が流れる。家族みんなで仲よく食事のしたくをし、食事時には大勢の親族が顔をそろえる。「とにかくみんな、その日にあったことをなんでも話すんです。でもこのバリオの話はしません」

キャサリンは、アメリカのニューヨーク市に住むおばのもとに身を寄せ、1年間現地の学校に通った。取材した当時は、まだ帰国して間もなかった。「すばらしい経験だったわ」と言うが、体重は10kg近く増えてしまった。「マクドナルドのせいです」とキャサリンは原因をひと言で片づける。スリムな母親は久しぶりに会った娘の姿に「そんなに太ってどうしちゃったの？」とあからさまに驚いたそうだ。カラカスでもマクドナルドに行くかと尋ねると、「そんなにしょっちゅうは行きません」と言う。いまは減量に努めているそうだ。魚と米料理が中心のベネズエラ料理は大好きだが、それでもキャンディバーやポテトチップス、揚げ物類につい手が伸びる。

253

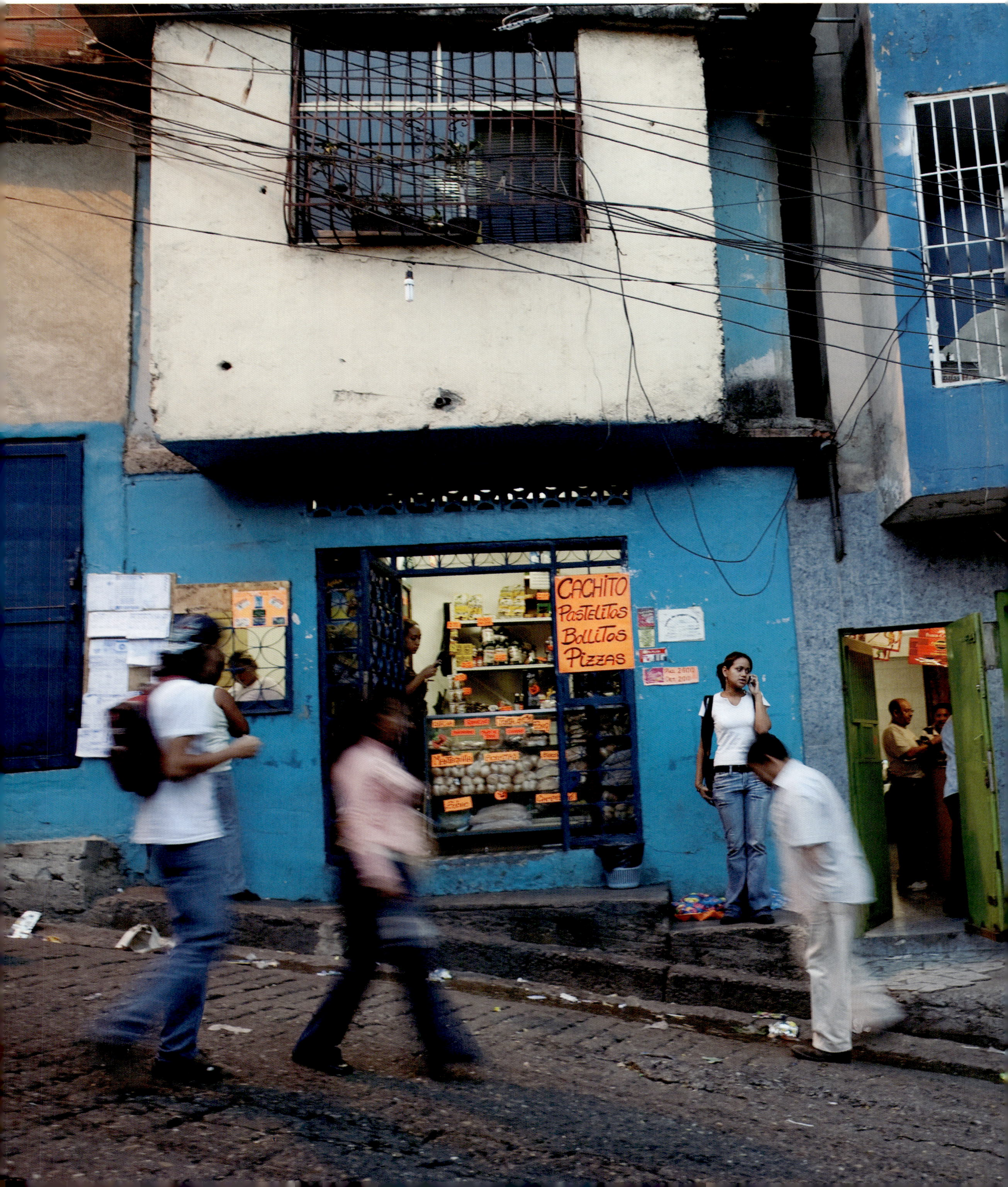
CACHITO
Pastelitos
Bollitos
Pizzas

義父が経営するコピーとインターネットの店のカウンターで接客をするキャサリン。窓やドアやバルコニーにはすべて鉄格子がはめてあり、治安に大きな不安を抱える地域であることがうかがえる。2008年、ベネズエラの首都カラカスは「世界一殺人が多い都市」となった。週末の2日間で50人が犠牲になったこともある。地元のギャングは縄張り意識がきわめて強く、法律を守ってまっとうに暮らす市民に危害を加えることもいとわない。ノエミ・ウルタード（83歳）は、キャサリンの家の目と鼻の先で51年前から暮らしているが、ラ・シルサのバリオには一度も足を踏み入れたことがない。「あそこは危なすぎるから、絶対に行かないことにしているの」。ノエミがカラカス西部に引っ越してきた当時、ラ・シルサはまだ影も形もなかった。谷間を囲む丘は森に覆われ、そこかしこに滝が流れていたという。

4000

総摂取カロリー **4,000kcal**

エジプト　カリュービーヤ県カイロ

ビジネスマン

ジョージ・バーナ　　　　　　　　　　　　　男性、年齢29歳、身長180cm、体重74.8kg

1日の食事　4月

朝食：ケロッグのクランチー・ナッツ・シリアル 96g、全乳 538mℓ、リンゴジュース 1ℓ

2度目の朝食：リンゴ、バナナ、オレンジ、イチゴのフルーツサラダ 496g、はちみつ 85g、固ゆで卵の白身 62g

昼食：パン粉をまぶした子牛のカツレツ 278g、白いロールパン（2個）79g、レタス 23g

夕食：トマトソースをかけて焼いた鶏肉 323g、グリンピースとニンジン入りトマトソース 726g、白米 196g、レタス、トマト、春タマネギのサラダ 261g、オリーブ油とバルサミコ酢のドレッシング 59mℓ、胡椒 小さじ 0.5

終日：ミネラルウォーター 3ℓ

カイロを二分するナイル川の中州、緑豊かなゲジラ島には、高級アパートや高級レストランが軒を連ねるザマレック地区と、ゲジラ・スポーツクラブがある。イギリス統治時代に創設されたこの由緒あるクラブには、閑静で瀟洒なたたずまいのゴルフ場のほか、プールやポロ競技場、クラブハウスなどさまざまな施設が併設され、ありとあらゆるスポーツが楽しめる。

ビジネスマンのジョージ・バーナは、ザマレック地区にある高層アパートの広々とした1室で、兄弟と同居している。廊下をはさんだ向かい側には両親が暮らしており、職場は13階下の中2階にある父親の土木会社だ。

裕福なエジプト人家庭に生まれたジョージは、多感な少年時代をイギリスで過ごした。コミック誌を読みふけっては、スーパーヒーローにあこがれていたという。そして6歳のときに、ジャッキー・チェン主演の映画を観て、武術に興味を抱く。「実在の人物の中では、コミック誌に登場するスーパーヒーローに一番近い存在でした。だから、自分もまねしてみたくなって」

武術の教室に通いつめたのち、昼はカイロで働くビジネスマン、夜は白鶴拳の師範という生活に落ち着く。ジョージはどちらの仕事でも、来る者は拒まず迎え入れるという信条を貫いているが、そのためにも2度目の朝食ははずせないという。

仕事柄、世界各地を飛びまわっているが、自宅にいるときは、ビジネスマンとして、また、アスリートとして活動できるよう、たっぷり食事をとる。ふつうは1日に4食、ときには5食も食べるそうだ。食事内容は、箱入りのシリアル、パン粉をまぶした子牛肉のカツレツ、ピーナッツバターとジャムのサンドイッチといった具合で、典型的なイギリス料理が中心だ。

それでも、エジプトの伝統料理は大好きだという。「ケバブやチョップ、シシタオーク（ヨーグルトとトマトでマリネにした鶏肉）など、好きな肉料理はたくさんあります。心からおいしいと思いますし、郷里の料理の中でも特に好きですね。それから、オクラやファソーリャ（トマトとニンニクとインゲンの煮込み）などのエジプト野菜を使ったメニューも好物です」

ジョージは出張先でも自宅でも、ほぼ毎日体を動かす。ふだんは、自宅から車で5分ほどのところにあるゲジラ・スポーツクラブで生徒たちを指導し、トレーニングを行っている。

競技会に向けたトレーニングにはげんでいたころは、生卵入りプロテイン・シェイクも飲んでいたが、何年か前にそれはやめた。「生のニンニクを毎朝1片欠かさず食べていた時期もあったんですよ。ニンニクには陰陽の『陽』の気を高める効果があるっていいますから」

上：土木会社の取締役を務めるかたわら、武術の師範として活動するジョージ・バーナは、ナイル川を見下ろす高級アパートで暮らす。ビリヤード台の上に置いてあるのが、彼の平均的な1日の食事だ。
左：自宅の部屋を改装した練習室でトレーニングにはげむジョージ。1日に4、5回食事をとるが、自宅や、近所にある会員制のゲジラ・スポーツクラブで激しいトレーニングをしているので、太る心配はない。1,700万人がひしめく大都市カイロは、ナイル川によって二分されている。市民の大多数は貧しい。エジプトの株式相場や国内総生産は過去4年、安定した伸びを示しているが、平均的なエジプト市民の生活水準は向上してはいないのが現実だ。貧困層に対しては政府が継続的に食糧補助金を出しており、財政面で大きな負担になっている。

4100

総摂取カロリー **4,100kcal**

アメリカ　イリノイ州セントエルモ

商品作物をつくる農家

ゴードン・スタイン　　　　　　　　　男性、年齢56歳、身長175cm、体重111.1kg

1日の食事　9月

朝食：はちみつとアーモンド入りシリアル 79g、脂肪分2％の牛乳（写真にはない）118mℓ、コーヒー 296mℓ

昼食：豚を丸ごと使った自家製ソーセージ 113g、ホットドッグ用の白パン 48g、マスタード 小さじ1、インゲン 79g、ポテトチップス（オリジナル）34g、ケーキ（ミルクチョコレート味）57g、フロスティング（ミルクチョコレート味）34g

夕食：野菜と牛肉のシチュー 680g、自家製の白パン 130g、スプレッド（植物油48％）大さじ1.5、ケーキ（ミルクチョコレート味）57g、フロスティング（ミルクチョコレート味）34g、アイスクリーム（バニラ味）227g

終日：アイスティー（5杯）1.5ℓ、砂糖 85g、脂肪分2％の牛乳 296mℓ、コカ・コーラ 355mℓ

ゴードン・スタインと妻のデニーズは商品作物を栽培し、アメリカ人の食生活を支えているが、庭の菜園でとれた野菜はあくまで自家用だ。今夜のメニューは？　郡書記官事務所での仕事を終えて帰宅したデニーズが、「野菜スープよ」と教えてくれた。とれたてのトウモロコシ、インゲン、キャベツ、ジャガイモ、グリンピース、トマトが入っている。「ジャガイモとグリンピース以外は全部うちでとれた野菜です」。ゴードンが茶々を入れてくる。「野菜スープ？　牛肉がかたまりで入っているのに？　うちでつくる料理にはなんでも、自分たちで育てた牛の肉が入っているんです」

ふたりは毎年、飼育した子牛を市場に出荷するが、1頭だけは自家用にとっておく。つぶした子牛は解体し、小分けにして、クリスマスに子どもたちに分けている。ゴードンはデザートに目がない。「クッキーやケーキやパイがあると、つい食べてしまうんです」とゴードン。「夕べもどうしてもほしかったみたいで、自分でケーキを焼いたんですよ」とデニーズが口をはさむ。材料をそろえて一からつくるのか？　「まさか。ケーキミックスを使うんです。一からなんて、何をどうしたらいいのか見当もつきません！」そう言ってゴードンは笑う。デニーズがチョコレートケーキの皿を取りだした。「ずいぶん食べたわね。半分しか残っていないじゃない！」「母さんにおすそ分けしたんだよ。ひとりで半分食べたわけじゃない」「あら、そうだったの」と、こんどはデニーズが笑った。

スタイン一家の祖先がドイツから移民してきたのは、1838年のことだ。以来、アメリカ中西部のミズーリ州セントルイスから130kmほど離れた平原で、5世代にわたって農業を営んでいる。「ふたりの息子を連れた母親が、この郡に移住したのが始まりです。父親は道中、オハイオ州で亡くなったと聞いています。息子のひとりが結婚して子どもを17人もうけたので、一族はこの地で一気に増えたんですよ」と、ゴードンが説明してくれた。

父スタンリーがトウモロコシや小麦、大豆などを栽培していたので、ゴードンとスタントン兄弟は子どものころから農作業を手伝ってきた。そしていまも、同じ土地で農業を営んでいる。「父も手があいたときは手伝ってくれます。もう83歳ですが、年齢を感じさせない働きぶりですよ」

1930年代のアメリカでは、人口の約25％が農業を営んでいたが、今日その割合は2％に落ちこみ、専業農家にいたっては1％しかない。農地が統合された結果、農家の数は減り、1軒あたりの規模はどんどん大きくなった。特にトウモロコシや大豆、小麦など、市場で取引される商品作物をつくる農家は、集約が進んでいる。

ゴードンをはじめとする広大な中央平原の農場経営者たちは、工業食品の生産体制に組みこまれている。彼らが育てた作物は、食品工場や牛の

右：大豆畑にしつらえたテーブルに平均的な1日の食事を並べ、農家のゴードン・スタインが笑みを浮かべる。
左：1日じゅうトウモロコシの収穫にかかりきりだったゴードンが、自家製の野菜と牛肉が入ったボリューム満点のシチューを妻デニーズのために取り分ける。

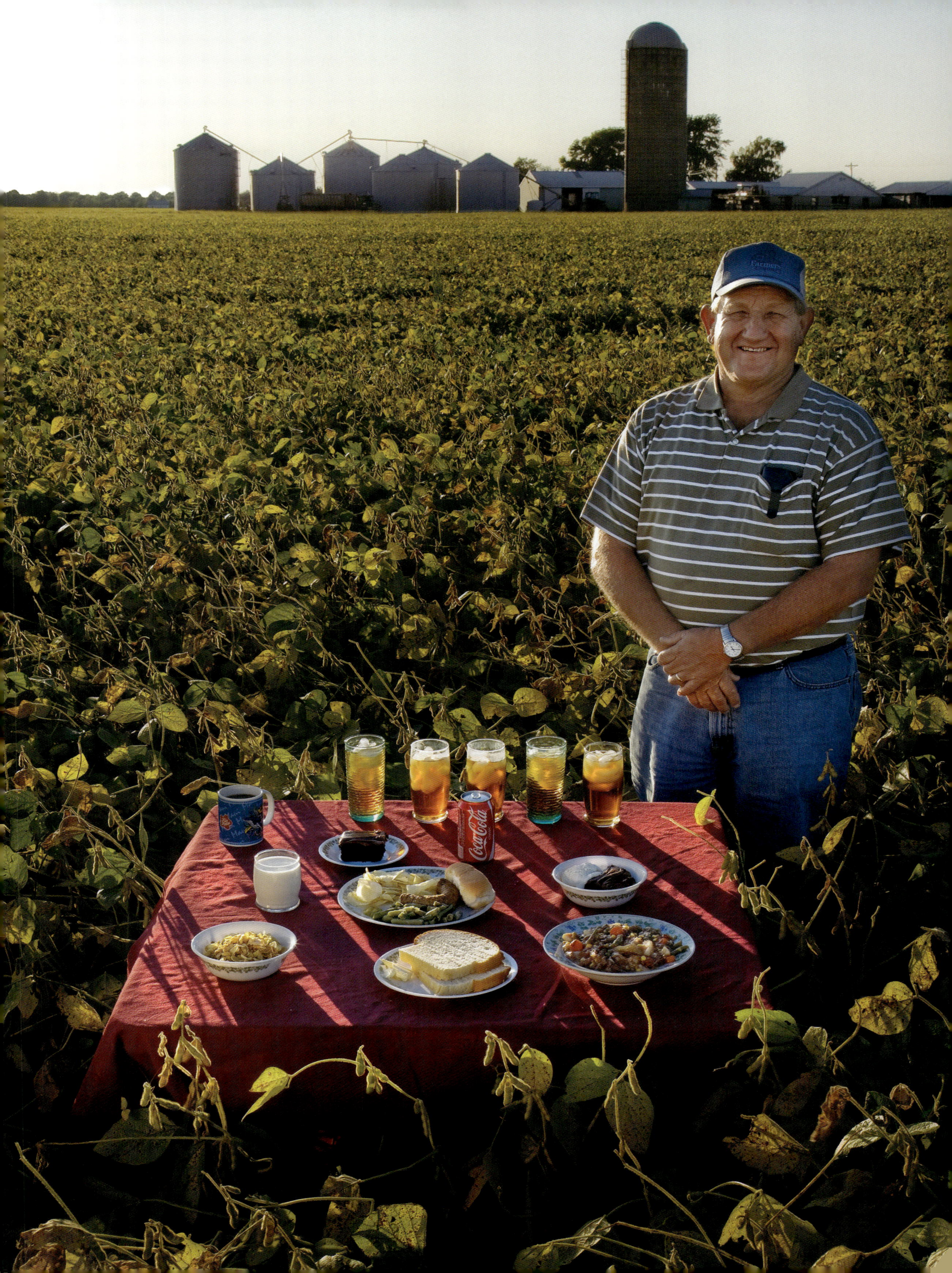
Coca-Cola

上：兄弟のスタントンが運転するグレインカートから、10輪トラックへとトウモロコシが積みおろされる。このトラックでトウモロコシをサイロに運んだあと、乾燥させてから貯蔵する。
右：甥が飼育している子牛のようすを見にきたゴードン。ある程度肥らせたあと、隣の農場でつぶす。アメリカでは、収入に占める食費の割合が1950年代から一貫して減っており、現在では世界的にも最低水準だ。
右頁：ジョンディア製の8条刈りコンバインを運転し、リースした農地でトウモロコシを収穫するゴードン。

飼育場、エタノールや高フルクトースのコーンシロップの精製所で原材料として使われるからだ。現代農業は、農地の整理統合により多方面で大きな影響を受けている。「種や肥料の仕入れ先は、昔は5〜8社ありましたが、いまでは1、2社です。仕入れ先も取引先も1、2社しかありませんから、私たち農家は相手のなすがままです」

この地域は保守派が多いのだが、ゴードンは民主党びいきの家族に囲まれて育った。「支持政党で分類されたくありませんが、それが現実でね」。彼は農業を営むかたわら、つねに政治活動に関わってきた。イリノイ州農民組合長を務めた経験もある。「家族経営の農家のために戦っています。『大規模化はよくない。大規模農業では救われない』という主張を掲げてね。ADMやカーギルといった世界的な穀物商社は、『農家のみなさんの面倒はきちんとみます。心配しないでください』なんて言ってますが、本当は自分たちや株主のことしか頭にないんですよ」

ゴードン兄弟は、自分の土地とリースした土地を合わせて1,000haの農地を耕作する。「これでももう大規模とはいえません。この辺りには2,000〜4,000haを耕す人もいますから」。兄弟はそれぞれ独立採算で農業を営んでいる。ゴードンの場合は、中規模農家に分類される。畑の面積ではなく、収入規模で決められたくくりだ。ゴードンの収入は年間約40万ドル（約3,600万円）だが、これには収入が不安定な商品作物農家を支援するための、連邦政府からの助成金も含まれている。それでも収入40万ドルの大半は、年間33〜34万ドル（2,970〜3,060万円）を超える経費で消えていく。

「助成金をもらいたくはありませんが、ないとやっていけない」とゴードンは語る。経営が厳しく、助成金だけに頼って暮らしていくしかない年もある。しかし、助成金は現在、直接支払い制度に変わっている。過去の実績をもとに助成額を計算するので、いま現在の生産高とは連動していない。「10年ほど前までは、（助成金は）実際の生産高と比例していました。それがいまでは、価格や供給量、生産状況とは関係ないところで決められます。これでは生活保護と変わりません」

ゴードンは自分が生まれ育った家の向かいに妻デニーズとの新居を構え、4人の子どもを育てあげた。もちろん子どもたちに農作業を手伝わせたことだってある。しかし、長男のクリスが工学部から農学部に専攻を変えたいと言いだしたとき、ゴードンは再考をうながした。「自分は農業をやるんだと、あの子は心に決めていました。だから真剣に話しあったんです。農業というのは、時給が50セント（45円）になるのか30ドル（2,700円）になるのか、年度初めには見通しが立たない仕事なんです。『本当にこんな暮らしがしたいのか？』と私は息子に言いました」。クリスは結局、農学部ではなく工学部を卒業した。

ゴードンの甥たちは農業を続けていくことに意欲的だが、個人経営の農家が背負うコストやリスクは、いままで以上に高くなっている。「この農場の設備をここまで整えるのに、20〜30年かかりました。これだけの設備を私から買いとれますか？ 買っても、利益が出るまで10年は赤字続きでしょうね。そこまでして農業をやりたい若者が、どれだけいると思いますか？」

4200

総摂取カロリー **4,200kcal**

スペイン　マドリッド州ミラフローレス・デ・ラ・シエラ

闘牛士

オスカル・イガレス　　　　　　　　　　男性、年齢34歳、身長188cm、体重78.9kg

1日の食事　4月

朝食：バゲット 51g（半分はトマト 113g、オリーブ油 小さじ1、塩 小さじ 0.5 を載せ、残りの半分はイチゴジャム 大さじ1、バター 小さじ2を載せた）、紅茶 180mℓ、砂糖 大さじ2

昼食：ステーキ 249g（調理前の重量）、スパゲッティ 139g（乾燥時の重量）、ツナの缶詰 79g、ケチャップ 85g、オリーブ油 大さじ2、モロッコインゲン 414g、オリーブ油 大さじ1、ダノンのチョコレートプディング 130g、オレンジソーダ 331mℓ

夕食：ドラダ（海水魚ヨーロッパヘダイ）320g（頭部を除く1尾の調理前の重量）、ジャガイモ（写真にはない）266g、オリーブ油 大さじ1、レタスの芯 150g、トマト 139g、オリーブ油 大さじ1、酢（写真にはない）大さじ1、ダノンのチョコレートプディング 130g、クッキー（ラズベリー味）26g、オレンジソーダ 331mℓ

軽食：ピコス（グリッシーニに似た小型のクラッカー）23g、ザクロ 323g、マンゴー 400g、ミネラルウォーター 1ℓ

何十世紀も前に牛をいけにえに捧げる祭祀として始まった闘牛は、やがて儀式的な意味合いをもつスポーツへと変化し、さらには文化の域にまで達した。熱狂的な愛好家もいれば、動物虐待だと厳しく非難する人もいる。南米の一部とヨーロッパで広く行われ、多くの観客を惹きつけてきたが、スペインでの人気はひときわ高かった。

マドリッド出身の闘牛士オスカル・イガレスは、15歳のときに初めて闘牛を見て、人生が変わった。「闘牛は芸術です。いや、それ以上かもしれません。生き方そのものとも言えますね。ものごとに対する感性のあり方なんです。砂場に立ち、牛と向かい合うと、自分は別の時代から来た人間で、まわりの人たちとはなんの関わりもない、そんな感じがして……。闘牛士は、生まれながらにして闘牛士なんです」

そもそも、オスカルの父が闘牛士であった。そして祖父は闘牛を育てていた。「初めて闘牛を見たときは、魔法をかけられたようでした。あんな光景、それまで一度も見たことがなかった。あのとき、自分は闘牛士になるべき人間だと気づいたんです」と闘牛との出会いを語る。牛と闘っているときは孤独だが、自分に備わった強さを実感する瞬間でもある。でもこれは、何も砂場だけでの話ではない。「闘牛士は、ふだんの生活でも闘牛士として暮らし、闘牛士としてものごとを感じ、考えるのです」という。

家族にとっても、夫、あるいは父が闘牛士であるがゆえの心配は尽きない。何度もけがはするし、まさしく命をかけた闘いの日々なのだ。「だからこそ、そこに美が生まれるのです」「だれにでもできるものではありません」とオスカルは言う。妻は、神経を張りつめ、不安になりながら、闘いを見つめる。「私と妻が出会ったのは闘牛士になってからなので、彼女は、闘牛士としての私しか知らないんです。私の孤独も、恐怖も、強さも、すべて受け止めてくれる人でね。『闘牛の本質が分かると、闘牛を見る目が変わるわ』と言っているくらいです」

何年も闘牛を見ていると、その牛が難しい牛かどうか、直感で分かるようになる。「だから私自身、観客として闘牛を見ていると、闘牛士のことを思い、胸が苦しくなります。妻もきっと同じ気持ちになるのでしょう」。加えて、目の肥えた観客は評価も厳しくて容赦がない。「妻が横にいることも知らずに、平気でヤジを飛ばすんですから。私が闘うのを見て恐くなった長女が、『パパ、もうやめて！』と思わず大声をあげてしまったこともあります」

「初めて闘牛を見たときは、魔法をかけられたようでした。
あんな光景、それまで一度も見たことがなかった。
あのとき、自分は闘牛士になるべき人間だと気づいたんです」

ミラフローレスの闘牛場で、プロの闘牛士オスカル・イガレスを撮影した。前の座席に並んでいるのは、トレーニングをする日の平均的な1日の食事だ。試合がある日は、できるだけ遅くまで寝ていたいので、朝食は抜くことも多い。試合前は「多少はびびって」いるので、空腹感はなく、食べ物はわずかしか口にしない。「闘牛のベストシーズンは8月と9月ですが、その時期は本当に暑くて。衣装はきつくて重いし、観客からのプレッシャーものしかかってきます。集中力は極限まで高めなければいけません。体重は落ちますよ。試合に出るたびに2kgは減ります」。しかし、試合後は別だという。「夕食は豪快にいきます。肉をたっぷりとね」

闘牛に備えて、どのように体を調整していくのだろうか？「厳しい訓練を重ねます。朝起きて、朝食をとったあと、1時間ほどランニングをし、ストレッチや腹筋などのエクササイズをこなします。それから練習に入るのですが、練習では本物の牛は使いません。基本的には、自分の体を把握し、動きや感覚をつかむためのトレーニングをするんです」

カポテ（最初の場面で使う闘牛士のマント）やムレタ（最後の場面で使う小振りの赤いマント）が自分の腕の延長、つまり体の一部であるかのように動くよう訓練する。「テニス選手が、ラケットを腕の一部であるかのように使う訓練や、ボールを自由自在に操るサッカー選手のトレーニングと共通するものがありますね。彼らが試合では絶対に使わない技を練習するのは、あくまでボールコントロールを身につけるためでしょう？　闘牛士のトレーニングもそうなんです」

試合がない日の平均的な食事を聞いてみると、「朝食にはいつも紅茶を飲み、パンを食べます。1枚目はトマトとオリーブ油と塩を載せたトースト、2枚目は甘いジャムなどを載せます。それから、チョコレートなどすごく甘い物をデザートに食べるのが好きなんです。日中は、野菜をたっぷりとって、大きな肉を1切れ食べます。たいていジャガイモかサラダを添えますね。食後は、何かかならず甘い物がないとだめなんです。でないと、食べた気がしなくて……」

ビタミン剤やサプリメント類はまったくとらないし、アルコール類も一切飲まないという。「味自体、受けつけないので。できるだけ、心地よく感じることをするよう心がけています」。夜、友人と外食するときも水しか飲まない。「酒に酔った友人を見ると、『ああいうふうにはなりたくない』といつも思うんです」

試合日、特に大切な闘牛の試合がある日は、ホテルに泊まるという。「恐怖心におそわれないよう、試合以外のことを考えるようにします。たいていは特に何もせず、部屋でテレビを観たり、友人に電話したりして、試合のことから気をそらしますね」。一方、小規模な興行に出るときは、それほどの重圧がないので、車にゴルフクラブを積みこみ、ゴルフをして気を鎮めているという。

朝は遅めなので、試合前はたいてい朝食を抜く。「多少はびびって、緊張しているので、空腹を感じないんですよ」。せいぜい昼食にトルティージャ（ジャガイモ入りのオムレツ）やパスタをすこしつまむ程度ですませる。しかし、試合が終わると、その日の夕食は豪快にいく。「滞在地にもよりますが、肉をたっぷりとね。北部に行けば魚を食べるし、肉料理が評判の地域なら肉にします」

息苦しいほど暑い夏の日、スペイン南部の都市ムルシア近郊にあるカンポス・デル・リオ村では、毎年恒例のサン・フアン祭りが行われていた。祭りの最後には、3人のプロのマタドール（闘牛士）が雄牛を5頭いけにえとして捧げる。
上：1頭目の牛が、ゲートから走り出てほどなく、オスカルに向かっていく。
下：試合開始前、砂場の外ではオスカル・イガレスが気持ちを集中させていた。帽子をマント代わりにして、動きを確認する。
右：その日2頭目の雄牛と対決するオスカル。仲間がバンデリージャ（華やかな飾りをつけた、返しつきの短い槍）を雄牛に刺した直後、全速力で向かってくる雄牛を、狙った方向にいざなう。さらに10回ほど突進してくる雄牛をやりすごしたのち、最初の一撃でとどめを刺す。総立ちになった客席からは拍手がわきおこり、オスカルは雄牛の耳ふたつと尾をほうびとして与えられた。砂場での雄牛との対決に要した時間は、15分に満たない。緊迫した空気の中、オスカルは雄牛という物理的な危険のほか、自分自身の恐怖心にも打ち勝たなければならない。

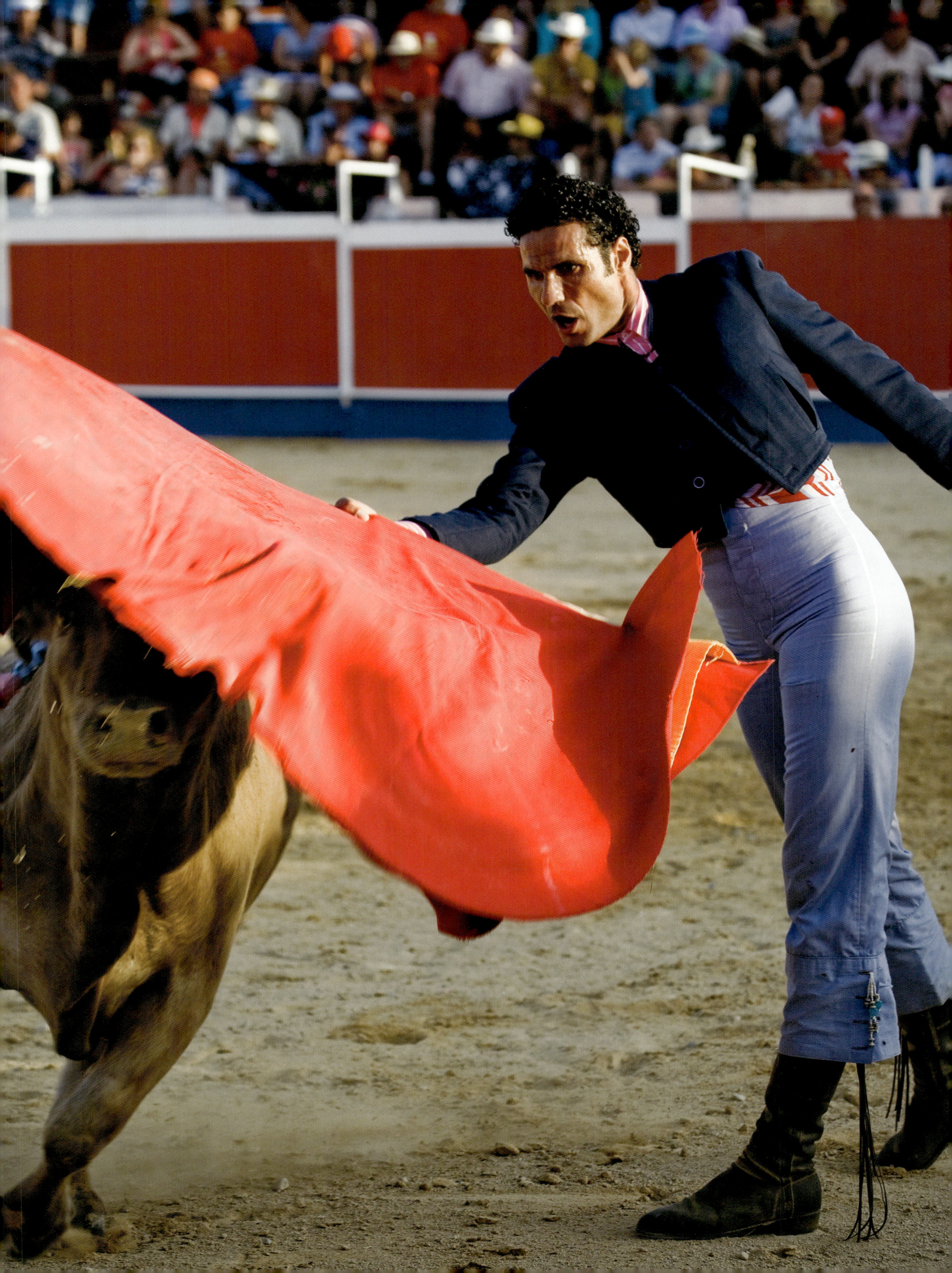

4300

総摂取カロリー 4,300kcal

中国 上海市浦東新区

溶接工

ホワン・ナン

男性、年齢36歳、身長168cm、体重61.7kg

1日の食事　6月

屋台での朝食: 豚肉入り包子(肉まん)(バオズ) 85g、饅頭(餡なしの蒸しパン)(マントウ) 99g、全乳 254mℓ

建設現場の食堂での昼食: 炸猪排(下味をつけたトンカツ)(ジャージューパイ) 414g、白米 303g、ニンニクの芽の炒め物 147g、キュウリ、卵、唐辛子の炒め物 150g

建設現場の食堂での夕食: 豆干(乾燥豆腐)(ドウガン)、カラシナ、ショウガの炒め物 133g、豚肉のレバーとピーマンの炒め物 184g、オクラの炒め物 204g、白米 400g、ビール 500mℓ

終日: 緑茶(2杯) 1.1ℓ、煮沸した水 3ℓ

上海を流れる黄浦江の東岸では、つい20年ほど前まで村人たちがのんびりと田畑を耕していた。ところが今日、上海旧市街の対岸にあるこの浦東の地には、中国の金融と経済成長を象徴する近代建築がそびえ立ち、まばゆいばかりの輝きを放つ。この街の開発と建設を担うのは、何千人もの出稼ぎ労働者たちだ。

まかないがふたりがかりで、ごはんと野菜の炒め物と豚肉の蒸し煮を盛りつけてくれるのを、腹をすかせた建設労働者たちが、おわんとはしを手に首を長くして待つ。

溶接工のホワン・ナンは、夕食の友にと、同僚たちとお金を出しあって冷えた上海産ビールを買いこんでいた。彼らは1日の仕事を終えても、浦東の陸家嘴金融貿易特区にある現場を離れない。みな、いま建設中の高層ビルの下にもうけられた飯場で寝泊まりしているからだ。

ベッドの頭上の壁には、安全第一を呼びかけるポスターが貼ってある。アルコール類は、夕食時に食堂でしか飲むことを許されておらず、監視の目も厳しい。

溶接工になる前、ホワン・ナンは、バスで10時間ほどの距離にある中国中部の河南省で農業を営んでいた。妻とふたりの息子はいまもそこに住んでいる。

ホワン・ナンが請け負う高層ビル建設の仕事は、広州や北京や上海に現場があるので、家族に会えるのは年に1度、たいていは旧正月だけだ。「毎日働いています。工事が終わるまで、1日も休みはありません」

昼食と夕食は、建設現場に併設された食堂でとる。食費の補助があり、1食あたり3.5元(約39円)で食べられるからだ。「ここの食事は値段の割に量が多いから、すごくお得ですよ」

まかないを担当するホワン・ユージュアンは、以前は中国西部の四川省で農業を営んでいた。「労働者は全国から集まってくるし、それぞれ味の好みが違いますから、全員のリクエストに応えるだけの時間や予算はありません。だから、毎日かならず白米を出すんです。麺や餃子類を食べたいって言われることはあるし、その気持ちも分かるんですけど、ひとつずつ包む時間がなくて」とホワン・ユージュアンはこぼす。スーパーで売っているできあいの餃子を買わない理由を取材班が尋ねると、「へんな味がするもの。あんなもの食べさせるわけにはいかないわ」という答えが返ってきた。

ホワン・ナンは、たいてい町の屋台で肉まんや饅頭を買って朝食をすませる。もっとよい家を買いたくて、かなり倹約しているのだが、それでも未熟練労働者より稼ぎがよく、月に約2,800元(約31,410円)になるので、すこし食事にお金をかける余裕があるのだという。そのほかには、建設現場の近くにある正大広場という大型ショッピングセンターで牛乳を買いおきしておき、毎朝1パック飲む。

何より食べたいのは自宅でとれた野菜だが、それはかなわぬことなので、せめて何か故郷の味をと、行く先々に地元産の茶葉を持っていく。「このお茶は、熱中症対策にすごくいいんです。フル回転で働いているときは、よく熱中症になりますからね」

浦東の陸家嘴中央緑地で、建設現場の溶接工ホワン・ナンを平均的な1日の食事とともに撮影した。出稼ぎ労働者のホワンは、黄浦江をはさんで上海の旧市街の対岸にある浦東新区で、10棟を超える世にきこえた高層ビルの建設プロジェクトにかかわってきた。現在は、写真右奥に写っている中融碧玉藍天の建設にたずさわっている。地上43階建てと、まわりのビルに比べると低い部類に入る。

中国では、巨大建設プロジェクトの建設現場の足下につくられた飯場で寝泊まりし、1日も休むことなく12時間のシフト労働をする出稼ぎ労働者がたくさんいる。
上：ホワンは、何棟もある飯場の1室で、9人の同僚とともに寝泊まりしている。ある夏の日の午後、荒天のために仕事が早めに終わった。めったにないゆったりとした時間が流れる中、労働者たちはベッドにもぐりこみ、心ゆくまで昼寝を楽しむ。
右上：飯場の背後に、建設中の高層ビルがそびえ立つ。
右下：アルコール類は、飯場の食堂で夕食時にしか飲めない。

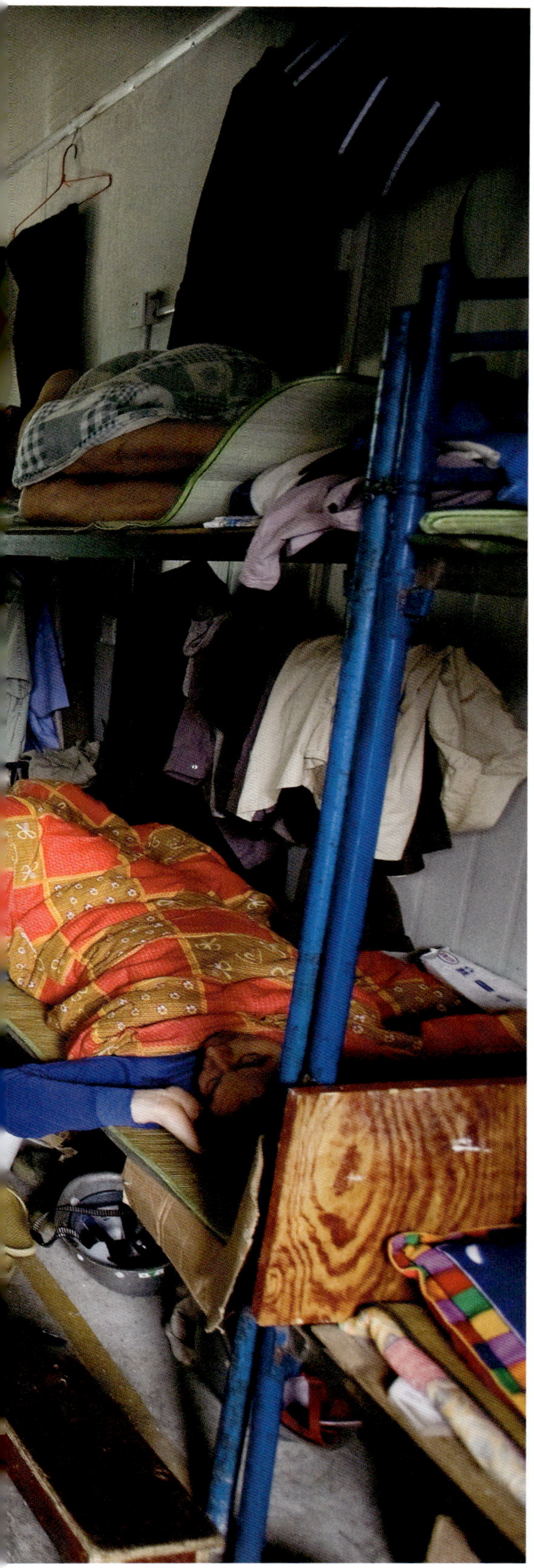

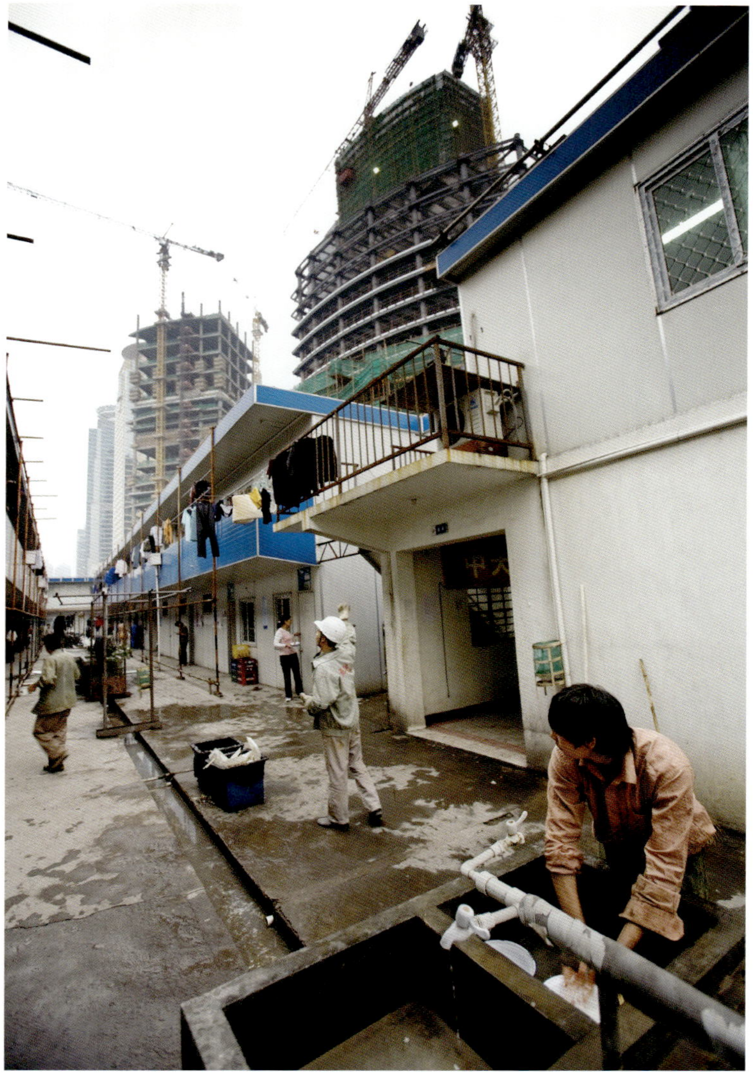

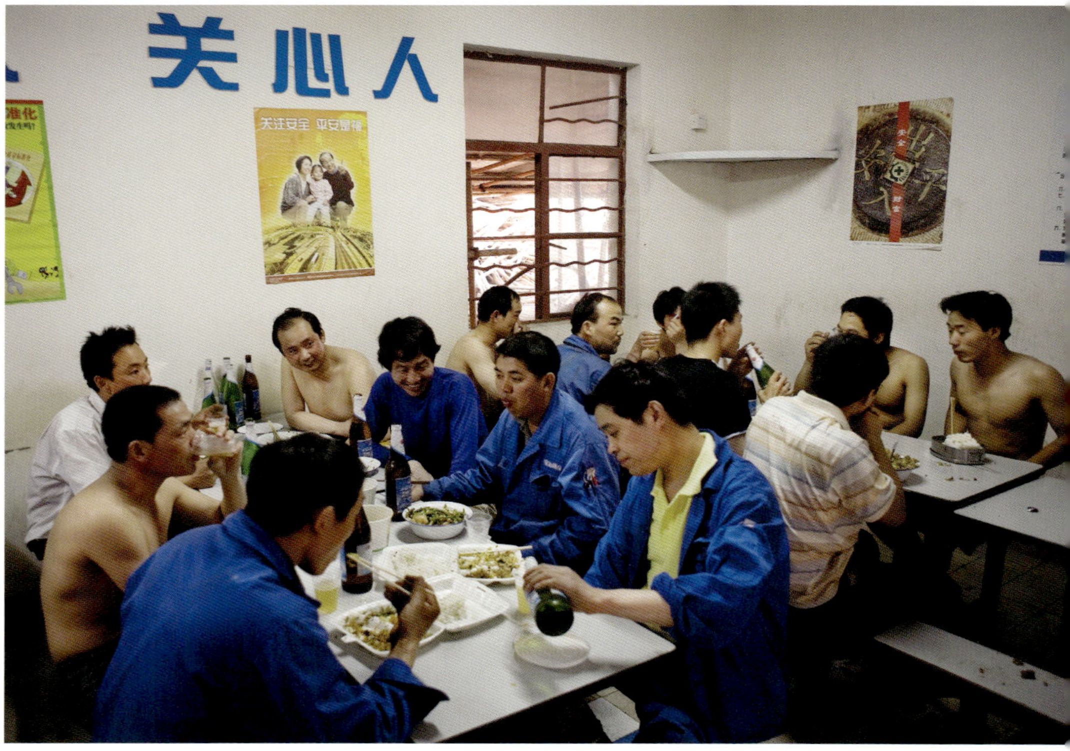

エトーシャ国立公園の野生動物保護官ワフー・ワフーがトラックの後ろに立ち、スプリングボック（レイヨウの一種）の群れを観察している。屋根の上に置いてあるのが、彼の平均的な1日の食事だ。エトーシャから360kmほど南にあるウォーターバーグ国立公園の近くで育ったワフーは、子どものころから自然に囲まれた暮らしをし、野外で過ごすことが大好きだった。父親が働いていた牧場の近辺を訪れる保護官や観光客の姿を間近に見ているうちに、大自然への興味が増していったのだという。最初は、学校の長期休暇に昆虫学者の手伝いをしたり、校内の環境クラブを仕切ったりというところからスタートした。そして大学で自然資源管理学の学位を取得すると、アメリカのニュージャージー州（北海道の約4分の1）ほどの広さをほこるエトーシャ国立公園で、7人しかいない野生動物保護官のひとりとして採用された。現在は、オンライン講義のシステムを利用して修士号をとるために勉強している。

4300

総摂取カロリー **4,300kcal**

ナミビア　エトーシャ国立公園
野生動物保護官
ワフー・ワフー

男性、年齢31歳、身長179cm、体重80.7kg

1日の食事　3月

朝食：トニック・ウォーター（レモン味）201mℓ、紅茶（レモン味）296mℓ、砂糖 大さじ1.5、ネスレの乳製品不使用の粉末状クリーマー 小さじ2

昼食：子羊肉のリブ 309g（調理前の重量）、一緒に煮込んだトマトとタマネギとピーマン（写真にはない）96g、食パン 71g、スプライト 331mℓ

野外での軽食：ウィンナーソーセージの缶詰 281g、オレンジ（2個）255g、スパイス入りクッキー（2枚）48g

夕食：シチュー用牛肉 499g（調理前の重量）、一緒に煮込んだトマトとタマネギとピーマン（写真にはない）99g、白米 162g、グアバの半切りの缶詰（シロップは除く）241g、スプライト 331mℓ

軽食その他：クッキー（レモンクリーム入り、4枚）82g、パイナップルジュース 319mℓ、煮沸した水 4.2ℓ

ナミビアのエトーシャ国立公園で、野生動物保護官ワフーの1日の食事を撮影する場所を探していたときのことだ。ワフーがいきなり4輪駆動のトラックの向きを変え、砂利道からそれて背の高い草のあいだへと分け入っていく。見ると、モパニの木陰にヒョウがいるではないか。スプリングボックの肉を引き裂く音まで聞こえるほどの近さだ。なぜヒョウがここにいると分かったのだろうか？

ごちそうのおこぼれにあずかろうと遠巻きにしているハイエナの頭が、草の上から見え隠れしていたからだそうだ。ヒョウが午後のおやつをむさぼる姿を、同じく肉食を愛するワフーが、双眼鏡越しにじっと見つめる。

ナミビア北部に位置するエトーシャ国立公園は、世界の野生生物保護区の中でも群を抜く存在だ。幅数百キロメートルにもおよぶ広大な塩湖を中心としてサバンナが広がり、泉の水がわく水場も点在する。公園内にはフラミンゴ、ゾウ、サイ、シマウマ、ヌー、キリン、クーズー、スプリングボックなど、多種多様な生き物が棲息している。

ここで働く7人の野生動物保護官のひとりであるワフーは、フィールドワーク——動物の数や、ルールを守らない人間の管理——と、公園内のハラリ・レストキャンプにある事務所でのデスクワークの両方をこなす。キャンプ内には、ワフーがガールフレンドとふたりの娘と一緒に暮らす公務員宿舎もある。彼にとって、この仕事の一番の醍醐味は、配下のレンジャーたちとともに自然の中で過ごす時間だ。お気に入りのスポットは、走行中の四輪駆動トラックの後ろだという。「そこにたたずむとき、一番自分らしくいられる。だから大切なひとときなんです」

エトーシャから320km南東にあるオムブヨヴァクル村で生まれ育ったワフーは、大学で自然資源管理学の学位を取得し、故郷から遠く離れたこの国立公園で働く。しかし、牧畜民であるヘレロ族の文化や家族のきずなを大切にしているため、いまも故郷の土地や村とのつながりは、保ちつづけている。「アフリカの男は、みな故郷をもっています。どこに行こうとも、自分がいるべき場所は故郷なんですよ」。ワフーの一族は、オムブヨヴァクル村に牛とヤギと羊を合わせて400頭所有しており、ワフーも月に1度は故郷の村に帰るようにしている。

ナミビアでは、調達するにしろ、食べるにしろ、肉というものが生活のほぼすべての場面に登場する。「夕食にはひと切れでもいいから肉がないと。そうでないと、夕食とは呼べません」。村からエトーシャまで牛肉のかたまりを持ち帰り、すこしずつ食べることもある。

子どものころの主食はトウモロコシ粉のお粥で、毎食かならず食卓にのぼっていたという。いまでも食べているのだろうか？「伝統料理の中には、たしかにはずせないものがありますね。お粥と酸乳と肉、それにスープは、わが家では定番になっています」。村で生活していたときは、経済的にも物理的にも制約があり、手に入る食べ物をとるしかなかった。「でもいまでは鶏肉や魚、米やジャガイモもメニューにとりいれていますよ」

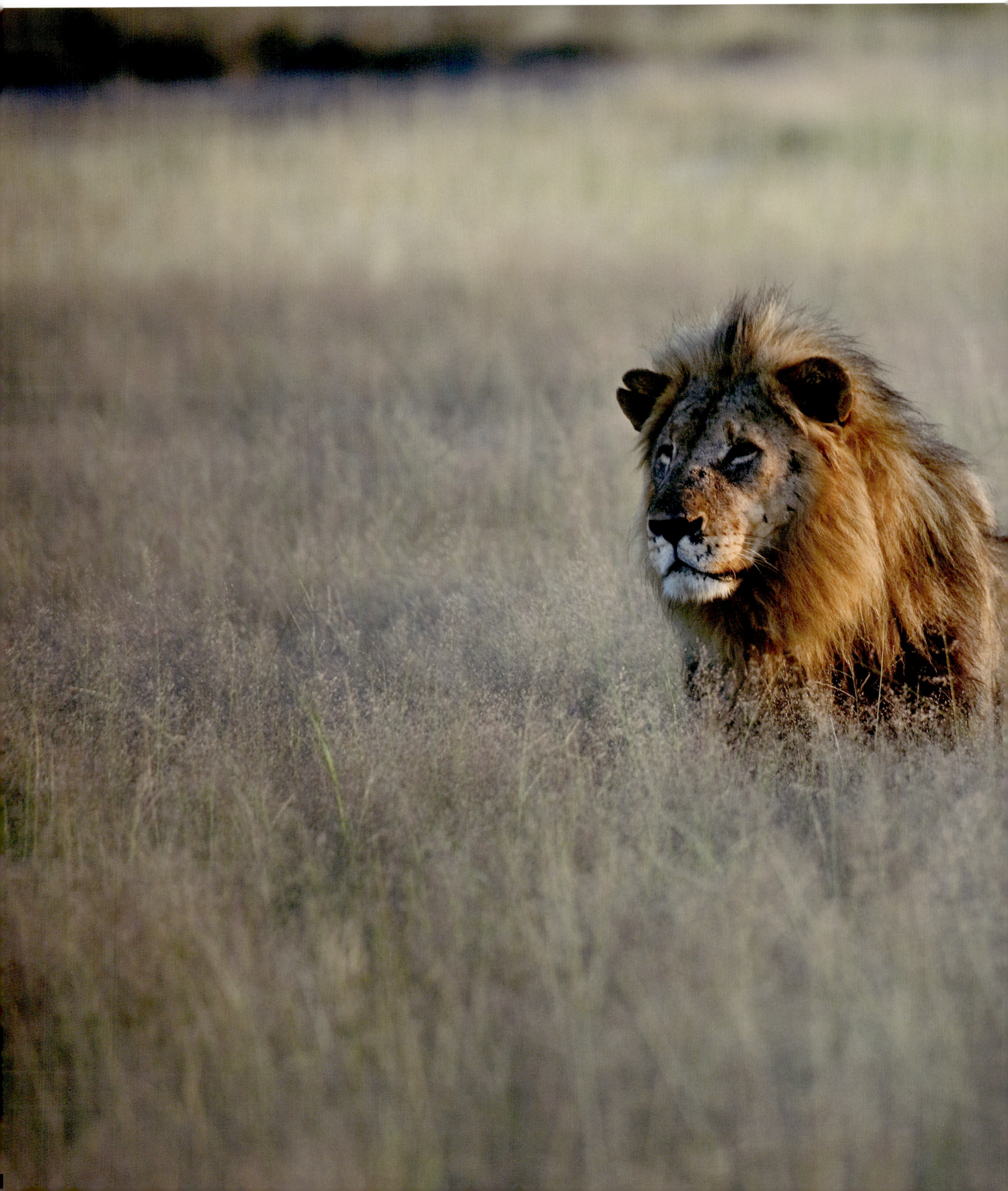

塩湖をとり囲む丈の高い草が生い茂る平原で、雄ライオンが獲物を探している。この塩湖は、ふだんは干上がっており、湖底はロード・アイランド州よりも広い（三重県ほどの広さ）。エトーシャ国立公園には、スプリングボックやクーズーの大きな群れが棲息している。どちらもライオンたちや、ナミビアの首都ウィントフックの人気レストランで食事を楽しむ人々の大好物だ。エトーシャ国立公園の境界線には、公園内の動物を保護する目的で全長800km以上のフェンスがめぐらされているが、ヌーやシマウマなど草原を移動する動物にとっては、これは障害物にもなっている。ワフーが一番好きな仕事は、フィールドワークだ。頭数の多い動物たちに干渉しないよう、距離を保ちながら観察を行うケースがほとんどだが、サイやゾウなど頭数が少ない大型獣の管理や、病気やけがの動物の手当など、積極的な介入を行う場合もある。

4600

総摂取カロリー **4,600kcal**

ドイツ バーデン＝ヴュルテンベルク州エンディンゲン・アム・カイザーシュトゥール

精肉店のマイスター

マルクス・ディル　　　　男性、年齢43歳、身長175cm、体重72.6kg

1日の食事　3月

早朝の食事：ポークリブの塩漬け 221g、ジャガイモ 108g、オリーブ油 50mℓ

朝食：フランスパン 23g、ブリーチーズ 113g、オリーブ油 大さじ1、エスプレッソ 68mℓ、粗糖 小さじ1

昼食：リヨン風ソーセージ 62g、皮の硬い白ロールパン 62g、赤チコリー 11g、トマト 26g、リンゴ 153g、ミネラルウォーター 1.3ℓ

夕食：ポーターハウスステーキ（サーロインとリブのあいだの肉でつくった最上のビーフステーキ）635g（調理前の重量）、バター 51g、フェンネル 198g、オリーブ油 大さじ2、ステーキとフェンネルにふりかけた海塩と黒胡椒 大さじ1、黒パン 74g、リンゴ 150g、自家製生ショウガ水（2杯）414mℓ、赤ワイン 151mℓ

軽食その他：オリーブ油とレモン汁のドレッシングをかけた鶏肉、マッシュルーム、リーキ、セロリのサラダ 99g（調理前の重量）、ビール 500mℓ

ドイツ南西部に広がる「黒い森」の中心都市フライブルク・イム・ブライスガウの青空市場では、マルクス・ディルの手づくりソーセージやハム、切りたての牛肉や豚肉を買い求めようと、買い物袋やかごを手にした人々が辛抱強く列をつくって待つ。地元産の野菜やワイン、オーガニックの肉類を扱う店もたくさん出ているが、マルクスの店の集客力には遠くおよばない。

「この店の商品ぐらいしっかり熟成してあるものには、なかなかお目にかかれませんよ。私はここのレバーソーセージが好きでね」とある女性客がほめちぎれば、「私はイタリア風のハムが好き」と連れの女性が口をはさむ。マルクスは客の一人ひとりと話をし、カウンターから身をのりだしてはソーセージの試食をすすめたり、子羊の腰肉の調理のコツを伝えたりする。

大工のマルティン・ジンターは、プロシュットの薄切りを、買ったその場でさっそく味わっている。エンディンゲン・アム・カイザーシュトゥールにあるマルクスの店で、数か月かけて自然乾燥と熟成をさせた逸品だ。店は、主任マイスターであるマルクスの父の名をとって「ペーテル・ディルの精肉・ソーセージ工房」という。「とにかく最高。以前はうちで食べる分を買うのに、30kmの距離を車で通っていました」とマルティンは語る。それがいまでは、店のほうが移動式販売車で近所まで出向いてくれるようになった。

大量生産が主流の食品業界では、オーガニック認証が重要性を増してきたが、マルクスにはそんなものは必要ない。原料となる家畜を飼育する農家と直接やりとりし、仕入れる家畜を自分で選び、解体する工程を自分の目で監督するのだから、当然だ。「私の哲学は単純で、スローフード（運動）の根底に流れる哲学と同じなんです。地産地消すること、そして天然の香辛料や塩だけを使って質の高い商品をつくること。それだけです」

マルクスがつくるハム類は、一般の店より10～15％割高なので、買ってくれるのは食に対する意識が高い人ばかりだ。しかし、ドイツでは、大半の人が大量生産された製品を安売り店やスーパーマーケットで買う。2015年までには、このような近代的な市場が全流通の86％を占め、伝統的な精肉店は軒並み淘汰されるとの予測もある。「ドイツの精肉業者は、多角経営をしていかなければ淘汰されます」と、マルクスは訴える。そして、4世代続いた家業を盛りたてようと、フライブルクの富裕層を対象にした移動販売や、妻ソーニャと手がけるケータリング事業、講演やセミナーの開催など、いろいろと工夫を凝らしてきた。新商品の開発も進めている。伝統的な手づくり製品

右：精肉店のマイスター、マルクス・ディルが、平均的な1日の食事を前に店の奥でほほえむ。
左：ミキサーの制御ボタンを操作する父ペーテル・ディルと、ペースト状になったヴァイスヴルスト（白いソーセージ）をとなりの押し出し機に移すマルクス。

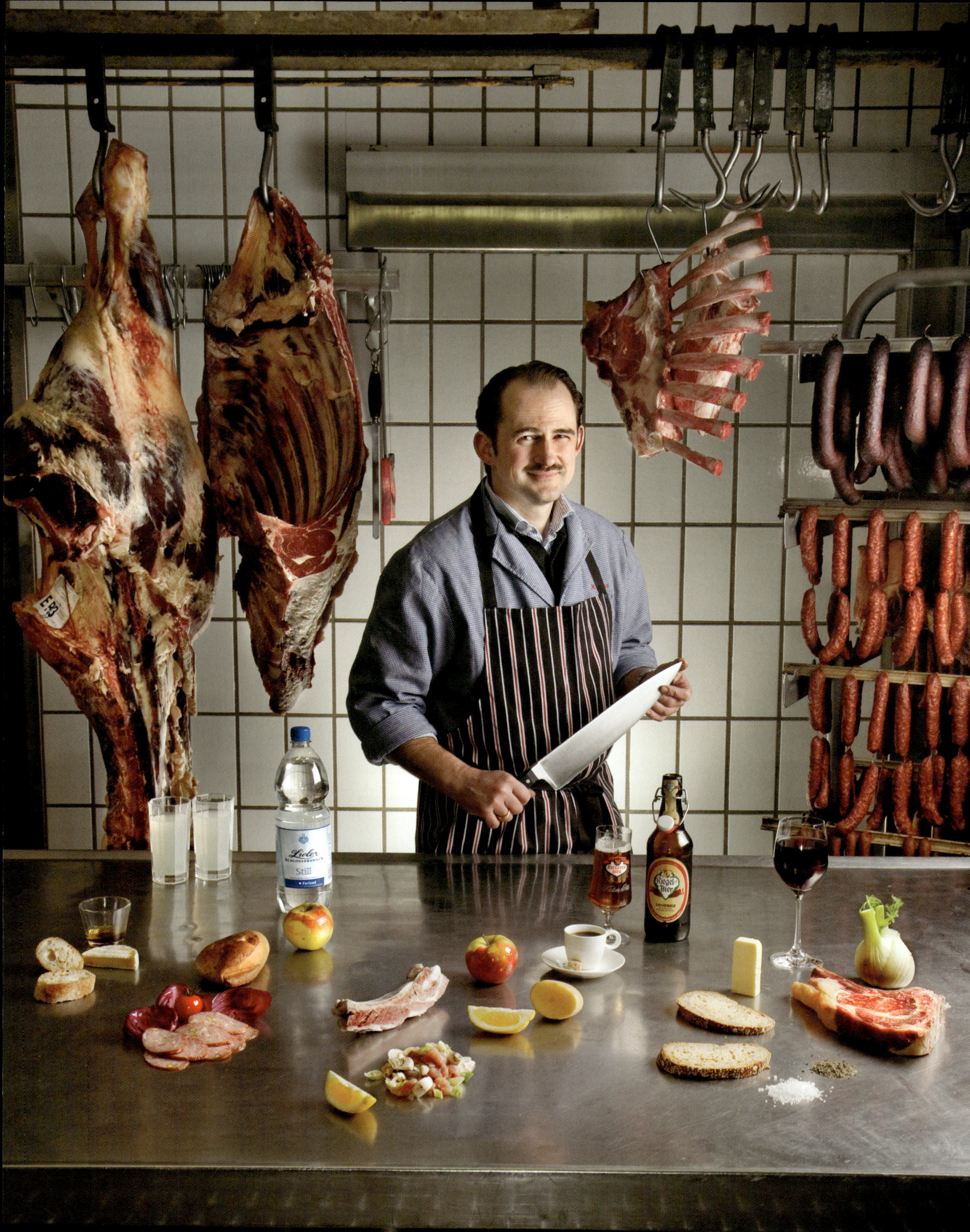

ディル父子は、原料になる家畜を飼育する農家とは気心の知れた仲で、仕入れる牛も自分たちの目で選び、成長を見守る。
上：近所に住む酪農家のハネス・エクストロムを訪問し、子牛を選ぶマルクス。ヴァイスヴルスト（白いソーセージ。写真下）などのソーセージの原料にする。
右：朝は数時間ほど仕事をしてから、プレッツェルとソーセージ、コーヒーの朝食をとる。その後、マルクスと妻ソーニャは、その日予定されているケータリングの段取りの打ち合わせをする。ドイツは、ヨーロッパで最も肉の消費量が多いが、数十年前に比べれば、その量はやや減っているという。

と一緒にカウンターに並べられた自然乾燥のハムやサラミは、職人としてのほこりと喜びの源泉ともなっている。

　父親が経営する昔ながらの精肉店ではビジネスモデル再構築は急務だったが、それにあたる人材として、マルクスはまさに適役だったといえる。1990年代半ばに父親のもとにもどったときには、10年あまり世界各地を渡り歩き、シェフとして、また精肉業者として積んできた経験をとおして、つかみ、あたためてきた新しいアイディアがたくさんあったからだ。「イタリアの大型ハムをまねて、自然乾燥させた加工品をつくりました。冷蔵庫で16か月のあいだ自然乾燥させるんですよ。ハーブ類は約15種類使っています。たとえばプロシュットはフェンネルか、ローズマリーか、コリアンダーで風味づけをしています。野生豚の肉にレーズンとアーモンドとクルミを加えたサラミもあります。これがまた絶品でね」。どれもドイツ伝統の食肉加工品とは製法も味もまったく違う。地元では売れているのか？「気に入って買ってくださる方はいらっしゃいます。当店の自家製サラミや

特製ハムを2、3か月ごとに注文してくださるお客様は、ドイツ全国に600人ほどいらっしゃるんですよ」

改革の一環として、品ぞろえも一新した。「80年代は、自分でつくっても採算がとれないソーセージは、別の店から仕入れて売るのが当たり前でした。でも、ただ売るだけでは精肉業者とは言えませんから、手づくり製品だけを扱うようにしたんです。お客様も評価してくださっていますし、思い切って変えてよかったと思います」

ペーテル・ディルの精肉・ソーセージ工房は、金曜日と土曜日がかき入れどきだ。それまでに商品がすべて用意できるよう、計画を立てて作業を進める。まず、日曜日の夜に豚7、8頭、雌牛1頭、雄牛1頭をエンディンゲンまで届けてもらう。週によって子牛や子羊も一緒に頼むこともある。月曜日の朝に処理し、数種類の調理ソーセージ（血入りソーセージやレバーソーセージなど）の加工にすぐさまとりかかる。「血入りソーセージは、処理したその日に、鮮度が落ちないうちにつくります。そうしないと味が落ちてしまうのでね」

週の後半は、切り身やハム、その他のソーセージ類を加工していく。ヴァイスヴルスト（細かく挽いた豚の肩肉と子牛の肉でつくる、バイエルン風の白いソーセージ）などの加熱ソーセージや、塩漬けにしてから燻製もしくは自然乾燥させる生ソーセージなどだ。「生ソーセージづくりは難しいんです。つくり終えても、リンゴの実のように熟成を待たなきゃいけない。自然な熟成に任せてサラミをつくる場合、気温や湿度、空気の動きなどさまざまな要因がからんできます。もちろん完ぺきな商品を目指していますが、いつもリスクと背中合わせなんです」

保存食の中には、レシピがすでに完成しているものもあれば、試行錯誤中のものもある。豚の肩肉を例に、マルクスが説明してくれた。「この肉は、スパイスをきかせて風味を出したいので、5か月かけて乾燥と熟成をします。菌やカビがびっしりついているでしょう？ 初めてつくったとき、これを見て、『大変なことになった！』と、大あわてで食品加工研究所に駆けこみました。『どうしたらいいんでしょう？ この製品の開発に全財産をそそぎこんだというのに』と言ってね。すると『まったく問題はありませんよ』と教えてくれました。保存処理の過程でカビが発生するのはふつうのことで、食べても問題ないそうです」

巨大なウォークイン冷蔵庫の中には、ソーセージやハム、サラミと並んで、ジュニパーベリー風味の塩漬けハムも吊られている。マルクスがつくるこのハムは「シュヴァルツヴェルダー・シンケン（黒い森のハム）」と同じ製法なのだが、そう名乗ることはできない。「シュヴァルツヴェルダー・シンケン」は、EUが地理的表示保護制度の対象とする地域特産品だからだ。ディルの店は、黒い森から8kmほど離れている。そこで彼は、店がある地域の名前をとって、この商品を「カイザーシュトゥール・シンケン（皇帝の椅子の意）」と命名した。

「伝統製法を守り、血入りソーセージ、レバーソーセージ、白いソーセージ、ハムといった昔ながらの製品をつくりつづけるのは、大切なことです。しかし、新製品を開発しなければ、この店は生き残ることができなかったでしょうね」

4700

総摂取カロリー **4,700kcal**

カナダ　ヌナブト準州アペックス
イヌイットの彫刻家

ウィリー・イシュルタク　　男性、年齢29歳、身長175cm、体重64.9kg

1日の食事　10月

- **朝食および終日**：コーヒー（サーバー2杯）2.9ℓ、砂糖181g、乳製品不使用の粉末状クリーマー 37g
- **昼食**：オオミゾガイ 771g（殻つきの重量）、バノック（揚げパン）193g
- **夕食**：ポークチョップ 425g（調理前の重量）、植物油 大さじ1、ミックス・ベジタブル 139g、マーガリン 37g、黒胡椒 小さじ1
- **軽食その他**：リッツのクラッカー（チェダーチーズ味）99g、ウェルチの果汁100％ジュース（ブドウとイチゴ味）500mℓ、ビール（8本）2,839mℓ、ケロッグのレーズンブランのシリアル（乾燥した状態で食べた）48g、タバコ（5本）

カナダで一番新しく誕生したヌナブト準州は、国内最大の面積をほこる一方で、人口は最も少ない。過去4世紀にわたってカナダ東部および中部極北地域で暮らしてきたイヌイットの自治準州として、1999年にノースウエスト準州を分割してもうけられた。イヌイットは、この地がカナダに組みこまれるはるか以前から、ホッキョクグマ、カリブー、イッカク、アザラシなどを追って、北部極北地域の荒野で狩猟や漁業を営んできた。今日、イヌイットの狩り場は近代的な食料品店に移りつつあるとはいえ、地元産の猟獣肉に代表される「郷土料理」も、根強い人気がある。

冷たい霧雨が降ってきたが、ウィリー・イシュルタクはまったく気にかけるようすがない。岩がちなバフィン湾の海岸線が見わたせる場所に陣取り、ひっくり返した牛乳ケースに腰かけ、ひとり黙々と石を削る。ひざに置いた石に電動研磨機をあてると、踊っているような姿をしたホッキョクグマがあらわれた。できあがったホッキョクグマを下に置き、こんどはやはり極北地域に棲む別の生物、イッカクの制作にとりかかる。いったん手を止めてマスクを調整すると、細かな石の削りかすが極北の冷たい空気に舞い上がった。もう一度、まだら模様のソープストーンに機械をあて、イッカクの尾を削りだしていく。「どんな作品になるかは、削りはじめる前に分かるんです。自然の中で見かけた何かが、この石がどんな作品になるべきかを教えてくれるんですよ」

ウィリーはときどき手を休めては、タバコを吸ったり、コーヒーを飲んだりする。1日が終わるころには、サーバー2杯分のコーヒーが胃におさまってしまう。「本当にコーヒーが好きなので」。控えめすぎる表現が自分でもおかしかったのか、小さく笑った。彫刻に使う石は友人のラッセルから買っているが、小遣い稼ぎに石の採掘を手伝うこともある。2週間ほど船で移動しながら、毎日13〜14時間ほどジャックハンマーをふるうのだ。「そりゃあもう、大変な労働ですよ。日当や週給をもらって働くわけではありませんしね。完全な歩合制です」

ウィリーは、ヌナブト準州の首都イカルイト近郊のアペックスという小さな町で、母親と一緒に暮らす。家の前には、バフィン島南岸のフロビッシャー湾が広がる。ベッドルームがひとつしかないので、ウィリーはソファで寝起きしている。持ち物は居間の隅に積んであった。

イヌイットには昔から、石を削って道具や物神、お守りをつくり、狩りの無事を願う習慣があった。それがいまでは、イカルイトにある数少ないホテルやレストランの利用客や、ときには収集家やギャラリーを相手に、装飾品ばかりをつくって売る。

最近、イヌイットのコミュニティでは、先住民アートを扱う市場をつくり、芸術を表現する場と雇用

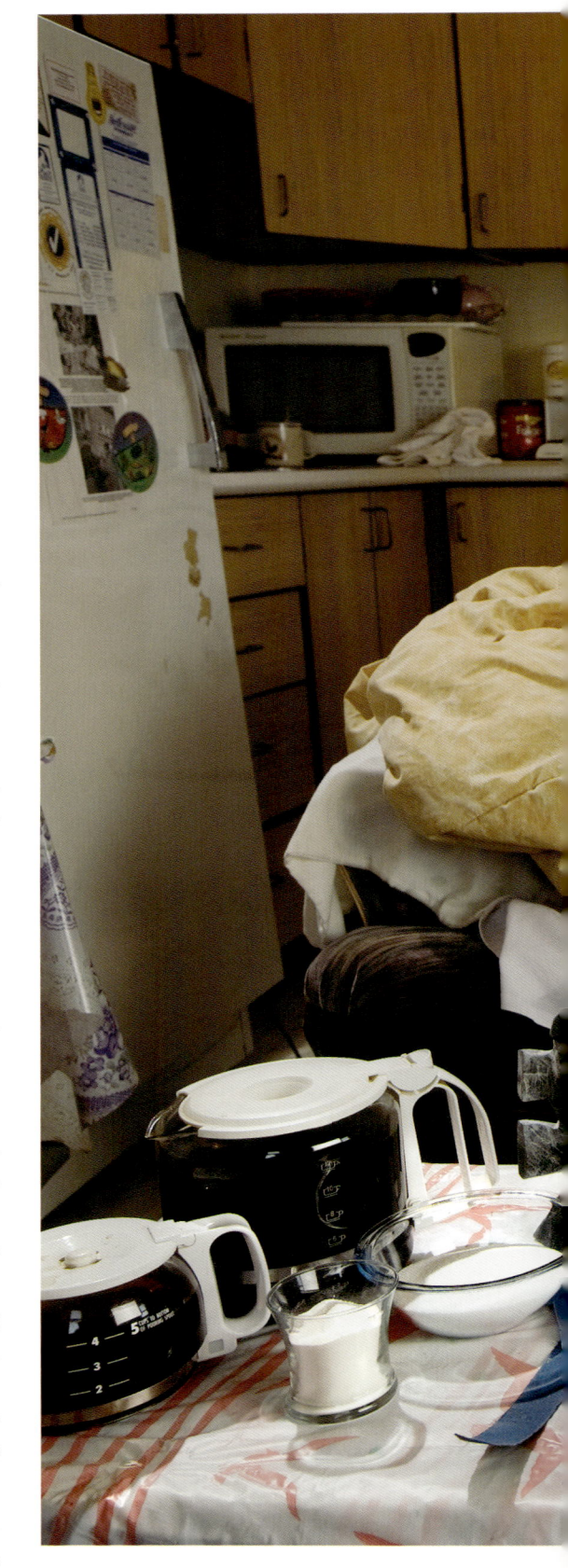

上：イヌイットの彫刻家ウィリー・イシュルタクが、母親と暮らす自宅でくつろぐ。平均的な1日の食事がテーブルに並べてある。彫刻は、お金を稼がなければ生活がたちゆかない今日の社会でもいかすことができる、数少ないイヌイットの伝統のひとつだ。ウィリーが手にする削りかけのソープストーンは、踊っているかのような格好をしたホッキョクグマになる予定だという。テーブルには、ほかにもつくりかけの作品が置いてある。ウィリーは日中に作品を2、3点仕上げ、夜になるとイカルイトのバーやレストランにおもむき、1点あたり100カナダドル（約8,370円）か、それ以上の値段で売る。
左：完成したノッカクの彫刻。

の両方を創出しようという機運が高まってきた。

大きさや細工の細かさにもよるが、質の高い彫刻は——ときには質が低くても——100カナダドル（約8,370円）以上の値をつけることがある。「もっとずっと高く売れるときもありますよ」とウィリーは言う。自分が手がけた作品の一部が、まだ行ったこともないオタワのギャラリーに展示されていることが、ひそかな自慢だ。

この日は仕事を休み、家の近所の湾へ仲間たちと貝をとりに行った。バケツいっぱいのオオミゾガイを家に持ち帰ったという。何個とったのだろう？「さぁ、分からないな。そうたくさんじゃない。20個はないでしょう」。調理法は？「いくつかは生のまま食べて、残りはうちで蒸しました。ゆがいただけのものが一番うまいんですよ。素材の持ち味が引き出されますから」

ふだんから自炊しているが、母親がつくったバノックもよく口にする。先住民以外の人々が訪れるようになって以降、極北に住むイヌイットの食生活に入ってきた揚げパンだ。正直なところ、おばがつくるバノックのほうがおいしいと、ウィリーは言う。「もっと甘いんですよ。うまく表現できないんですが……甘じょっぱい感じなんです。分かるかなあ？」

ポークチョップや冷凍野菜、クラッカー、ジュース、箱入りのシリアルなど、ほとんどの食料は食料品店で調達する。物資が船で輸送できるのは、海の氷が割れる夏場に限り、その後は翌年の夏まで空輸されるため、政府から補助金が出てはいても、ヌナブトでの生活費は国内で最も高い。

ウィリーはビールも買う。1日平均7缶飲むそうだ。かなりの量だと認識しているのだろうか？ウィリーはうまく質問をかわした。「お金があるときに買うだけですよ」。イカルイトでは、ビールは小売りしていない。社会問題化する過剰な飲酒の抑止策として、地方条例で禁じているからだ。とはいえ、アルコール類はレストランやバーで買えるし、闇市場でも出回っているが、値段は1缶あたり7カナダドル（約585円）以上もする。貝のほかに伝統料理を食べることは？「伝統的な食材は、基本的にあまり手に入らないのでめったに口にしません。食べるとしたら、カリブーやアザラシやホッキョクイワナ、ライチョウですね」。月に何回くらい？「どう答えたらいいのかな。場合によるのでなんとも言えませんが、祖母がアザラシの肉やイワナを料理するらしいと聞くと、遊びに行ってごちそうになるくらいですね」。夜はたいていひとりで食事をすませ、アペックスからイカルイトまで約5kmの道のりを歩き、その日につくった彫刻を売る。

上：イカルイトを見下ろす丘の上に、石をつみあげてつくったイヌクシュクが立つ。木もなく、これといった目印もない、永久凍土に覆われたこの地域では、イヌイットに伝わるイヌクシュクが道しるべとなる。その向こうに小さく、「どこにもいけない道」の坂道を上がっていくタクシーが見える。イカルイトが本土とも、バフィン島のほかの地域とも陸路で結ばれていないことからついた名前だ。
下：今季最後の貨物船が食料や物資を運んできた。干潮時にはしけから岩がちな浜に荷下ろしをする。例年、10月から翌7月初旬にかけては海が凍結するため、定期船は運航できない。
右：アペックスにある母親の家の外で、ソープストーンからイッカクのヒレを削り出すウィリー。電動研磨機が巻きあげる細かな石ぼこりにまみれ、全身真っ白だ。

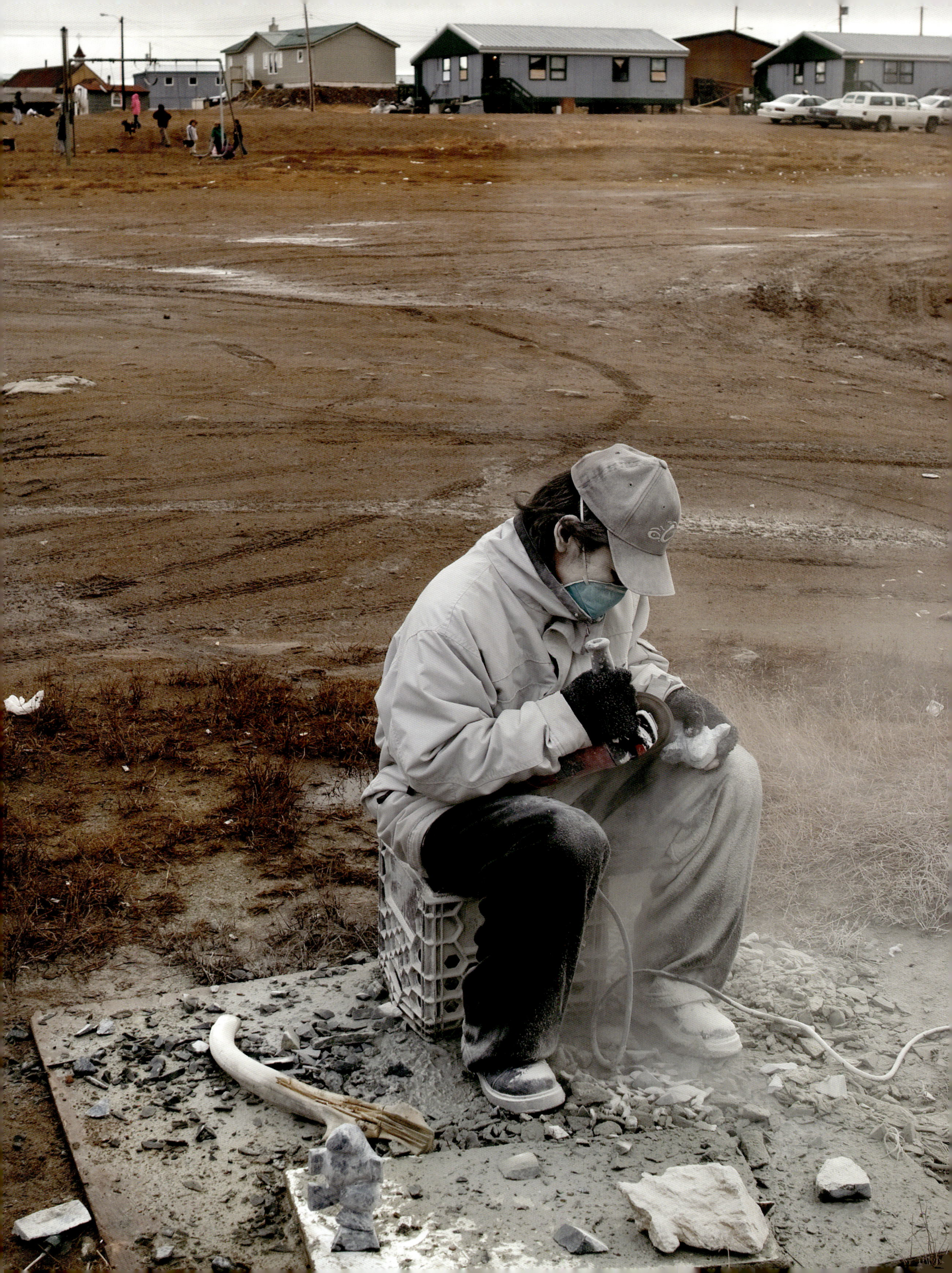

夕方のラッシュアワーが始まった渋谷の交差点で、ティーサーブに所属するメッセンジャー、矢島 純が台湾製の自転車を持ち上げてみせる。目の前のテーブルに並んでいるのが、平均的な1日の食事だ。純の後ろを、大勢の歩行者が足早に横切っていく。日本人は規律を重んじる国民なので、信号を無視したり、斜め横断をしたりする人は少ない。一方の取材班は、上の写真をゲリラ撮影する暴挙に出た。1分もかけずに簡易テーブルをセットして1日の食事をきれいに並べ、手持ちのフラッシュで被写体を照らして撮った。通りの向こうの交番にいる警察官に見とがめられ、取ってもいない許可証の提示を求められてはやっかいだったからだ。

4800

総摂取カロリー **4,800kcal**

日本 東京都渋谷区

バイクメッセンジャー

矢島 純

男性、年齢26歳、身長183cm、体重81.6kg

1日の食事　6月

朝食：鮭の切り身 99g、白米 360g、生卵 62g、納豆 45g、しょう油 小さじ2、かつお梅（2個）20g、カゴメの野菜ジュース 200mℓ

自転車に乗ったままとった昼食：自分でにぎったおにぎり 499g、梅干しとゆかり 大さじ1、蒸しパン 190g、ヤマザキのアップルパイ 125g、コカ・コーラ 500mℓ

夕食：鶏肉の唐揚げ 286g、白米 680g、みそ汁 237mℓ、バドワイザーのビール 350mℓ

終日：アミノバイタルのサプリメント 3g、大塚製薬のポカリスエット 500mℓ、キリンの生茶 500mℓ、ジョージアのエスプレッソの缶コーヒー（全乳と砂糖入り、3本）570mℓ、煮沸した水 296mℓ、ヴィッテルのミネラルウォーター（5本）2.5ℓ

長野県出身の矢島 純は、農業大学を卒業して就職先を探していたとき、東京の都心で、自転車に乗ったメッセンジャーたちの姿を目にした。「楽しそうだなって思いました」。そんな純が、東京一の規模をほこるメッセンジャーサービス会社、ティーサーブに所属して、はや数年が経つ。就職するまで自転車に乗った経験がほとんどなかったことを考えれば、めずらしい選択をしたものだが、いまではトップライダーとして活躍中だ。メッセンジャーとして、1日平均80km以上の距離を走る。

午前6時、純は東京都の西部、小金井市にあるアパートで、高タンパク質の朝食をとる。この日のメニューは、かつお梅、鮭、黒豆納豆と生卵をかけたごはんだ。納豆は強烈なにおいがするが、好きな人はやみつきになる。ティーサーブのメッセンジャーたちは、どんな食事やサプリメントをとると、切れのいい走りができ、体の健康を保ちながら、長時間、自転車に乗りつづけることができるのか、ひんぱんに情報交換をする。高タンパク質の納豆はその意味では最高の食材のひとつだという。

朝食を終えると、夕食用に炊飯器のタイマーをセットしてから、野菜ジュースを1缶飲み干す。自転車を置いている港区内のティーサーブ本社に出勤するため、午前6時45分には混みあった電車に乗りこむ。1時間半の通勤時間中は、立ってつり革につかまっていても、いつのまにか眠りこんでしまう。会社に着くと、まず朝礼に出て、簡単なストレッチをし、その日の業務内容の指示を受けてから、9時間におよぶ自転車乗務を始める。

そんな日々が週に5、6日続く。

日本には、路上マナーを守るのは当然という文化があるが、指定時間内に配達しようと先を急ぐバイクメッセンジャーの仕事をしていると、ときにそうも言っていられない状況も発生する。とはいえ、ありがたいことに、純の会社は歩合制ではなく時給制で賃金を支払うので、メッセンジャーは指定時間内に配達しようと、時間との競争はしても、賃金をかけた競争はしなくてもすむ。

平日の昼食は、自転車に乗ったまま手っ取り早くすませられるよう、とりだしやすい形で用意しておく。今日の昼食は、ゆかりと梅干しを入れ、のりでくるんだおにぎりだ。純はそれをコカ・コーラと一緒に胃に流しこむ。

お金はかかるが、水分はどこでも補給できる。東京には、あちこちに自動販売機があり、冷たい飲み物も温かい飲み物もいつでも手に入る。純は、軽食や大量の水、緑茶、コーヒーを、1日に何度もコンビニエンスストアなどで買い求める。夕方にはペットボトル入りのスポーツ飲料、ポカリスエットを飲み、電解質の補給もおこたらない。

夜は電車のつり革に体を預けるようにして小金井市にもどり、地元のコンビニエンスストアで鶏肉の唐揚げを買って、午後9時に帰宅する。ごはんはもう炊けているし、バドワイザーの缶ビールは冷蔵庫で冷えている。粉末のみそ汁の素に熱湯を加え、ビールの缶を開ければ、もう夕食のしたくは完了。あとは、テレビを観ながら食事をするだけだ。真夜中に就寝し、6時間後にまた寝床から起き出すと、新しい1日に備えてふたたびエネルギーを補給する。

283

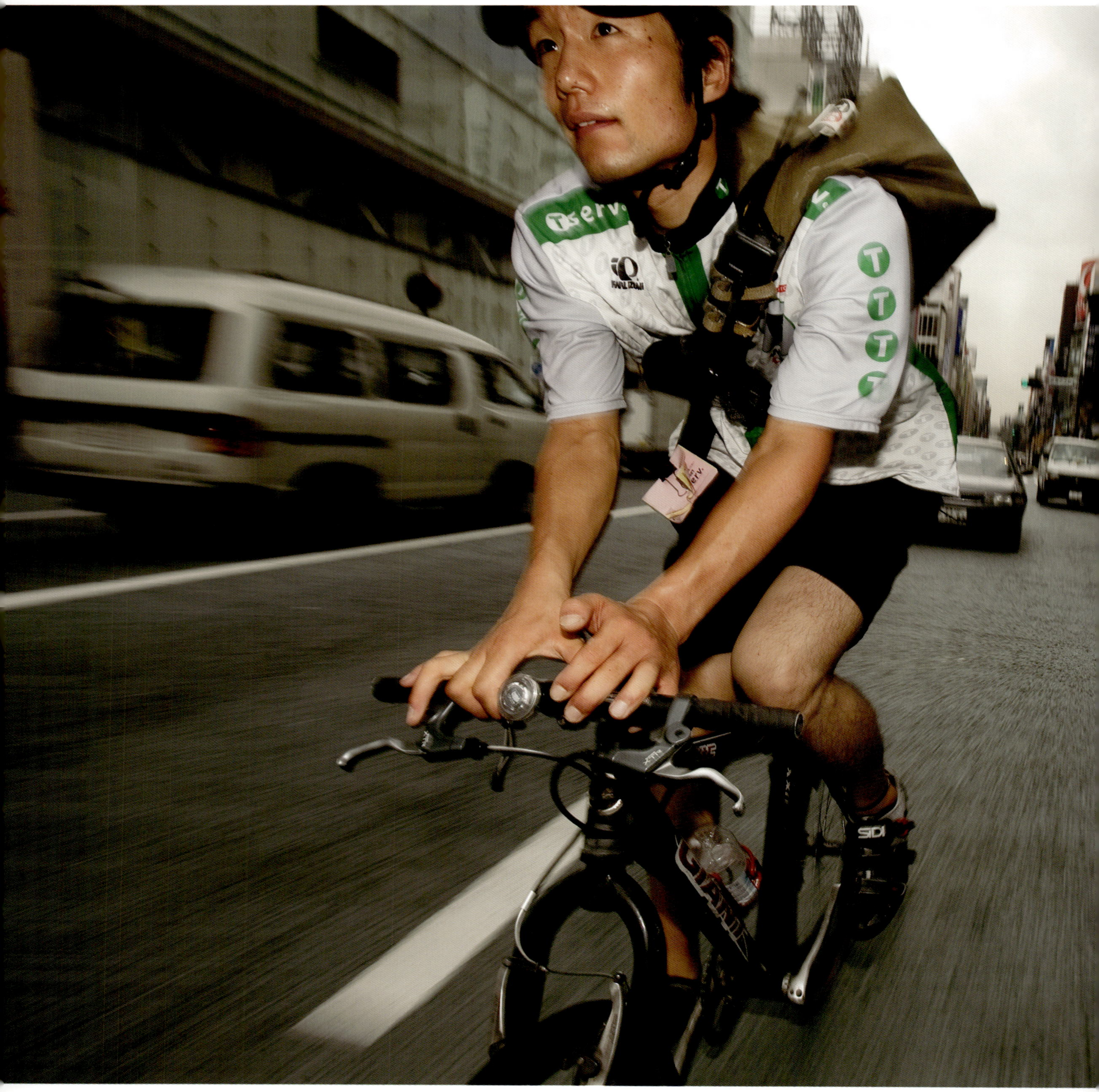
T-serv.
SIDI

左：矢島 純がメッセンジャーバッグに入れた荷物を配達するべく、東京都心の繁華街を疾駆する。配達に要する時間は車を使った場合よりも短くてすむことも多い。オートバイに匹敵する速さで届けられることもしばしばだ。移動中も、つぎの受けとり地点を割りふるディスパッチャーの声に耳を傾けることは忘れない。
上：ディスパッチャールームには、メッセンジャーとしての経験も豊富なスタッフが詰めている。顧客からの電話に応対したあと、メッセンジャーに受けとりと配達の場所を正確に指示していく。金曜日の午後は目がまわるほど忙しい。
下：長い1日が終わってくたくたに疲れた純は、長時間地下鉄にゆられて帰宅する途中で眠ってしまった。ほかの乗客たちは、それぞれ自分の世界に没頭している。

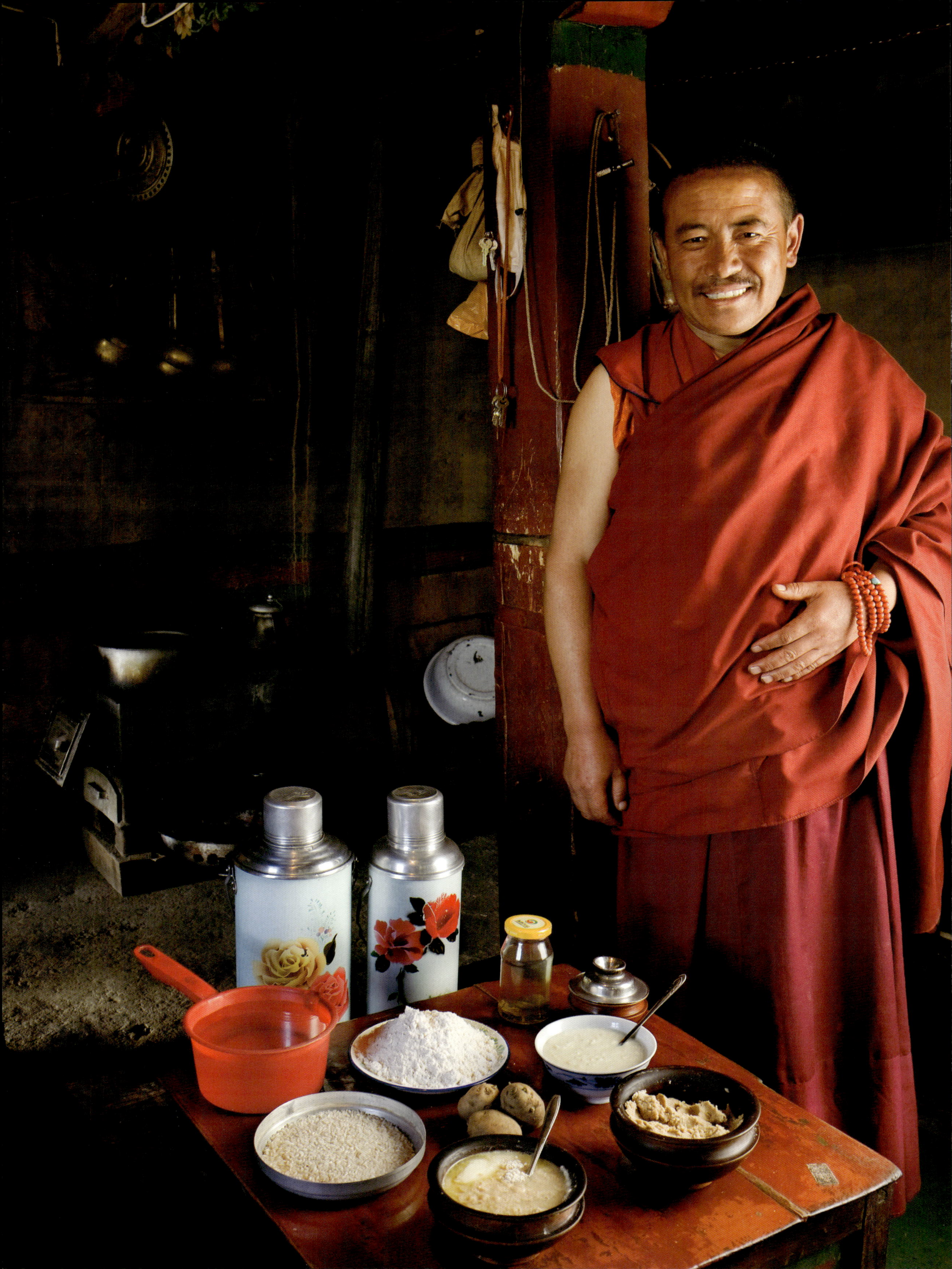

4900

総摂取カロリー **4,900kcal**

中国チベット自治区　チベット高原
僧院長

匿名　　　　　　　　　　　男性、年齢45歳、身長165cm、体重71.7kg

1日の食事　6月

朝食：煮沸した井戸水 473mℓ、ツァントゥク（バター茶とはったい粉のスープ。バター茶 222mℓ、はったい粉 96g、ヤクの発酵乳からつくるバター 96g、乾燥チーズ 11g）

昼食：パグ（はったい粉のケーキ。はったい粉 196g、バター茶 41mℓ、バター 51g、乾燥チーズ 26g、砂糖 小さじ2）、ヨーグルト 241g、砂糖 小さじ2

夕食：麺とジャガイモのスープ（水と小麦粉でつくる小麦麺 252g、ジャガイモ 173g、バター 小さじ2、塩味のスープ 1ℓ）、白米 173g

終日：バター茶 801mℓ、緑茶（故郷でとれた茶葉をいれる）526mℓ

食生活については快く取材に応じてくれた僧侶たちも、僧院生活の歴史的な背景を掘り下げるにあたっては、細心の注意を払うよう求めてきた。また、7世紀に建てられ、1960年代初頭に破壊されたこの僧院の名前や場所は明かさないでほしいとも言われた。2000年代初頭に許可を得てごく一部を再建するにいたったのだという。そういうわけで、この項目については慎重に内容を吟味したうえで記載している。

赤い袈裟をまとい、腰に工具ベルトを巻きつけた20人の僧侶たちは、毎日の勤行の合間に大工仕事にも精を出す。ちょうど読経堂の正面入り口の普請が行われているところなのだ。僧侶たちはこの建物で日々、仏教の経典を学び、読み解き、独特の節をつけて歌いあげる。

近くの村の店主や牛飼いが代わるがわる僧院にあらわれては、ヨーグルト、乾燥肉、小麦粉、バター、根菜などの供物を差し出し、大工仕事を手伝っていく。何キロもある道のりもいとわず、供物と労働力を提供しようと馳せ参じる信心深い村人たちは、自宅と僧院を往復するあいだもマニ車を回しながら歩く。

仏教の僧侶たちは、1年のうち3か月は午後2時以降、一切食物を口にせず、悟りの道を追い求める。しかし、それ以外の時期は、近所の村人たちと何も変わらない食生活を送る。

この僧院では毎朝、若い僧侶が、専用の攪拌器を使ってバター茶を用意する。これはチベットでは一番ポピュラーな飲み物で、煎じた磚茶に塩と発酵バターを加え、よく混ぜてつくる。脂肪分が豊富に含まれたこのお茶は、そのまま飲むこともあれば、ツァンパ（はったい粉）を混ぜてお粥やスープにすることもある。

朝の瞑想が終わると、僧侶たちは朝食にツァントゥクをボウルに1杯いただく。ツァンパとバターとバター茶を混ぜてつくるこのスープには、乾燥チーズを混ぜ入れる場合もある。

僧院長は、親指でツァンパとバターをこねるように混ぜて生地をつくり、そこにつなぎとして少量のバター茶を注ぎ、昼食を準備する。人の形や円錐形をした供物トルマも、材料は同じだ。

仏教では、ひと口に僧侶といっても、かならずしも菜食主義とは限らない。特に植物がほとんど生えない高地では、やむなく肉も口にする場合がある。そんなわけで、共同の厨房には、牛飼いが差し入れたヤギの脚の乾燥肉も置いてあった。

しかしこの日、僧院長が肉を口にすることはなかった。自分で炊いたごはんに、ジャガイモと手づくりの小麦麺を入れて煮込んだ薄いスープだけで、夕食もかんたんにすませてしまったからだ。

左：一部が再建された僧院で、僧院長を平均的な1日の食事とともに撮影した。
下：チベット仏教の僧侶たちが、修行の一環としてお経を唱えている。

288

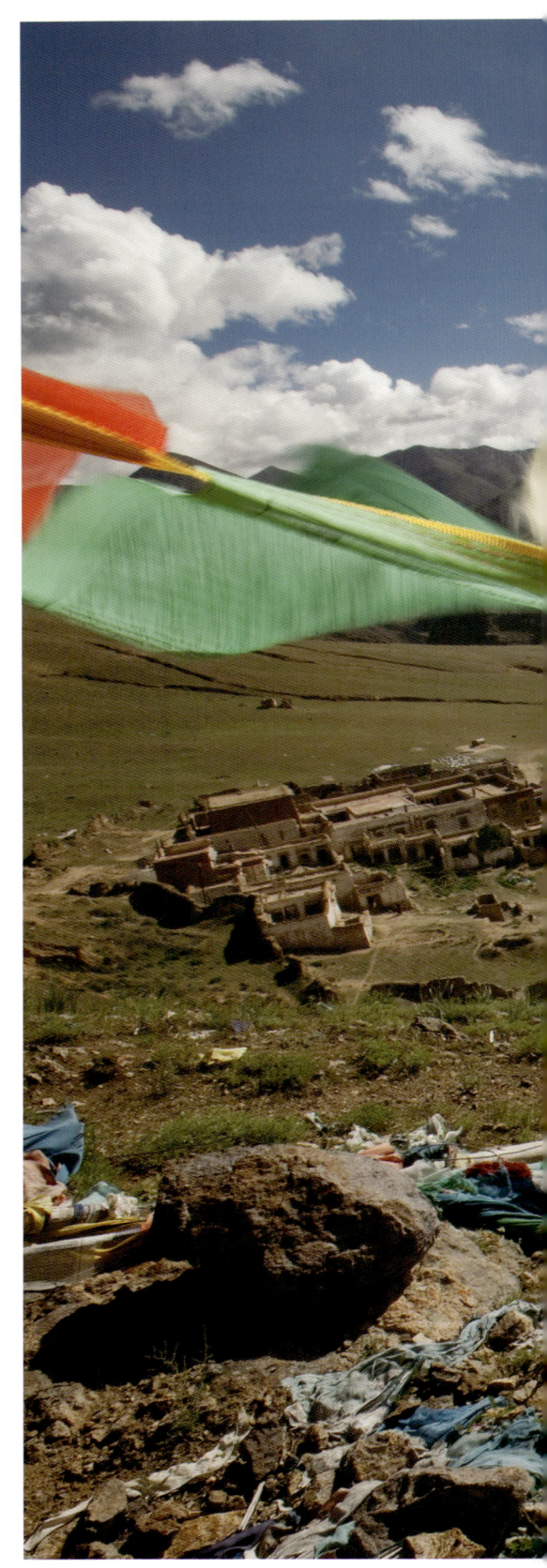

左上：女性たちがいる丘の頂上で、3人の僧侶が仏教の経典を詠んでいた。人や動物をかたどったトルマは、ツァンパ（はったい粉）とバターでできた供物だ。
左下：僧院長が舌を出す。これは、敬意をあらわすごく一般的なあいさつだ。

上：さわやかな風が吹く朝、僧院を見晴らす巡礼の道に近所の村から女性がふたりやってきて、祈りを込めた旗を飾る。建物の大半は、1960年代に破壊されたままの状態で、廃墟と化している。

4900

総摂取カロリー **4,900kcal**

イラン　ヤズド州ヤズド

パン職人

アクバル・ザレハ　　　　　　　　　　　　男性、年齢48歳、身長160cm、体重64.9kg

> **1日の食事　12月**
>
> **朝食**：固ゆで卵（2個）119g、サブジ・ホールダン（生ハーブミックス）とハツカダイコン 91g、ヌン・タフトゥン（軽くてパリッとした平たいパン）283g、紅茶 251mℓ、砂糖 小さじ2
>
> **仕事中につまんだ軽食**：コーシュク・ヤズディ（クラッカー風の平たいパン。売り物を焼きたての状態で食べた）680g、トマト 150g、ブドウ 391g、店の外の木になっていたザクロの実 434g
>
> **夕食**：ケバブ・コービデ（子羊肉のケバブ）147g、白米 397g、ヨーグルト 301g、ヌン・タフトゥン 283g
>
> **夜食**：温めた全乳 201mℓ
>
> **終日**：煮沸した水 3ℓ

　自営のパン職人、アクバル・ザレハの毎日は、パンに始まりパンに終わる。1週間、1日たりとも休むことはない。早朝、大袋数個分の小麦粉と水を工業用ミキサーにかける。そこに色づけのために乾燥したベニバナを加え、さらに前日の残りの生地をパン種として投入する。できあがった生地を厚地の布で覆ったところで、しばし手を止め、その日最初の祈りを神に捧げる。イスラム教シーア派では、日に3回、神に祈りを捧げるよう定められているからだ。祈りを終え、手づくりのガス窯（タンドール）2台を温めると、あとは祈りの時間をのぞいて1日中休む間もなく働く。

　伝統的なペルシャ風の平たいパンはやわらかくもかみごたえがあり、焼きたてを食べるのが一番おいしい。だからこそ、人々は毎日その日に食べる分だけを買う。ひと口にパンといっても、一般的なものだけでもサンギャク、ラヴァシュ、バルバリなど種類は豊富にある。しかしアクバルがつくるパンはまたひと味違う。イラン中央部の古都ヤズドの名をとってコーシュク・ヤズディと呼ばれるパンで、10歳で父親が経営するパン屋を手伝いはじめてからずっと焼きつづけてきた。日常的に食べる平たいパンより焼き時間が長く、乾燥させてパリパリにしてから、割って量り売りする。クラッカー風のこのパンには、薄いドリンクヨーグルトに塩、そして好みに応じてミントを加えた飲み物ドゥグを合わせるものと昔から相場が決まっている。このパンを焼く店は、市内に10軒しかないが、逆にアクバルはほかのパンを焼いたことがない。オリジナルのレシピをアレンジしたことはあるかと尋ねると、「そんなこと、だれもしやしませんよ」といなされた。

　イラン政府は、パン屋が強化小麦を仕入れるさいに補助金を出してくれる。その代わり日常的に食べるパンの売値を固定することで、イランの全国民が何はなくともパンは口にできるよう保証する狙いがあるという。アクバルが焼くコーシュク・ヤズディは、正式には日常的に食べるパンに分類されてはいないので、多少は値を上げてもかまわないのだが、アクバルは安く抑えるようにしている。それでも家族を養うだけの稼ぎにはなるから、というのが彼の言い分だ。

　学校に通ったことがないアクバルは、読み書きを習っておけばよかったと悔やんでいる。以前、父親に「なぜこんな暑い思いをする、大変なばかりの仕事を自分に覚えさせたのか」と尋ねたとき、父親は笑ってこう言った。40年前はほとんどの人が家業を継いでいた、アクバルの場合はそれがパン屋だっただけの話だ、と。そんな伝統もアクバルの代で終わる。パンの焼き方を子どもたち

290

上：アクバル・ザレハが、ヤズド郊外にあるパン工房でパンの生地を手にポーズをとる。作業台の上に並んでいるのが、平均的な1日の食事だ。父親のパン屋で10歳のときから働きはじめたアクバルは、学校で読み書きを習わなかったことを後悔している。毎日10時間、1日も休まずに働いて稼ぎ、自分と同じ轍を踏まないよう、4人の子どもたちには教育を受けさせた。アクバルが毎日額に汗してつくるパンは、味わう価値のある逸品だ。焼きたてのあつあつは、世界じゅうのどんな食べ物よりおいしい。

左：粘土づくりのタンドールで焼いたパンのほとんどは、乾燥させてから小さく砕く。

イラン中央部の砂漠都市ヤズドは、地球上で最も長く人が住みつづけている都市のひとつだ。
上：アクバルは、丸い窯から放出される熱を利用して、香り高い、平たいパンを乾燥させ、クラッカーのような食感に仕上げる。
右：アミール・チャクマクのモスクをはじめとする建築群と隣接する市場を、ゴンバッドと呼ばれる複数のドームが覆う。敷地内に点在する四角い通気塔は、日干しレンガづくりだ。
右頁：市場（スーク）。

には伝えなかったからだ。「収入が低すぎますからね」。4人の子どもはみな、学校教育を受けた。全国的に失業率が高止まりしているなか、息子たちはみな就職し、娘は嫁いでいった。

アクバルの父親のパン屋は、日干しレンガづくりの建物が立ち並ぶ、町の中心部にあった。露店がひしめく市場は、砂漠の熱気を防ぐために円蓋で覆われており、風とり塔(わずかな風でも下の建物にとりこめるように設計された、古代の塔)を利用して涼をとれるようになっている。父親が引退すると、アクバルは自分ひとりできりもりできる小さなパン屋を町の郊外に出した。店の前の閑静な通りは、雨が降るとすぐにぬかるむが、歩いてやってくる客はいないので問題はない。ここに来るのは、コーシュク・ヤズディを大量に仕入れて、地元のスーパーマーケットに卸し、あるいは海外へと輸出する仲買業者だけだ。昼ごろに訪れたあるバイヤーが、この店のパンはドイツではとても人気があるんですよ、と教えてくれた。

取材班が初めて店を訪ねたとき、アクバルは柄の長い器具で平たいパンを窯から引きだし、上の棚に投げあげて冷まし、乾燥させていた。生焼けのものはひっくり返してから、熱くなった窯の多孔質の壁にもう一度貼りつける。

アクバルはタイミングを見計らっては、発酵した生地を両手いっぱいに抱えてミキサーからとりだし、大理石の台にどさりと置く。両手に小麦粉をつけると生地をいくつかに分割し、ひとつずつ丸めたものを、作業台に所狭しと並べていく。そのあいだも、窯のようすに気を配ることは忘れない。ときおり生地を分ける手を休めて、焼きあがったパンを引きだしたり、発酵が終わった生地を焼く準備をしたりと、作業に余念がない。

休ませた生地は平らにたたいてのばし、指でくぼみをつける。こうしておくとパンが窯の壁に貼りつきやすくなり、均一に火が通るのだ。つぎに、生地をキャンバス地で覆った丸くて分厚いクッションにのせ、窯の壁の空いているところに勢いよく貼りつけていく。

仕事中は、窯の温度を調整したり、生地を分割して丸く成形したり、窯で焼きあげたりする作業に追われ、座って食事をする暇などない。朝は手を動かしながら生のハーブ類や、よその店で買った平たいパン、妻がゆでてくれた卵を口にする。あとは終日、ハーブ類やトマト、ブドウをつまみ、乾燥前の焼きたてパンをほおばってしのぐ。その日の天気にもよるが、1日に飲む水の量は2〜5ℓほどだ。ヤズドではほぼ1年じゅう厳しい暑さが続くが、パン工房の中はそれ以上の暑さになる。店の裏手にザクロの木が何本かあるので、実が熟すとしぼりたてのザクロジュースも飲む。体重をかけて両手で実を転がし、分厚い皮に包まれた真っ赤な小房をつぶしておいて、皮に穴を開け、甘い汁を味わうのだ。

10時間におよぶ仕事を終えたあとは、最後に焼けたパンを積み重ね、窯を冷やし、作業台をきれいに磨き、翌朝の準備を整えてから、自宅で夕食をとる。この日のメニューは、羊肉のケバブとごはんだ。アクバルは1年じゅう休みなく働くが、毎年2週間だけは店を閉め、妻とふたりで巡礼の旅に出る。目的地はイマーム・レザー廟があるイランのマシュハドだ。アクバルも、このときだけはレストランでの食事を楽しむ。

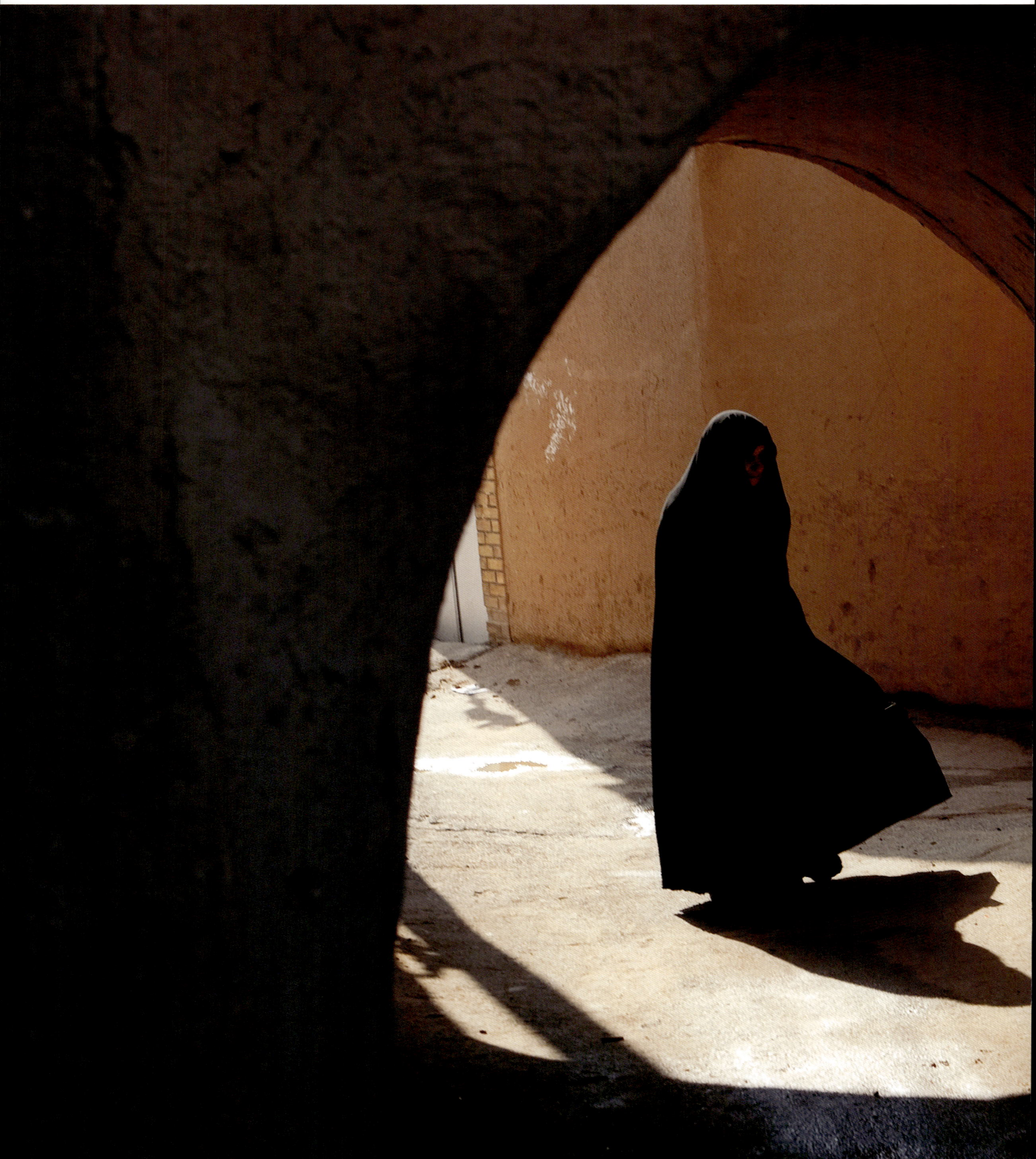

強烈な日差しと、他人の視線、そして12月の寒気から身を守るように、黒いチャドルをまとった女性がヤズドの旧市場地区の古い通りをゆっくりと歩いていく。日干しレンガをしきつめた狭い通りや路地は、高い壁やアーチやドームで覆われ、強烈な夏の暑さからも、身を切るような冬の風からも人々を守っている。地下を走る複雑なトンネル網カナートは、高地の帯水層から都市部まで水を運ぶための水路だ。ときには30km以上も離れた水源から高低差を利用して水を流し、途中にある畑を灌漑しながら、標高の低い都市の地下へと到達する。カナートの建築技術はローマの水道橋の技術にも匹敵し、同じ機能を果たしているが、地下にあるために人目にはつかない。このような優れた古代技術があったおかげで、極端なまでに厳しい気候でも人が暮らし、大地から豊かな実りを得ることができたのである。

エッセイ

料理の終焉

マイケル・ポーラン｜ジャーナリスト

ケーブルテレビの料理専門チャンネル「フード・ネットワーク」は、アメリカの1億近い世帯で視聴でき、ほぼ毎晩、どのニュース専門チャンネルよりも多くの人々が利用している。その人気の高さときたら、勝ち抜き料理番組「トップ・シェフ」のシーズン5最終回放映後、数か月が経っても、だれが優勝したかを語れる人が何百万人もいるほどだ。しかし視聴者たちは、他人が調理する姿を追ったテレビ番組は熱心に観たがるのに、なぜ自分の手で料理をつくることには後ろ向きなのだろうか。皮肉なことに、有名シェフがちまたでもてはやされるようになったのと時期を同じくして、ファストフードが台頭し、日常的に家庭料理をつくる人々もしだいに減っていくこととなった。

今日、アメリカ人が調理にかける時間は1日平均わずか27分で、1960年代の半分以下だ。さらにいえば、これは「トップ・シェフ」や「チョップド」などの料理番組1話分の放映時間より短い。つまり、実に多くのアメリカ人が、実際に自分で調理をするよりはるかに長い時間を、テレビの料理番組を観ることにあてているのだ。近年、料理番組のターゲットは、料理好きからグルメ好きに移っている。グルメ好きのほうが人数も多く、男性の比率が高いからだ。この流れを受けて、フード・ネットワークでは、男性好みの演出をする番組をゴールデンタイムに放映するようになった。「アイアン・シェフ・アメリカ」の舞台、キッチン・スタジアムがいい例だ。この番組では、有名料理店のシェフどうしが古代ローマ帝国の剣闘士よろしく一対一で勝負をする。対決の直前におごそかに発表されるその日のテーマ食材の魅力をあますところなく引き出し、最高の料理をつくったほうに軍配が上がるというわけだ。もちろんこれらの料理対決から得るものはあるだろうが、いくら番組を観ても具体的な調理法はいっこうに身につかない。

つまりテレビ局は、料理もスポーツと同じく観戦する対象に仕立てあげることに成功したわけだが、そもそも、なぜ私たちはほかの人が料理するところを見たいと思うのだろうか。もちろん、これはけっして、いままでには見られなかった新しい現象というわけではない。調理とは、さまざまな素材を使って、単純に足しあわせた以上においしい料理をつくりだすことだ。この魔法のような技にはあらがいがたい魅力があり、私たちは昔から周囲の人々が調理するさまを眺めて、楽しんできた。そもそも人は食べ物というものに無条件に惹きつけられるようにできている。そうした要素も、料理番組に有利に働いているのではなかろうか。台所に立ち、手を動かすときに触れるいろいろなものの手ざわりや、リズミカルな動きや音が五感に訴えかけてくるのだろう。現代社会では、抽象的で形として見えない作業を仕事で日々こなしている人も多い。だからこそ、調理という作業が、目に見える満足感を直接的に得られるもののように映るのかもしれない。

もし本当に、料理からそれほどの満足感を得られるなら、もっと料理をするようになればいいのだが、現実には料理の腕一本で家賃をまかなえるような人はほとんどいない。仕事が忙しくてそんな時間などとれないという人も多いだろう。アメリカではずいぶん前から、仕事にかける時間が増えた分、家庭で過ごす時間が圧迫されるという状況が一般化していた。一方、いまでも人々が日々きちんと料理をつくって暮らしている国では、調理に手間をかけられるだけの時間のゆとりがある。

女性が社会進出をしたから家庭で料理をする習慣が失われたと一般にいわれているが、実はこの説だけで現状を説明することはできない。アメリカ人女性が調理にかける時間は、働きに出ているかどうかにかかわらず、1965年の約40%にまで激減しているからだ。食品メーカーが調理済みの食べ物を提供してくれるというなら、それを食卓に載せてもかまわない。いまではアメリカ人の多くがそう思っている。これは、女性が大挙して社会進出を果たすずっと以前から、食品メーカーが行ってきた働きかけの結果なのだ。

❶東京都渋谷区にあるマクドナルドの看板。❷アメリカのミネソタ州ブルーミントンのモール・オブ・アメリカ内にあるフードコートでの食事風景を上から撮影。❸ケンタッキー州ホワイトバーグにある食料品店フード・シティのお菓子売り場。❹カリフォルニア州のモハーベ砂漠にあるフォート・アーウィンでの訓練中、MRE（野戦食）を食べるカーティス・ニューカマー。❺カリフォルニア州ナパで開かれたナパ・タウン・アンド・カウンティ・フェアに出ていた、特大アメリカンドッグを売る屋台。

　第二次世界大戦が終わって平和な時代が訪れると、農業界は、軍需品を転用した合成肥料や神経ガスをもとに開発した新しい殺虫剤を農家にばらまき、農業を工業化しようと動きはじめた。同じことが人々の食生活の中でも起きていて、戦後、軍需が落ちこむと、軍人用の食糧として優れた加工品を開発してきた食品産業界は、これを一般人にも売りこもうと攻勢をかけた。調理という過程を工業化させる動きは、実は供給側が押しすすめてきたことだったのだ。

　それでは、食事のしたくを他人に任せたおかげで得られた時間は、どう使われているのだろうか。仕事や通勤に、ネットサーフィン、そしてあろうことか、テレビで他人が料理するのを見ることにあてられているのだ。料理番組が人気を博しているのは、私たちが失い、恋しく思う何かがそこにあり、また、料理というものが人の心の琴線に触れるからこそなのだろう。人間としてのアイデンティティにかかわる、心の奥底にある何かに訴えかけてくるのかもしれない。調理という行為は、食事だけではなく、「場」を提供してくれる。調理することによって、ひとつの食卓を囲んで料理を分けあい、目と目を合わせるといった社交の場が生まれ、やがてそこから文明社会がかたちづくられていった。仮に、料理は人間としてのアイデンティティの中心、あるいは文化の中心に据えるべきものだとすると、料理をする習慣が衰退していったせいで現代人の生活に大きな影響が出ているという考え方にも納得できる。日常生活から調理の習慣が失われていったとき、私たちは調理に使う火がある風景や、料理中に漂ってくる香り、そして火のまわりにできる人の輪が恋しいと思うようになったのではないだろうか。フード・ネットワークは、料理番組を通して、まさにそういった感情を刺激するツボを押したのかもしれない。

　しかし、料理というものを、自分ではときどきしかやらず、ほぼテレビでしか見ないイベントとして位置づけてしまうことには、見過ごせない弊害もあることを忘れてはならない。料理をしなくなることで健康を害してしまう可能性もあるだろう。実はそのせいですでに人々の身体的・精神的な健康が大きく損なわれていると訴える声にもたしかな説得力があるのだ。2003年、ハーバード大学の経済学者グループは、アメリカで肥満が増えているのは、家庭の外で調理された食品が食事内容に占める割合の増加によってほぼ説明できると結論づけた。大量生産が可能になったおかげで、多くの料理は価格面でも調達にかかる時間という意味でもコストが下がった。つくるのに手間がかかる料理も、大量生産されるようになったおかげで、いつでも好きなときに買える、日常的な食べ物に変わったからだ。同じ研究グループは、複数の文化圏で調理のパターンを調べ、自宅での調理に時間をかける国のほうが、肥満の発生率が低いこともつきとめた。また、『米栄養士会ジャーナル』に掲載された1992年の論文では、日常的に料理をする貧しい家庭の女性のほうが、料理をしない裕福な家庭の女性よりも健康的な食生活を送る傾向がある、と指摘している。

　つまり、調理というのはとても大切な行為なのだ。考えてみれば、驚くような話ではない。企業に食品の調理を任せた場合、砂糖と脂肪と塩がふんだんに加えられることが多い。この3つの味わいに対して、人間の体はあらがいがたい魅力を感じるようプログラムされているからだ。しかもコストも安く、加工食品の欠点を包みかくすというすばらしい役目も果たしてくれるときている。それでは、アラジンの魔法のランプから飛び出した加工食品を、ふたたびランプの中にもどすことはできるのだろうか。いったんは失われてしまった、日常的に料理をする習慣というものを、ふたたび定着させることはできるものなのか。できる、と信じよう。数百万のアメリカ人男女が日常的に料理をするようにならない限り、アメリカ人の食生活や食料生産体制を立て直すことはできそうにない。新鮮で加工度が低い食べ物をとる生活に転じ、ひいては地域の食料経済を復活させるためには、各家庭の台所からはじめの一歩を踏み出さなければならないのだ。

マイケル・ポーランは、カリフォルニア大学バークレー校のジャーナリズム学教授。近著に『ヘルシーな加工食品はかなりヤバい』（青志社）、『フード・ルール　人と地球にやさしいシンプルな食習慣64』（東洋経済新報社）がある。本エッセイは、『New York Times Magazine』に掲載された「Out of the Kitchen, Onto the Couch」からの抜粋。

上：ソリモンエス川の支流の浮家で、漁師のジョアン・アグスチーニョ・カルドソを平均的な1日の食事とともに撮影した。
右：ジョアンの新居には電気がきていない。トイレもないので、用をたしたくなったらバルサ材の太い丸太数本からなる家の土台の端に行く。その代わりというわけではないが、一家が暮らす川幅800mほどの支流では、流水はいくらでも手に入る。残念ながら飲用には適さないが、魚はいくらでもいる。ピラニアも出るので、早朝や夕方に川で泳ぐときは、十分に気をつけたほうがいい。ジョアンの食卓には、上の写真のクリマタをはじめ、十数種類もの魚が登場する。キリスト教の一派で食の規律が厳しいセブンスデー・アドベンチストの信者なので、アルコール類やカフェイン入りの飲み物は、ふだんから一切とらない。

5200

総摂取カロリー **5,200kcal**

ブラジル　アマゾナス州ソリモンエス川
アマゾン川の漁師

ジョアン・アグスチーニョ・カルドソ　　　男性、年齢69歳、身長159cm、体重63.5kg

1日の食事　11月

朝食：クラッカー 91g、ネスレの全粉乳（水で溶く）313mℓ

日中の軽食：クラッカー 91g、フルーツドリンク（粉末を水で溶く）305mℓ

昼食と夕食：クリマタ（淡水魚）1,043g（調理前の1尾の重量）、タマネギと春タマネギ 164g、ニンニク、チコリの葉、アルファバカ（バジルに似たハーブ）、黒胡椒、塩、ウルクムの粉末（赤い着色料）26g、スパゲッティ 635g、ピント豆 167g（乾燥時の重量）、大豆油（魚と一緒に食べた）44mℓ、塩気のある魚の煮汁 429mℓ、キャッサバ粉（どの料理にもたっぷりふりかけた）312g、昼食と夕食に使った塩 大さじ1

終日：ボートで30分の距離にある、政府が掘った井戸の水 2ℓ

ブラジルのアマゾナス州では、アマゾン川水系が高速道路と一般道の両方の役割を果たしている。ちょっと出かけるにしても、1週間の旅に出るにしても、みな通りかかった川船を気軽に呼びとめて、乗せてもらう。そうやって、買い出しや親戚付き合いをしに、州都マナウスやその近郊にある小都市マナカプルなどを目指すのだ。

漁師のジョアン・アグスチーニョ・カルドソの妻マリアも、2日ほど前に客船を呼びとめて出かけていった。パラナ・ド・パラタリの自宅から船で東へ6時間ほどの距離にあるマナカプルに出向いて、兄弟を訪ね、政府から支給される年金を受けとるのだという。ジョアンも自分の年金を受給するために、明日にはマナカプルに行き、マリアと合流するつもりでいる。地方在住の貧しいブラジル人は、60代前半から年金をもらえるのだ。ふたりは1か月分の食料を町で買いこむことにしている。粉末のフルーツドリンクの素、全粉乳、調理用バナナ、卵、牛肉、米、クラッカー、乾燥したピント豆、パスタなどを買う予定だ。

ジョアンは、1人月465レアル（約22,230円）の年金を、思いがけず降ってわいた幸運ととらえている。「年金がなかったころは、なた1本で土地の開墾を手伝って、稼ぎにしていました。頼まれたらなんだってやりましたよ」。仕事にありつけたときは、まる1日働いて18レアル（約900円）をもらっていたが、仕事がないときは魚をとり、川沿いに住む人々に自家製粉のファリーナ・デ・マンディオカ（キャッサバ粉）と交換してもらってしのぐ日々だった。キャッサバの根に含まれるでんぷんを粉にしたキャッサバ粉は、毎日の食卓に欠かすことができない、いわばブラジルの国民的食材だ。粗挽き粉のようにザラリとした食感で、ほとんどの料理にたっぷりふりかけ、料理の汁を吸わせて食べるのだという。

カルドソ一家の基本メニューは、いまも昔もほとんど変わらない。魚とキャッサバ粉、自家栽培の野菜、そして調理用バナナが定番だ。しかし、いまでは、ほかにもいろいろな食品が食卓にのぼるようになった。ジョアンは牛肉が大好きなのだが、年金生活に入る以前はめったに口にすることができず、いつも米と豆ばかり食べていた。「毎日毎日、豆料理にキャッサバ粉をふりかけて食べていました」とジョアンはふり返る。それがいまでは、米より好きなパスタだって食べられるのだ。

カルドソ一家は、ソリモンエス川（アマゾン川上流の別名）の細い支流に浮かぶ浮家フルトゥアンテに住んでいる。3部屋ある浮家は、川に流されないよう、裏手の丘にしっかりと係留してある。雨季になると、川の増水にともなって浮家も丘の上まで12mほど上昇するが、乾季には半年かけて丘のふもとまで下りてくる。川の増水が始まる

と、通りすぎる川船を呼びとめては、手間賃を払い、浮家を岸へと押してもらうそうだ。

そんなわけで、自宅の鶏も1年じゅう陸上で飼うわけではない。川が増水すると、フルトゥアンテの土台を構成するバルサ材の丸太に鶏小屋を乗せ、雨季のあいだは穀物を与えて育てる。ただし、夕食のおかずにするので、毎週1羽ずつ数が減っていく。だれが鶏をしめるのか？「マリアですよ。私は忙しいので」とジョアンがこともなげに言って笑った。熱帯雨林に棲むヘビやアリゲーターが鶏や卵を狙うことも多いので、卵を抱く雌鳥やひよこは屋内の箱に入れて外敵から守る。

年金生活に入ってからもたらされた生活の変化は、食卓の豊かさばかりではない。2年前、ふたりは54,000円相当を投じて新しい浮家をつくり、対岸の古い浮家を、トウモロコシ栽培とキャッサバ粉の加工で生計を立てる息子アントニオ・マルコに譲った。新居はつくりが頑丈で、網戸もついているので、夕方に網戸を閉めればマラリアを媒介する蚊の侵入を防ぐことができる。古い家は傷んだ屋根に板をあて、間に合わせの修理をしただけだったので、雨漏りがひどかったが、新しい家ではそんなことはない。蚊に刺されないように「家を新築する以前は、日没前に夕食をすませていたんですよ」とジョアンが説明してくれた。

カルドソ家には電気が通っていないが、9人いる子どもの1人からプレゼントされたプロパンガスコンロはある。これが来て以来、薪を使うことはなくなった。アマゾン川流域ではハンモックを吊って寝るのが一般的なので、室内のあちこちに訪問客のハンモックを吊すフックがつけてある。トイレはない。用をたしたくなったら、浮家の縁に立ち、あとの処理を川の流れにゆだねるか、陸にあがり、少し離れた丘の上まで行くしかない。

近所に市場はなく、自宅に冷蔵庫もないが、ポリスチレン製の大型容器に氷（マナカプルから運んできた）をたっぷり詰めてあるので、とれた魚や傷みやすい食べ物はこの中で保存できる。飲み水は、船で30分ほどのところにある共同の井戸から運ぶ。マリアは、浮家の土台の上に土を入れた箱を並べ、春タマネギ、唐辛子、チコリ、そしてバジルに似たアルファバカを育てていた。

年金をもらえるようになったおかげで懐は温かくなったが、川魚はいくらでも無料で手に入るので、この先も夕食のメニューから姿を消すことはないだろう。父子が以前、戻り水でできた浅い湖に杭を立ててしかけておいた、全長1.6kmほどのカーテン状の魚網には、驚くほどいろいろな種類の魚がかかる。2人はモノフィラメント製の魚網にそってカヌーで移動し、魚を網からはずしていく。とれた魚は木製カヌーの底に投げ入れ、なたの背でたたいて気絶させて、船から飛び出さないようにする。ツクナレ、ピラルク、クリマタ、アルアナをはじめ、さまざまな魚がおり、アマゾンの恵みは実に豊かだ。ちなみに、アルアナは空中でも激しく動くので、「ウォーター・モンキー」とも呼ばれる。網にはウナギもかかるが、セブンスデー・アドベンチスト教会ではうろことヒレがない魚は不浄とされているので、カルドソ一家は見向きもしない。16年前にセブンスデー・アドベンチストの信者になって以来、アルコール類やカフェイン入りの飲み物もきっぱりとやめている。

左頁：広大なアマゾン盆地を網目状に流れる川を、川船が行き交う。乾季にはソリモンエス川の土手が水面からすっかり顔を出すが、雨季には川が12mも増水し、土手の上にまで達する。そのおかげで内陸の湖は川の水で満たされ、シルトの層ができる。

上：長旅の道中、乗客はハンモックの上で何時間もひまをつぶす。ときには目的地に着くまで何日もかかることもある。

左：マナカプルから上流に向かう川船の船長。片手で操舵しながら口に運ぶ昼食のメニューは、米、豆、スパゲッティ、ジャガイモ、それに豚肉だ。

301

上：長距離トラックの運転手コンラッド・トルビーは、かつてはバイク乗りだった。フライング J というトラック向けサービスエリアで、コンラッドがセミトレーラーのボンネットに腰かけている。ひざにのっているのが、平均的な1日の食事だ。「ライトをこうこうとつけて走っている大型トラックがあるでしょう？ あれは鶏肉を運んでいるんです」とコンラッドが教えてくれた。「私も以前は年間300日、24時間体制で運送にあたっていましてね。しめたばかりの鶏肉を氷詰めにして、ミシシッピ州からはるばるカリフォルニア州まで運びましたよ。時間通りに届けられないと、法外な罰金を払わされたものです」。コンラッドはトラックのキャブで2度、心臓発作をおこし、ミシシッピ州では離婚も経験した。
右：いまは、いつでもそばにいてくれる5歳のシャーペイが親友であり、旅の道連れだ。名前はインペリアル・ファンシー・パンツ。マクドナルドのハンバーガーはまるまる1個たいらげるが、フライドポテトはコンラッドと分けあって食べる。

302

5400

総摂取カロリー **5,400kcal**

アメリカ イリノイ州エフィングハム

長距離トラック運転手

コンラッド・トルビー　　　　　　　　　　　男性、年齢54歳、身長188cm、体重117.9kg

1日の食事　9月

朝食：はちみつがかかったバンズ 150g、コーヒー 1ℓ

マクドナルドでの昼食：マクドナルドのダブルチーズバーガー（2個）329g、マクドナルドのスーパーサイズのフライドポテト 99g（犬のファンシーが食べた半分は含まれていない）

トラック用サービスエリアのコンビニエンスストアで買った夕食：レタス、ハム、卵、チーズ、ブラックオリーブのサラダ 431g、バターミルク入りドレッシング 43g、フライドチキン（手羽）454g、豚肉入り春巻き（2本）162g

軽食その他：ピーナッツ入り M&M's 207g、ビーフジャーキー（2本）77g、スターバックスのダブルショット・エスプレッソ＆クリームの缶コーヒー 192mℓ、スターバックスのフラペチーノ（コーヒー飲料、モカ味）405mℓ、リプトンの無糖アイスティー（4本）1,893mℓ、マールボロ・ミディアムのタバコ 2箱

　イリノイ州エフィングハムにあるトラック向けサービスエリアで取材班が声をかけたとき、自営トラック運転手コンラッド・トルビーと犬のファンシーは、ちょうどここに1泊するつもりで車を停めたところだった。いつものことながら、運送中は住まいともなるキャブの中で夕食をとるのだという。シャーペイのファンシー（5歳）は、正式にはインペリアル・ファンシー・パンツという名前で、コンラッドの親友だ。「どこに行くにも一緒なんです」。そんなコンラッドもかつてはバイク乗りとしてならしていたという。ファンシーがシートに座りたがらないので、助手席はとりはらってしまった。「窓の外を見ようともしないんですよ」

　運送中にコンラッドがとる食事は、昔から代わり映えしない。医者から注意されているのに、トラック向けサービスエリアやファストフード店が提供する脂っこい料理ばかりだ。トラックのキャブで2度も心臓発作を起こしているのだから、人一倍食事には気をつけなくてはいけないのに。

　幸い、発作が起きたときは、2度ともハンドルを握ってはいなかったが、命に関わる緊急事態であったことに変わりはない。それにあの家族歴なら、だれだって自分も気をつけなければと用心するはずだ。「父方の親戚はみな45歳を迎える前に、脳動脈瘤か動脈破裂で亡くなりました。私も、最初の心臓発作に襲われたのは、45歳の誕生日を迎えて半年も経たないうちでしたね」

　年間の勤務日数を300日から200日に減らすなど、多少は生活を改善する努力はしているが、仕事中にとる食事はあいかわらず幹線道路沿いで手に入るものに限られてしまう。「ホットウィング、それもフライングJで売っているものは、そう脂っこくないんですよ。ケンタッキーフライドチキンやポパイでは食べないようにしています。齢をとるにつれて、胃にもたれるようになってきたので」

　運転しながらつまむビーフジャーキーなどのおやつは、犬のファンシーと分けあって食べる。昼食はマクドナルドですますことが多い。「フライドポテトはふたりで半分ずつ食べますが、ハンバーガーは1人前をちゃんと買ってやるんです」とコンラッドは語る。

　ミシシッピ州の自宅にいるときは、トラック用サービスエリアでは絶対に食べられない料理をつくる。「おいしいフレンチトーストをつくるための秘訣を教えてあげましょう。ナツメグをそのつどすりおろすことと、乳製品不使用のフレーバーつきクリーマーを使うことです」。コンラッドはアマレット味、フレンチバニラ味、そしてヘーゼルナッツ味が好きだという。「あとはバーベキューをしますね。うまいバーベキューには目がないので」

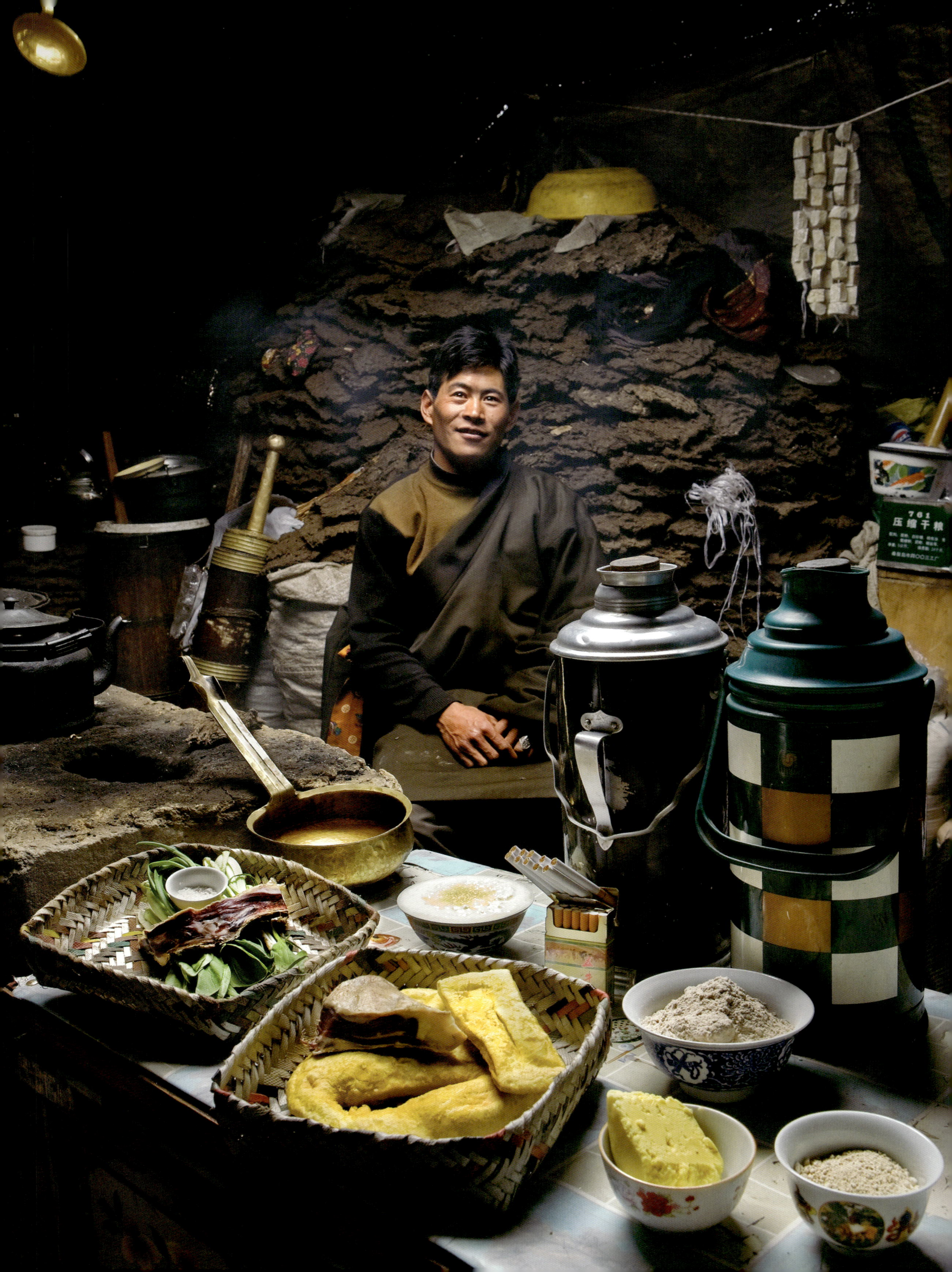
761
压缩干粮

5600

総摂取カロリー **5,600kcal**

中国チベット自治区　チベット高原

ヤク飼い

カーサル　　　　　　　　　　　　　男性、年齢30歳、身長168cm、体重61.2kg

1日の食事　6月

朝食：はったい粉のケーキ（はったい粉 133g、バター茶 30mℓ、発酵乳からつくるバター 85g、乾燥チーズ 45g、砂糖 小さじ2）、ヨーグルト 289g、砂糖 小さじ2

昼食：乾燥羊肉 130g、バレ（小麦粉をフライパンで焼いてつくるパン）266g

夕食：乾燥羊肉入りスープ 119g、小麦粉でつくった麺（写真には小麦粉が写っている）244g、チンゲンサイ 125g、春タマネギ 48g、塩味のスープ 719mℓ

終日：バター茶 2.5ℓ、タバコ 1.5箱

チベットの高原で、ずんぐりとした毛の長い家畜が草を食んでいる。英語圏の人がそれらをすべてひっくるめて「ヤク」と呼ぶのを聞くと、チベット人はつい笑ってしまう。彼らにしてみれば、雌のヤクという生き物は存在しない。雄をヤク、雌をディと呼び分けているからだ。牛など別の種と交配して誕生した生き物も、やはり雌雄で名前を呼び分けるので、家畜の呼び名は実に多様だ。たとえば、ヤクと牛を交配して生まれた家畜の雌は、ゾモと呼ばれる。チベット高原には耕作に適さない草原地帯が広がり、気候は寒冷で、空気は乾燥している。ここで懸命に暮らすチベットの遊牧民たちの生活を支えているのは、名前はともかく、こうした家畜なのだ。

夕方、50頭ほどの毛むくじゃらの家畜が、子連れで山をぞろぞろと下りていく。ときおり手にもった小石を投げながら群れを導くのは、ナイマ・ドゥン・ドゥルップ（6歳）だ。ナイマの母フーバは、1頭1頭を名前で呼びながら、乳をしぼるディやゾモを選びだす。手縫いの革製ポーチから塩をひとつかみとりだすと、それぞれになめさせ、子牛にすこしのあいだ乳房をふくませた。乳の出がよくなったところで、一家が使う分をしぼっていく。

フーバと夫のカーサルは、首都ラサの約160km東にあるチベット高原で、半遊牧生活を送る。春と夏は、フーバがヤクの毛を織ってつくったテントで暮らし、周囲の草原で放牧する。

秋になると、カーサルは数キロ離れた冬用の囲いに家畜を連れていく。一家も土壁をめぐらせ、頑丈な屋根をかけた冬用の家に移り住み、一番寒い時期をしのぐ。だが、どちらかといえば、テント暮らしのほうが性にあっているという。

フーバが乳しぼりをするあいだ、近くの道にさまよい出た家畜を連れもどすのは、息子ナイマの仕事だ。ヤクやディやゾモは、めったに家人の口には入らない。乳や毛、そして乾燥した糞を料理用の燃料に提供してくれる、大切な資源の供給源だからだ。食べるとしたら、親戚と共同で飼っている羊たちのほうで、つぶしてから乾燥羊肉にして保存する。ヤクやゾモは年に2、3頭売り、その代金で大麦粉や小麦粉、お茶、マスタード油、春タマネギ、砂糖などを調達する。仏教徒なので、家畜の解体は人に頼んでやってもらう。

春の冷たい雨が降る日も、黒い薄手の生地でできたテントの中は乾燥して暖かい。テント中央に据えられた土製のかまどから立ちのぼる煙は、屋根に設けた換気用のフラップから外に流れ出る。標高4,500mを超えるこの地には木が育たないので、料理や暖房にはヤクの糞を乾燥させた燃料を使う。1日に消費する量は16kgにもなるという。ヤクの糞は、円形に薄くのばしてから乾燥させ、ストーブの近くに積んでおく。天井に届くほどの高さになるので、棚代わりにも使える。

左：ヤクの毛を織ってつくったテントの中で、平均的な1日の食事とともにヤク飼いのカーサルを撮影した。背後には、燃料として使うヤクの糞が積みあげられている。
右：母ヤクの乳をしぼるフーバを手伝おうと、息子がヤクの子を引っ張ってくる。

上：ナイマ・ドゥン・ドゥルップが、攪乳器をついてバターをつくっていた。フーバは乳が入った鍋を火にかけ、カーサルは近所の人と話をしている。
右：朝食の粥が入ったフーバのボウルに、湯気が立ちのぼるあつあつのバター茶を注ぐカーサル。
右頁：早朝、カーサルの妻フーバがディの乳をしぼる。雄のヤクは夜も野放しで、標高の高い草原で自由に草を食べさせる。ディと子どもは、朝の乳しぼりがしやすいよう、テントの近くにつないでおく。

乳しぼりをすませたフーバは、まだ温かいヤクの糞を朝のうちに集め、素手でパテ状にしていく。両腕に色鮮やかな袖口カバーをはめているので、衣服は汚さずにすむ。ひと仕事終えると、フーバは氷のように冷たい小川の水で手を洗う。

　遊牧を営むチベット人家庭では、毎日の家事はほとんど女たちがこなす。カーサルが糞のパテをつくったことはあるのだろうか？　フーバは、想像しただけでおかしかったのか、「ありえないわ」と声をたてて笑った。実は、取材班はもともとフーバに取材を申し込んだのだが、恥ずかしいし、何より忙しいから無理だときっぱり断られてしまった。その代わり、夫なら取材に応じられるからと、彼女のほうから話をもっていってくれ、カーサルも快く承諾してくれた。

　かまどの隣にある、赤と金に彩色された木製チェストには、ピンクの花が描かれている。その両脇にクッションつきの台が置かれていた。夜はベッド、昼はソファとして使うのだ。フーバが冬にヤクの毛を織りあげてつくった厚地の毛布が、あちこちにかけてある。近くのテントから来た男たちは、その毛布に体をあずけながらカードで遊び、塩バター茶を延々とすする。チベット人の多くは、大量にバター茶を飲む。磚茶（たんちゃ）を時間をかけて煮出してから、攪乳器でつくったバターと塩をたっぷりと入れた飲み物だ。

　一家の食生活を見てみると、肉や、買ってきたはったい粉の使用が目立つ。しかし、その土台を支えているのはやはり乳製品であり、フーバは1日の大半をバターやヨーグルト、チーズづくりに費やす。毎日、ヤクの乳をしぼっては加熱し、前日につくっておいたヨーグルトをすこし足して、発酵を待つ。酸味ととろみがついた乳をそのまま口にすることもあるが、大半は攪乳器でつく。こうして毎朝1時間ほどかけて、独特のにおいのあるバターを900gほどつくるのだ。

　攪乳が終わったら、こんどはバターミルク（バターをつくったときに残る液体）を沸騰させ、カード（凝乳）からチーズをつくる。乾燥チーズの場合は、できたチーズを2.5cm角ほどに切ってからひもに通し、乳の中でゆでてからかまどの火でスモークして、岩のように硬くする。おやつに食べることもあれば、12個ずつひもに通したものを通りかかった人に売ることもあるそうだ。

　バター茶にはったい粉を混ぜ、さらにバターを加えてお粥にもする。バター茶をたっぷり注いで、汁気の多いツァンタクにして食べる人が多い。カーサルとフーバの朝食は、どちらかというとペースト状に近く、さらにチーズと、あれば砂糖を加えて食べる。

　昼食には、テントの隅に吊してある羊のもも肉の燻製をスライスし、お粥かバレに添えて食べる。バレは、マスタード油をひいたフライパンで焼いた小麦粉の平たいパンで、フーバが毎日手づくりする。夕食は、もう一度お粥を食べることもあれば、乾燥羊肉、春タマネギ、塩、小麦粉の麺が入ったスープにすることもある。

　カーサルとフーバは、地元の学校で寮生活を送る娘のチョエ・ネイ・ドゥルカー（11歳）のために用意したバレの包みを見せてくれた。チョエは、平日は即席麺ばかり食べているという。一方、ナイマは町に行くたびに、コカ・コーラをねだる。買ってもらえないと、すねてしまうそうだ。

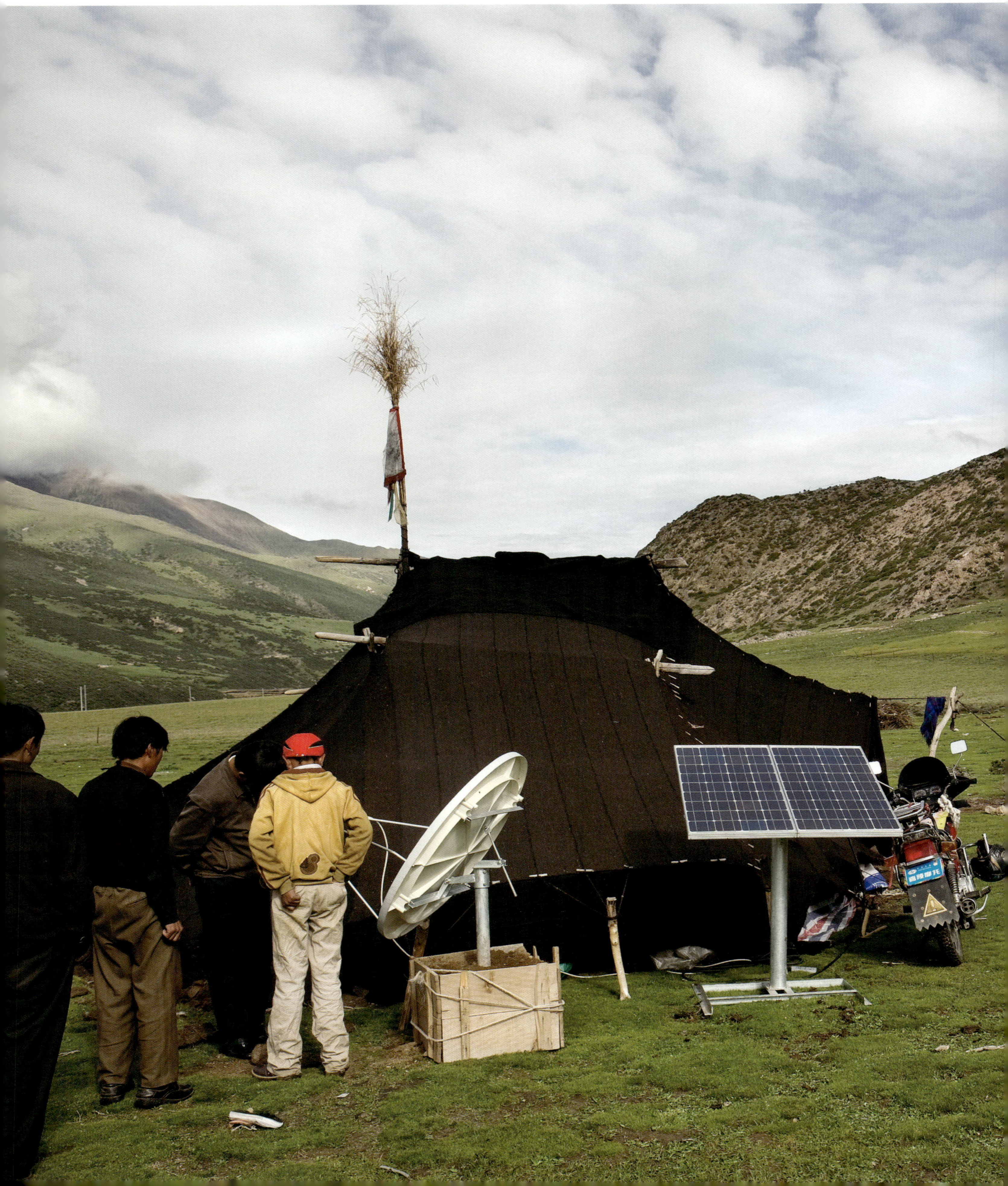

ヤクの毛を織ってつくった春夏用の自家製テントの外で、遊牧を営むチベットの人々が衛星放送の受信機を見せてくれた。太陽電池、トラックのバッテリー、テレビと一緒に、中国の中央政府から支給されたものだ。遊牧民も中国のテレビ放送を観て、中国語を学べるようにということらしい。チベット人を同化するための作戦だと批判する人もいる。政府は、チベットの遊牧民を先祖伝来の放牧地から追い出し、別の永住地をあてがおうと試みてきた。下流に住む何百万もの中国人のために水源を守る必要があるというのだが、そもそも広大な草地は耕作には適さず、放牧のほかにこれといった使い道もない。しかも調査の結果、8,000年以上ものあいだ、環境をそこなうことなく昔ながらの遊牧が続けられてきたことも分かっている。冬が近づくと、集落の人たちは家畜を連れ、オートバイ、テント、テレビを持って、標高の低いところに建てられた土壁の家に移動する。

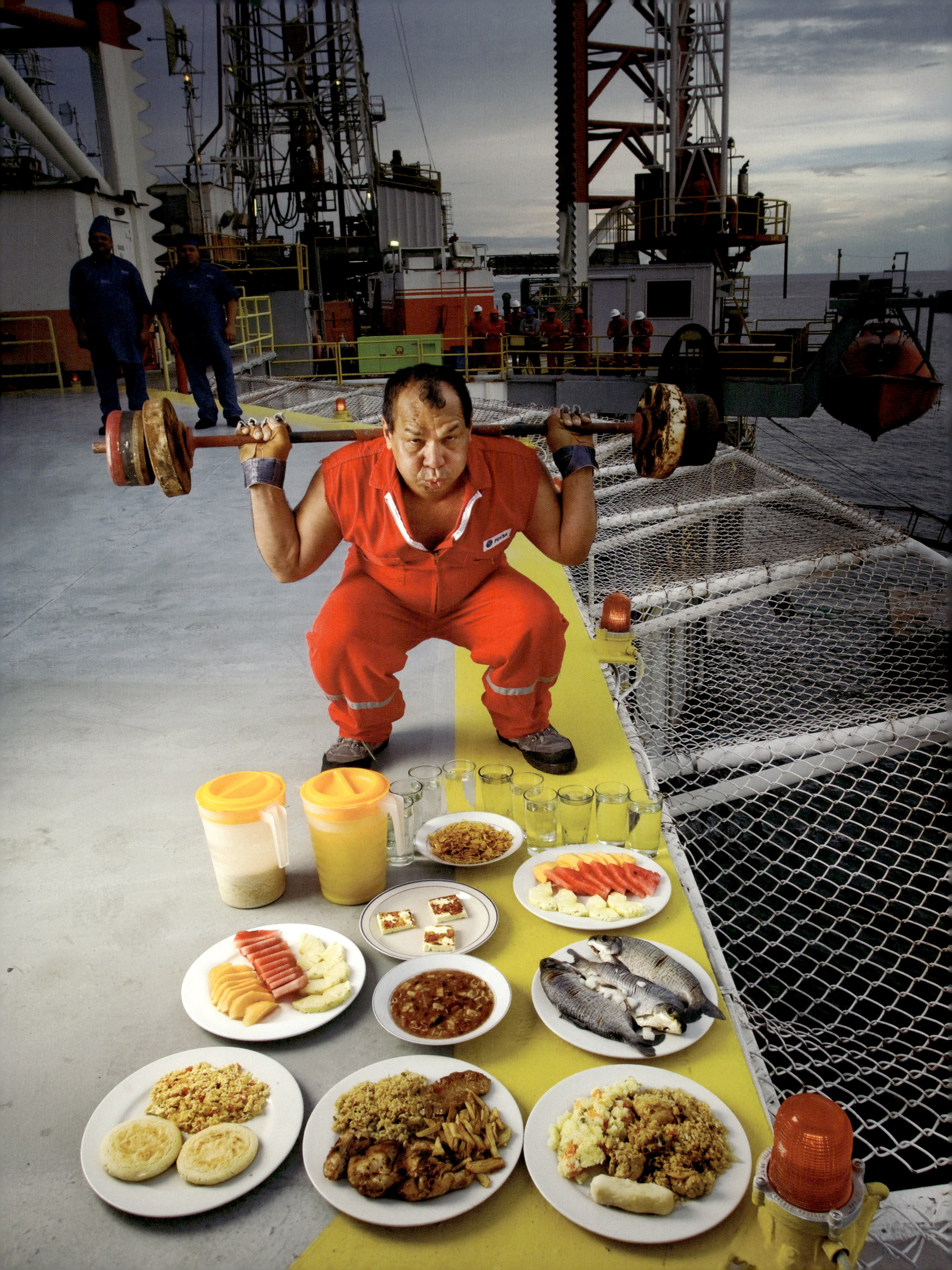

6000

総摂取カロリー **6,000kcal**

ベネズエラ　スリア州マラカイボ湖

石油掘削プラットフォーム長

オズワルド・グチエレス　　　　男性、年齢52歳、身長170cm、体重99.8kg

1日の食事　11月

朝食：トマトとタマネギ入りスクランブルエッグ 238g、アレパ（トウモロコシ粉でつくる平たいパン）133g

昼食：牛肉 74g、鶏肉 329g、ユカ（根菜のキャッサバ）のフライ 85g、白米（鶏の肉汁、油、タマネギ、ニンジンと煮込む）142g、パルミータチーズのグリル 125g、ミネストローネスープ 303g

夕食：コロコロ（ミゾイサキ属の淡水魚）2,087g（調理前の1尾の重量）、ニンニク 6g、ニンジン、タマネギ、赤ピーマン入りポテトサラダ 303g、鶏肉 213g、白米（鶏の肉汁、油、タマネギ、ニンジンと煮込む）218g、ボリート（トウモロコシ粉の生地をゆでてつくるロールパン）91g

夜食：ケロッグのコーンフレーク 57g、水 237mℓ、メロン 142g、スイカ 272g、パイナップル 139g

終日：メロン 142g、スイカ 272g、パイナップル 139g、クエーカーオーツのオートミール 176g、フラックスシード 40g、砂糖大さじ1を水に浸し、適宜飲む（液体部分のみ）1ℓ、生オレンジジュース 1ℓ、飲料水 2.6ℓ

ベネズエラのマラカイボ湖沖合にある石油プラットフォームで責任者を務めるオズワルド・グチエレスが、足早にカフェテリアにやってきた。鶏肉、牛肉、味つけごはん、ユカのフライを皿にこんもりと盛りつける。国によっては、家族4人分の食事にも相当するほどの量だ。厨房に勤めて8年になるベテランシェフ、ダリオ・ベラが、「所長はいつもあれくらいは食べますから」と教えてくれた。オズワルドはどう見ても大食だが、職場でも自宅でも、きついエクササイズを欠かさないので、体重を管理できている。

プラットフォームで働くシェフたちは、掘削にたずさわる40人の乗組員同様、12時間シフトで交代するので、厨房ではつねにだれかが立ち働いている。食糧は週2回、30kmほど離れたマラカイボ市から船で運ばれてくる。新鮮な魚や果物や野菜のほか、丸鶏や牛肉、米や豆などの主食となる食材が届けられるが、アルコール類はない。トウモロコシ粉のパン、ボリートとアレパもシェフの手づくりだ。乗組員は好きなだけ食事をしてかまわない。「そうしないと、海に落とされかねませんからね」

ベネズエラ国営石油会社が所有・運営するこの石油掘削プラットフォームGP-19は、甲板昇降式で、掘削装置と宿泊施設と船舶の3つの機能を備えている。目的地で脚を湖底に降ろすと、嵐で高波が来ても安全な高さまで船舶をジャッキアップする。あとは、ベネズエラの膨大な石油資源を掘削するだけだ。

所長のオズワルドは、勤務中は24時間つねに待機している。1週間勤務したら、つぎの1週間はマラカイボの自宅で妻や3人の子どもと過ごす。自宅にいるときは、ウェイトリフティングのほか、空手や柔道（夜にはカラオケ）の練習にはげむ。

一方、職場では、ベンチプレスをこなし、ヘリパッドの周囲で縄跳びをして、体を鍛える。

オズワルドは、キャビンに果物を常備し、新鮮な魚を好んで食べる。「健康にいいから」と、特製ドリンクをつくったりもする。お気に入りは、オートミールとフラックスシードと水を混ぜて冷やしたものだ。飲むのは液体だけで、固体部分は残す。「これを飲んでいるおかげで、コレステロール値が低いんじゃないかな。同じものを飲んでいる父は、もう97歳になりますが、やっぱり元気ですよ」

左：石油掘削プラットフォーム長のオズワルド・グチエレスが、マラカイボ湖に浮かぶ石油掘削プラットフォームGP-19の端でベンチプレスを披露してくれた。その前に並ぶのが、平均的な1日の食事だ。後ろでふたりの料理人が見守っている。

右：石油掘削プラットフォームの脚の位置を調整する油圧制御盤の前に立つオズワルド（中央）。

アザラシ猟師のエミール・マドセンが、平均的な1日の食事を前に、氷の上で片ひざをつき、ポーズをとる。少し後方に寝そべっているのは、そり犬だ。ライフル2丁と散弾銃1丁、それにやはり猟師だった父親から教えてもらった先祖伝来のサバイバル術のおかげで、自分も家族も十分に養っていけるだけの実入りはある。5月の晴れた日、北極圏に近いこのあたりでは1日じゅう、日が沈むことはない。日中の気温が氷点下を上回るため、氷は後退し、あるいは割れて遠く後ろに見えるスコアズビー湾へと落ちる。エミールは野生動物の肉が大好きだが、猟に持参するのはパンやジャム、マーガリン、コーヒー、紅茶、砂糖、タマネギだ。伝統的に燃料とされてきたアザラシの脂肪ではなく、ケロシンストーブを使って料理をし、雪を溶かして飲料水を確保する。

6500

総摂取カロリー 6,500kcal

グリーンランド　キャップ・ホープ
北極圏の猟師

エミール・マドセン　　男性、年齢40歳、身長174cm、体重77.1kg

1日の食事　5月

朝食：ライ麦パン 68g、マーマレードとイチゴジャム 51g、マーガリン 74g、チョコレートクリームスプレッド 79g、ネスカフェのインスタントコーヒー（2杯）571mℓ

昼食：クノールのミネストローネの素（粉末状）65g、溶かした雪 553mℓ、スキブスキク（硬くて厚みのあるクラッカー、5枚）119g

夕食：アザラシ肉 1,996g（調理前の重量）、タマネギ 111g、塩 40g、白米 125g（乾燥時の重量）

終日：フルーツドリンク（濃縮液を溶かした雪でうすめる）3.5ℓ、紅茶（レモン味、溶かした雪でいれる、4杯）1.1ℓ、ネスカフェのインスタントコーヒー 284mℓ、砂糖（紅茶とコーヒー用）119g、プリンスのタバコ（写真にはない）1箱

グリーンランド中東部沿岸の人口は、700人に満たない。しかも大半は、スコアズビー湾とグリーンランド海に面したイットコルトールミートの町に住んでいる。イットク（住民たちは町名を略してこう呼ぶ）へは陸路で行けないので、食糧は、夏のあいだは船で、それ以外の時期は凍りついたスコアズビー湾の上空を飛行機で飛ばすか、氷上をスノーモービルに載せて走らせるかのいずれかの方法で届けられる。

イットク郊外のキャップ・ホープに住むエミール・マドセンは、先祖たちがしてきたように、アザラシやジャコウウシ、海鳥、セイウチ、ホッキョクウサギ、そしてホッキョクグマを狩り、その肉を食卓に並べて家族を養ってきた。しかし今日、エミールや妻エリカをはじめとするイヌイット（自称カラーリット）たちは、イットクにある公営スーパーマーケットできれいに包装された食品を買うことのほうが多い。デンマークの自治領であることも反映してか、家のつくりも近代的で、いまどきの便利な生活ができる環境だ。

グリーンランドの先住民は、昔からタンパク質と脂肪分が多い、肉食中心の食生活を送ってきた。北極で食料を得るには、猟か釣りに頼るしかなかったのだから、これは必然ともいえる。大地や海から得られる恵みはいまも昔も変わらないが、猟に使う乗り物は、犬ぞりからスノーモービルへと変わりつつある。ホッキョクグマやジャコウウシの肉の代わりに、薄切りの冷肉やマヨネーズ、店で買った薄切りパンを食べる人も増えてきた。

エミールは、グリーンランドの東海岸に残る数少ない専業猟師のひとりで、いまも犬ぞりで猟に出る。エミールとエリカは、伝統的なカラーリット料理が好きだ。特に、干しダラをひたして食べるイッカク脂には目がない。ところが、3人の子どもたちはサンドイッチや砂糖をコーティングしたシリアルのほうが好きなのだという。「大人になれば（脂の）よさが分かりますよ」とエミールはあまり気に留めていない。

イッカクは年に2、3頭はしとめる。肉と、強烈なにおいがする脂がめあてなのだという。カラーリットたちのあいだで珍重されている脂は、集落の人々にも気前よくおすそ分けし、残った分は、粉ミルクの空き缶に密閉して保存する。

これから一家が食べるのは、玄関先に置かれたつがいの海鳥と、今朝エリカが玄関で解体したアザラシだ。内臓や残った部位はそり犬に与える。そんなわけで短い夏のあいだに雪が溶けてみると、家のまわりにはアザラシの骨がゴロゴロ転がっていたりする。

エミールはパーカーを着こみ、毛皮に身を包んで、しょっちゅう猟に出る。凍てついた荒野に犬ぞりで出ていくと、1週間ほどはもどらない。狩りのあいだ、日中はポケットに詰めこんだスキブスキク（船員用の硬いビスケット）をかじってしのぐ。夜はキャンプを張るか、公設の簡易的な中継ステーションで一泊することにしている。ケロシンストーブに鍋をかけ、雪を溶かして湯をわかし、肉をゆでて食べることがほとんどだが、ときには麺類や乾燥スープやカレーミックスも登場する。ただし、アザラシ肉を料理するときだけは、胡椒を少々と塩をたっぷりふりかけて、シンプルな味つけを楽しむ。

314

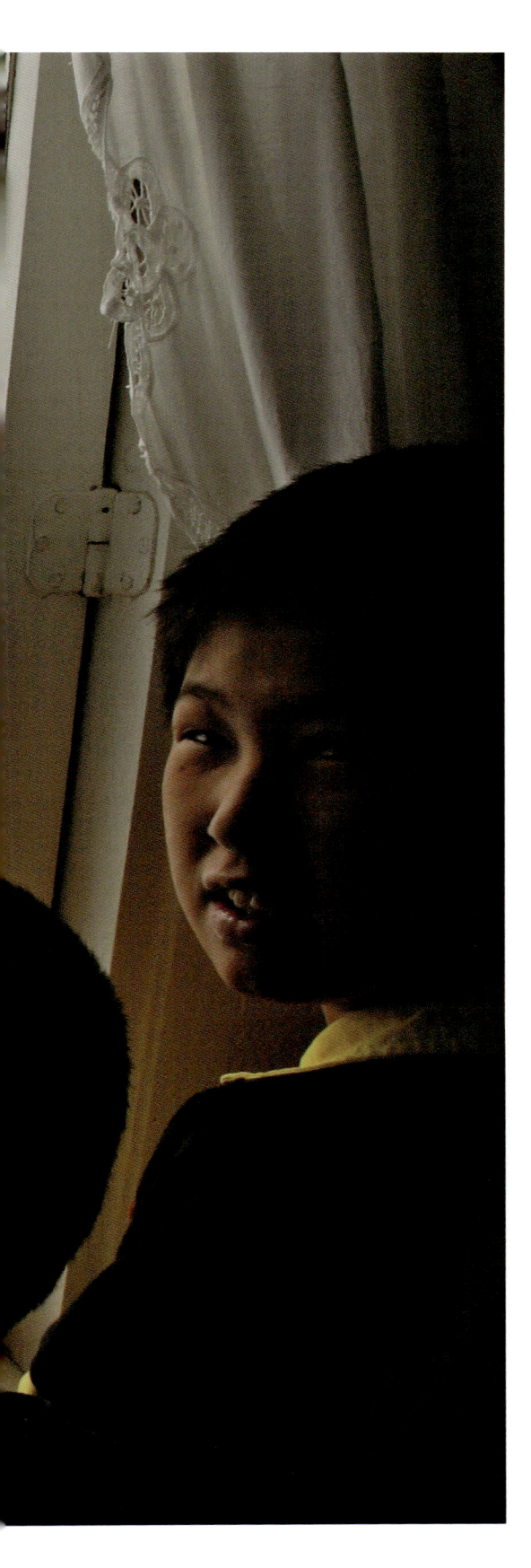

左：そり犬たちの鳴き声を聞きつけた長男のエイブラハム（12歳）が、弟や妹と一緒に窓辺に駆け寄り、だれが通りかかったのかを確認する。すると狩りを終えた猟師たちの姿がアザラシを積んだそりの上にあった。コンスタブル・ポイントにある未舗装の滑走路から貨物用ソリを引いてきたスノーモービルも見える。馬力より犬力を好むマドセン一家は、犬ぞりを2台とそり犬を2チーム分所有しているが、スノーモービルはもっていない。エイブラハムは、幼いころに犬に襲われて大けがをしたことがあるので、父親のあとを継ぐ気持ちはないのだという。代わりに、弟のマーティン（9歳）が犬ぞりの操縦や猟の仕方を習っている。

上：猟からもどり、犬ぞりで2時間かかるイットクのスーパーマーケットでの買い物もすませたエミール一家が、豪勢な朝ごはんを囲む。

下：自宅の玄関でアザラシを解体するのは、エリカの仕事だ。骨や内臓はそり犬に与える。

沖に向かって風が吹き、氷上に亀裂が走っていたため、エミールはアザラシ猟の開始を1日遅らせた。乗っている氷が割れて、氷ごと海に流されてしまっては大変だからだ。今日は天気がよく、風も穏やかなので、さっそく合板でつくった小舟を準備する。氷の縁まで引っ張っていき、アザラシをしとめたらすぐに漕ぎだせる状態にしておくのだ。アザラシを銃でしとめると、海上に浮かぶ赤い血の輪をめがけて、澄みきった海へとすぐさま舟を漕ぎだしたが、間に合わなかった。長い冬を越え、わずかな脂肪しか残っていないアザラシには浮力がなく、あと一歩のところで海底に沈んでしまったのだ。「若いころにはそびえるほどの高さがあった氷山も、いまではだいぶ低くなってしまいました」。エミールは、子どもたちが大きくなるころには、道しるべになる氷山はないかもしれない、と心配している。また、夜も週末も、学校の休暇中もいつもテレビ漬けの生活を送る子どもたちが猟には出たがらないかもしれないことも、気がかりだ。

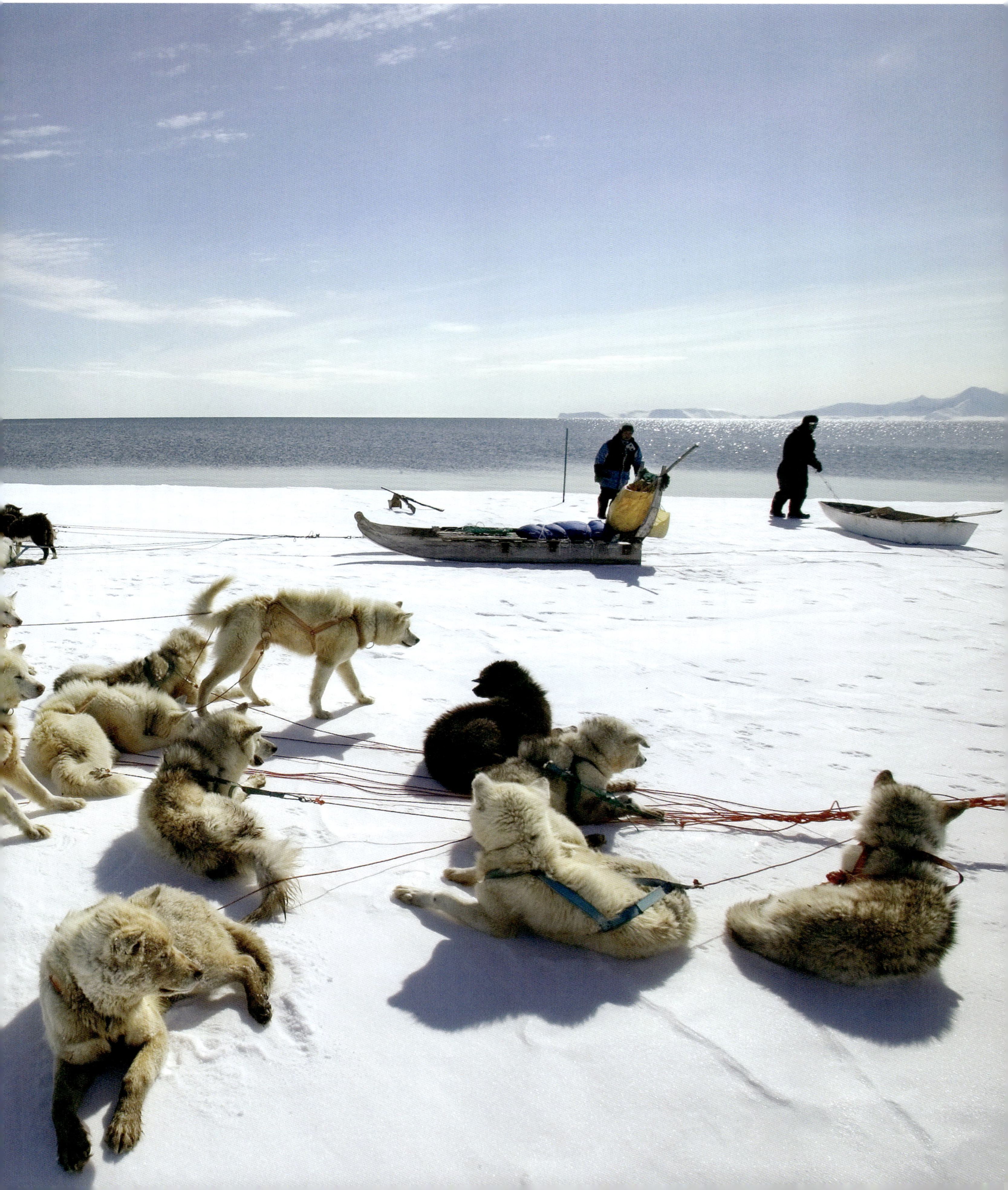

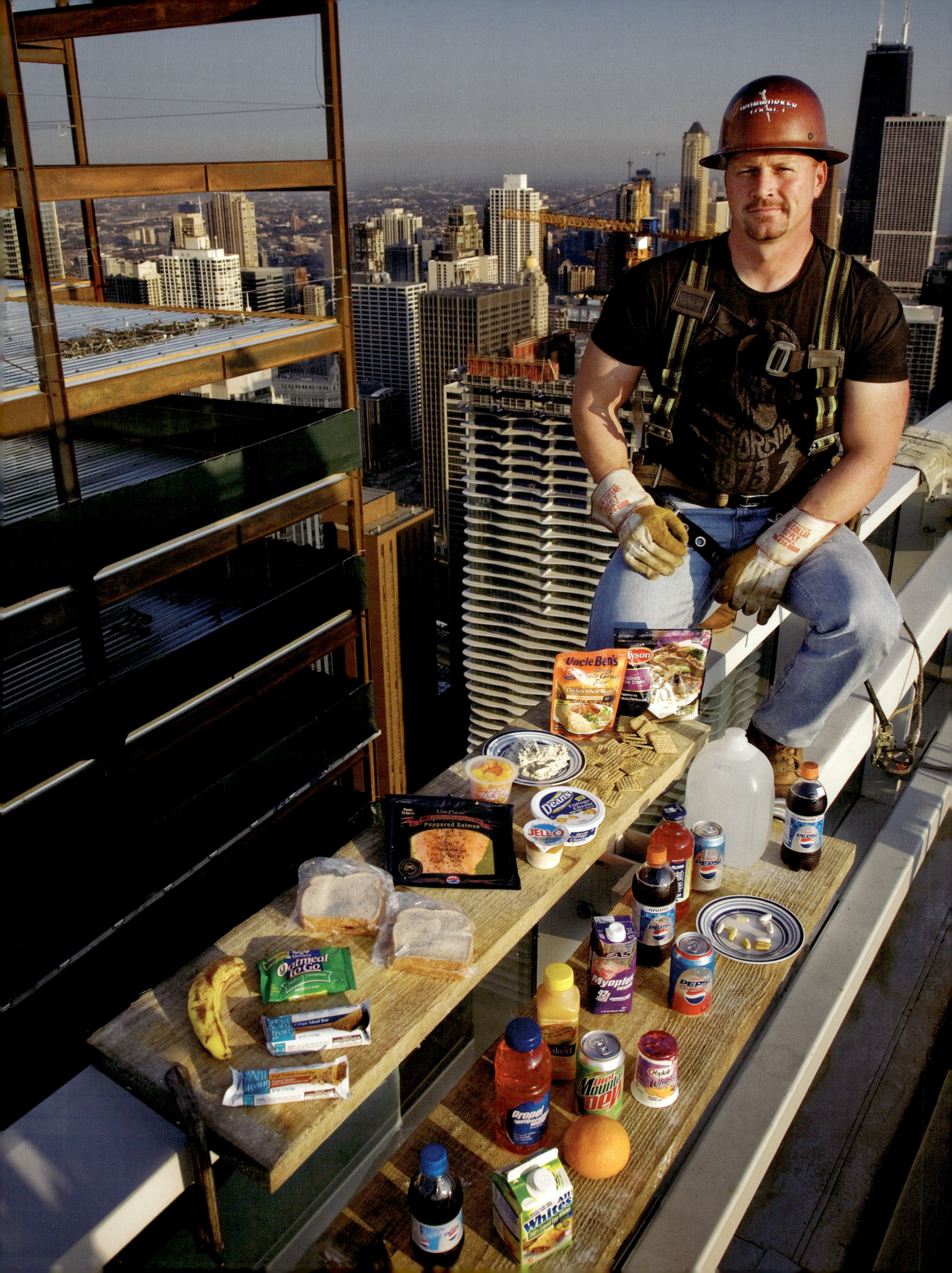

6600

総摂取カロリー **6,600kcal**

アメリカ　イリノイ州シカゴ
高層ビルで働く鉄工職人

ジェフ・ディヴァイン　　　男性、年齢39歳、身長約185cm、体重106.6kg

1日の食事　3月

朝食：紙パック入り卵白（生のまま飲む）454g、シリアルバー（チョコレート・ピーナッツバター味）60g、高タンパクシリアルバー（ピーナッツバター味）34g、朝食用バー（アップル・シナモン味）60g、バナナ218g、ダイエットペプシ591mℓ

昼食：ピーナッツバターとジャムのサンドイッチ（2個分、ハチミツと全粒小麦粉入りのパン113g、低脂肪ピーナッツバター119g）、ウェルチのブドウジャム57g、ジェリオの砂糖不使用のプリン（キャラメル味）105g、カフェイン入りの水（ベリー味）591mℓ、ダイエットペプシ（ワイルドベリー味）355mℓ

平日の間食：粒こしょう入りスモークサーモン113g、低脂肪カッテージチーズ（小粒）227g、デルモンテのカップ入りの果物227g、ムース状のヨーグルト（オレンジクリーム味）113g、オレンジ＆マンゴーのスムージー（カフェイン入り）450mℓ、オレンジ244g、ダイエットマウンテンデュー355mℓ、ダイエットペプシ591mℓ

終業後：クラッカー（コーズマリー＆オリーブオイル風味）363g、ほうれん草ディップ425g、プロテイン飲料（ストロベリークリーム味）500mℓ

夕食：味つき細切りステーキ肉170g、玄米ごはん（チキン風味）301g、ダイエットペプシ355mℓ

夜食：サプリメント用プロテイン飲料（アルパインパンチ味）591mℓ、ダイエットペプシ591mℓ

その他：水道水3.8ℓ、アミノ酸、グルコサミン・コンドロイチン、魚油（写真にはない）、ミルクシスル、マルチビタミンのサプリメント

湖畔に高層ビルが建ち並ぶシカゴの町。50階建てのビルの屋上には、鉄工職人たちの視界をさえぎるものは何もない。大勢の職人仲間が見守るなか、ジェフ・ディヴァインは、彼の1日分の食事と一緒にポートレートにおさまろうとしていた。「ハリウッドからお呼びがかかるな」とだれかが声を上げれば、「ビルダーパンツでポーズをとれば？」とひやかす声も飛んでくる。顔を赤らめながらも、ジェフは黙々とハーネス型安全帯を装着し、屋上の手すりに足をかけて写真撮影の準備を続ける。

ジェフ・ディヴァインは鉄工労働者地方組合第1号に所属している。イースト・ランドルフ通り300番地にあるこの高層ビルの建設現場では、ボルト締めを担当するチームに配属された。梁の組み上げ、溶接、配管、屋根の仕上げなど、作業はすべてチーム単位で行われる。

ジェフに日中の食事をクーラーボックスに詰めて現場に持参するが、同僚の多くは現場の周辺にある店で調達する。「たしかに家からハムのサンドイッチをつくってくるよりは、ピザ店の移動販売車で食べたいものを注文するほうが楽だと思うよ」とジェフは言う。

彼の食事はパッケージ包装されたインスタント食品ばかりで、タンパク質が多く、精製された炭水化物が少ない。もちろん、これは決して鉄工職人の平均的な食事ではない。ジェフの食の好み、独身という境遇、そしてウェイトリフティングに効果的な食事をとりたいという思いが重なった結果だ。「週に5日ジムに通って体を鍛えたところで、ジャンクフードを食べていては元も子もないからね」。インスタント食品のほか、ボディビルディング用サプリメントも大量にとっている。

ジェフは、栄養価の高い食事をして健康的な生活を送りたいという目標をもっている。これだけ加工度の高い食品ばかり食べていては、達成するのは難しいように思われるが、本人は別段気にしていないらしい。「独身だし、料理ができないからね。オーブンはかれこれ15年は使っていないんじゃないかな」と、悪びれるふうもない。ただしグリルは活用しているという。「ティラピアという魚や、ハンバーガーや、鶏の胸肉を焼く程度だけど」

母親がリトアニア出身なので、ジェフも子どものころはザウアークラウト、ソーセージ、ミートボールといった東欧料理をよく食べていた。好きな食べ物は何かと尋ねると、「断然、プライムリブかな。でもプライムリブにはコレステロールがたっぷり含まれていることが分かったから、最近は我慢して赤身のフィレ肉を食べるようにしている」という答えが返ってきた。

左：地上50階にある現場を見下ろしながら、高層ビルの屋上の手すりに腰かける鉄工職人のジェフ・ディヴァインを彼の平均的な1日の食事とともに写真におさめた。ファストフード店や移動販売車では買い物をせず、インスタント食品を詰めたクーラーボックスを持参する。
右：I形鋼のボルトを締めるジェフ。

8400

総摂取カロリー 8,400kcal

ナミビア　ボツワナのマムノにある国境検問所
長距離トラック運転手

テルシウス・ベズイデンホウト　　男性、年齢25歳、身長約157cm、体重86.6kg

1日の食事　3月

朝に用意し、日中食べたもの：マカロニ 499g（乾燥重量）、大豆ミンチ（大豆タンパクでつくった代用肉。羊肉味）201g（乾燥重量）、クノールの野菜スープの素（カレー風味）大さじ2、トマトケチャップ（写真にはない）106mℓ、ヒマワリ油（料理に使用。写真にはない）95mℓ

日中・夜間に食べたもの：コーンビーフ（缶詰）289g、ミートボールのグレービーソース煮込み（缶詰）400g、ウィンナーソーセージ入りトマトソース・スパゲッティ（缶詰）411g、ミートボールのグレービーソース煮込み（缶詰）400g、パーティサイズの袋入りポップコーン（チーズ味）249g、クリーム＆チョコレート・サンド・クッキー 99g、レッドブルの栄養ドリンク（3本）751mℓ、炭酸飲料（マンダリン味）2ℓ、飲料水 801mℓ

　栄養ドリンクのレッドブルと耳をつんざく大音量の音楽。テルシウス・ベズイデンホウトは、このふたつを武器に眠気と戦いながら、昼夜を分かたずに運転する。月に1度、南アフリカからアンゴラまで建築資材を運搬して、またとんぼ返りする仕事をしているからだ。「音楽なら何でもいい。ローカル・ミュージックでも、ロックでも、何でも好きだから。とにかく踊っていたいのさ！」
　いつもなら、いまごろは歌を口ずさみ、踊りながら車を飛ばし、アンゴラまでの道中の半ばあたりにさしかかっていただろう。しかし、今日はトランスカラハリハイウェイのボツワナ＝ナミビア国境で足止めを食っている。ナミビアへ入国するときに必要な書類が南アフリカ側で滞っており、手続きが終わるのを待っていたのだ。このような事情でもない限り、食事の内容に関して取材班に語る余裕はなかっただろう。
　3児の父テルシウスは、自宅ではトウモロコシ粉の粥と牛肉の煮込みといった伝統的なナミビア料理を食べる。運転中はめったに温かい食事にはありつけない。配送に出発する日は、まず南アフリカのヨハネスブルグにある大型スーパーで食料を大量に買いこむ。それから積み荷を受けとり、アンゴラまでの道中、運転しながら、スパゲッティ、コーンビーフ、ミートボールのグレービーソース煮込みなどの缶詰を次々と開け、温めもせずにそのままのどへ流しこんでいく。
　そんな彼も、朝だけは小型のガスコンロを使って道路脇で料理をし、温かい食事をとる。あとで食べられるよう一度に大量に調理するが、残った分は同じく冷たいまま食べるしかない。よくつくるのは、パスタと羊肉風味の大豆ナゲットを大量のケチャップであえた料理だ。
　トラックの運転業務に関する規制は、アフリカではほとんど守られておらず、運転手の多くは疲労困憊するまで運転しつづける。「夜も昼もぶっ通しで運転するのが俺たちの仕事なんだ。がんばって運転して、疲れたら2、3時間休憩をとり、それからまた運転する」とテルシウスは語る。
　この辺りでは、レイヨウやミーアキャットなどの野生動物や、ロバ、ヤギ、牛などの家畜が道路に飛び出してくることがあるので、運転手は一時も気が抜けない。ハイジャックの危険もある。1年前に大型トラックの運転を始めてから今日まで、こういった類の事故に遭っていないテルシウスは幸運なほうだといえる。彼が遭遇した唯一の事故は、自分の不注意から起きたものだった。運転を始めて間もないころ、ガールフレンドと子どもたちを乗せたままトラックを横転させてしまったのだ。「だれも大きなけがはせず、かすり傷程度ですんだ」というが、彼は苦い経験として、この事故を心に刻みつけている。
　トラックの運転手になる前は、自宅があるナミビア中央部のヴィトフレイの食肉処理場で解体作業にあたっていた。運転よりは安全だが、賃金ははるかに低く、最近「初めて子どもたちのために貯金ができるようになった」とテルシウスは語る。「いつか俺が死んだとき、銀行にわずかばかりの金が残っているのを見つけた子どもたちが、こんなふうに言ってくれればいいと思って。『父さんはいつも僕らのことを考えてくれていたんだ。よし、僕らも一生懸命働こう』ってね」。だが、いまの仕事についてから、家族に会えるのは月に2、3日だけになってしまった。

ボツワナとナミビアの国境で事務手続きが終わるのを待つテルシウス・ベズイデンホウトが、トラックを運転する日の平均的な1日の食事とともにカメラの前に立つ。アフリカのハイウェイは、北アメリカやヨーロッパのハイウェイに比べて危険が多く、サービスエリアも少ない。道路状況が驚くほど多様であるうえに、勝手に道にさまよい出てくる牛や野生動物に衝突する恐れもある。少しでも早く目的地に着こうと、テルシウスは運転の手を止めることなく、できあいの食べ物を缶や箱、ビンなどから流しこむようにして食べる。どれも、ガールフレンドや子どもたちが待つ自宅で出される素朴な粥や肉の煮込みにはおよびもつかない。だが、テルシウスが働いていた食肉処理場でいまも働くガールフレンドは、「家じゃ全然お金を使わないのに、トラックに乗るときだけはおいしそうな食べ物をたっぷり買うんだから」と言っていつもうらやましがっている。

ロンドン北西部にある自宅のキッチンで、好きなだけ食べ物を口にした日の食料とともに写真におさまるジル・マクタイは、娘の学校で補助員をしている。ジルは、薬物と決別したと思ったら、こんどは過食症に陥ったいきさつを率直に語ってくれた。撮影が終わるころには、チョコレートケーキをほおばりながら、自分はチョコレート依存症だ、と冗談を飛ばしていた。ここ数年は体重の変動が激しく、上の写真を撮影したときはほぼ最高値を記録していたという。それ以上太らずにすんだ理由はただひとつ、毎日学校まで歩いて子どもを送り迎えしているからだ。彼女は、本書の写真撮影を機に自分や家族の将来を考え、以前より健康的な食事をするようになったと話す。「料理をするかですって？ もちろんするけど、ケーキは焼かないわ。ローストをよくするの。揚げ物だけは絶対にしないわね！」

12300

総摂取カロリー **12,300kcal**

イギリス　ロンドン北西部、ウィルスデン
間食が多い母親

ジル・マクタイ　　　　女性、年齢31歳、身長165cm、体重104.3kg

1日の食事　9月

朝食：卵のサンドイッチ（2食分、トーストした食パン 159g、卵3個 162g、卵を炒めるのに使用したマーガリン 113g）、チョコレートビスケット（8枚）136g、全乳入りミルクティー（2杯）591mℓ

午前のおやつ：ハムとチーズのサンドイッチ（食パン 79g、ハム 196g、チェダーチーズ 170g、サラダ用ドレッシング 111g）

昼食：ベーコンサンドイッチ（2食分、食パン 159g、生ベーコン 184g、サラダクリーム 105g）、ポテトチップス（ソルト＆ビネガー味）51g、ポテトチップス（チーズ＆オニオン味）26g、全乳入りミルクティー（2杯）597mℓ

午後の軽食：鶏肉 306g、肉に添えたグレービーソース 大さじ2、トウモロコシ（缶詰）283g、ジャガイモ 201g

夕食：ポークソーセージ（8本）201g、フレンチフライ 349g、ベイクドビーンズトマトソース入り 862g、全乳入りミルクティー 299mℓ

テレビを観ながらの夜食：キャンディバー（2個）116g、キャンディバー（3個）187g

間食、その他：チョコレートケーキ 295g、アイスクリーム（ミント・チョコチップ味）272g、アイスに添えるチョコレートソース 57g、レモンソーダ 414mℓ、タバコ（6本）

取材班が訪ねたとき、3児の母ジル・マクタイは日曜日の昼食に出すローストチキンの味つけをしていた（イギリスには日曜の昼食にローストした肉料理を食べる伝統がある）。「クミンとパプリカとオイルは万能の調味料なの」と説明しながら、オーブントレイいっぱいに並んだ鶏のもも肉に刷毛で塗っていく。「うわあ、チョコレートクッキーだ。1枚もらっていい？」。公然の秘密となっているお菓子箱をのぞき、娘のベラがねだる。「1枚だけよ」とジル。ジルのボーイフレンド、アール・ギレスピーは、緑と白を基調とした日当たりのいいキッチンの床を掃除している。「彼はすてきな人よ。私たち、長年連れ添った夫婦みたいなの」とジルは言う。

ジルはお祭り好きで、自宅で子どもたちともおどけてはしゃぎ、雰囲気を盛りあげようとする。家族思いのアールはそんな彼女の心の支えだ。ロンドン育ちのジャマイカ系イギリス人で宅配便会社に勤めている。ジルとアールはロンドン北西部のウィルスデンにある公営住宅で娘ふたりとともに暮らす。ジルには、元パートナーとのあいだに10代の息子もいる。

ジルを取材対象に選んだのは、彼女が1日に消費した膨大な食料を紹介したいと思ったのと、アンフェタミンと決別しようと奮闘する彼女のことをもっとよく知りたいと考えたためである。ジルは、どちらに関しても率直に語ってくれた。「目標値まで体重を落とすために、スピード（アンフェタミンの俗称）を使ったの」。体重が急増するたびに、

何号も下の服が着られるまでやせようと、薬物に頼った。「まともな食生活じゃなかったわ。でも、どうしたらいいか分からなくて」。アンフェタミンは習慣性のある、向精神作用をもつ覚醒剤で、痩身効果と多幸感を得るためによく使われる。一時期、ジルは「めっきり体重が落ち、やせ細ってしまった」「顔色も悪くて、体調は最悪だった」という。でも薬物をやめて体調がもどり、危険な状態を脱すると、またやせるためにアンフェタミンを使うということを繰り返した。「母が1年で薬物をやめるよう言いわたしたの。『こんなことをしていたら、死んでしまう』と」。そしてようやく、ジルは悪循環を断つことに成功した。

アンフェタミンを使うのをやめたいま、ジルの体重はかつてないほどに増え、自分でも認めているとおり、食べ物に対する自制心はほとんど働かない。「あるだけ食べつづけちゃうの。子どものためにヨーグルトやポテトチップスやキャンディバーなどを買いおきするでしょ。そして子どもたちが寝たあと、テレビを観ているとつい……」と、そこにあるものを手当たり次第に食べるまねをする。「で、自分の周りを見て、ああよく食べたなあって」。自家用車をもっていたら、そして、徒歩30分のところにある学校まで娘たちを送り迎えしていなかったとしたら、体重はいまの2倍になっていただろうと、ジルは考えている。

「父はね、うちに寄るときはキャンディバーやチョコレートクッキーの大袋を持ってくるの」とジル

上：耐熱トレイに並べた鶏肉に自家製の合わせ調味料を塗るジル。日曜日の昼食用にローストする。この日は付け合わせにミックスベジタブルも用意した。「野菜は週末に出すことにしているの。そうしたらアールも一緒に食べられるでしょう？」
下：テーブルでグレービーソースをかけるジル。
右：アールが、席に座る前に好物の葉野菜とトマトのサラダを自分の皿にとり分けている。数年前に糖尿病性昏睡を経験して以来、健康的な食生活を心がけているという。

はこぼした。それをひと晩でたいらげるのかと尋ねると、「とりあえず食べようとはするわね。そのあとで、座ったままお腹をさすって『あ〜あ、こんなに食べちゃいけなかったのに』と思うのよ」。

鏡に映るわが姿と、8号の服を小粋に着こなしていた娘時代の面影との折り合いをつけるのはなかなかに難しいようだ。ジルはいまはいている16号のジーンズと、昔はいていた8号の細身のジーンズを出して並べ、「前はこれをはけたんだけどね……」と言いながら、8号のほうをピシャリとたたいた。「町を歩けば、男たちがクラクションを鳴らして私の注意をひこうとしたものだったわ。あのころは楽しかった。いまじゃ見向きもされないけど」。一瞬の間があった。「それに、世間的にも扱いが変わったわね。『あらまあ、ずいぶん太ったわね！ また妊娠したの？』なんて言われちゃうの。でも、いまはもう笑い飛ばせるようになったわ」

アールはジルが薬物を使っていることは知らなかったが、彼女がげっそりとやせたことには気づき、それを指摘した。ジルは、子育てに忙しいせいだとごまかした。「アールは私の話をすっかり信

じたわ。ところが借金がかさんだせいで、全部ばれちゃったの。彼は呆然としていたわ。その後、『なぜガリガリにやせた女だけが美しいなんて思うんだ?』と聞くから、『だってあんなふうになりたいんだもの。やせたいのよ!』って言ったの」

追記:本書の目的は、取材対象のある1日の食事をフィルムに収めることなので、原則として追跡取材は行わない。しかしジルについては、極端に摂取カロリーが高かったことと、その後、過食やアンフェタミンの乱用とどう闘っているのか気になり、再度取材に訪れてみることにした。

3年前に取材したときには、まだ完全に薬物を断てたかどうか確信がもてずにいたジルだったが、いまはもうきっぱりと決別したと言い切れるようになっていた。「ちょうどあなたたちが写真を撮りにきたころから、使っていないわね。もうすっかりクリーンな体よ。子どもたちを失うリスクを冒したくないから、薬物はきっぱりやめようと決めたの。セラピーもしばらく受けていたわ。薬物を使っている理由が分かれば、やめる理由も見つけられる、と言われて、自分の問題にひとつずつ取り組んでみた。体重のこと、金銭問題、昔の自分、昔の恋愛関係……」

もう一度、8号のジーンズをはきたいかと尋ねると、「いまの自分こそが本当の自分だと気づいたの。8号の体型になるべく生まれついているのなら、8号をはいているでしょうし、太りやすく生まれついていたら、太って当然。私は太りやすい体質と一緒に、陽気な性格をもって生まれついたのよね」と言って笑った。「そんなわけで、前より自分のことが好きになれたの」

3年前の撮影日に食べたものの総カロリーを知らされたとき、ジル自身も衝撃を受けていた様子だったが、あの当時の過食は、自分を律する基準をもたなかった時期にあらわれた一過性の症状だったと説明した。いま、1日に何カロリー摂取しているかは正確には分からないとしながらも、「食事には前よりも気を遣うようになった。サラダを多くとったりして、基本的にはずっと健康的な食生活になっていると思う」と彼女は語ってくれた。

3年前の体重は自己最高だったが、いまは89kgで、できればあと13kgから19kgほど減らしたいという。「70kgから76kgが理想」だそうだ。

ジルは昨年から娘たちの学校の補助員として働いており、毎日歩いて通っている。健康になることが目標で、さまざまなダイエット法を試しているという。「いろいろやってみるんだけど、なかなか続かなくてね。いまはスペシャルKというシリアルのダイエットに挑戦しているの。イギリスのテレビで宣伝されているのよ、2週間後にはジーンズが入るようになります、最高の気分になりますよって。これなら私にもできそうだと思ったの」「10種類あるから、どれかひとつに決めてはいないの」とジルは言う。チョコレートも食べているのかと尋ねると、「もちろんよ!」と笑った。「チョコレートはやめられない。いまじゃ、これが薬物みたいなものね。女子はチョコレートなしじゃ生きられないのよ!」。1日に食べるキャンディバーの量も、「すごく減ったわ。以前の4分の1以下よ」と話す。そして「いまの私を見たら本当に驚くでしょうね。あの写真と比べたらモデルのケイト・モス並みだもの」と言いそえた。

エッセイ

食の喜び

ウェンデル・ベリー｜生産者

アメリカでは、農業を仕事にし、農村で暮らすことを選ぶ人が減ってきている。この話を講演ですると、「それはそうかもしれませんが、都会に住む私たちにも何かできることはないのでしょうか？」と聞かれることが多い。

このような問いかけに対して、筆者はこれまでずっと「食べることに責任をもってください」と答えてきた。もちろんそのさい、この言葉の意味をできるだけていねいに説明するように努めてきたつもりだが、もっとうまい言い方があったのではないかと、あとあとまで心にひっかかっていた。それもあって、この機会に、筆者の真意をきちんとした形でお伝えできたらと思っている。

食べるという行為は農業の一環だ。作物の植えつけや家畜の誕生とともに始まる、1年間の食料経済ドラマの最終回といってもいいだろう。しかし、大半の人は、食べ物が農産物だという認識はあっても、農業に参加している自覚はない。自分たちは消費者だから関係ない、というわけだ。もうすこし深く考える習慣を身につけてくれていれば、消費者として自分たちが受け身の意識をもちすぎていることに気づくのではなかろうか。ほしいもの、あるいはほしいと思うよう仕向けられたものを買ってはいるが、あくまで手に入るものの中からという制限つき。請求された代金は、基本的に文句は言わずに支払う。さらには、売りつけられた商品の質やコストにも関係してくる大切な要素については、たいてい目をつぶってしまう。たとえば、鮮度はどうか、純度はどうか、清潔か、危険な化学品は使われていないか、どれだけ遠くから輸送されたか、輸送コストがどれだけ上積みされたか、生産や包装や広告の過程でどれだけコストが増えたか、食料品をつくり、加工し、調理するあいだに、品質や価格、栄養価にどのような影響があったか、といったことである。都会で買い物客に尋ねてみるといい。食料は農場でつくられる、とほとんどの人が答えられる。ところが、農場の名前はおろか、種類や位置、農業に必要な知識や技術について答えられる人はめったにいない。農場は今後も農産物を生産しつづけてくれるものと勝手に決めつけているようだが、どうすれば生産しつづけられるのかも、生産を続けるにはどのような困難を乗りこえていかなければならないのかも、まるで分かっていない。都会人にとっては、食べ物自体がかなり抽象的な概念になっている。食料品店の棚や食卓に並んではじめて実体として認識できる存在でしかないのだ。

消費者の頭の中で、食べ物が農業や土地と結びつかなくなったとき、それは人類を育んできた大切な文化の一部が忘れ去られてしまったことを意味する。現実と乖離したこのような思考にまどわされてしまっては、危険な状況をもまねきかねない。たとえば、アメリカ人消費者が受け身の意識で、でき合いの食品やファストフードで食事をすまそうとしているとしよう。目の前の皿には、生命力のかけらも感じられない、得体のしれない物体が載っている。加工され、着色され、ソースをかけられ、挽かれ、漉され、混ぜられ、飾り立てられ、消毒されていくうちに、地球上のいかなる生物のいかなる部分とも、似ても似つかなくなってしまったのだ。こうして食べる側と食べられる側の両方が、生物としての実体から引き離されていくと、結果として、人類がこれまで経験したことのない、孤立した状態が生まれる。消費者は、食べるという行為を売り手と自分のあいだに確立された純粋な商取引ととらえ、食べ物については単純においしいかどうかしか考慮しないからだ。

食品業界が食べ物と農業行為との関係をあいまいにしておきたいと思うのは当然なので、このような状況は、どう見ても業界側に有利に働く。自分が食べているハンバーガーに入っているのが、飼育場の中で、自分が排出した汚物に足を突っこんだ状態でほぼ一生を過ごし、近所の小川の汚染源にまでなっていた牛の肉であることなど、消費者は知らなくていい。皿に盛りつけられたカツレツになった子牛が、向きも変えられないほど狭い囲いで生涯を終えたなどということも、知らなくてい

❶マリア・クウィアトコウスカ（93歳）が、ポーランドのアダムカでチーズケーキを切り分ける。❷メキシコのラ・ドゥーラ在住のホセ・アンヘル・ガラビス父子。❸バングラデシュのソノラガオンにあるマーケットに並ぶ野菜。❹日本の沖縄にある公設市場で売っているタイやブダイ。❺カリフォルニア州ナパバレーで、シンディ・ポールシンが料理したムール貝を食べるコウスケ・トミナガ（10歳）。❻バージニア州ニューポートニューズで、カーソン・コラードグリーン・ヒューズがハンバーガーにかぶりつく。

いことなのだ。サラダのキャベツに同情する人はそれほどいないだろうが、それでも、広大なキャベツ畑の衛生状態や、毒性の強い化学品を使用してひとつの作物だけを大量生産することが生物学的に何を意味しているのかといったことを、消費者に深く考えてもらっては困る。これは狭い囲いの中で育つ家畜が、抗生物質などの薬品を投与されつづけて一生を過ごすのと、同じことなのだ。

食品業界では、品質や健康より物量や低価格化が優先される。工業食品業界は数十年ほど前から、業界をあげて量産に血道を上げてきた。しかし、生産規模が拡大すると、多様性は失われる。多様性が失われると、土壌や農産物の健康も失われる。土壌や農産物の健康が失われると、薬品や化学品への依存度が必然的に高まっていく。資本が労働にとってかわるとき、それは機械や薬品や化学品を導入して、労働者の仕事や、本来生物に備わっていた健康や、土壌の豊かさを奪うという形をとる。食べ物を生産するさいには、利益が増えさえすれば、手段など問われなくなった。広告という華やかなビジネスの役割は、こんなふうに生産された食べ物でも、良質で、おいしく、健康にいいと消費者に信じこませることなのだ。

食べるという行為が地球上であまねく行われており、かつ農業行為の一部だということはまぎれもない事実であり、私たちの食べ方次第で、地球の使われ方のかなりの部分が決まっていく。それでは、都市部の消費者には具体的に何ができるのだろうか？

- できる範囲で、食料生産にたずさわってほしい。庭がある人や、日当たりのいい窓辺にプランターか鉢を置ける人は、何か食べられる植物を栽培してみよう。残飯でコンポストをつくり、肥料として利用してみてもいい。自分の手で食べ物を栽培してはじめて、土壌から種、花、実、不可食部が生じ、それらが腐敗して土壌にもどる、というエネルギーのサイクルの美しさとその連続性を、肌で感じることができる。
- 自分で料理をしよう。料理と家事の腕を磨けば、食費は安く抑えられるだろうし、食べ物の質を保つことにもつながる。
- 買い求める食料の産地を調べ、最寄りの農場で生産された食べ物を買うようにしよう。地元で生産された食べ物は、最も安全で新鮮だ。地元の消費者にとっては、最も知識を得やすく、影響力を行使しやすい対象でもある。
- できる限り、地元の生産者と直接取引をしよう。商社、輸送業者、加工業者、包装業者、広告業者など、生産者と消費者の両方から利ざやを抜いて繁栄する業界を閉めだすことができる。
- 工業食品生産に関する経済や技術をできるだけ勉強してみよう。買った食品に食べ物以外の何が加えられているのか、そして、それによってどれだけコストがあがったか、などだ。

食の喜びとは、単なる美食ではなく、本来はもっと幅が広いものであるはずだ。自分が食べる野菜がとれた菜園がどこにあるかを知り、その菜園が健康であることを知っている人は、育ちゆく植物の美しさを忘れることはないだろう。葉に宿った朝露に、朝の最初の光があたる瞬間、菜園は最高に美しい。こうした記憶は、食べ物と密接につながっていて、食の喜びの一部になる。同様に、よく手入れされた牧草や、おいしそうに草を食べる子牛に思いをはせれば、ステーキの味もまた格別だ。生まれたときから知っている生き物を食べるなんて、残酷じゃないか、と考える人もいるかもしれない。しかし私は逆に、そうすることこそが、自分の口に入るもののことを本当の意味で理解し、感謝しながら食べることにつながると思っている。食の喜びの根幹をなすのは、生命、そして食べ物が生産された世界に対する、正確な認識にあるのだ。

喜びをかみしめながら食べること。これはおそらく、世界とのつながりを何よりも深める行為だろう。この喜びのうちに、人は他者に助けられて生かされている自分を自覚し、感謝の気持ちを経験する。私たち人間は、自らの手で創造してはいないさまざまな生き物や、とうてい理解できない力、大いなる神秘に囲まれて生きているのである。

ウェンデル・ベリーは、アメリカ・ケンタッキー州在住の農家。エッセイ、小説、詩など50以上の作品を発表している。本稿は、『What Are People For?』に収められたエッセイ「The Pleasures of Eating」の抜粋。カウンターポイント・プレスの許可を得て転載した。

Nathan's
ORIGINAL
NATHANS
FAMOUS
FRANKFURTERS
PHILLY CHEESESTEAK
FRESH CUT
FRIES
Coca-Cola
ROOT BEER
CHICKEN
BEER
OPEN ALL YEAR
REST ROOMS

あとがき

ごちそうさまでした
ピーター・メンツェル

仕事上のパートナーでもある妻フェイス・ダルージオとともに「食」を取材しはじめてから、もう10年以上になる。ふたりで世界を旅しながら、私は写真を撮り、フェイスはライター、レポーター、フード・スタイリスト、撮影助手など臨機応変にいくつもの役割をこなしてきた。食事をし、写真を撮り、インタビューをし、学び、新たな発見をしながら、60か国以上を訪問した計算になる。

1990年代後半、私たちは『Man Eating Bugs: The Art and Science of Eating Insects』の取材で13か国をめぐり、森の中や、しゃれたレストラン、隔絶された遠方の土地で、現地で暮らす家族とともに食卓を囲み、何種類もの虫を食べてみた。フェイスはこの旅のあいだじゅうつらそうにしていたが、私はこの珍味をおいしく味わった。現地の人々は、虫を食べる文化をいやがるどころか、むしろ大切に守っているが、それには理由があった。虫は栄養価が高く、しかもなかなかの美味なのである。

当時の取材のおもな目的は、多くの西洋人になじみの薄い食材を紹介することだったのだが、地の果てとも思えるような土地に行っても、食糧の供給体制がグローバル化しつつある兆しがいやでも目に入ってくる。現代世界は「マックワールド」になり果ててしまったのではないかという危惧はしていたのだが、この現状を目にして、世界の食料事情を記録にとどめなくてはという思いに駆られた。そこで、2001年に、世界の台所文化を取材しに、ふたたび旅に出ることにした。その旅の成果をまとめたのが『地球の食卓　世界24か国の家族のごはん（原題『Hungry Planet: What the World Eats』）』。この本では、24か国から選んだ平均的な30家族の1週間分の食料を紹介している。新たな切り口で撮影したポートレートに、小銭にいたるまで正確に勘定して作成した食材リストを添え、家族の暮らしぶりをその家のお気に入りのレシピとともに文章でつづった。『地球の食卓』に寄せられた反響は大きかった。「食のアカデミー賞」と称されるジェームズ・ビアード賞を2部門で受賞したほか、掲載した写真はいまでもよくブログに引用されており、食に対する関心の高まりにひと役買っていることがうかがえる。アメリカは国をあげて、ヘルスケアに膨大な費用を注ぎこんでいるが、太りすぎの人、不健康な人が地球上で最も多い。その理由について知りたいという方は、ぜひ一度『地球の食卓』を読んでみてほしい。

本書の構想は5年ほど前、オーストラリアのボンダイビーチで誕生した。取材対象を、その人の職場や家庭で、平均的な1日の食事とともに撮影するというコンセプトを試してみようということになったのだ。最初に取材したのは、健康を絵に描いたようなライフガード、ブルース・ホプキンズ（p. 220）だった。それもあって、彼の写真が本書の表紙を飾る（原書）ことになった。ひとりの人間の1日の食事に焦点をあてる手法は、家族全員の1週間分の食料を撮影するよりはるかに分かりやすく、得られる情報も多かった。このコンセプトにすっかり夢中になった私たちは、世界をめぐって、101人の食を記録し、『Nutrition101』と題する本を制作するという目標をかかげた。

たくさんの人に会って聞きとりをし、写真を撮影するうちに、摂取カロリーと運動量のバランスをうまくとることができていない人が大勢い

左：世界一のフードファイター、ジョーイ・チェスナット。ニューヨーク市コニー・アイランドで、ネイサンズ・フェイマス・ホットドッグズのホットドッグ66本と3.8ℓの水とともに撮影。2007年7月4日に行われた国際ホットドッグ早食い選手権で優勝したときに、ジョーイはこれらすべてを12分で胃袋におさめた。ホットドッグ66本の重量は6.6kg、総カロリーは19,602kcal。
上：ピュリッツァー賞を獲得したレストラン評論家、ジョナサン・ゴールド。カリフォルニア州ハリウッドにあるジッラダ・タイ・レストランにて、1日の食事にほぼ相当する食材とともに撮影。レストラン評論家は公平な批評を書けるよう、極力、自分の素姓を明かすまいとする。ジョナサンも、匿名性が守られるならという条件つきで撮影に応じてくれたので、照明を工夫して顔が見えないようにした。

ることに気がついた。人は、他人の成功と失敗の両方から学ぶことができる。そこで、まず食生活と肉体と外見を完ぺきにコントロールできていそうな人物を探すことにした。そうして取材させてもらったのが、たとえば中国の曲芸師、ボディビルディングにいそしむシカゴの鉄工職人、スペインの闘牛士である。その対極にある人物も探した。ニューヨークのキャッツキル山地で夏の減量キャンプに参加する少女、テネシー州で減量手術を待つ男性、アリゾナ州で大工兼タトゥー師として生計を立てるネイティブアメリカンの男性など、肥満と雄々しく闘いながらも、いまだ成果をあげられない人たちである。農業に対する興味をかき立ててくれる対象もほしかった。そこで選んだのが、アメリカ中西部の商品作物農家、中国のミカン農家、エクアドルの高地の農家、ケニアの茶農園

フェイス・ダルージオ 女性、年齢52歳、身長173cm、体重61.2kg

1日の食事　9月

朝食：グレープフルーツ、メロン、スイカ、バナナ、ブドウの盛り合わせ 388g、ヨーグルト（プレーン）99g、クルミ 11g、グレープフルーツジュース 121mℓ、コーヒー 355mℓ、全乳 177mℓ

昼食：自家製ペポカボチャのスープ 289g、堅焼きパン 48g、グリーンサラダ 71g、レモン汁とオリーブ油のドレッシング 大さじ1、グリーンオリーブ 48g、ブラックオリーブ 11g

夕食：アラスカ産カレイのグリル 91g、蒸しインゲン 82g、バター 小さじ半分、チーズ 11g、チェリートマト 252g、ペポカボチャのグリルのオリーブ油とバルサミコ酢がけ 173g、プロセッコ種白発泡ワイン 254mℓ、炭酸水 296mℓ

軽食：ロリポップ（1個）17g

総摂取カロリー：1,500kcal

の息子、メキシコの農場主である。スペイン、チベット、ケニア、ナミビアでは、羊飼い、遊牧民、牛追いの、昔ながらの生活ぶりを記録した。アメリカのイリノイ州、イラン、ドイツ、台湾などで活躍するパン職人、精肉業者、シェフ、レストラン経営者といった食の専門家には、業界人しか知らない情報を語ってもらった。アイスランド沖やアメリカのメイン州、ブラジルのアマゾン盆地、北極では、漁師たちの船上生活にも密着した。地球に暮らす人々の営みをはるかな高みから見おろしていた宇宙ステーションも忘れてはならない。地球を周回する軌道上に2週間滞在するあいだ、無重力状態で無重力の食べ物をとるNASAの宇宙飛行士は、各国から集まった乗組員と開いた持ち寄りの缶詰パーティの様子を語ってくれた (p.136)。

プロジェクトを開始して3年後、ついにマジックナンバー101を達成すると、私たちはこれまでに取材した何千種類もの食材のカロリー計算にとりかかった。そして、自分たちの食生活についても理解を深めたいと思うようになったのである。自分の食生活はあまりに身近すぎて、かえって客観的に評価することができないものだ。だからこそ、自分が何をどれだけ食べたか、正確に報告することができない人が多いのだろう。自分が口にした食料の重さや容積などはかったこともないのだから。

私たちは、写真に撮った101人の取材対象を1冊の本にまとめていくうちに、自分たちもまた形を変えた過剰摂取の罠に陥っていたことに気づかされた。全員を入れようとすると、本が適正な厚みを超えてしまうのである。結局、紹介する人物を21人泣く泣く減らし、タイトルも『地球のごはん　世界30か国80人の"いただきます！"（原題『What I Eat: Around the World in 80 Diets』)』に変更した。

私たちは、本書との出会いを通じて読者の食に対する意識を高めたいと願っている。食べ物を選ぶ自由がある恵まれた人たちに、自分自身のため、ひいては地球のために、良質で、健康的な食べ物を選ぶようになってほしいのである。とはいえ、この本を手にしてくれる読者は、すでに食に対して比較的高い意識をもち、相対的に健康である可能性が高い。では、だれかほかの人が過食に走り、質の悪い食事を選び、食生活が原因で慢性病にかかると読者に何か影響はあるのだろうか。たとえば、そういう人の存在は、社会全体、そして健康保険制度に負荷をかけ、最終的には自分自身の保険料の高騰につながる。一方、肥満や飽食が蔓延している社会にも、お腹をすかせている人はいる。こうした現象は、どこか地球のはるか遠くではなく、過剰消費が行われている豊かな地域のすぐそばでもおきているのだ。この状況を放置すれば、地球の資源が限界までとりつくされ、いまの世代ばかりか子どもたちまでもがその代償を払わなければならなくなるかもしれない。

しかし、身も蓋もない言い方をすれば、すぐに効果が出る方法などありはしない。人はひと晩で太るわけでもなければ、1日で健康になれるわけでもないのだから。しかもこの問題は、アメリカに広がるコンシューマリズムという文化に深く根ざしているので、簡単に修正できるものでもない。この文化においては、人は創造的な活動ではなくむしろ消費活動の中にこそ、生きる意味や幸福、満足感、自己肯定感を見出す傾向にある。アメリカ社会は、農家や農業というものを敬う気持ちを失ってしまっているのだ。食糧生産にたずさわる人は人口の2％以下にすぎないというのに、食べ物、そして「食物風の物質」があふれているのである。消費者の大半は、自分たちが口にする食事の材料が、天然の素材に代わり、化学的に合成された物質ばかりになっていることにさえ気づいていない。食糧の供給源が身近に感じられない環境で生活しているせい

で、食材の見分けもつかず、それがいつ、どこで、どのようにしてつくられたのか、見当もつかなくなっているありさまなのだ。人間らしい生活より、利益を優先してきた食糧政策を根本から変えるのには困難がともなうが、不可能ではない。グラミン銀行やBRAC（バングラデシュ農村向上委員会）の活動によって、すでに発想の転換は広がりつつある。これらの組織は、貧困層、それもおもに女性に資金を貸し出すことに成功し、貧困層には信用力がないという既存の銀行の常識を覆し、巨大銀行こそ人々の信頼にこたえていないことを世に知らしめた。本書の取材を続ける中で、バングラデシュの村（p. 82）やケニアのスラム（p. 118）でマイクロクレジットを受けたフードビジネスが成功している例を、私たちは実際に目の当たりにしている。持続不可能な営みによって派生するであろう惨事を避けたいのであれば、日々口にする食べ物とのかかわり、そしてすべての責任は最終的には自分にあるという感覚はとりもどさなければならない。

　大上段に構えた話はこれくらいにしておこう。フェイスと私は、食べること、旅すること、そして、おもしろい人との出会いが何より好きで、本書を制作する過程では、幾度となくこうした機会に恵まれた。もちろん、ダン・バーバーやフェラン・アドリアのレストランのキッチンで過ごした日々は驚きの連続だったのだが、その対極にありながら、一番の思い出となっている最高の食事は、バングラデシュ、イエメン、台湾などの庶民的な食堂や、屋台で出された料理だった。イラン、ケニア、スペイン、インド、ブラジルでは、人々の自宅に招かれ、和気あいあいとした雰囲気の中、おいしい食の冒険を楽しむことができた。

　フェイスと私は、世界各地の人々の暮らしを取材しながら、自分たちについても多くのことを学んだ。私たちの世界観を形づくった経験や出会いは、本書に反映されている。本書で紹介したいろいろな人たちの物語が、読者の心の琴線に触れ、生き方になにがしかの影響をもたらしてくれるものとなるならこれ以上の喜びはない。読み進めていくにつれ、世界各地の人々が、どのようにして自分なりの解決策を見出し、日々暮らしているかが分かってもらえるはずだ。

　本書を制作する過程では、数多くの書物や記事をひもとき参考にさせてもらった。また、われわれふたりと、夏のあいだアルバイトに来てくれた姪たちの1日の摂取カロリーを何週間か記録してみたりもした。自分たちの食事を計測するときも、世界じゅう持ち歩いた例の小型電子スケールに登場してもらった。そして、自宅での日々の食事パターンを感覚的につかんだうえで、適当な1日を選んで、食材リストを作成した。

　毎日かならず体を動かすことがいかに重要か、改めて認識させられたのも大きな収穫だった。大きな負荷をかける必要はないが、ある程度の運動は必要である。本書の調査と執筆に費やした最後の1年が終わりに近づくにつれ、気づくとふたりとも体重が増えていた。いよいよ締め切りが迫ってくると、平日は12時間から18時間、コンピュータの前に座りどおしになった。日々の運動に割くべき時間を本書にすべて捧げた結果、最後の4か月はふたりとも4kg近く体重が増えていた。食事の量が増えたからではなく、運動量が減ったからである。本書が完成したいまは、心置きなく外に出て、1.6kmほどの道のりを散策したり、庭仕事にいそしんだりする日々を過ごすことができる。ナパ・バレーはいま4月。あとひと月もすれば、野菜の種が芽を出し、太陽に向かってぐんぐん伸びていくだろう。

ピーター・メンツェル　男性、年齢61歳、身長185cm、体重76.2kg

1日の食事　9月

朝食：バナナ、グレープフルーツ、メロン、ブドウの盛り合わせ 335g、ヨーグルト（プレーン）176g、シリアル 28g、クルミ 26g、堅焼きパン 108g、オーガニックピーナッツバター（粒入り）34g、ボイゼンベリージャム 小さじ2、オレンジジュース 121mℓ、キャロットジュース 121mℓ、コーヒー 408mℓ、全乳 121mℓ、チョコレートパウダー 小さじ1

昼食：チキンブリトー 2個（ホワイトコーントルティーヤ 2枚 82g、オーガニックチキンのグリル 31g、ブラックビーンズ 31g、モンテレージャックチーズ 43g、サルサソース中辛 43g、白米 26g、アボカド 40g、コリアンダー 3g、チョルーラホットソース 小さじ半分）、グリーンサラダ 31g、オリーブ油 大さじ1、井戸水 237mℓ

夕食：アラスカ産カレイのグリル 139g、蒸しインゲン 82g、バター 小さじ半分、堅焼きパン 54g、チーズ 31g、チェリートマト 249g、ペポカボチャのグリルのオリーブ油とバルサミコ酢がけ 170g、ブラックオリーブ 28g、赤ワイン 148mℓ

総摂取カロリー：2 800kcal

統計資料

	総人口	都市人口	合計特殊出生率	平均寿命(女性/男性)	国民総所得	医療費	総医療費の割合	過体重人口(女性/男性)	肥満人口(女性/男性)	栄養不良人口	糖尿病人口	肉の消費量	アルコールの消費量	喫煙率(女性/男性)
	100万人	%(人口比)	1人の女性が一生に産む子どもの平均数	歳	PPPドル(1人あたり)	PPPドル(1人あたり)	%(GDP比)	%(人口比15歳以上)	%(人口比15歳以上)	%(人口比)	%(人口比)	kg(年間1人あたり)	ℓ(年間1人あたり)	%(人口比15歳以上)
アイスランド	0.3	92.3	2.1	82.9/78.5	25,220	3,319	9.3	61.7/59.0	23.2/16.7	<5	2.0	84.8	7.0	26.6/26.1
アメリカ	314.7	82.3	2.1	80.7/75.7	46,970	6,714	15.3	72.6/75.6	41.8/36.5	<5	8.0	124.8	8.6	21.5/26.3
イエメン	23.6	31.8	5.1	65.1/61.0	2,210	82	4.6	29.4/24.6	5.1/2.0	32	7.7	14.7	0.0	-
イギリス	61.6	90.1	1.9	81.6/76.5	36,130	2,784	8.4	61.9/65.7	24.2/21.6	<5	3.9	79.6	11.8	34.7/36.7
イスラエル	7.2	91.7	2.8	83.0/78.6	27,450	2,263	7.8	57.5/57.2	24.3/16.2	<5	7.1	97.1	2.5	17.9/31.1
イタリア	59.9	68.4	1.4	83.3/77.3	30,250	2,623	9.0	38.3/52.7	12.6/12.9	<5	6.6	90.4	8.0	19.2/32.8
イラン	74.2	69.5	1.8	72.7/69.7	10,840	731	7.8	57.8/48.5	27.0/10.0	<5	3.6	23.1	0.0	5.5/29.6
インド	1,198.0	30.1	2.7	67.2/65.1	2,960	109	4.9	15.2/16.8	1.4/1.1	21	5.9	5.2	0.3	3.8/33.1
エクアドル	13.6	66.9	2.5	78.4/72.4	7,760	297	5.4	52.6/41.7	16.7/6.7	15	4.8	45.0	2.4	5.8/23.9
エジプト	83.0	42.8	2.8	74.8/69.6	5,460	316	6.3	74.2/64.5	45.5/22.0	<5	9.8	22.5	0.2	1.3/28.7
オーストラリア	21.3	89.1	1.8	84.1/79.3	34,040	3,122	8.7	62.7/72.1	24.9/23.8	<5	6.2	-	9.0	21.8/27.7
カナダ	33.6	80.6	1.6	83.9/78.7	36,220	3,672	10.0	57.1/65.1	23.2/23.7	<5	9.0	108.1	7.8	18.9/24.3
グリーンランド	0.1	84.0	2.2	72.9/67.4	45,346	3,756	9.2	-	-	3	2.1	113.8	-	67.8/64.3
ケニア	39.8	22.2	4.9	58.2/57.5	1,580	105	4.6	21.7/6.9	1.9/0.1	32	2.5	14.3	1.5	2.2/27.1
スペイン	44.9	77.4	1.5	83.6/76.7	31,130	2,388	8.1	47.7/55.8	15.8/15.6	<5	9.9	118.6	11.7	30.9/36.4
チャド	11.2	27.6	6.1	48.8/46.7	1,160	40	3.6	19.2/12.0	1.7/0.4	39	2.7	14.3	0.3	2.6/16.0
中国	1,345.8	44.9	1.8	75.5/71.6	6,020	342	4.5	24.7/33.1	1.9/1.6	9	2.7	52.4	5.2	3.7/59.5
ドイツ	82.2	73.8	1.3	82.4/76.3	35,940	3,328	10.4	55.1/65.1	20.4/20.9	<5	10.2	82.1	12.0	25.8/37.4
ナミビア	2.2	38.0	3.3	50.9/51.6	6,270	338	4.9	32.6/12.3	5.3/0.3	19	3.1	34.0	6.0	10.9/38.6
日本	127.2	66.8	1.3	85.6/78.8	35,220	2,514	7.9	18.1/27.0	1.5/1.8	<5	6.9	43.9	7.6	14.3/44.3
バングラデシュ	162.2	28.1	2.3	63.0/57.6	1,440	69	3.1	5.4/6.7	0.2/0.1	27	3.9	3.1	0.0	3.8/47.0
ブラジル	193.7	86.5	1.8	75.7/68.4	10,070	765	7.5	53.5/47.4	18.3/8.7	6	5.2	82.4	5.8	-
ベトナム	88.1	28.8	2.0	74.5/69.2	2,700	264	6.6	8.7/4.1	0.3/0.0	14	1.0	28.6	1.0	2.5/45.7
ベネズエラ	28.6	94.0	2.5	76.8/70.5	12,830	396	5.1	61.4/69.1	26.2/23.2	12	5.2	56.6	6.6	27.0/32.5
ボツワナ	2.0	61.2	2.8	62.0/61.7	13,100	635	7.2	49.4/37.8	14.6/5.4	26	3.6	27.3	4.3	-
メキシコ	109.6	77.8	2.2	79.0/73.3	14,270	756	6.2	67.9/68.4	34.3/24.0	<5	7.4	58.6	4.7	12.4/36.9
ラトビア	2.2	68.2	1.4	77.6/67.0	16,740	974	6.0	44.7/49.9	15.0/09.7	<5	9.9	45.7	9.6	24.1/54.4
ロシア	140.9	72.8	1.4	73.1/59.3	15,630	638	5.3	51.7/46.5	23.6/9.6	<5	9.2	51.0	10.3	26.5/70.1

表の出典＝**総人口**：国連経済社会局人口部（2009）、**都市人口**：国連経済社会局人口部（2010）、**特殊出生率**：国連経済社会局人口部（2009）、**平均寿命**：CIA ワールド・ファクトブック（2009）、**国民総所得***：国連経済社会局人口部、世界銀行の世界開発指標オンライン版（2008）、**医療費の年間支出***：世界保健機関（WHO）（2006）、**医療費の総支出***：世界保健機関（2006）、**過体重人口**：世界保健機関（2005）、**肥満人口**：世界保健機関（2005）、**栄養不良人口**：世界保健機関（2003-2005）、**糖尿病人口***：世界保健機関（2003）、**肉の消費量**：世界資源研究所（2002）、**アルコールの消費量**：世界保健機関（2003）、**タバコの消費量**：世界保健機関（2005）。* グリーンランドの数値はグリーンランドの保健局より。

アイスランド
漁業就業者の割合：7％
輸出高に占める漁業の割合：40％
氷河に覆われた土地の割合：11％

アメリカ
サプライチェーン(供給連鎖)の過程で廃棄される食料の割合：40％
食料の小売価格に占める農家の収入の割合：1973年 40％、2000年 20％
胃バイパス手術件数の増加率(1993～2003年)：600％
子ども(8～18歳)の1日あたりのメディア利用時間：7.6時間
生活習慣病に起因する年間医療費：10兆8,000億円

イエメン
1日あたり180円未満で生活する国民の割合：46.6％
カート愛用者の収入に占めるカート購入費比率の平均：10％
GDPに占めるカート生産業の割合：6％
イエメンの就労人口に占めるカート生産者数の割合：14％

イギリス
紅茶消費量の世界順位：1位
フィッシュアンドチップスの店舗数：1万500店
マクドナルドの店舗数(2006年)：1,250店

イスラエル
GDPに占める軍事費の割合：7.3％
100万人あたりの武器数：254万 6,600個
GDPに占める研究開発費比率の世界順位：1位
1日あたりのアメリカからの軍事援助(2008年)：6億3,000万円

イタリア
毎週ミサに出席する人の割合：25％
ピザの店舗数：2万5,000店
マクドナルドの店舗数(2004年)：290店

イラン
GDPに占める軍事費の割合(2006年)：3.5％
アメリカとの国交正常化を求める国民の割合：77％
ザクロ生産量の世界順位：1位

インド
小麦生産量の世界順位：2位
コールセンターの就労者数：2003年 16万人、2008年 130万人
全世界の飼育牛に占めるインド産の割合：28.3％

エクアドル
先住民の割合：40％
活火山の数：16

エジプト
観光産業就業者の割合：12.6％
ナイル川沿岸の人口の割合：95％
砂漠の割合：95％

オーストラリア
皮膚がん発症数の世界順位：1位
人口および個体数：人口 2,100万人、肉牛 2,500万頭、カンガルー 2,500万匹、羊 7,900万頭
ヨーロッパ人の渡来前、東南アジアから移住した先住民だけが居住していた期間：5万年

カナダ
身体活動をしない成人の割合：51％
GDPに占める税収の割合(2005年)：33.4％(アメリカの場合は 27.3％)
先住民人口の割合：3.8％
サスカチェワン州の先住民に占める糖尿病患者の割合：1937年 0％、1990年 10％、2006年 20％

グリーンランド
人口密度が低い国の世界順位：1位
耕作可能な土地の割合：0％
地球上の全氷塊に占めるグリーンランドの氷塊の割合：10％
氷冠(国土の80％を覆う)の平均的な厚さ：2.3km
イヌイット人口の割合：96％

ケニア
天候不順による病害に起因するコーヒー果実の損失(2007～2008年)：23％
紅茶輸出量の世界順位：1位

スペイン
全世界のオリーブ油生産量に占めるスペイン産の割合：36％
ワインの1人あたり消費量の減少率(1987～2004年)：39％
ノンアルコール飲料の1人あたり消費量の増加率(1987～2004年)：73％

台湾
登録済の屋台数：23万4,097店
魚介類の1人あたり年間消費量：37kg
オートバイの1世帯あたりの平均登録台数：1.9台

チベット
チベット自治区の人口および個体数：人口 290万人、ヤク 400万頭
非チベット系中国人の増加率(1990～2000年)：92.2％
遊牧を行うチベット人口の割合：25％
約454gを燃焼して得られるエネルギー量：石炭 1,225kcal、乾燥したヤクの糞 1,500kcal、薪 1,588kcal

チャド
耕作可能な土地の割合：3％
電気を利用できる人口の割合：2％未満
舗装道路の割合：1％未満
100世帯あたりのテレビの数：2台
成人の非識字率：73％(男性)、76％(女性)

中国
インターネット利用者数(2009年)：3億 3,800万人
インターネット利用者の増加率(2000～2008年)：1,024.4％
避妊具使用数の世界順位：2位
全世界で飼育されている10億頭の豚に占める中国産の割合：70％

ドイツ
ビールの1人あたりの年間消費量：1997年 126.8ℓ、2009年 109.4ℓ
豚肉の1人あたりの年間消費量：33.9kg
総摂取カロリーに占める肉および肉製品の割合：39％

ナミビア
1日あたり180円未満で生活する国民の割合：62％
GDPに占めるダイヤモンド鉱業の割合：6％

日本
平均寿命の世界順位：1位
タバコの成人1人あたりの年間消費量：3,023本
魚介類の1人あたりの年間消費量：61.7kg

バングラデシュ
ダッカへの年間流入人口：30～40万人
児童労働者(5～14歳)の割合：13％(約830万人)
孤児(0～17歳)：500万人
収入に占める食費の割合：66％
総摂取カロリーに占める米の割合：71％

ブラジル
キリスト教人口の世界順位(1997年)：2位
消失した森林の割合(1990～2005年)：8.1％
ブラジルのアマゾン地方で、森林を伐採して開墾した土地を牧場として利用している割合：79.5％

ベトナム
総摂取カロリーに占める米の割合：65％
米の1人あたりの年間消費量：22.2kg

ベネズエラ
石油埋蔵量の世界順位：6位
貧困線以下で生活する国民の割合：37.9％
カラカスにおける年間の殺人件数：5,200件

ボツワナ
HIV感染率(15～49歳)：24％
最大の輸出産業(2008年)：ダイヤモンド産業 3,022億 2,000万円
100人あたりの携帯電話契約数：76件

メキシコ
国内トウモロコシ価格の下落率(1994～2001年)：70％
NAFTA(北米自由貿易協定)により失われた農業人口：130万人
トルティーヤの1人あたりの年間消費量：79.6kg
コカ・コーラの1人あたりの年間消費量の世界順位：1位

ラトビア
100人あたりの携帯電話契約数：99件
ロシア系ラトビア人口の割合：29.6％

ロシア
アルコールの1人あたりの年間消費量：26.9ℓ
国内就労年齢男性の死亡者数に占めるアルコール関連死亡者の割合：43％

出典

統計資料の出典

Australia Australian Government, Department of Health and Ageing (2008); CIA World Factbook (2009) • Australian Bureau of Statistics (2009) • Kangaroo Industries Association of Australia (2008) • Government of Western Australia, Department of Agriculture (2009) • Australian Government, Australian indigenous cultural heritage website (2008). **Bangladesh** International Labor Organization and UNICEF (2008) • Food and Agriculture Organization of the United Nations database (2006). **Botswana** The World Bank Group, Botswana at a glance (Dec. 2009) • World Bank World Development Indicators database (2009) • International Telecommunications Union (2007). **Brazil** www.adherents.com • www.rainforests.mongabay.com • Greenpeace Brasil (2009). **Canada** Canadian Fitness and Lifestyle Research Institute (2008) • www.unitednorthamerica.org • Human Resources and Skills Development Canada (2006) • *Canadian Medical Association Journal* 182(3):249-256. **Chad** CIA World Factbook (2005) • World Bank World Development Indicators database (2007) • World Bank World Development Indicators database (2009) • **China** China Btrax White Papers, "China Web Trends" (2008) • Internet Network Information Center (2009) • United Nations data, contraceptive prevalence rate (2007) • Food and Agriculture Organization of the United Nations, Food Outlook online (Dec. 2009). **Ecuador** United Nations Development Programme (2001) • Simkin, T., and L. Siebert, *Volcanoes of the World*, Geoscience Press (1994). **Egypt** *Financial Times* (Dec. 11, 2006) • *National Geographic Atlas of the World* (2004) • National Geographic News online (Jan. 8, 2008). **Germany** www.beers.co.uk • Federal Agency for Agriculture and Food, Federal Association of the Meat Products Industries, Fraunhofer Institute, CMA (2006) • *The Guardian* (Jan. 23, 2009). **Great Britain** Global Market Information Database, published by Euromonitor. The Independent online (Jan. 10, 2010) • BBC News online (Feb. 28, 2006). **Greenland** www.fact-index.com • CIA World Factbook (2005) • U.S. Geological Service (2009) • *New Book of Popular Science*, vol. 2, Grolier (1996) • Statistics Greenland, Greenland in Figures (2009). **Iceland** CIA World Factbook (2007) • National Geographic Magazine (Mar. 2008). **India** USDA Economic and Statistics System (2000-2001) • www.spectrumcommodities.com • www.stanford.wellsphere.com • www.cattlenetwork.com (2008). **Iran** www.globalsecurity.org • *Washington Post* (June 15, 2009) • www.uasd.edu/pomegranatesymposium (2009). **Israel** CIA World Factbook (2006) • Washington Report on Middle East Affairs (Nov. 2008) • Congressional Research Service Report on U.S. Foreign Aid to Israel (Dec. 4, 2009). **Italy** *New York Times* (Apr. 19, 2005) • BBC News online (Feb. 4, 2010) • www.nationmaster.com. **Japan** World Health Organization (2004) • CIA World Factbook (2009) • Greenpeace fact sheet, "The Whale Meat Market in Japan" (2009). **Kenya** Reuters online (Feb. 11, 2010) • Daily Mirror (Feb. 25, 2010). **Latvia** International Telecommunications Union (2007) • CIA World Factbook (2008). **Mexico** Women's Edge Coalition (2004) • Oxfam Briefing Paper, "The Rural Poverty Trap" (June 2004) • www.cnnexpansion.com (Feb. 13, 2010) • Coca-Cola Company annual report (2009). **Namibia** Population Reference Bureau, "World Population Data Sheet" (2009) • U.S. Department of State, Bureau of African Affairs (2010). **Russia** Pravda online (Sept. 11, 2006) • *Lancet* 369(9578):2001-2009. **Spain** United Nations Conference on Trade and Development (2005) • Spanish Wine Federation (2005). **Taiwan** Directorate-General of Budget, Accounting, and Statistics, Executive Yuan • Agriculture and Food Agency, Council of Agriculture, Executive Yuan (2007) • Ministry of Transportation and Communications. **Tibet** China's Tibet Facts and Figures (2002) • http://tibet.news.cn • National Bureau of Statistics of China (2006) • www.factsanddetails.com (2008) • *Developments in Quarternary Sciences* 9:205-224 • "Small-Scale Forest Enterprises" (*Unasylva* 157/158). **USA** Laboratory of Biological Modeling, National Institute of Diabetes and Digestive and Kidney Diseases (Nov. 2009) • USDA Economic Research Service, Price Spreads from Farm to Consumer online Briefing Room (Feb. 2007) • www.bariatric-surgery.info • Kaiser Family Foundation (2010) • Corporate Accountability International. "Fast Food Giants Urged to Value [the] Meal" (Mar. 11, 2009). **Venezuela** CIA World Factbook (2009) • CIA World Factbook (2005) • www.cnn.com (Dec. 31, 2008). **Vietnam** International Rice Research Institute. "Rice Calorie Supply as a Percentage of Total Calorie Supply" (2005) • International Rice Research Institute. "Rice Consumption per Capita" (2008). **Yemen** Human Development Report (2009) • World Bank Sustainable Development Department, Middle East and North Africa Region (2007).

食材リストの出典

USA USDA. National Nutrient Database for Standard Reference. www.ars.usda.gov/ba/bhnrc/ndl (2009). **Canada** Health Canada. Canadian Nutrient File. www.healthcanada.gc.ca/cnf (2007b version) • McGill University's Centre for Indigenous Peoples' Nutrition and Environment. Traditional Food Composition Nutribase. www.mcgill.ca/cine/resources/nutrient (2010). **Germany** Max Rubner-Institut. Bundeslebensmittelschlussel (German Nutrient Database). www.blsdb.de (2005-2010). **Taiwan** Department of Health. www.doh.gov.tw (2009). **China** Centre for Food Safety, Government of the Hong Kong Special Administrative Region. Nutrient Information Inquiry System. www.cfs.gov.hk (2010). **France** French Food Safety Agency, French Data Centre on Food Quality. French Food Composition Table. www.afssa.fr/TableCIQUAL (2008). **Denmark** National Food Institute, Technical University of Denmark. Danish Food Composition Databank. www.foodcomp.dk (2009). **Israel** Ben Gurian University of the Negev, the Faculty of Health Science. Israeli Food Nutrient Database. http://web.bgu.ac.il/Eng/fohs/ResearchCenters/Nutcent/israeliFood.htm (2007). **Italy** Food Composition Database for Epidemiological Studies in Italy (Banca Dati di Composizione degli Alimenti per Studi Epidemiologici in Italia). www.ieo.it/bda2008 (2008). **Japan** Ministry of Education, Culture, Sports, Science, and Technology (MEXT) Food Composition Values, Resources Survey Report Subcommittee. www.mext.go.jp/b_menu/shingi/gijyutu/gijyutu3/toushin/05031802/002.htm. **Other** Food and Agriculture Organization of the United Nations historical tables (online) • Spreer, E. *Milk and Dairy Product Technology*. Marcel Dekker (1998) • Tamang, J. P. *Himalayan Fermented Foods: Microbiology, Nutrition, and Ethnic Values*. CRC Press (2010) • McGee, H. *On Food and Cooking*. Scribner (2003) • Batmanglij, N. *The New Food of Life: A Book of Ancient Persian and Modern Iranian Cooking and Ceremonies*. Mage Publishers (2003) • Davidson, A. *The Oxford Companion to Food*. Oxford University Press (2003) • Kent, N., and A. Evers. *Technology of Cereals*. Elsevier Science (1994).

本文とキャプションの出典

Australia Beach count: Australian Government, Culture Portal (2008) • Incidence of skin cancer: Australian Government, Department of Health and Ageing (2008). **Bangladesh** Population: www.dhakacity.com.bd • Population in substandard housing: *Daily Star* (Sept. 2009) • Flooding: National Geographic News online (Aug. 27, 2009) • Clothing exports: International Textiles and Clothing Bureau (2007) • Buriganga River pollution: www.asiawaterwire.net (Sept. 11, 2006) • BRAC: www.brac.net • Grameen Bank: www.grameen-info.org • Environmental impact of nylon bags: New Age National online (Jan. 27, 2007). **Botswana** HIV infection rates: University of California San Francisco, HIV InSite (2009) • World Health Organization. "Epidemiological Fact Sheet on HIV and AIDS" (2008) • UNAIDS fact sheet. "AIDS in Sub-Saharan Africa" (2009). **Brazil** Solimoes River: Encyclopaedia Britannica online • Amazon river system: earthobservatory.nasa.gov • Brazilian fruits: www.hort.purdue.edu • Rural pension fund: Maybury-Lewis, B. *The Politics of the Possible: The Brazilian Rural Worker's Trade Union Movement, 1964-1985*. Temple University Press (1994) • Manioc flour: Jones, W. O. *Manioc in Africa*. Stanford University Press (1959) • Alfavaca: Quattrocchi, U. *CRC World Dictionary of Plant Names*. CRC Press (2000). **Canada** World's highest wine cellar: www.cntower.ca • Alcoholism in Nunavut: Canadian Centre on Substance Abuse • Nunavut Planning Commission: www.nunavut.ca. **Chad** Breidjing camp: Braker, K. "Sudanese Refugees in Chad: One Year On." www.doctorswithoutborders.com (Nov. 10, 2004) • Size of camps: UN Refugee Agency (2004). **China** Internet users: Buckley, C. "China Internet Population Hits 384 Million." Reuters online (Jan. 15, 2010) • Collectivism: Zhou, M. "Continuation, Transition, and Challenge: Collectivism in China after 1949." Switch (Jan. 2002) • KFC: www.yum.com • Nutrition: Lang, S. "Chinese Child Nutrition Study Shows Reform Benefits Lagging in Rural Areas." Cornell Chronicle 27(43). **Ecuador** General information: Weismantel, M. J. *Food, Gender, and Poverty in the Ecuadorian Andes*. Waveland Press (1998) • Effects of smoke: *American Journal of Tropical Medicine and Hygiene* 76(3):585-591. **Egypt** Standard of living: CIA World Factbook (2010) • Camel facts: "Camels and Dromedaries." www.livius.org. **Germany** German Beer Purity Law: Trade and Environment Database (1997) • Reinheitsgebot: www.german-way.com • German master baker program: www.baecker-berlin.de • Bakers in decline: German Federation of Bakers (2007) • Breads: www.germanfoodguide.com • Sausages: www.germanfoods.org • Association of the Black Forest Ham Manufacturers: www.schwarzwaelder-schinken-verband.com • Meat consumption: The Local online (Jan. 22, 2009). **Great Britain** Amphetamines: Encyclopaedia Britannica online • www.health.discovery.com. **Greenland** Ittoqqortoormiit town: www.eastgreenland.com • Kalaallit: www.thewe.cc/weplanet/poles/mastkala.html. **Iceland** Natural resources: CIA World Factbook (2010). **India** Kumbh Mela: Encyclopaedia Britannica online • Shivambu: Sharma, S. K. *Miracles of Urine Therapy*. Diamond Pocket Books (2005) • Rickshaw wages: www.dare.co.in/opportunities/idea/micro-financing-cycle-rickshaws.htm • AOL in Bangalore: www.cnet.com (July 16, 2003). **Iran** Health effects of hookah: Asotra, K. "What You Don't Know Can Kill You." *Tobacco-Related Disease Research Program Newsletter* 7(1) • Subsidized commodities: Food and Agriculture Organization of the United Nations, Resources for Advancing Nutritional Well-Being. "Nutrition in Agriculture" (2001) • Badgirs: www.depts.washington.edu/silkroad/cities/iran/yazd/yazd.html • Gonbads: Amirahmadi, H. *Small Islands, Big Politics: The Tonbs and Abu Musa in the Persian Gulf*. St. Martin's Press (1996) • Qanats: www.waterhistory.org. **Israel** History: CIA World Factbook (2010) • Kashruth: Dresner, S. H. *Keeping Kosher: A Diet for the Soul*. Burning Bush Press (2000) • Nathan, J. *The Foods of Israel Today*. Knopf (2001) • Shihab, A. *A Taste of Palestine*. Corona Publishing (1993) • Halal-food certification: Islamic Food and Nutrition Council of America. **Italy** Servite order: www.servidimaria.org. **Japan** • Musashigawa Beya: www.musashigawa.jp • Sumo terms: www.sumotalk.com • T-serv: twev.t-serv.co.jp. **Kenya** Masai Mara National Reserve: www.maratriangle.org • Major ethnic groups: U.S. Department of State, Bureau of African Affairs (Jan. 2010) • Population of Kibera slum: Kibera Slum Foundation • Umande Trust: www.umande.org • Toilet malls: "Entrepreneurs Tackle Sanitation in Africa." www.us.oneworld.net (Mar. 2, 2009) • Kenya Tea Development Agency: www.ktdateas.com. **Latvia** Among poorest countries in EU: "Europe's Poorest Countries Set to Forfeit Aid Money." Deutsche Welle online (Sept. 9, 2009) • Declining population: Iwaskiw, W. R. (ed.) *Latvia: A Country Study*. Library of Congress (1995) • Song and Dance festival: www.dziesmusvetki2008.lv. **Mexico** Diabetes and the Pima: National Institute of Diabetes and Digestive and Kidney Diseases. "Obesity and Diabetes" (2002) • Schulz, L. O., P. H. Bennett, E. Ravussin, et al. "Effects of Traditional and Western Environments on Prevalence of Type 2 Diabetes in Pima Indians in Mexico and the U.S." *Diabetes Care* 29(8) • Disconsa: www.diconsa.gob.mx. **Namibia** General information: Malan, J. S. *Peoples of Namibia*. Rhino Publishers (1995) • Fage, J. D., and R. Oliver. *The Cambridge History of Africa*. Cambridge University Press (1975) • Bollig, M. *Risk Management in a Hazardous Environment*. Springer (2006) • "The

Technology of Traditional Milk Products in Developing Countries." FAO Animal Production and Health Paper (1990) • Diamond polishing: Whitlock, H. P. "How Diamonds Are Polished." Natural History (May-June 1921) • Diamond cutting: American Institute of Diamond Cutting • Diamonds and the economy: CIA World Factbook (2010) • Etosha National Park: www.namibian.org/travel/namibia/etosha.htm. **Russia** Destruction of relics: Solomon, A. "The Spoils of War." *New York Times* (Oct. 22, 1995) • The Peterhof Palace: www.thepeterhofpalace.com • Churches and museums: www.saint-petersburg.com. **Spain** Pastoral dominance: Easton, B. "The European Economy: A History." Te Ara, the Encyclopedia of New Zealand online (Mar. 2009) • Rural population: United Nations World Urbanization Prospects (Feb. 2010) • Bullfighting: Shubert, A. *Death and Money in the Afternoon: A History of the Spanish.* Oxford University Press (1999) • **Taiwan** Luwei: Taipei Times online (June 4, 2004) • Taipei 101: "Taiwan Tops Out Tallest Building." BBC News online (Oct. 17, 2003) • Seafood consumption: Agriculture and Food Agency, Council of Agriculture, Executive Yuan (2007). **Tibet** Food: Dorje, R. *Food in Tibetan Life.* Prospect Books (1985) • Yak species: Leslie, D. M., and G. B. Schaller. "*Bos grunniens and Bos mutus.*" Mammalian Species 836:1-17 • Briefings on Tibet: Environment and Development Desk, Central Tibetan Administration (www.tibet.net). **Venezuela** Murder capital: Brice, A. "No Surprise Caracas Named 'Murder Capital of the World.'" www.cnn.com (Dec. 31, 2008) • National oil company: www.pdvsa.com. **Vietnam** The American War: Le, C. N. "The American/Viet Nam War." www.asian-nation.org • Pollution: Fuller, T. "Air Pollution Fast Becoming an Issue in Booming Vietnam." *New York Times* (July 6, 2007) • Growing population: Cambridge Encyclopedia online (vol. 77) • Urbanization: Vietnam Financial Review, Ministry of Finance (May 2008) • Floods ruining rice crops: "Rains, Mekong Floods Threaten Vietnam Rice Harvest." Reuters online (July 23, 2009). **Yemen** Food and culture: Yemen Times online • CIA World Factbook (2010) • Qat: World Bank Sustainable Development Department, Middle East and North Africa Region (2007). **USA • Arizona** Water rights: Lewis, R. B., and J. T. Hestand. "Federal Reserved Water Rights: Gila River Indian Community Settlement." *Journal of Contemporary Water Research and Education* (May 2006) • Gila River Indian Community: www.gilariver.org • Pima and obesity: National Institute of Diabetes and Digestive and Kidney Diseases. "Obesity and Diabetes" (2002) • Pima and Disease: Russon, C., J. Horn, and S. Oliver. "A Case Study of Gila River Indian Community (Arizona) and Its Role as a Partner in the NSF-Supported UCAN Rural Systemic Initiative (RSI)" (2002). **California** Stand-up paddle surfing: Dixon, C. "Whatever Size the Wave, Some Surfers Reach for the Paddle." *New York Times* (Apr. 13, 2007) • Mamaliga: Webb, L. S. *Holidays of the World Cookbook for Students.* Oryx Press (1995) • Umami: www.umamiinfo.com. **Illinois** Devon Avenue: Koval, J. P. *The New Chicago: A Social and Cultural Analysis.* Temple University Press (2006) • Type 2 diabetes: www.mayoclinic.com • Little Village: www.chicago.com/neighborhoods • Polycystic ovary syndrome: www.mayoclinic.com • National Institute of Food and Agriculture: www.csrees.usda.gov/index.html • Farm demographics: United States Environmental Protection Agency, Ag 101 (2009). **Kentucky** Continuous mining: United States Department of Labor, Bureau of Labor Statistics (2008). **Maine** Portland Fish Exchange: www.pfex.org. **Minnesota** Mall of America: www.mallofamerica.com. **New York** Camp Shane: www.campshane.com • Food pantries for the homeless: www.coalitionforthehomeless.org. **Pennsylvania** Calorie restriction studies: Payne, A. M., S. L. Dodd, and C. Leeuwenburgh. "Life-Long Calorie Restriction in Fischer 344 Rats Attenuates Age-Related Loss in Skeletal Muscle-Specific Force and Reduces Extracellular Space." *Journal of Applied Physiology* 95(6) • Filamentous fungi: Program for the Biology of Filamentous Fungi, Texas A&M University (pboff.tamu.edu). **Tennessee** Obesity and gastric bypass: www.mayoclinic.com • Bariatric surgery: Weight-Control Information Network, National Institute of Diabetes and Digestive and Kidney Diseases (2009). **Texas** NASA mission, food history, and general information: www.nasa.gov • Weightlessness in space: www.jamesoberg.com • Fort Hood: www.globalsecurity.org • Medina Wasl: "Fighting Insurgents in Baghdad, USA." Times Online (Oct. 5, 2008) • **Virginia** Salatin, J. *Everything I Want to Do Is Illegal: War Stories from the Local Food Front.* Polyface (2007) • Sustainable agriculture: University of California Agriculture and Natural Resources, Sustainable Agriculture and Education Program (2010) • Local food: www.slowfoodusa.org.

索引・追加資料を掲載しているサイト：www.whatieat.org

チベットのラサにある大昭寺（ジョカン）前で、五体投地をする巡礼者。

謝辞

愛する両親と子どもたちに本書を捧げる。
エリー、ハワード、スーザン、ニック、メアリー、ジョシュ、ケイ、ジャック、ジュリエット、アダム、エヴァン、エマへ。

自宅ばかりか、心の中にまで私たちを迎え入れてくれ、
さらには冷蔵庫の扉まで開いて見せてくれた取材対象やご家族のみなさんのおかげで、本書を制作することができました。心から感謝いたします。
また、取材中も取材後も精力的に働いてくれた通訳者の皆さんにも感謝いたします。
本書の取材対象は海外30か国とアメリカ国内の10を超える州にまたがっており、何百人ものみなさんのご協力がなければ、
すべての取材対象に対する調査、取材、撮影、編集といった膨大な作業を無事に終えることはできなかったでしょう。
協力して下さったすべての方に感謝の気持ちを捧げます。特に、以下の方々には大変お世話になりました。
心より御礼申し上げます。

Design • David Griffin ／**Chief editorial assistant** • Kendyll Naomi Pappas／**Copyeditor and chief proofreader** • Jasmine Star

External editorial associates • Peter C. Hubschmid, Joshua D'Aluisio-Guerrieri／**Editorial assistant** • Emma S. D'Aluisio／**Nutritionists** • Colette LaSalle, RD; Mary Nicole Regina Henderson, MS, RD／**Office staff** • Sheila D. S. Foraker, Colleen Leyden D'Aluisio／**Editorial assistance, former staff, and other helpful sorts** • Peter Rossomando, Adam Guerrieri, Evan Wright Menzel, Bo Blanton, Laura Arnold, Aaron Kehoe, Luiza Trabka, Daniel Tkach, Leonore Wilson, Kathryn Quanstrom, Dr. Lorenzo Mills, Laura and Susan D'Aluisio／**Esteemed editorial consultants** • Charles C. Mann, James Conaway

Ten Speed Press • Julie Bennett, Aaron Wehner, Mary Ann Anderson, Nancy Austin, Nicole Geiger, Lisa Regul, Melissa Moore／**Postproduction** • Bryan S. Bailey Photographic Services; Peter Truskier, Premedia Systems; Eric Lompa and Todd Takaki, ScanArt／**GEO** • Peter Mattias-Gaede, Ruth Eichhorn, Venita Kaleps

Essayists • Wendell Berry, Mary Collins, Michael Pollan, Ellen Ruppel Shell, Bijal P. Trivedi, Richard Wrangham, Lisa R. Young

Foreword contributors • Ferran Adrià, Dan Barber, Mark Bittman, Frank Bruni, Tim Cahill, T. Colin Campbell, Francis Coppola, Jonathan Gold, Jane Goodall, Hendrik Hertzberg, Kevin Kelly, Graham and Treena Kerr, Corby Kummer, Jack LaLanne, Harold McGee, Sally Fallon Morell, Marion Nestle, Dean Ornish, Ruth Reichl, David Servan-Schreiber, Amy Tan, Alice Waters, Andrew Weil, Walter Willett, Richard Wrangham, Richard Saul Wurman／**Foreword facilitators** • Dana Wolfe, Michael Hawley, Melanie Lawson, Pam Hunter, Rick Smolan, Anna Sever, Maria and Rob Sinsky

---

Australia
Australian Professional Ocean Lifeguard Association

Vic Cherikoff
Norma Malloy, Emerald City Images (www.emeraldcityimages.com.au)

Bangladesh
Translator • Mahmudul Hasan (rajibexe@yahoo.com)

Jahangir Alam
Pushpita Alam, BRAC
Syed Ishtiaq Alam
Ambrosia Guest House
Hosne Ara
Renu Begum
Ismail Hossain
Iqbal Anwarul Islam
M. D. Azadul Ismal (Pavel)
Alice Jian
Farzana Kashfi
Jalil Matbor
Shahriar Tofael
Abdullah Al Mohammad Yasin
Asif Zahir, Ananta Apparel

Botswana
Translator • Outhuritse Rinouaro Kulanga

Translation assistance • Thimo Tjiramanga

Pastor Johannes Kahuadi, the Window of Hope Center in Ghanzi

Beauty Kennetseng
Teresa Mcad
Kitso Moahi
Mesti Ratalia

Brazil
Translator • Jose Antonio Cunha Assunção Assunção, Amazon jungle guide (www.wildtrack.com.br)

Mac Agustinho Cardoso
Francisco Lopes Correia
Franciso Rios
Manuel Rios
Edson dos Santos Rios
Maria Elina dos Santos Rios

Canada
Muna Ali
Khadra Ali
Uban Ali
Famdumo Ibrahim
Antonio E. De Luca, the Walrus magazine

Kirk and Anna Finken
Danielle Roy
Peter George, CN Tower
Rob Groh
Irene Knight
Natalie Matutschovsky
Leanne Wright
Moses Znaimer, ideaCity

Chad
Translators • Abakar Saleh and Khamis Hassan Jouma

Office of the United Nations High Commissioner for Refugees:
Jean Charles Dei
George Harb
Guy Levine
Stefano Porretti
Colin Pryce

China
Translator • Joshua D'Aluisio-Guerrieri (www.entim.net)

Li Genlian and Jiang Zhengping, Shanghai Circus World

Yang Haijan
Xiang Jiahua
Yang Lijuan
Li Shaofang
Wu Siping
Yang Zhongxiao

Ecuador
Translator • Oswaldo Muñoz, Nuevo Mundo Expeditions (www.nuevomundoexpeditions.com)

Orlando Ayme
David Muñoz
Pablo Corral Vega

Egypt
Translator • Mohamed Khalel
Translation assistance • Claudia Wiens

Paul Bahna

France
Annie Boulat, Cosmos Agency (www.cosmosphoto.com)

Isabelle and Pierre Gillet
Nicolas Vinatier

Germany
Translator • Venita Kaleps
Margot Klingsporn, Focus Agency (www.agentur-focus.de)

Christiane Breustedt
Franziska Breyer
Peter Dirr
Sonja Dirr
Maximilian Erlmeier
Martin Ginter
Peter Ginter

336

Great Britain
Michael Marten, Simon Stone, and Rose Taylor of Science Photo Library (www.sciencephoto.com)

Charlie Boniface
Earl, Toni, and Bella Gillespie

Greenland
Karina Bernlow and Martin Monk, Nanu Travel (www.nanutravel.dk)

Iceland
Translator • Lynda Gunnlaugsdóttir, and Björn Thoroddsen

India
Translators • Neha and Vinay Diddee

Meera and Mamta Kailash
Rajesh Kamat
Sameena Khanam, Aegis
Abhik, Tashi, and Tara Mitra
Sangeeta Patkar
Kuldeep B. Rane
Pulin Sasmal
Santosh Kumar Singh

Iran
Translator • Hassan Azadi (hassanazadi@yahoo.com)

Mostafa, Mehri, and Ali Fotowat

Hajreza Sedighi Fard
Nariman Mansouri
Maryam Mohammadi
Mohammed Riahi
Stephan Schwarz
Mahmoud Zareshahi

Israel
Lisa Perlman
Rachel Sabath Beib-Halachmi
Issa Freij
Aaron and Natalie Willis

Italy
Translator • Jennifer Zaida (lemans.venere@gmail.com)

Fr. Patrick Carroll of Dublin, Ireland
Grazia and Michele Neri
Giovanni Picchi, Luz Photo Agency (www.luzphoto.com)

Japan
Translators • Lina Sanae Wang, Uniphoto Press International (www.uniphoto.co.jp), and Ayu Suzuki

Mizoguchi Ayako
Peter Blakely
Hideki Fujiwara
Kouichi Hashimoto
Kumiko Ikada
Etsuji Isozaki
Kenji Matsumoto
Ayako Mizoguchi
Takuya Mizuhara
Masako Mizuhashi
Kaori Mori
Masaru Ode
Toyoo Ohta, Uniphoto
Kayoko Sairo
Keiko Sasaki
Yusuke Yamaoka and T-serv

Kenya
Translator • Michael Santeto Tiampati (tiampati@hotmail.com)

Priscilla Chebwogen
Hakilssa Kamuye
Emily Koros
John Kipkoros Langat
Nancy Langat
Kennedy Mbori
Emily Naini
George Owiti
David Kipkoech Ruto
Chief Sammy (Kipanoi Ole Tarakuai)

Alice Musunkui Tarakuai
Sanaet Tarakuai
Moonte Tarakuai
Margaret Sompet Tarakuai
Reut Tarakuai
Kinyikita Tarakuai
Joel Tumate

Latvia
Translator • Irēna Mul,ica (irena.mulica@gmail.com)

Venita Kaleps
Ingrida Gulbe-Otanke
Ilona, Linda, Ieva, and Madara Radziņš

Mexico
Translator • Ana Cristina Gallegos Aguilar

Bertha Pachero Moreno
Rosario Caraveo
Esthela Jimenez Contreras
Ángel Gustavo Galaviz Jimenez

Favian Edriel Galaviz Jimenez
Osvaldo Galaviz Jimenez
Jay Koedaa
Manuel Peyez
Mauro E. Valencia, PhD, Centro de Investigación en Alimentación y Desarrollo, AC

Namibia
Translator•Thimo Tjiramanga (Ttjiramanga@yahoo.com.na)

Logistical assistance and insight • Tawanda Kanhema (Kanhema@gmail.com)

P. G. Bille, professor of food and science at the University of Namibia

Mukoohirumbu
Muningandu
Lesley Tjikuzu
Sandra Tjiramanga
Aumacky Uahoo
Uariinani
Uekuta
Uhlander Guest House

Palestinian Territories and East Jerusalem
Munira, Mohammad, Jinan, Mariam, Maram, and Habib Razem

Russia
Translator • Mikhail "Mick" Yagupov (retroeffective@gmail.com)

Hans-Juergen Burkard
Larissa and Anton Grankovskiy

Spain
Translators • Beatriz Zunzunegui, Anna Sever Roubène, Nicolas Linares Sever

Anna Sever Agency, (www.asa-agency.com)

Bea Belen
Juan Linares
Laura Ramírez
Maria Jesus Santos

Taiwan
Translators • Joshua D'Aluisio-Guerrieri (www.entim.net) and Kei (Hui-ling Sun)

Tibet
Translator • Buchung
Dowa (Dadrung)
Choe Ney Drukar
Tsul Tim Khamu
Muru Nyachung Monastery
Nyema Dun Drup
Brent Olson, Geographic Expeditions (www.geoex.com)

Phurba Wangchung
Thanks to our monastery friends. Be safe.

United States

Arizona
Clifton Bogardus
Gary Karademos
Ellie Menzel
Eric Ravussin
Judy Rusignuolo
Jourene, Yvana, and Jovan Soto

Mary Tatum

California
Larry, Maria, and Ben Adams
Richard Beam
Joey Chestnut
Chris Colin
Jonathan Gold
Laurie Ochoa
Adrian Grannum
Philip Greenspun
Valerie Hunter
Andie Johnson
Evan and Jack Menzel
Dr. Lorenzo Mills
Marissa Mills Carlisle
Amy Standen
Adriana Arriaga and Maya

Fort Irwin:
Manah Ali Alalaq
Captain Lindsey Dane
Ken Drylie
Tim Hailey
John M. Wagstaffe

Colorado
Andrew Nikkari
Karen Sherman Perez

Illinois
Oscar and Alejandra Alvarez
Laura Lee Barrette
Gloria Ciaccio
Jesse DeSoto
Mike Foran
Jesus Lopez
Vicente Martinez

David Mosena, Anne Rashford, Jennie Kimmel, Patricia Ward, of Museum of Science and Industry

Denise Stine
Kate Walsh
Jessica Wharton

Kentucky
Wes Addington
Ted Combs
Andy Fields
Jimbo Fleming
Dan Johnson
Christy Kincer
Curtis Scott

Maine
Tina Bridgham
Karen Tucker and the boys

Minnesota
Dan Buettner
Erica Dao, Mall of America
Dave Lee, Rochester Meat Company

Debbie and Kiara Lester
Rudy Maxa and Ana Scofield
John and Laurie McQuiston
Hokan Miller

New York
David Barber
Father Mike Carnevale, St. Francis of Assisi Church

Robert Clark, Ten Ton Studio
Robert and Stephanie Crease
David Ettenberg, Camp Shane
Mal Nesheim
Irene Hamburger, Blue Hill at Stone Barn

Dawn D'Aluisio, Ruby and Luiza Trabka

Rev. Elizabeth G. Maxwell, Neville Hughes, and Chris O'Neill, Holy Apostles Soup Kitchen

Brian Halweil
Pam Rosiare-Zoppe, Roger Zoppe, and Ricki the chimp

Bailiwick Ranch and Discovery Zoo

Pennsylvania
April Smith

Tennessee
Connie and Greg Bumgardener

Paul Lowe
Teresa McCusker and Nicole M. Yarbrough, Mercy Health and Fitness Center

Tesa Finn MS, RD and Tennessee Weight Loss and Surgery Center, University of Tennessee Medical Center

Texas
Kylie Clem and Tom Joiner, NASA

Virginia
Ben Beichler
William Carson "Collard Green" and Tereasa Hughes

Lucille and Teresa Salatin
Irene and Dean Sarnelle
Andre Werdt

Venezuela
Translator • Nahomi Martinez (nahomi_m@hotmail.com)

Ciro Marcano
Daniel Niles
Redy Jose Portillo, PDVSA
Oscar Rodriguez and Dario Vera, PDVSA oil rig chefs

Vietnam
Translator • Do Minh Thuy (dominhthuy@yahoo.com)

Nguyễn Văn Doanh
Vie Thi Phat

Yemen
Translator • Sami Saleh Al Sa'yani (www.travelyemen.net)

Carolyn McIntyre (www.girlsoloinarabia.typepad.com)

Tina Ahrens
Arabia Felix Hotel
Fadhil Haidar and sons
Karim Ben Khelifa
Bashir and Araia Sabana
Faris Sanabani, Yemen Observer

チンパンジーのリッキーと、リッキーの平均的な1日の食事。
飼い主のパム・ロゼール・ゾッペとロジャー・ゾッペによると、
リッキーはパッケージ包装されたサル用のエサより新鮮な果物や野菜を好み、
ときにはヨーグルト飲料も飲むという。
アメリカ・ニューヨーク州キャッツキルにある
ベイリウィック・ランチ・アンド・ディスカバリー動物園にて撮影。

地球のごはん
世界30か国80人の"いただきます!"

発行	2012年 3月16日　初版第1刷発行 2020年11月20日　初版第3刷発行
著作	ピーター・メンツェル＋フェイス・ダルージオ
翻訳	和泉裕子、池田美紀
ブックデザイン	緒方裕子
編集	長尾美穂
翻訳協力	株式会社リベル
校正	鴎来堂
発行人	伊藤剛士
発行所	TOTO出版(TOTO株式会社) 〒107-0062 東京都港区南青山1-24-3　TOTO乃木坂ビル2F [営業] TEL : 03-3402-7138　FAX : 03-3402-7187 [編集] TEL : 03-3497-1010 URL : https://jp.toto.com/publishing
印刷・製本	株式会社サンニチ印刷

落丁本・乱丁本はお取り替えいたします。
本書の全部又は一部に対するコピー・スキャン・デジタル化等の無断複製行為は、著作権法上での例外を除き禁じます。本書を代行業者等の第三者に依頼してスキャンやデジタル化することは、たとえ個人や家庭内での利用であっても著作権法上認められておりません。
定価はカバーに表示してあります。

©2012 Peter Menzel & Faith D'Aluisio
All photographs copyright © Peter Menzel,
except for photo of cattle carcasses in Kenya © Michael Santeto Tiampati,
page 24; and photos of space shuttle liftoff and astronauts in space © NASA,
pages 136-139.

Printed in Japan
ISBN978-4-88706-324-2